Die OSGi Service Platform

Dipl.-Inform. Gerd Wütherich ist selbstständiger Softwarearchitekt und Berater. Er verfügt über langjährige Erfahrung im Entwurf und in der Realisierung großer, javabasierter Anwendungssysteme, die er in unterschiedlichen Projekten im Finanz- und Logistikbereich gesammelt hat. Darüber hinaus ist er regelmäßiger Referent auf Konferenzen und Autor verschiedener Fachartikel. Weitere Informationen unter www.gerd-wuetherich.de.

Nils Hartmann ist Software-Entwickler und -Architekt. Seine langjährige Erfahrung in der Konzeption und Entwicklung von Java-EE-Anwendungen hat er in unterschiedlichen Branchen und Projekten gesammelt. Weitere Schwerpunkte seiner Arbeit sind die Themen Konfigurations- und Buildmanagement. Daneben ist er Autor von Fachartikeln und Sprecher auf Konferenzen. Er ist unter www.nilshartmann.net zu erreichen.

Dipl.-Ing. Bernd Kolb ist selbstständiger Berater und Coach mit Schwerpunkt auf Plug-in-Architekturen für und mit Eclipse, der Eclipse Rich Client Platform sowie modellgetriebener Softwareentwicklung. Bernd ist Eclipse-Committer sowie Autor mehrerer Fachartikel. Des Weiteren ist er regelmäßiger Sprecher auf diversen Konferenzen. Weitere Informationen finden Sie unter www.kolbware.de.

Matthias Lübken, Diplom-Informatiker (FH), ist Senior-Softwareentwickler bei der akquinet it-agile GmbH in Hamburg. Seit 2001 ist er als agiler Entwickler in verschiedenen Projekten beschäftigt und seit 2005 vermittelt er zudem als Coach agile Techniken. Er ist zertifizierter Scrum-Master und begeisterter Vertreter von eXtreme Programming. Neben den agilen Themen beschäftigt er sich mit der Eclipse Rich Client Platform, insbesondere dem OSGi-Kern. Er ist regelmäßiger Sprecher auf zahlreichen Konferenzen und Koautor des Buches »Eclipse – Die Plattform«. Mehr Informationen unter www.luebken.com.

Gerd Wütherich, Nils Hartmann, Bernd Kolb, Matthias Lübken

Die OSGi Service Platform

Eine Einführung mit Eclipse Equinox

Mit einem Geleitwort von Peter Kriens, OSGi Technical Director

dpunkt.verlag

Lektorat: René Schönfeldt
Copy-Editing: Annette Schwarz
Satz: Petra Strauch, Bonn
Herstellung: Frank Heidt
Umschlaggestaltung: Helmut Kraus, *www.exclam.de*
Druck und Bindung: Koninklijke Wöhrmann B.V., Zutphen, Niederlande
Bibliografische Information Der Deutschen Bibliothek
Die Deutsche Bibliothek verzeichnet diese Publikation in der Deutschen Nationalbibliografie; detaillierte bibliografische Daten sind im Internet über <http://dnb.ddb.de> abrufbar.

ISBN 978-3-89864-457-0

1. Auflage 2008

Ringstraße 19
69115 Heidelberg

5 4 3 2 1 0

Für Liena und Sandra. »Das Buch« ist jetzt fertig und ich gehöre wieder Euch. Vielen Dank für Eure Geduld!
Gerd

Für Viola
Nils

Für meine Mädels Julia und Anahi. Danke, dass Ihr mich immer so unterstützt! Und einen Dank an meinen persönlichen Equinox-Guru Martin Lippert.
Matthias

Geleitwort

In November 2007 I was asked to review the book you are now reading. A book about OSGi, the technology that has been such a significant part of my life since we started to work on the specifications in November 1998. Initially a small team of people from Sun, Ericsson, and IBM working closely together (well, most of the time), later with the help of many more companies. Why did it take nine years for the first book to appear for a technology that is so obviously becoming very relevant today?

Well, OSGi has long been a solution waiting for a problem. The problem we were given in November 1998 was to come up with a software standard for home gateways with the express goal of allowing independent service providers to execute code on that platform. Superficially, home gateways and service providers seem far removed from Enterprise and Desktop Applications. However, the advent of open source has created a situation that closely resembles this early collaborative software model. Today, developers compose applications from libraries they get from all over the place, without any communication and synchronization between all the development teams. Such a model requires the components to be as loosely coupled as possible, and that is exactly the same problem we had to solve in 1998. We were given the time to do it right by key people that recognized the importance of this technology. This first book about OSGi technology is therefore a proud milestone for us.

So when I was asked to review the book I immediately said yes. After this commitment they told me it was in German. I guess as a native Dutch speaker I should have some affinity with the German language, but then they told me almost 400 pages had to be reviewed. Between christmas and new year I struggled (without Internet connectivity) with a PDF and a German-English dictionary somewhere in a lost part of France. Thankfully, the subject is well known to me, and it quickly became a pleasure to read the interpretations and explanations of the specifications with which I am so intricately familiar.

This book is a thorough introduction into the OSGi specifications which I recommend to anybody who wants to get into OSGi technology. Obviously I think that the specification is very good, but this book goes much further by providing many examples and elucidating the specification with interesting background information. I do hope the authors will translate this book in English so that it will become available to an even larger audience than the German market. It is worth it. The only problem I have with the book is that I have not written it myself ...

To the reader, I do wish you success with reading this book. It is a solid entry into the wonderful world of modularity in Java and service oriented programming. Though the threshold is sometimes steep, the results are worth it and this book will be the best way to cross that threshold.

Peter Kriens
OSGi Technical Director

Inhaltsübersicht

Teil III: Eclipse-Equinox-spezifische Erweiterungen

Inhaltsverzeichnis

Teil II: OSGi Standard Services

Teil III: Eclipse-Equinox-spezifische Erweiterungen

1 Einleitung

1.1 Warum dieses Buch?

Das Konzept der Modularisierung ist heute als Mittel zur Komplexitätsreduzierung bei der Entwicklung großer Anwendungssysteme unumstritten. In Java gestaltete sich die Umsetzung dieses Konzepts bisher schwierig, da unterstützende Sprachkonzepte fehlten. Monolithische Anwendungssysteme waren die häufige Folge.

Die OSGi Service Platform löst dieses Problem, indem sie ein dynamisches Modulsystem für Java bereitstellt. Ursprünglich für den Einsatz in eingebetteten Systemen konzipiert, wird die OSGi Service Platform heute in ganz unterschiedlichen Bereichen verwendet: von Anwendungen für Mobilfunkgeräte über Client-Anwendungen wie der Eclipse IDE bis hin zu Server-Applikationen.

Module können in der OSGi Service Platform in Form von sogenannten Bundles zur Laufzeit installiert, gestartet, gestoppt, aktualisiert und deinstalliert werden. Abhängigkeiten zwischen Bundles werden dabei auf Package-Ebene explizit und feingranular beschrieben. Aufbauend auf dem Modulsystem können innerhalb einer Java Virtual Machine Services publiziert und anderen Bundles zur Verfügung gestellt werden.

1.1.1 Was dieses Buch vermittelt

Einstieg und Überblick

Das vorliegende Buch vermittelt einen praktischen Einstieg in und einen fundierten Überblick über die OSGi Service Platform. Dem Leser werden kapitelweise die der OSGi Service Platform zugrunde liegenden Technologien, Begriffe und Konzepte vorgestellt.

Tutorials

Jedes Kapitel beginnt mit einem einführenden Tutorial. Darin werden die in den jeweiligen Kapiteln behandelten Konzepte anhand einfacher Beispiele demonstriert, so dass der Leser praktische Erfahrungen mit der OSGi Service Platform sammeln kann. Als Implementierung der OSGi Service Platform verwenden wir in diesem Buch Eclipse Equinox, als Entwicklungsumgebung verwenden wir die Eclipse IDE.

Konzepte

Im Anschluss an ein Tutorial werden dem Leser die zugrunde liegenden Konzepte vorgestellt, wobei neben einem Gesamtüberblick auch die im Rahmen einer Einführung relevanten Details behandelt werden.

Codebeispiele

Auch in der Darstellung der jeweiligen Konzepte innerhalb des Kapitels haben wir versucht, dem Leser den behandelten Stoff anhand vieler Codebeispiele möglichst praktisch zu demonstrieren. Der Leser wird so in die Lage versetzt, die vorgestellten Technologien auf eigene Problemstellungen anzuwenden und selbstständig Lösungen zu entwickeln.

1.1.2 Was dieses Buch nicht ist

Kein Ersatz für die offizielle Dokumentation

Diese Buch ist kein Ersatz für die (hervorragende) OSGi-Service-Platform-Spezifikation, die auf der Webseite der OSGi Alliance [OSGI] verfügbar ist. Die Spezifikation beschreibt viele Details, die in diesem Buch nicht behandelt werden (können). Der Leser sollte daher idealerweise parallel zur Arbeit mit diesem Buch die behandelten Konzepte in der OSGi-Service-Platform-Spezifikation nachlesen.

Unserer Erfahrung nach ist die Spezifikation jedoch insbesondere für Einsteiger in die Thematik zu detailliert. Wir haben deshalb versucht, die in der Spezifikation beschriebenen Konzepte anhand einfach nachvollziehbarer Tutorials aufzuarbeiten und dem Leser so einen einfachen Einstieg in die Thematik zu ermöglichen. Auch bei der Darstellung der einzelnen Konzepte haben wir versucht, für eine Einführung irrelevante Details auszublenden und den Blick zunächst auf die Kernkonzepte zu lenken.

Kein Vergleich der Implementierungen

Dieses Buch ist kein Vergleich der verschiedenen OSGi-Service-Platform-Implementierungen. Als Platform-Implementierung verwenden wir in diesem Buch Eclipse Equinox. Alternative Implementierung stellen wir in Kapitel 2 in einem kurzen Überblick vor, werden sie allerdings nicht weiter betrachten. Die Entscheidung für Eclipse Equinox als zugrunde liegende OSGi-Service-Platform-Implementierung ist zum einen in der hohen Verbreitung der Implementierung begründet. Zum anderen wird Eclipse Equinox durch die Eclipse IDE (natürlich) besonders gut unterstützt.

Durch die Entscheidung für Eclipse Equinox als zugrunde liegende Implementierung sind – insbesondere in den Tutorials – einige Implementierungsdetails Equinox-spezifisch und nicht unmittelbar auf alternative Implementierungen übertragbar. Dies ist naturgemäß bei Themenbereichen der Fall, die nicht in der OSGi-Service-Platform-Spezifikation festgelegt sind. In den Tutorials und den erläuternden Unterkapiteln wird jedoch explizit auf diese Abhängigkeiten hingewiesen.

Keine Diskussion von Anwendungsarchitekturen

Diese Buch ist keine Diskussion von Anwendungsarchitekturen auf Basis der OSGi Service Platform. Ziel des Buches ist es, den Leser schrittweise anhand von Tutorials in die Konzepte der OSGi Service Platform und von Eclipse Equinox einzuführen. Eine Diskussion von Anwendungsarchitekturen, losgelöst vom jeweiligen Einsatzkontext und Anwendungstyp, ist unseres Erachtens nach nicht sinnvoll. Zudem erfordert eine solche Diskussion die zusätzliche Einbeziehung aufbauender Technologien wie bspw. des Spring-Frameworks [SPRIDM] oder der Eclipse Rich Client Platform [MALE05], die in diesem Buch nicht behandelt werden. Eine Architekturdiskussion würde den Rahmen und den Umfang dieses Buches sprengen und muss Inhalt eines eigenständigen Buchs sein.

1.2 Aufbau des Buches

Dieses Buch gliedert sich in drei Teile. Im ersten Teil werden wir Ihnen das OSGi Framework vorstellen. Der zweite Teil beschäftigt sich mit den OSGi Standard Services, und im dritten Teil stellen wir Ihnen einige Equinox-spezifische Erweiterungen des Frameworks vor.

Alle Kapitel fangen mit einem Tutorial an, in dem wir Ihnen den behandelten Stoff anhand eines praktischen Beispiels vorführen. In den darauffolgenden Unterkapiteln stellen wir Ihnen die wichtigsten Konzepte dann jeweils im Detail vor.

- ***Teil I – Das OSGi Framework:*** Der erste Teil des Buches beschäftigt sich mit dem OSGi Framework. Wir werden Ihnen darin die grundsätzlichen Konzepte des Frameworks erläutern. Sie werden anhand eines durchgängigen Beispiels lernen, wie Sie eigene Bundles und Services entwickeln, worauf Sie hinsichtlich der Dynamik einer OSGi Platform achten müssen und wie Sie eine OSGi Platform administrieren können. Nach dem Lesen dieses Teils sind Sie in der Lage, eigene OSGi-basierte Anwendungen zu entwickeln. Da die Kapitel dieses Teils thematisch aufeinander aufbauen, empfiehlt es sich, diesen Teil von vorne nach hinten durchzulesen.
- ***Teil II – OSGi Standard Services:*** Im zweiten Teil beschäftigen wir uns mit den OSGi Standard Services, die ebenfalls Teil der OSGi-Spezifikation sind und »fertige« Lösungen für unterschiedliche horizontale Problemstellungen implementieren. Wir stellen Ihnen

eine Auswahl dieser Services vor, von denen wir meinen, sie sind unabhängig von einem konkreten Einsatzgebiet (z.B. dem Embedded-Bereich) nutzbar. Außerdem beschränken wir uns darauf, Ihnen nur solche Services vorzustellen, die auch Bestandteil der Equinox-Distribution bzw. des Equinox-Incubator-Projektes sind. Dadurch sind Sie in der Lage, die vorgestellten Servies auch praktisch auszuprobieren. Grundsätzlich wird jeder Service in einem eigenen Kapitel vorgestellt, wobei die Kapitel nicht aufeinander aufbauen. So können Sie sich (zuerst) über die Services informieren, die Sie am meisten interessieren. Allerdings sollten Sie vor allen anderen Services das Kapitel über die »Declarative Services« lesen, da die Beispiele des zweiten Teil deklarative Services verwenden. Ansonsten finden Sie an den jeweiligen Beispielen Hinweise, wenn ein Beispiel auf einem anderen Beispiel aufbaut.

- *Teil III – Equinox-spezifische Erweiterungen:* Zum Schluss des Buches beschäftigen wir uns im dritten Teil noch mit einigen Equinox-spezifischen Erweiterungen des OSGi Frameworks und den OSGi Services. Sie können dieses Kapitel losgelöst vom zweiten Teil lesen, allerdings basieren einige Erweiterungen auf den im zweiten Teil vorgestellten Services, so dass Sie zumindest die Beschreibungen dieser Services vorher lesen sollten.

1.3 Konventionen in diesem Buch

Englische Begriffe, die aus dem Java- oder OSGi-Umfeld stammen (z.B. Service Tracker) haben wir weitgehend unverändert übernommen. Dadurch fällt das Wiederfinden in den Dokumenten der OSGi-Spezifikation leichter.

Klassennamen und andere Schlüsselwörter sowie Codebeispiele, Verzeichnis- und Dateinamen sind in der Schrift `LetterGothic` geschrieben.

Bei identischen Begriffen für Konzepte (z.B. Service Tracker) und Klassen (z.B. `ServiceTracker`) haben wir dies durch die unterschiedliche Schreibweise und Schriftart deutlich gemacht.

In den abgedruckten Listings haben wir aus Gründen der Übersicht größtenteils auf die `import`-Statements verzichtet.

Die **fettgedruckte** Schrift verwenden wir, um Namen von Elementen auf einer Benutzeroberfläche, z.B. Menüeinträge, oder Links auf einer Webseite, zu kennzeichnen.

1.4 Installation der Beispiele

Wenn Sie die in diesem Buch vorgestellten Beispiele auf Ihrem eigenen Rechner ablaufen lassen möchten, muss dort die Eclipse IDE sowie Eclipse Equinox installiert sein. Sie können sich die jeweils neusten Versionen von der Eclipse-Webseite laden, falls Sie keine oder eine veraltete Version auf Ihrem Rechner installiert haben. Alle in diesem Buch aufgeführten Beispiele wurden mit der Eclipse-IDE-Version 3.3.2 und der Equinox-Version 3.3.2 entwickelt und getestet.

In der weiteren Beschreibung gehen wir davon aus, dass sich auf Ihrem Rechner ein Java SDK in der Version 5 oder höher befindet. Ist dies nicht der Fall, dann installieren Sie bitte zunächst ein entsprechendes SDK. Weitere Informationen zu den JDKs und deren Installation finden Sie unter `http://java.sun.com/`.

1.4.1 Die Eclipse IDE installieren

Um die Eclipse IDE auf ihrem Rechner zu installieren, müssen Sie zunächst die Eclipse-IDE-Distribution von der Eclipse-Webseite (*http://download.eclipse.org/eclipse/downloads/*) laden. Bitte achten Sie darauf, die für Ihr Betriebssystem, Ihren Windowmanager und Ihren Prozessor passende Version auszuwählen. Die heruntergeladene Datei ist ein Zip- oder ein tar.gz-Archiv mit folgendem Namen:

```
eclipse-SDK-3.3.2-<Platform>.zip
```

Dieses Archiv entpacken Sie in ein Verzeichnis Ihrer Wahl, unter Windows bspw. nach `C:\ide`. Da Eclipse innerhalb des Zip-Archivs im Unterordner `eclipse` abgelegt ist, finden Sie Ihre Eclipse-Installation nach dem Entpacken entsprechend im Ordner `c:\ide\eclipse` (vgl. Abb. 1–1). Eclipse kann direkt aus dem Installationsverzeichnis durch Ausführen der Datei `eclipse.exe` gestartet werden. Nach dem Start werden Sie aufgefordert, einen Workspace auszuwählen, der die späteren Projekte enthalten wird. Hier können Sie ebenfalls ein beliebiges Verzeichnis Ihrer Wahl angeben (bspw. `C:\workspace`).

1.4.2 Eclipse Equinox installieren

Neben der Eclipse IDE müssen Sie Eclipse Equinox installieren, wenn Sie die nachfolgenden Beispiele ausführen möchten. Zwar haben Sie bereits mit der Eclipse IDE, die auf Equinox basiert, Teile von Equinox auf Ihrem Rechner installiert, die Equinox-Distribution enthält jedoch einige Komponenten, die in der Eclipse IDE nicht vorhanden sind, da sie dort nicht benötigt werden.

Installation von Eclipse Equinox

Die aktuelle Version von Eclipse Equinox kann unter der URL *http://download.eclipse.org/eclipse/equinox/* geladen werden. Zu jeder Equinox-Version gibt es eine Reihe von Artefakten, die zum Download angeboten werden. Wir benötigen für die nachfolgenden Beispiele das Eclipse Equinox SDK, das neben sämtlichen zu Equinox zählenden Bundles auch den zugrunde liegenden Quellcode enthält. Das entsprechende Zip-Archiv ist plattformunabhängig und besitzt den folgenden Namen:

```
eclipse-equinox-SDK-3.3.2.zip
```

Nach dem Download müssen Sie auch dieses Archiv in ein Verzeichnis Ihrer Wahl entpacken, unter Windows zum Beispiel nach `C:\equinox`.

Wie schon bei der Archivdatei der Eclipse IDE ist auch Eclipse Equinox innerhalb des Zip-Archivs im Unterordner `eclipse` abgelegt. Entsprechend finden Sie Ihre Equinox-Installation nach dem Entpacken im Ordner `c:\equinox\eclipse` (siehe Abb. 1–1).

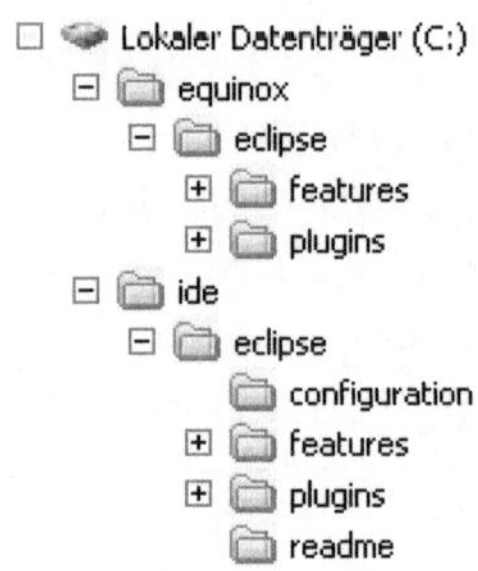

Abb. 1–1
Verzeichnisstruktur nach der Installation

1.4.3 Die Standard Services aus dem Incubator installieren

Die Implementierung des »Config Admin Service« und der »Declarative Services« ist kein Bestandteil von Equinox 3.3, sondern befindet sich noch im »Incubator«-Status. Damit Sie die Beispiele ausführen können, benötigen Sie diese Services allerdings. Sie können sie als fertig gebaute Bundles von der Equinox-Download-Seite herunterladen. Rufen Sie dazu die Download-Seite *http://download.eclipse.org/eclips e/equinox* auf, und klicken Sie dort auf den Link **Latest release 3.3.2**. Auf der dann geladenen Seite finden Sie im Abschnitt **Incubator** eine Liste von Equinox-Bundles im Incubator-Status. Die beiden Bundles, die Sie benötigen, sind:

- `org.eclipse.equinox.cm_3.2.0.v20070116.jar`
- `org.eclipse.equinox.ds_1.0.0.v20070226.jar`

Speichern Sie die beiden Dateien direkt im `plugins`-Ordner Ihrer Equinox-Installation, also z.B. nach `c:\equinox\eclipse\plugins`.

1.4.4 Die Target Platform einrichten

Um Anwendungen und Bundles auf Basis der installierten Equinox-Distribution zu entwickeln, müssen Sie diese in der Eclipse IDE als *Target Platform* definieren. Die Target Platform ist eine Menge von Bundles, auf denen Ihre Anwendung basiert.

Um die Target Platform zu ändern, öffnen Sie in der Eclipse IDE den Preferences-Dialog (**Windows -> Preferences...**). Innerhalb des Preferences-Dialogs wählen Sie die Seite **Plug-in Development -> Target Platform.** Dort können Sie über die Schaltfläche **Browse** neben dem Feld **Location** die neue Target Platform auswählen, in unserem Fall bspw. `c:\equinox\eclipse` (vgl. Abb. 1–2). Beenden Sie den Dialog mit **OK,** um die getroffenen Einstellungen zu übernehmen.

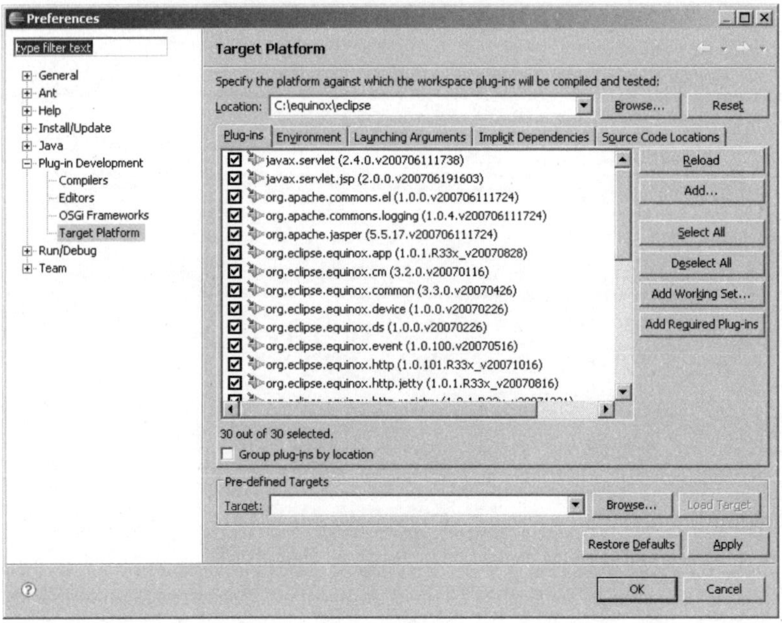

Abb. 1–2
Ändern der Target Platform

1.4.5 Installation der Codebeispiele

Die Beispiele zu diesem Buch sind unter *http://www.osgibook.org/examples* verfügbar. Um Ihnen das Arbeiten mit den Beispielen so komfortabel wie möglich zu machen, haben wir uns entschieden, Ihnen diese mithilfe des *Eclipse Samples Manager* bereitzustellen.

Der Eclipse Samples Manager

Der Eclipse Samples Manager ist ein Eclipse-Plug-in, das ursprünglich von Jeff McAffer und Jean-Michel Lemieux für das (sehr empfehlenswerte) Buch »Eclipse Rich Client Platform« [MALE05] entwickelt wurde und das die Verwaltung und Bereitstellung von Codebeispielen in Eclipse in Form von Plug-ins ermöglicht. Er ist als Open-Source-Projekt auf Sourceforge [SAMPLES] unter der Eclipse Public License (EPL) verfügbar und kann damit für die Bereitstellung eigener Codebeispiele genutzt werden.

Installation

Um den Eclipse Samples Manager für dieses Buch mit allen Codebeispielen zu installieren, verwenden Sie den Update-Manager von Eclipse. Öffnen Sie dazu den Update/Install-Dialog unter **Help -> Software Updates -> Find and install....** Innerhalb des Dialogs wählen Sie **Search for new features to install...** und wechseln dann zur nächsten Dialogseite. Über die Schaltfläche **New Remote Site...** öffnen Sie einen Unterdialog, in den Sie im Feld **URL** die Adresse unserer Update-Site (*http://www.osgibook.org/examples)* eintragen (vgl. Abb. 1–3).

Abb. 1–3
Server-Side Eclipse Update Site

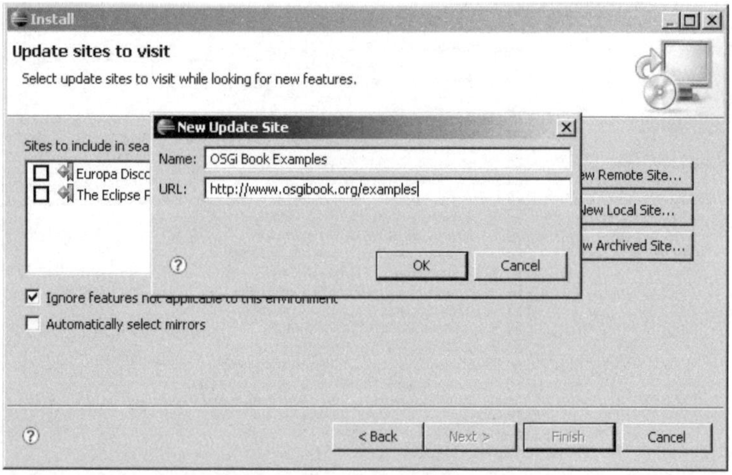

Wenn Sie den Update/Install-Dialog beenden, bekommen Sie das Feature *org.osgibook.examples* im **Search Results**-Dialog zur Auswahl angezeigt. Wählen Sie dieses Feature aus und beenden Sie den Dialog, um das Feature zu installieren. Nach Abschluss der Installation müssen Sie die Eclipse IDE neu starten.

1.4.6 Arbeiten mit dem Eclipse Samples Manager

Das Feature stellt eine View mit dem Namen »OSGi Book Examples« bereit (vgl. Abb. 1–4). Diese View können Sie nach erfolgreicher Installation unter **Window -> Show view -> Other...** und dann unter **Other -> OSGi Book Examples** auswählen. Die View enthält Einträge für jeden Abschnitt dieses Buches, in dem Codebeispiele vorgestellt und behandelt werden. Bitte beachten Sie, dass die Codebeispiele immer den Stand eines Beispiels am Ende eines Abschnitts darstellen.

Importieren von Codebeispielen

Um ein Codebeispiel für einen Abschnitt zu installieren, wählen Sie den entsprechenden Abschnitt aus der Liste des Examples Views und aktivieren dann **Import** in dessen Fensterleiste (vgl. Abb. 1–4): Die Beispiele des ausgewählten Abschnitts werden in den Workspace importiert. Bitte beachten Sie, dass ggf. Codebeispiele, die Sie in einem früheren Arbeitsschritt in den Workspace importiert haben, überschrieben werden, wenn Sie Codebeispiele für einen anderen Abschnitt installieren.

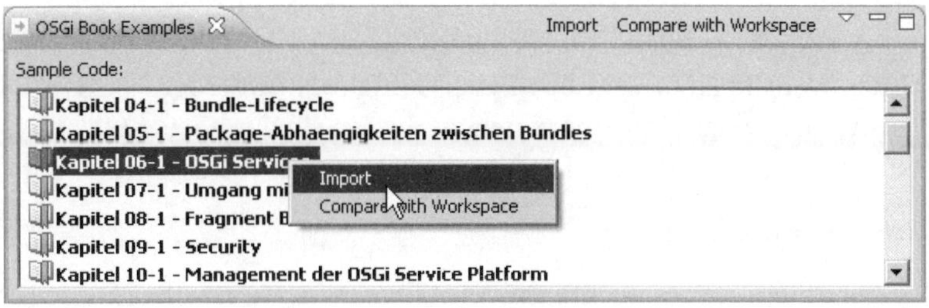

Abb. 1–4
Der OSGi Book Examples View

Vergleichen von Codebeispielen

Bei aufeinander aufbauenden Codebeispielen ist es sinnvoll, unterschiedliche Stände des Beispiels miteinander zu vergleichen. So sehen Sie unmittelbar, welche Änderungen an einem Beispiel vorgenommen wurden. Um einen Vergleich eines Codebeispiels mit einem bereits in den Workspace importierten Codebeispiel durchzuführen, wählen Sie ein Codebeispiel aus der Liste im **OSGi Book Examples** View und aktivieren dann **Compare with Workspace** in der Fensterleiste des Views. Die Differenzen der beiden Versionen werden Ihnen in einem neuen View angezeigt.

1.5 Danksagung

Op deze plaats danken wij heel hartelijk Peter Kriens (OSGi Technical Director), omdat hij tussen kerst en nieuwjaar zijn welverdiende vakanciedagen heeft opgeoffert, om meer dan 400 bladzijden van dit boek, in een voor hem vreemde taal te recenseren. Peter, hartelijk bedankt voor je vakkundige en waardevolle bewerking.[1]

1. An dieser Stelle möchten wir uns herzlich bei Peter Kriens (OSGi Technical Director) bedanken, der zwischen Weihnachten und Neujahr 2007 mehrere Tage seines verdienten Urlaubs geopfert hat, um über vierhundert Seiten dieses Buches in einer für ihn fremden Sprache zu rezensieren. Peter, vielen Dank für Deine kompetenten und wertvollen Rückmeldungen! (Vielen Dank an Thea Meyer für die Übersetzung.)

Außerdem sei folgenden Personen für ihre Unterstützung gedankt: Dr. Susan Schwarze (Board Member und VP Marketing, OSGi Alliance (ProSyst)), Karsten Becker, Kai Tödter, Nicole Wengatz, Thomas Czekalla, Timo Eger, Eberhard Wolff, Ute Matecki, Rainer Veihelmann, Dr. Frank Gerhardt, Thomas Schniewind, Jan Gentsch und Martin Lippert.

Schließlich möchten wir uns bei René Schönfeldt vom dpunkt.verlag für seine Unterstützung, seine Ratschläge und vor allem für seine Geduld mit uns bedanken.

1.6 Website zum Buch

Der Quellcode zu allen Tutorials und Beispielen in diesem Buch steht auf der Website zu diesem Buch zur Verfügung. Außerdem enthält die Website zusätzliche Informationen zu diesem Buch und zur OSGi Service Platform. Die Website ist unter der folgenden Adresse ereichbar:

http://www.osgibook.org

Bei Anregungen, Kommentaren oder Fragen zu diesem Buch können Sie die Autoren unter der folgenden E-Mail-Adresse erreichen:

autoren@osgibook.org

2 OSGi-Technologie im Überblick

Was bedeutet eigentlich OSGi? Und was ist die OSGi Service Platform? Welche Implementierungen gibt es, und was hat das alles mit Eclipse zu tun? Diese und weitere Fragen werden wir in diesem Kapitel behandeln, das Ihnen einen ersten Überblick über die einzelnen Begriffe und Konzepte vermittelt. Implementierungsdetails haben wir dabei bewusst außen vor gelassen.

Wenn Sie bereits Erfahrung mit Eclipse Equinox oder einer anderen OSGi Service Platform besitzen, dann können Sie dieses Kapitel auch überspringen oder einzelne Abschnitte bei Bedarf nachschlagen. Das Kapitel besitzt den folgenden Aufbau:

- In *Abschnitt 2.1 (Die OSGi Service Platform)* beschreiben wir, was die OSGi Service Platform ist, wo sie eingesetzt wird und wo sie spezifiziert ist.
- In *Abschnitt 2.2 (Welche Vorteile bietet der Einsatz der OSGi Service Platform?)* stellen wir die Vorteile vor, die der Einsatz der OSGi Service Platform mit sich bringt.
- In *Abschnitt 2.3 (Das OSGi Framework)* wird das OSGi Framework als Basiskomponente der OSGi Service Platform erläutert.
- Es folgt mit *Abschnitt 2.4 (OSGi Standard Services)* ein Überblick über die spezifizierten OSGi Standard Services.
- In *Abschnitt 2.5 (Implementierungen)* werfen wir einen Blick auf die am Markt verfügbaren kommerziellen und freien Implementierungen der OSGi Service Platform.
- In *Abschnitt 2.6 (Eclipse Equinox)* stellen wir Eclipse Equinox als Implementierung der OSGi Service Platform vor und erläutern insbesondere den Zusammenhang mit der Eclipse IDE.
- In *Abschnitt 2.7 (Die OSGi Service Platform in Aktion)* zeigen wir Ihnen ein praktisches Beispiel, das einen ersten Eindruck vom Arbeiten mit der OSGi Service Platform vermittelt.
- *Abschnitt 2.8 (Zusammenfassung)* enthält eine kurze Zusammenfassung dieses Kapitels.

2.1 Die OSGi Service Platform

Die *OSGi Service Platform* ist ein dynamisches Modulsystem für Java. Es handelt sich um eine javabasierte Softwareplattform, die die dynamische Integration und das Fernmanagement von Softwarekomponenten (Bundles) und Diensten (Services) ermöglicht. Bundles und Services können zur Laufzeit in der Serviceplattform installiert und gestartet, gestoppt und deinstalliert werden, ohne dass die Plattform als Ganzes angehalten bzw. neu gestartet werden muss.

Die Spezifizierung der OSGi Service Platform wird von der OSGi Alliance vorangetrieben. Die OSGi Alliance ist ein Zusammenschluss von renommierten Unternehmen wie Ericsson, IBM, Oracle und Sun Microsystems. Die Organisation wurde im März 1999 unter dem Namen »Open Service Gateway Initiative« ins Leben gerufen und Anfang 2004 in OSGi Alliance umbenannt.

2.1.1 Das OSGi Framework

Die Basiskomponente der Serviceplattform ist das *OSGi Framework*, das einen Container für Bundles und Services implementiert (vgl. Abb. 2–1).

Abb. 2–1
Das OSGi Framework

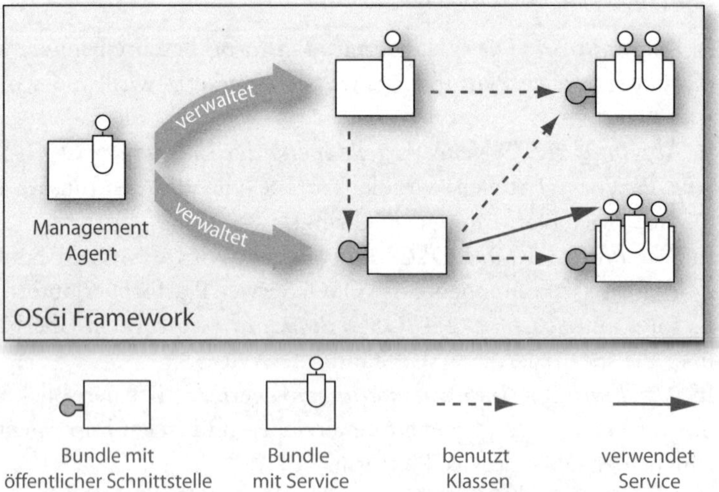

Bundles

Ein Bundle ist eine fachlich oder technisch zusammenhängende Einheit von Klassen und Ressourcen, die eigenständig im Framework installiert und deinstalliert werden kann. Die in einem Bundle enthaltenen Klassen und Ressourcen sind zunächst für andere Bundles nicht sichtbar. Um sie für andere Bundles nutzbar zu machen, muss ein Bundle die Packages, in denen die Klassen und Ressourcen enthalten sind, explizit exportieren. Gleichzeitig müssen die Packages, die ein Bundle benutzen möchte, von dem nutzenden Bundle importiert werden. Das Im- und Exportieren von Packages erfolgt dabei deklarativ in einer Manifest-Datei. Das OSGi Framework sorgt zur Laufzeit dafür, dass jedem Bundle die importierten Java-Packages bereitgestellt werden. Ist dies nicht möglich, etwa weil die von einem Bundle benötigten Packages im System nicht vorhanden sind, kann das Bundle im Framework nicht zur Ausführung gebracht werden.

Services

Als weiteres Mittel zur Entkopplung zwischen unterschiedlichen Modulen können Bundles *Services* verwenden, die systemweit zur Verfügung gestellt werden. Ein Service ist ein Java-Objekt, das unter einem Interface-Namen bekannt gemacht wird. Die Registrierung eines Service erfolgt über die *Service Registry*, die zentral und bundleübergreifend bereitsteht und an der die angemeldeten Dienste von beliebigen Bundles abgefragt werden können. Bundles, die einen bestimmten Dienst benötigen, können den entsprechenden Service dann von der Service Registry abfragen, ohne konkret wissen zu müssen, welche Implementierung dahintersteht oder welches Bundle den Dienst anbietet.

Durch die Dynamik der OSGi Service Platform können Services zur Laufzeit »kommen und gehen«: Der Client eines Service muss selber sicherstellen, ob ein Service, der genutzt werden soll, aktuell im System zur Verfügung steht oder nicht.

Management Agents

Über einen *Management Agent*, der Bestandteil der jeweiligen Framework-Implementierung ist, können innerhalb des Frameworks Bundles verwaltet (installiert und deinstalliert, gestartet und gestoppt) werden. Der Management Agent liegt gewöhnlich selbst in Form eines oder mehrerer Bundles vor, den sog. *Management Bundles*. Im einfachsten Fall stellt ein Management Agent eine textbasierte Konsole bereit, über die Bundles mittels Kommandos verwaltet werden können. Aufwändigere Implementationen bieten darüber hinaus die Möglichkeit, die installierten Bundles und Services mit ihrem Status grafisch anzuzeigen oder das Framework über eine Remote-Schnittstelle zu verwalten.

2.1.2 OSGi Standard Services

Aufbauend auf das OSGi Framework enthält die OSGi Service Platform eine Reihe von *Standard Services*. Die Standard Services stellen verschiedene, horizontale Dienste zur Verfügung, die in eigenen Anwendungen genutzt werden können. So ist zum Beispiel für die OSGi Service Platform ein Log-Service definiert, der eine standardisierte API zum Loggen und Auslesen von Systeminformationen bereitstellt.

Zweck der Spezifikation von Standard Services ist es, eine einheitlich und standardisierte Infrastruktur bereitzustellen, auf die Anwendungen innerhalb der OSGi Service Platform aufsetzen können. Die Standard Services implementieren ein einheitliches API für unterschiedliche, häufig wiederkehrende Problemstellungen.

Aufgrund der Ursprünge der OSGi Service Platform im Bereich der Embedded Software sind einige der Standard Services stark auf diesen Bereich ausgerichtet und nur bedingt in anderen Kontexten einsetzbar. Andere hingegen können unabhängig vom konkreten Einsatzkontext verwendet werden. Wir stellen die einzelnen Standard Services in Abschnitt 2.4 vor.

2.1.3 Wo wird die OSGi Service Platform eingesetzt?

Ursprüngliches Einsatzgebiet

Ursprünglich wurde die OSGi Service Platform für den Einsatz in sog. »residential internet gateways« entworfen, die im Bereich der Gebäudesystemtechnik als Verbindungszentralen zwischen hausinternen Gebäudebussen und dem Internet fungieren.

In diesem Kontext müssen beim Einsatz neuer Geräte innerhalb eines Gebäudes auf dem Gateway neue Dienste bereitgestellt werden, die zur Unterstützung dieser Geräte notwendig sind. Die Installation der implementierenden Softwarekomponenten und die Verwaltung der Dienste soll über das Internet möglich sein, ohne dass dafür die auf dem Gateway laufende Software angehalten oder das Gateway neu gestartet werden muss.

Einsatzgebiete heute

Durch die Standardisierung wurde – und wird – die OSGi Service Platform jedoch zunehmend auch für andere Märkte interessant. So wird OSGi-Technologie heute zusätzlich bspw. in den folgenden Bereichen eingesetzt:

- *Smart Phones:* Durch den JSR (Java Specification Request) 232 (Mobile Operational Management) wird ein Komponenten-Management-Framework spezifiziert, das auf CDC (Connected Device Configuration) basierenden Smart Phones erlaubt, ihre Funktionalität zu erweitern und anzupassen, indem sie neue Komponenten on demand nachinstallieren. Die Spezifikation basiert auf der OSGi Service Platform, um bestehende Standards mit in das Framework einfließen zu lassen.
- *Automotive:* Auch im Automobilbereich findet die OSGi Service Platform zunehmend Verwendung und wird im 5er von BMW als Grundlage der Telematik- und Infotainmentsysteme eingesetzt.

- *Desktop-Applikationen:* Seit Eclipse 3.0 bildet die OSGi Service Platform die Grundlage von Eclipse und hat damit auch auf dem Bereich der Desktop-Anwendungen Einzug gehalten.
  Zeitgleich wurde es möglich, Eclipse als Plattform für beliebige Desktop-Anwendungen zu verwenden (Rich Client Platform), so dass die OSGi Service Platform heute die Grundlage aller auf der Eclipse-Platform basierten Rich-Client-Anwendungen darstellt.
- *Serverseitige (Unternehmens-)Anwendungen:* Mit dem Erfolg der OSGi Service Platform im Embedded- und im RCP-Bereich gewinnt deren Einsatz auch zunehmend für die Entwicklung von serverseitigen (Unternehmens-)Anwendungen an Bedeutung.
  So bildet die OSGi Service Platform die Grundlage für die Versionsverwaltungssoftware Version Cue von Adobe, die die Versionierung und den Austausch von Artefakten innerhalb der Adobe Creative Suite ermöglicht. Auch die »microService Architecture« von BEA Systems, die dem Weblogic Event Server zugrunde liegt, basiert auf der OSGi Service Platform. Seit der Version 6.1 basiert außerdem der Websphere-Applicationserver von IBM auf der OSGi Service Platform.

2.1.4 Wo ist die OSGi Service Platform spezifiziert?

Die OSGi Service Platform ist in einer präzisen Spezifikation definiert, die für jeden zugänglich ist und direkt von der Webseite der OSGi Alliance [OSGI] heruntergeladen werden kann. Alternativ kann sie auch in gedruckter Form käuflich erworben werden [AQUTE].

Derzeit befindet sich die Spezifikation der OSGi Service Platform in der Version 4.1 und besteht aus den in Abb. 2–2 dargestellten drei Dokumenten.

Die einzelnen Dokumente spezifizieren die im Folgenden beschriebenen Teile der Service Platform:

- *Core Specification [OSCS07]:* Die Core Specification definiert das OSGi Framework sowie die darauf aufbauenden Framework Services. Das OSGi Framework ist die Basiskomponente der Service Platform und stellt die Infrastruktur bereit, in der Bundles und Services installiert und gestartet, deinstalliert und gestoppt werden können.
- *Service Compendium [OSSC07]:* Aufbauend auf dem OSGi Framework hat die OSGi Alliance eine Reihe von Standard Services definiert, die fertige Dienste für unterschiedliche Anwendungsfälle bereitstellen, die innerhalb eigener Komponenten genutzt werden können.

- *Mobile Specification [OSMS06]:* Mit dem JSR 232 (»Mobile Operational Management«) wurde aufbauend auf der Core Specification mit der Mobile Specification ein eigener Satz an Services speziell für den Einsatz auf mobilen Geräten definiert. Mit der Version 4.1 des Service Compendium ist die Mobile Specification nur noch eine Untermenge des Service Compendium, da alle Bestandteile der Mobile Specification (mit Ausnahme der »Mobile Conditions Specification«) auch in das Service Compendium aufgenommen wurden.

Abb. 2–2
Spezifikation der OSGi Service Platform

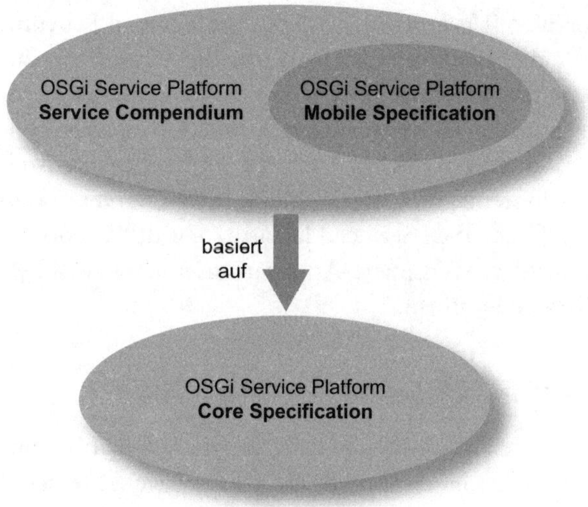

2.2 Welche Vorteile bietet der Einsatz der OSGi Service Platform?

2.2.1 Modularisierung

Die Idee, die Komplexität von Software durch Dekomposition in Module beherrschbar zu machen, ist nicht neu. Bereits 1972 (also vor mehr als 35 Jahren) beschrieb David Parnas in seinem Artikel »On the Criteria to Used in Decomposing Systems into Modules« die Modularisierung als geeignete Technik, um Anwendungssysteme wart- und entwickelbar zu halten.

Module sind Einheiten, die technisch oder fachlich zusammenhängende Klassen und Ressourcen zusammenfassen. Ein wesentliches Merkmal von Modulen ist die Trennung von (öffentlicher) Schnittstelle und (interner) Implementierung: Die Modulschnittstelle stellt die Klassen und Interfaces bereit, die nach außen sichtbar sind und von anderen Modulen benutzt werden können. Die interne Implementierung dagegen ist nicht nach außen sichtbar.

Traditionelle Java-Anwendungen, die nicht auf der OSGi Service Platform aufsetzen, werden gewöhnlich durch eine der folgenden Maßnahmen strukturiert:

- **Verwendung von Package-Konventionen:** Ein Modul wird über eine Menge von Packages definiert. Über Konventionen wird festgelegt, welche Klassen und Interfaces die öffentliche Schnittstelle des Moduls bilden und welche Klassen interne Implementation darstellen.
  Dieses Vorgehen ist einfach realisierbar, hat jedoch den Nachteil, dass der Zugriff auf die interne Implementierung von Modulen nicht wirklich geschützt ist. Ein dynamisches Management der Module zur Laufzeit ist mit diesem Vorgehen ebenfalls nicht möglich.
- **Nutzung des Build-Systems bzw. der IDE:** Anwendungen werden durch die Aufteilung des Anwendungscodes in verschiedene Projekte der zugrunde liegenden IDE bzw. des Builds-Systems realisiert. So ist es bspw. sowohl innerhalb der Eclipse IDE als auch in Maven möglich, Projekte bzw. Module mit ihren Abhängigkeiten auszudrücken.
  Allerdings ist auch bei diesem Vorgehen der Zugriff auf die interne Implementation von Modulen nicht oder nur unzureichend geschützt. Wie beim ersten Vorgehen ist ein dynamisches Management der Module zur Laufzeit hierbei nicht möglich.

Die OSGi Service Platform hingegen implementiert ein Modulsystem für Java-basierte Anwendungen, das zur Entwicklungszeit die Aufteilung von Anwendungscode in Module (Bundles) und zur Laufzeit die Installation und den Austausch von Bundles ermöglicht.

2.2.2 Abhängigkeitsmanagement

Die Module eines Anwendungssystems stehen nicht isoliert nebeneinander: Module stellen ihre öffentlichen Schnittstellen zur Verfügung, und diese Schnittstellen werden von anderen Modulen verwendet. Die so entstehenden Abhängigkeiten zwischen Modulen sind sowohl zur Laufzeit als auch zur Compile-Zeit relevant und müssen explizit verwaltet werden.

Die OSGi Service Platform ermöglicht die Spezifikation von Abhängigkeiten zwischen Bundles auf Package-Ebene: Ein Bundle kann angeben, welche Packages es exportieren, d.h. für andere Bundles sichtbar machen möchte. Wenn ein zweites Bundle diese Packages benutzen möchte, muss es die Packages explizit importieren – anderenfalls sind die Packages für das Bundle nicht sichtbar.

Die Zuordnung von exportierten und importierten Packages wird durch das OSGi Framework realisiert. Das Framework stellt dabei auch sicher, dass ein Bundle nicht auf Packages zugreifen kann, die nicht explizit importiert wurden – auch nicht durch den Einsatz von Reflection oder Manipulationen des Class Loaders.

Das Abhängigkeitsmanagement in der OSGi Service Platform geht aber noch einen Schritt weiter: Sowohl ganze Bundles als auch die öffentliche Schnittstelle eines Bundles kann versioniert werden, so dass mehrere Versionen des gleichen Bundles innerhalb einer Java VM installiert werden können. Beim Importieren von Packages kann dann gezielt eine bestimmte Version (oder ein Versionsbereich) eines Bundles oder eines Packages angegeben werden, mit dem das Bundle zusammenarbeiten soll.

2.2.3 Hot Deployment

Das OSGi Framework erlaubt es, zur Laufzeit des Frameworks Bundles und Services zu installieren, zu deinstallieren und zu aktualisieren. Dies ist möglich, ohne das Framework bzw. die darauf aufbauenden Anwendungen stoppen oder neu starten zu müssen. Diese Möglichkeit der dynamischen Integration macht die OSGi Service Platform zu einer idealen Platform zur Entwicklung von hochverfügbaren Anwendungen, in der einzelne Module ausgetauscht werden können müssen, ohne dass der Gesamtbetrieb dafür unterbrochen werden muss.

Die Administration der laufenden OSGi Service Platform, also z.B. das Installieren, Starten und Stoppen der Bundles, erfolgt dabei – entweder lokal oder über eine Remote-Schnittstelle – über Management Agents, deren Schnittstelle in der Spezifikation ebenfalls beschrieben ist und die selber auch als Bundles implementiert werden.

2.2.4 Serviceorientiertes Programmiermodell

Durch das Konzept der Service Registry steht anwendungsweit ein einheitliches, leichtgewichtiges Servicemodell zur Verfügung. Durch dieses Konzept ist es möglich, eine Entkopplung der einzelnen Softwarekomponenten zu erreichen, da eine Komponente stets nur gegen die Schnittstelle eines Service arbeitet. Die benutzende Komponente muss dabei weder wissen, wie ein angebotener Service konkret implementiert ist, noch welches Bundle den Service zur Verfügung stellt. Der

Anbieter eines Service kann allerdings seinen Service mithilfe von beliebigen Properties beschreiben, so dass ein Client anhand dieser Properties einen für ihn passenden Service auswählen kann.

2.3 Das OSGi Framework

Das OSGi Framework ist die Basiskomponente der OSGi Service Plattform. Es stellt einen Container bereit, in dem Bundles und Services zur Laufzeit installiert und zur Ausführung gebracht werden können. Die Schnittstellen und das Verhalten des OSGi Frameworks sind innerhalb der OSGi Service Platform Core Specification spezifiziert.

Die Framework-Spezifikation ist in mehrere logische Schichten aufgeteilt. Jede Schicht fasst zusammengehörige Aufgaben bzw. Verantwortlichkeiten zusammen (vgl. Abb. 2–3):

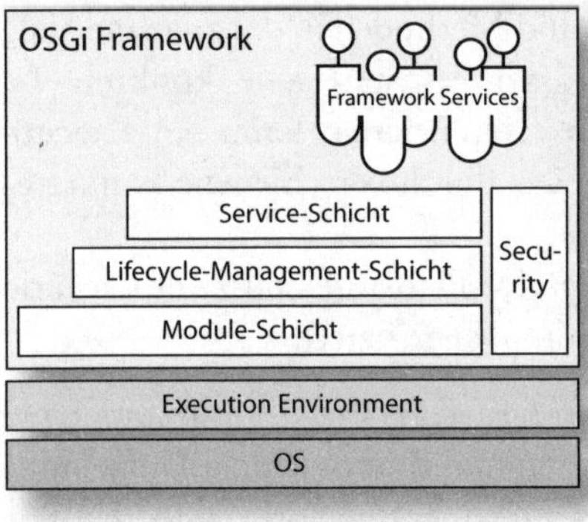

Abb. 2–3
Logische Schichten im OSGi Framework

- *Module-Schicht:* Die Module-Schicht definiert das Bundle als gundlegende Modularisierungseinheit innerhalb der OSGi Service Platform.
- *Lifecycle-Management-Schicht:* Die Lifcycle-Management-Schicht spezifiziert, welche Zustände ein Bundle während seines Lebenszyklus innerhalb der OSGi Service Platform besitzen kann.
- *Service-Schicht:* Die Service-Schicht spezifiziert ein allgemeines Services-Modell, in dem Services systemweit über eine Service Registry verfügbar gemacht werden können.
- *Security-Schicht:* Die Security-Schicht spezifiziert sicherheitsrelevante Aspekte wie bspw. den Umgang mit signierten Bundles und die Möglichkeit zur Einschränkung der Ausführungsrechte einzelner Bundles.

Zusätzlich zum eigentlichen Framework sind in der Core Specification fünf *Framework Services* definiert, die die Implementierung von Management Agents unterstützen.

2.3.1 Die Execution Environments

Das OSGi Framework ist so spezifiziert, dass es auf unterschiedlichen Java-Plattformen lauffähig ist. Neben der Java Standard Edition (JSE) ist dabei insbesondere die Unterstützung der Java Micro Edition (JME) wichtig, da die OSGi Service Platform gerade in diesem Bereich sehr intensiv genutzt wird.

Um das OSGi Framework unabhängig von einer konkreten JRE-Version spezifizieren zu können, definiert die OSGi Specification *Execution Environments*. Execution Environments sind Repräsentationen konkreter Java-Laufzeitumgebungen (JREs), die festlegen, welche Klassen, Interfaces und Methoden in der zugrunde liegenden Plattform vorhanden sein müssen. Anstatt eine konkrete Laufzeitumgebung (bspw. JRE 1.4) zu referenzieren, kann ein Execution Environment angegeben werden, das durch verschiedene konkrete JREs implementiert werden kann.

Für die OSGi Service Platform sind zwei Execution Environments im Service Compendium spezifiziert:

- ***OSGi/Minimum-1.1:*** Das OSGi/Minimum-1.1 Execution Environment legt die minimal notwendige Umgebung fest, die für die Ausführung des OSGi Frameworks und der grundlegenden Services notwendig ist.
- ***CDC-1.0/Foundation-1.0:*** Das CDC-1.0/Foundation-1.0 ist ein Superset der OSGi/Minimum-1.1 Execution Environments, das sich aus dem JME Foundation Profile [JMEPROF] ableitet.

Das OSGi Framework selbst benötigt das OSGi/Minimum-1.1 Execution Environment, um lauffähig zu sein. Da dieses Execution Environment eine Untermenge des JME Foundation Profiles ist, ist das OSGi Framework sowohl auf der JME als auch den unterschiedlichen Versionen der JSE lauffähig.

Auch Bundles können spezifizieren, auf welchem Execution Environment sie aufsetzen. Das Framework kann dann vor der Installation eines Bundles prüfen, ob das Bundle in der Umgebung des Frameworks überhaupt funktionsfähig ist. Idealerweise definiert ein Bundle minimale Abhängigkeiten, so dass es in unterschiedlichen Kontexten und in unterschiedlichen Laufzeitumgebungen einsetzbar ist.

2.3.2 Die Module-Schicht

Die Module-Schicht ist die unterste logische Schicht in der OSGi-Framework-Spezifikation. Sie definiert das dem Framework zugrunde liegende Modulkonzept. Darin wird das *Bundle* als die Einheit spezifiziert, die eigenständig im Framework installiert und deinstalliert werden kann.

Bundles aus technischer Sicht

Technisch betrachtet ist ein Bundle ein Java-Archiv (Jar-Datei), das die zur Implementierung einer gewünschten Funktionalität erforderlichen Klassen und Ressourcen enthält. Neben Klassen und Ressourcen kann ein Bundle weitere Jar-Dateien enthalten, die ihrerseits Klassen und Ressourcen bereitstellen.

Bundle Manifest

Zusätzlich zum eigentlichen Inhalt besitzt ein Bundle ein *Bundle Manifest*, in dem weitere Informationen über das Bundle, etwa dessen Namen oder die benötigten Packages, deklarativ beschrieben werden. Das Bundle Manifest ist die Datei `MANIFEST.MF` im Verzeichnis `META-INF` (vgl. Abb. 2–4). Die Informationen aus dem Bundle Manifest werden vom Framework verwendet, um das Bundle korrekt betreiben zu können.

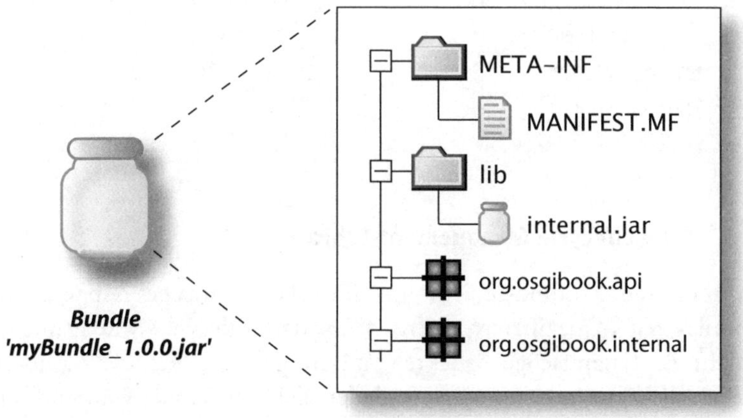

Abb. 2–4
Bundle mit Bundle Manifest

Exemplarisch ist der Inhalt eines Bundle Manifests nachfolgend in Listing 2–1 dargestellt:

Listing 2–1
Ein einfaches Bundle Manifest

```
Manifest-Version: 1.0
Bundle-ManifestVersion: 2
Bundle-Name: My first Bundle
Bundle-SymbolicName: myBundle
Bundle-Version: 1.0.0
```

Über den symbolischen Namen eines Bundles (`Bundle-SymbolicName`) und dessen Version (`Bundle-Version`) ist ein Bundle eindeutig innerhalb der OSGi Service Platform identifizierbar.

Abhängigkeiten zwischen Bundles

Eine besondere Eigenschaft der OSGi Service Platform ist, dass die Abhängigkeiten zwischen Bundles explizit verwaltet werden. So sind die Packages (und damit die Klassen) eines Bundles zunächst für andere Bundles nicht sichtbar. Um sie in anderen Bundles nutzen zu können, müssen sie erst durch das implementierende Bundle exportiert werden, was durch die Angabe eines entsprechenden Headers innerhalb des Bundle Manifests erfolgt.

Um ein Package in einem anderen Bundle nutzen zu können, muss dieses Bundle das entsprechende Package dann explizit durch entsprechende Manifest Header importieren. Durch das OSGi Framework werden dem Bundle dann die importierten Packages zur Verfügung gestellt, vorausgesetzt, dass ein Bundle installiert ist, das diese Packages exportiert (vgl. Abb. 2–5).

Abb. 2–5
Package-Abhängigkeiten zwischen Bundles

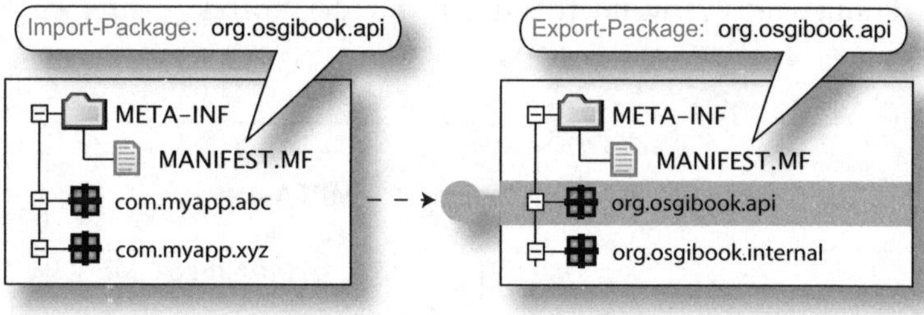

2.3.3 Die Lifecycle-Management-Schicht

Während die Module-Schicht ausschließlich statische Aspekte des Modulsystems spezifiziert, werden in der Lifecycle-Management-Schicht die dynamischen Aspekte von Bundles festgelegt. Insbesondere werden die Zustände definiert, in denen sich ein Bundle während seines Lebenszyklus innerhalb des OSGi Frameworks befinden kann (vgl. Abb. 2–6). Zusätzlich werden in der Lifecycle-Management-Schicht die Aktionen beschrieben, die zu Änderungen im Zustand eines Bundles führen.

Management Agents

Die Manipulation von Bundle-Zuständen erfolgt über einen *Management Agent*. Ein Management Agent implementiert eine Schnittstelle zum OSGi Framework, über die das Framework »von außen« gesteuert werden kann. Wie ein Management Agent jedoch den Zugriff auf das Framework ermöglicht, ist in der OSGi Service Platform Specification nicht festgelegt.

Dementsprechend existieren ganz unterschiedliche Implementationen von Management Agents, angefangen von einfachen Konsolen, auf denen Befehlszeilen abgesetzt werden können, bis hin zu grafischen Administrationswerkzeugen, die die entfernte Verwaltung von OSGi Frameworks ermöglicht.

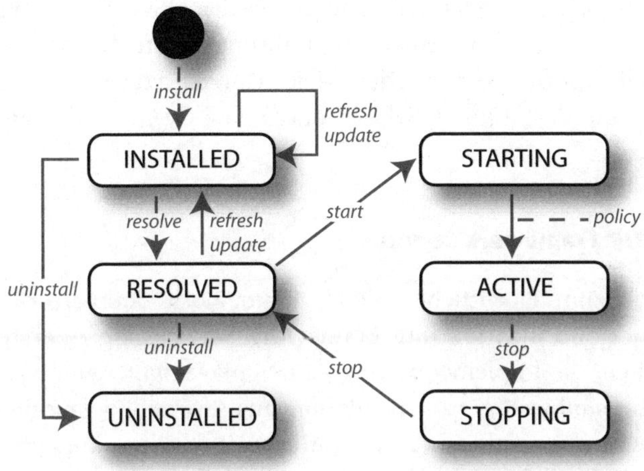

Abb. 2–6
Lebenszyklusmodell

2.3.4 Die Service-Schicht

Die Module-Schicht und Lifecycle-Management-Schicht spezifizieren die Organisation von Klassen und Ressourcen in Bundles und den Lebenszyklus von Bundles im OSGi Framework. Die Service-Schicht legt darüber hinaus fest, wie innerhalb des Frameworks Objekte in Form von OSGi Services verwendet werden.

OSGi Services

Ein *OSGi Service* ist ein einfaches Java-Objekt, das an einer zentralen Registratur (der *Service Registry*) unter einem Interfacenamen angemeldet wird. Dort kann es von anderen Bundles, die den Service nutzen möchten, über den bei der Anmeldung angegebenen Namen abgefragt und verwendet werden. Für gewöhnlich wird ein OSGi Service unter dem Namen des Interface registriert, das die öffentlichen Methoden des Service definiert. Dieses Interface wird auch als *Service Interface* bezeichnet.

Dynamik von Services

Services können innerhalb des OSGi Frameworks jederzeit an der Service Registry registriert und wieder abgemeldet werden. Das bedeutet, dass Nutzer dieser Services immer damit rechnen müssen, dass ein Service nicht bzw. nicht mehr zur Verfügung steht. Um das Arbeiten mit dynamischen Services zu ermöglichen bzw. zu vereinfachen, sind mit *Service Listenern*, dem *Service Tracker* und den *Declarative Services* in den Spezifikationen drei Möglichkeiten beschrieben, die ein Bundle nutzen kann, um auf Veränderungen der Services zu reagieren.

2.3.5 Die Security-Schicht

Die Security-Schicht ist ein Bestandteil des Security-Konzeptes der OSGi Service Platform, der es ermöglicht, die Ausführungsrechte einzelner Bundles gezielt einzuschränken. Sie basiert auf dem Java-Sicherheitsmodell, das mit dem JDK 1.2 eingeführt wurde, erweitert dieses jedoch, um den speziellen Anforderungen der OSGi Service Platform Genüge zu tun. So können die Ausführungsrechte für jedes Bundle individuell konfiguriert werden. Die Unterstützung des Security-Konzepts und der Security-Schicht durch eine OSGi-Implementierung ist optional.

2.3.6 Die Framework Services

Zusätzlich zum eigentlichen OSGi Framework definiert die OSGi Framework Specification fünf Framework Services, die in erster Linie dazu dienen, die Implementierung von Management Agents zu unterstützen. Sie sind weniger zur Benutzung aus Anwendungsmodulen heraus gedacht. Die ersten beiden Framework Services implementieren OSGi-spezifische Dienste, die grundsätzlich in Management Agents benötigt werden und in der zugrunde liegenden Java-Laufzeitumgebung nicht vorhanden sind:

- ***Package Admin Service:*** Der Package Admin Service spezifiziert einen Dienst, über den Management Agents die Package-Abhängigkeiten zwischen installierten Bundles abfragen können. Dieser Dienst wird immer benötigt, wenn installierte Bundles bzgl. ihrer Package-Abhängigkeiten aufgelöst (resolved) werden müssen.
- ***Start Level Service:*** Über den Start Level Service kann ein Management Agent die relative Start- bzw. Stopp-Reihenfolge von Bundles innerhalb des OSGi Frameworks abfragen steuern. Das Start-Level kann für jedes installierte Bundle sowie für das Framework selber individuell eingestellt werden.

Demgegenüber stellen die folgenden drei Services Anpassungen bzw. Erweiterungen von bereits in der Java-Laufzeitumgebung verfügbaren Diensten dar. Diese Services sind insbesondere notwendig, um die potenzielle Dynamik OSGi-basierter Anwendungen auf teilweise statische Ansätze in der Java-Laufzeitumgebung abbilden zu können:

- ***Conditional Permission Admin Service:*** Dieser Service beschreibt die OSGi-Erweiterungen des Java-Security-Frameworks. Er definiert eine API zum Anlegen und Verwalten von Berechtigungen auf Bundle-Ebene und stellt sicher, dass Änderungen der Berechtigungen sofort wirksam werden, ohne dass das Bundle oder gar die ganze Java-VM neugestartet werden müsste. Zusätzlich wird das Konzept von Conditions eingeführt. Hiermit können Berechtigungen anhand von unterschiedlichen Kriterien, die dynamisch zur Laufzeit ausgewertet werden, vergeben werden. Wir beschreiben den Conditional Permission Admin Service im Kapitel 9.

- *Permission Admin Service:* Der Permission Admin Service dient ebenfalls der Verwaltung von Berechtigungen. Dieser Service sollte in eigenen Bundles nicht mehr verwendet werden, da er wahrscheinlich abgelöst und vollständig durch den Conditional Permission Admin Service ersetzt werden wird.
- *URL Handler Service:* Der URL Handler Service ermöglicht es Bundles, eigene URL Handler für die Klasse `java.net.URL` im System anzumelden. Im Gegensatz zu dem URL-Handler-Mechanismus aus dem JRE ist es mit dem URL Handler Service auch möglich, einmal installierte URL Handler wieder zu entfernen, so dass Handler nach dem Entfernen eines Bundles nicht mehr im System vorhanden sind.

2.4 OSGi Standard Services

Aufbauend auf das OSGi Framework definiert das OSGi Service Platform Service Compendium bzw. die OSGi Service Platform Mobile Specification eine Reihe von Standard Services, die Lösungen für unterschiedliche horizontale Problemstellungen implementieren und in eigenen Anwendungen genutzt werden können. In der nachfolgenden Tabelle 2–1 sind die Standard Services in einer Übersicht dargestellt. Der Tabelle können Sie entnehmen, ob ein Service auch Bestandteil der Mobile Specification ist.

Tab. 2–1 *Übersicht über die Standard Services*

Service	Service Compendium	Mobile Specification
Log Service	X	X
Http Service	X	
Device Access	X	
Configuration Admin Service	X	X
Metatype Service	X	X
Preferences Service	X	
User Admin Service	X	
Wire Admin Service	X	
IO Connector Service	X	X

Service	Service Compendium	Mobile Specification
Initial Provisioning	X	
UPnP Device Service	X	
Declarative Services	X	X
Event Admin Service	X	X
Deployment Admin	X	X
Auto Configuration	X	X
Application Admin Service	X	X
DMT Admin Service	X	X
Mobile Conditions		X
Monitor Admin Service	X	X
Foreign Application Access	X	X

2.4.1 Gemeinsame Service-Spezifikationen

Einige Standard Services sind sowohl im Service Compendium als auch in der Mobile Specification spezifiziert. Im Einzelnen handelt es sich dabei um die folgenden Services:

- *Log Service:* Die Log Service Specification implementiert zwei Dienste, mit denen Log-Informationen wie Warnungen, Debug- oder Fehlermeldungen geschrieben und ausgelesen werden können. Wir behandeln den Log Service in Kapitel 16.
- *Configuration Admin Service*: Mit dem Configuration Admin Service können Services zentral und zur Laufzeit konfiguriert werden. Wir stellen Ihnen den Configuration Admin Service detailliert in Kapitel 13 vor.
- *Metatype Service:* Der Metatype Service ermöglicht es, Metainformationen über Services bereitzustellen, die zur Laufzeit abgefragt und interpretiert werden können. Der Metatype Service kann zum Beispiel von Management Agents genutzt werden, um Eingabemasken zur Konfiguration benutzerspezifischer Services bereitzustellen. Kapitel 14 beschäftigt sich eingehend mit dem Metatype Service.
- *IO Connector Service:* Der IO Connector Service adaptiert das Connector Framework der Java Microedition (JME) als eine Kommunikationsinfrastruktur für die OSGi Platform. Der Service erlaubt es Bundles, neue Kommunikationsprotokolle im System zur Laufzeit hinzuzufügen, die von anderen Bundles transparent verwendet werden können.

- *Declarative Services:* Die Declarative Service Specification beschreibt ein Programmiermodell, das das Arbeiten mit (dynamischen) Services vereinfacht. Dabei kann ein Bundle »Komponenten« definieren, deren Serviceabhängigkeiten deklarativ beschrieben und zur Laufzeit von einer »Service Component Runtime« verwaltet werden. Das Bundle muss sich dann nicht mehr selbst um die Verwaltung der von ihm benötigten Services kümmern. In Kapitel 12 behandeln wir das Arbeiten mit deklarativen Services.
- *Event Admin Service:* Der Event Admin Service stellt einen Bundle-übergreifenden, Topic-basierten Mechanismus bereit, mit dem Events zwischen Bundles propagiert werden können. Ein Topic definiert dabei einen spezifischen Event, der in der Anwendung auftreten kann. Bundles, die die Events eines Topics enpfangen möchten, können für dieses Topic einen Event Handler anmelden. Wir beschreiben den Event Admin Service in Kapitel 15.
- *Application Admin Service:* Mit dem Application Admin Service können Anwendungen, die nicht innerhalb der OSGi Platform laufen, wie z.B. Midlets auf einem Mobiltelefon, verwaltet werden. Über einen »Application Manager« können diese Anwendungen dann u.a. gestartet und gestoppt werden. Den Application Admin Service stellen wir in Kapitel 20 vor.
- *Deployment Admin:* Das Deployment-Format innerhalb des OSGi Frameworks ist das Bundle. Die Deployment-Admin-Spezifikation definiert mit dem Deployment Package ein zusätzliches Format, die »Deployment Packages«. Deployment Packages fassen Bundles und zusätzliche Ressourcen zu einer Einheit zusammen, die geschlossen installiert und deinstalliert werden kann.
- *Auto Configuration Specification:* Wenn Bundles ausgeliefert werden, müssen eventuell zusätzliche Konfigurationsdaten ausgeliefert werden. Diese Spezifikation erweitert die Deployment-Admin-Spezifikation, um solche notwendigen Konfigurationsdateien automatisch zu erzeugen.
- *DMT Admin Specification:* Der DMT Admin Service beschreibt, wie auf den von der Open Mobile Alliance spezifizierten »Device Management Tree« eines (mobilen) Endgerätes zugegriffen werden kann.
- *Monitor Admin Service Specification:* Dieser Service erlaubt das Erstellen und Veröffentlichen von Statusinformationen zu einem bestimmten Gerät. Für ein Handy könnte das beispielsweise die Auslastung des Speichers und der Status der Batterie sein. Diese Informationen können dann von anderen administrativen Bundles abgefragt werden.

- *Foreign Application Access Specification:* Diese Spezifikation beschreibt, wie andere Anwendungen mit OSGi-Anwendungen kommunizieren können. So können zum Beispiel MIDP, Xlets, Applets oder normale Java-Anwendungen an der Service-Architektur von OSGi teilhaben.

2.4.2 Weitere Services des Service Compendium

Die folgenden Services sind ausschließlich Bestandteil des Service Compendium und nicht in der Mobile Specification enthalten:

- *Preference Service:* Der Preference Service implementiert den Zugriff auf eine einfache, hierarchische Datenbank, in der Bundles System- und Benutzereinstellungen speichern und auslesen können. Wir stellen Ihnen diesen Service ausführlich in Kapitel 18 vor.
- *User Admin Service:* Der User Admin Service erlaubt die Authentifizierung und Autorisierung von Benutzern auf Basis von Benutzer- und Gruppeninformationen. Mithilfe des User Admin Services können Bundles überprüfen, ob ein Benutzer berechtigt ist, auf bestimmte Funktionen zuzugreifen. Mehr über diesen Service erfahren Sie in Kapitel 17.
- *Http Service:* Der Http Service spezifiziert einen einfachen Webserver, an dem Bundles Servlets und Ressourcen anmelden können, die dann über das Http-Protokoll (z.B. über einen Webbrowser) zugreifbar sind. Mehr dazu finden Sie in Kapitel 19.
- *Device Access Service:* Der Device Access Service erlaubt das Herunterladen und Installieren von Bundles aus einem Netzwerk. Der Service entstammt hardwarenahen Einsatzgebieten wie bspw. Set-Top-Boxen, wo zur dynamischen Installation von Geräten passende Treiber ausgewählt und deren implementierende Bundles automatisch ins Framework geladen werden.
- *Wire Admin Service:* Mithilfe des Wire Admin Services können die Verbindungen zwischen Services zur Laufzeit administriert werden. Services können die Rolle von Informationsproduzenten und -konsumenten einnehmen. Die Verknüpfung dieser Services wird zur Laufzeit über den Wire Admin Service festgelegt.
- *Initial Provisioning:* Die Administration eines OSGi Frameworks erfolgt unter Verwendung eines Management Agents. Die Initial Provisioning Specification beschreibt, wie ein Management Agent initial im OSGi Framework installiert und bereitgestellt wird.
- *UPnP Device Service:* Die UPnP Device Service Specification beschreibt, wie Bundles entwickelt werden können, die mit »Universal Plug and Play (UPnP)«-Geräten zusammenarbeiten. Der

UPnP Device Service verbindet die OSGi Service Platform mit dem UPnP-Netzwerk, so dass die externen Geräte als OSGi Services genutzt werden können.

2.5 Implementierungen

Eine Framework-Spezifikation ist nutzlos, wenn nicht auch produktiv einsetzbare Implementierungen derselben existieren. Glücklicherweise sind gleich mehrere Implementierungen der OSGi Service Platform verfügbar, sowohl im Open-Source-Bereich als auch als kommerzielle Produkte. In diesem Unterkapitel werfen wir einen kurzen Blick auf die verschiedenen Produkte.

2.5.1 Open-Source-Implementierungen

Im Open-Source-Bereich sind im Wesentlichen die folgenden vier Implementierungen relevant:

- *Eclipse Equinox:* Eclipse Equinox [EQUINOX] ist die Basis aller Eclipse-Anwendungen, allen voran der Eclipse-IDE. Damit ist Equinox wohl die am weitesten verbreitete laufende OSGi Platform auf dem Desktop.
- *Prosyst mBedded Server Equinox Edition:* Die mBedded Server (mBS) Equinox Edition wird, wie auch das kommerzielle Produkt mBedded Server Professional Edition, von der Firma Prosyst entwickelt. Seit März 2007 ist die Open-Source-Variante des mBedded Server verfügbar, die auf Eclipse Equinox basiert und u.a. zusätzliche Standard Services bereitstellt. Zeitgleich ist Prosyst der Eclipse Foundation beigetreten und beteiligt sich seitdem aktiv an der Entwicklung von Eclipse Equinox. Die mBS Equinox Edition steht unter der Eclipse Public License.
- *Knopflerfish:* Knopflerfish [KNOPF] ist die Open-Source-Variante der kommerziellen OSGi-Implementation Knopflerfish Pro. Beide Implementationen werden von der Firma Makewave (ehemals Gatespace Telematics) aus Schweden entwickelt. Die OSGi-R4-Implementation heißt Knopflerfish 2 und steht seit Juni 2006 bereit. Knopflerfish steht unter einer eigenen Lizenz, die sich an der BSD-Lizenz orientiert.
- *Apache Felix:* Felix [FELIX] ist seit Anfang des Jahres 2007 ein Top-Level-Projekt bei Apache. Felix basiert auf einer älteren OSGi-Implementation namens Oscar. Felix steht unter der Apache License 2.0, ist allerdings noch nicht OSGi-zertifiziert.

2.5.2 Kommerzielle Implementierungen

Neben den Open-Source-Varianten existieren verschiedene kommerzielle Implementierungen der OSGi Service Platform. Stellvertretend und ohne Anspruch auf Vollständigkeit stellen wir nachfolgend zwei von ihnen vor:

- *Knopflerfish Pro [KFPRO]:* Bei Knopflerfish Pro handelt es sich um die kommerzielle Variante von Knopflerfish der Firma Makewave. Bis zur OSGi Version 3 hieß die kommerzielle Variante Ubiserv, und seit der OSGi Version 4 wurde die Namensgebung mit Knopflerfish und Knopflerfish Pro vereinheitlicht. Knopflerfish Pro ist OSGi-R4-zertifiziert. Zusätzlich werden diverse Treiber unter anderem für GPS-Geräte und die serielle COM-Schnittstelle bereitgestellt.
- *mBedded Server Professional Edition [PROSYST]:* ProSyst liefert neben der vorgestellten Open-Source-Variante »mBedded Server Equinox Edition« auch eine kommerzielle Lösung, die »mBedded Server Professional Edition«. Die »Professional Edition« ist OSGi-R4-zertifiziert und optimiert in Hinblick auf Performanz und Speicherbedarf. Somit ist diese Variante besonders für kleine Plattformen mit eingeschränkten Ressourcen geeignet. Es existieren beispielsweise Optimierungen für spezielle Java-VMs wie J9. Zudem wird die OSGi Mobile Specification unterstützt.

2.6 Eclipse Equinox

Eclipse Equinox ist die OSGi-Service-Platform-Implementierung der Eclipse Foundation und bildet die Grundlage der Eclipse IDE und anderer Eclipse-basierter Produkte.

2.6.1 Die Eclipse-Equinox-Distribution

Eclipse Equinox ist (in Teilen) Bestandteil der Eclipse-Distribution, steht aber unabhängig davon auch als eigene Distribution auf der Eclipse-Equinox-Homepage unter [EQDOWN] zur Verfügung. Dort können die Equinox Bundles entweder einzeln oder als komplette Distribution im Form von ZIP-Archiven heruntergeladen werden. Die Distribution wird in zwei Varianten angeboten:

- `eclipse-equinox-3.3.x.zip`: Enthält das OSGi Framwork und alle implementierten Standard Services sowie Eclipse-Equinox-spezifische Erweiterungen, allerdings keine Source-Dateien.
- `eclipse-equinox-SDK-3.3.x.zip`: Enthält alle Bestandteile der Eclipse-Equinox-Distribution (`eclipse-equinox-3.3.x.zip`), darüber hinaus sämtliche Sourcen des Frameworks und der implementierten Standard Services und Eclipse-Equinox-spezifischen Erweiterungen.

Neben den in der Distribution enthaltenen Bundles befinden sich im Abschnitt »Incubator« auf der Download-Seite einige zusätzliche Bundles. Diese Bundles implementieren Standard Services und Erweiterungen der OSGi Service Platform, die noch keine Produktionsreife besitzen und damit nicht Bestandteil der offiziellen Distribution sind.

2.6.2 Eclipse Equinox als Grundlage der Eclipse-Laufzeitumgebung

Eclipse Equinox ist die Basis aller Eclipse-basierten Anwendungen (wie bspw. RCP-Anwendungen oder der Eclipse IDE selbst). Ursprünglich besaß die Eclipse IDE eine eigene, proprietäre Laufzeitumgebung, mit der Anwendungen modularisiert wurden. Mitte 2003 kam, vor allem getrieben durch Eclipse-RCP-Anwendungen, die Anforderung, dass Plug-ins zur Laufzeit installiert und deinstalliert werden sollten, ohne dass dazu die Anwendung neu gestartet werden muss. Daraufhin wurden verschiedene Ideen evaluiert, bis schließlich die OSGi Service Platform als geeignet erschien. Die Eclipse Foundation trat der OSGi Alliance bei, und die bestehende Eclipse-Plattform wurde auf die OSGi Platform portiert. Mit Eclipse 3.0 wurde die ursprüngliche Plug-in-Infrastruktur von Eclipse auf Eclipse Equinox umgestellt.

Zusätzlich zu den in der OSGi spezifizierten Anforderungen implementiert Eclipse Equinox verschiedene proprietäre Features wie bspw. die Extension Registry, die wir Ihnen in Kapitel 22 vorstellen.

2.6.3 Die Eclipse IDE als Entwicklungsplattform für OSGi Bundles

Die Eclipse IDE selbst ist wiederum eine hervorragende Plattform zur Entwicklung von Bundles. Sie stellt mit dem Plug-in Development Environment (PDE) eine komplette Entwicklungsumgebung für OSGi Bundles zur Verfügung. Das PDE arbeitet auf speziellen Plug-in-Projekten, die in der Regel auf einem herkömmlichen Eclipse-Java-Projekt aufbauen, so dass Sie alle aus der Eclipse IDE bekannten Features zur Java-Entwicklung, etwa den Refactoring-Support, auch zur Entwicklung von Bundles verwenden können.

Darüber hinaus bietet das PDE spezialisierte Features, die die Entwicklung von Plug-in-Projekten und Bundles vereinfachen:

- *Manifest Editor:* Zum Bearbeiten der Bundle-Manifest-Dateien (und anderer proprietärer Eclipse-Plug-in-Artefakte) stellt das PDE einen komfortablen grafischen Editor zur Verfügung, mit dem Sie z.B. auf Knopfdruck Import- und Export-Header generieren lassen. Für die textuelle Bearbeitung der Manifest-Datei steht ein eigener Editor zur Verfügung, der über die bekannten Eclipse-Features wie Syntax Highlighting, Code Completion und Quick Fixes verfügt.
- *Launcher:* Analog zum »Java Application«-Launcher stellt der PDE einen speziellen »OSGi Framework«-Launcher zur Verfügung, mit dem Sie Equinox ausführen und bei Bedarf auch debuggen können. Dabei können Sie auswählen, welche Bundles und Plug-in-Projekte aus Ihrem Workspace automatisch installiert und gestartet werden.
- *Export Wizard:* Innerhalb des PDE können Sie Ihr Plug-in-Projekt direkt in eine Equinox-Instanz installieren und dort testen, ohne dass Sie das Projekt vorher in ein »echtes« Bundle überführen müssten. Um Ihr fertiges Bundle außerhalb von Eclipse nutzen zu können, verwenden Sie den Export Wizard, der Ihr Plug-in-Projekt automatisch in ein OSGi-konformes Bundle-Jar exportiert.
- *Project Wizard:* Mit den »New Project Creation Wizards« können Sie bequem neue Plug-in-Projekte mit allen erforderlichen Artefakten erzeugen.
- *Views:* Darüber hinaus stehen verschiedene Ansichten zur Verfügung, mit denen sich bspw. die Package-Abhängigkeiten eines Bundles betrachten lassen.

2.7 Die OSGi Service Platform in Aktion

In diesem Kapitel möchten wir Ihnen einen ersten praktischen Eindruck des Arbeitens mit der OSGi Service Platform geben. Dazu zeigen wir anhand einer kleinen Webanwendung, wie Sie in der OSGi Service Platform zur Laufzeit verschiedene Bundles installieren und ausführen können.

Die Webanwendung besteht aus einem Games Servlet, das in der OSGi Service Platform installierte Online-Spiele in einer Auswahlliste darstellt. Sowohl das Games Servlet als auch die Online-Spiele basieren auf Beispielen, die initial von Peter Kriens entwickelt wurden. Die zusätzlich zu installierenden Bundles stammen aus der Eclipse-Equinox-Distribution.

Hinweis

Wir gehen im Folgenden davon aus, dass Sie Eclipse Equinox wie in Unterkapitel 1.4 beschrieben im Verzeichnis `c:\equinox` installiert haben. Zusätzlich muss das Bundle `org.eclipse.equinox.ds_1.0.0 .v20070226.jar` aus dem Equinox-Incubator installiert sein (vgl. Unterkapitel 1.4.3)

Schritt 1 : Starten des Frameworks

Im ersten Schritt starten wir das OSGi Framework. Öffnen Sie dazu eine Kommandozeile im Verzeichnis `C:\equinox\eclipse`. Von dort können Sie das OSGi Framework mit dem folgenden Aufruf starten:

```
java -jar plugins\org.eclipse.osgi_3.3.2.R33x_v20080105.jar ↵
   -console -clean
```

Sobald das Framework gestartet ist, erscheint der Prompt der Equinox- Konsole, über die Sie die OSGi Platform administrieren können.

Schritt 2 : Installieren des Webservers

Im zweiten Schritt installieren wir mit dem OSGi Http Service einen leichtgewichtigen Webserver, der in der Eclipse-Equinox-Distribution enthalten ist. Zusätzlich installieren wir drei Infrastruktur-Bundles, die vom Webserver und den Spielen benötigt werden. Die Bundles können Sie direkt aus dem Installationsverzeichnis von Eclipse Equinox installieren und starten. Führen Sie dazu die folgenden Kommandos auf der Equinox-Konsole aus:

```
install file:/c:/equinox/eclipse/plugins/↵
   org.eclipse.osgi.services_3.1.200.v20070605.jar start

install file:/c:/equinox/eclipse/plugins/↵
   org.eclipse.equinox.ds_1.0.0.v20070226.jar start

install file:/c:/equinox/eclipse/plugins/↵
   javax.servlet_2.4.0.v200706111738.jar start
```

Bevor Sie den eigentlichen Webserver installieren, können Sie über das Property `org.osgi.service.http.port` festlegen, auf welchem Port der Webserver Anfragen von Clients entgegennehmen soll (bitte achten Sie darauf, dass der Port auf Ihrem PC nicht bereits belegt ist). Setzen Sie dazu mit dem Kommando `setprop` das Property `org.osgi.service.http.port` auf den gewünschten Wert. In diesem Beispiel verwenden wir den Port 1234:

```
setprop org.osgi.service.http.port=1234
```

Anschließend können Sie den Webserver installieren und starten:

```
install file:/c:/equinox/eclipse/plugins/↵
   org.eclipse.equinox.http_1.0.101.R33x_v20071016.jar start
```

Mit dem Konsolenkommando ss (short status) können Sie sich den Zustand des OSGi Frameworks und der installierten Bundles ansehen (vgl. Abb. 2–7).

Abb. 2–7
Die ausgeführten Kommandos

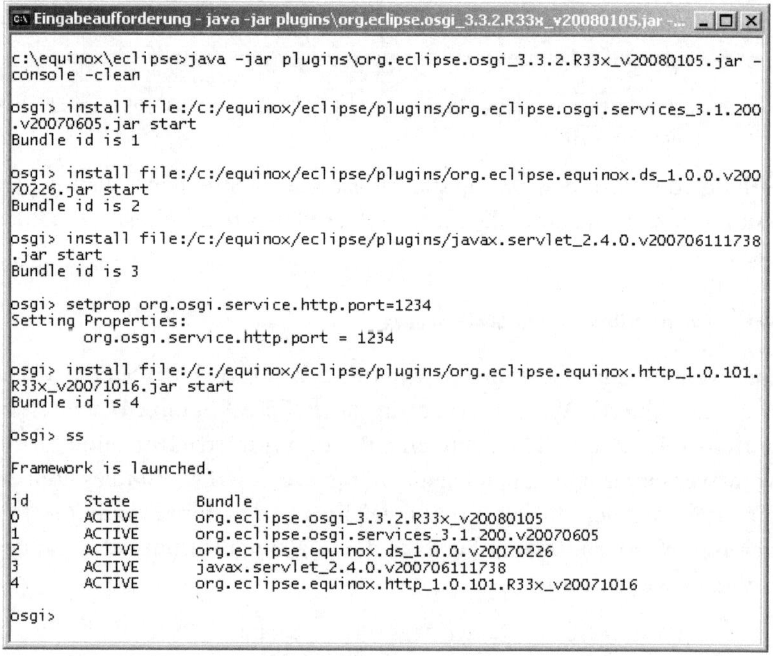

```
Eingabeaufforderung - java -jar plugins\org.eclipse.osgi_3.3.2.R33x_v20080105.jar -...

c:\equinox\eclipse>java -jar plugins\org.eclipse.osgi_3.3.2.R33x_v20080105.jar -
console -clean

osgi> install file:/c:/equinox/eclipse/plugins/org.eclipse.osgi.services_3.1.200
.v20070605.jar start
Bundle id is 1

osgi> install file:/c:/equinox/eclipse/plugins/org.eclipse.equinox.ds_1.0.0.v200
70226.jar start
Bundle id is 2

osgi> install file:/c:/equinox/eclipse/plugins/javax.servlet_2.4.0.v200706111738
.jar start
Bundle id is 3

osgi> setprop org.osgi.service.http.port=1234
Setting Properties:
        org.osgi.service.http.port = 1234

osgi> install file:/c:/equinox/eclipse/plugins/org.eclipse.equinox.http_1.0.101.
R33x_v20071016.jar start
Bundle id is 4

osgi> ss

Framework is launched.

id      State       Bundle
0       ACTIVE      org.eclipse.osgi_3.3.2.R33x_v20080105
1       ACTIVE      org.eclipse.osgi.services_3.1.200.v20070605
2       ACTIVE      org.eclipse.equinox.ds_1.0.0.v20070226
3       ACTIVE      javax.servlet_2.4.0.v200706111738
4       ACTIVE      org.eclipse.equinox.http_1.0.101.R33x_v20071016

osgi>
```

Schritt 3: Installieren des Games Servlets

Der Webserver ist nun bereits gestartet und nimmt Anfragen auf dem gesetzten Port entgegen. Allerdings existieren noch keine Seiten, die der Webserver anzeigen könnte.

In diesem Schritt installieren wir zunächst das Games Servlet, das eine Auswahlliste implementiert, über die die installierten Spiele ausgewählt und gestartet werden können. Das implementierende Bundle kann direkt von der Webseite zu diesem Buch geladen werden:

```
install http://www.osgibook.org/repo/jars/↵
   gamesservlet_1.0.0.jar start
```

Nach der Installation des Bundles können Sie über einen Webbrowser unter der Adresse `http://localhost:1234/games` die Spieleliste abrufen. Da in der Service Platform noch keine Spiele installiert sind, ist die Liste leer.

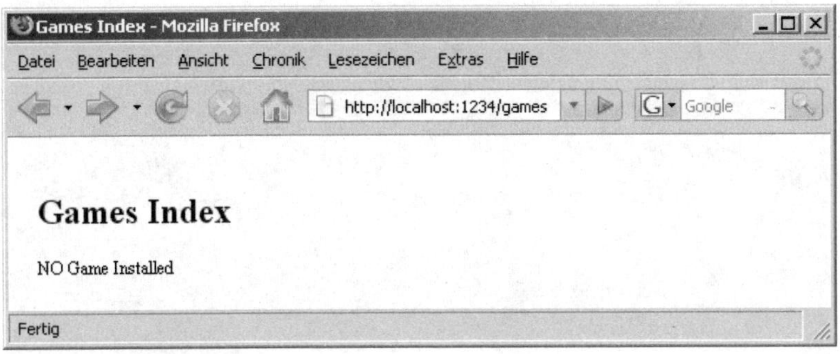

Abb. 2–8
Das Games Servlet

Schritt 4: Installieren des Sudoku-Spiels

Als erstes Spiel installieren wir in diesem Schritt ein Sudoku-Spiel. Auch dieses Bundle können Sie direkt von der Webseite zu diesem Buch herunterladen:

```
install http://www.osgibook.org/repo/jars/sudoku_1.0.0.jar start
```

Sobald Sie das Bundle installiert haben, können Sie über den Webbrowser eine aktualisierte Liste der verfügbaren Spiele abrufen, die einen Link auf das installierte Sudoku-Spiel enthält.

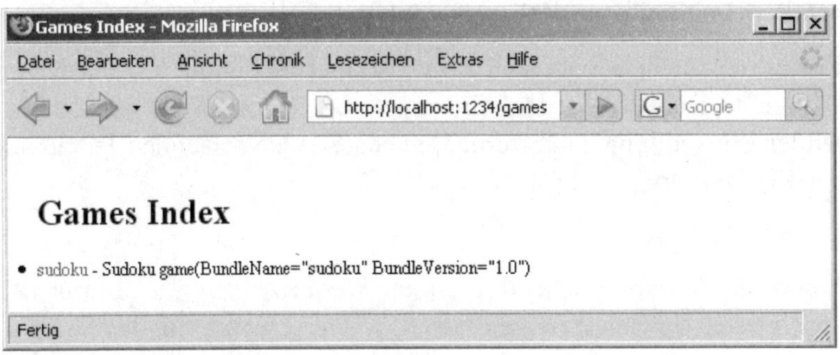

Abb. 2–9
Das Games Servlet mit dem installierten Sudoku-Spiel

Schritt 5: Installieren des Cardreader-Spiels

Neben dem Sudoku-Spiel befindet sich auf der Buch-Homepage ein weiteres Spiel, der Cardreader. Mit dem folgenden Konsolenkommando können Sie das implementierende Bundle installieren:

```
install http://www.osgibook.org/repo/jars/↵
  cardreader_1.0.0.jar start
```

Wenn Sie die Seite mit dem Games Servlet in Ihrem Browser erneut aufrufen, sehen Sie dort jetzt auch das zweite installierte Spiel, das Sie über einen Link starten können. Nach einem Klick auf den Link öffnet sich das Cardreader-Spiel (vgl. Abb. 2–10).

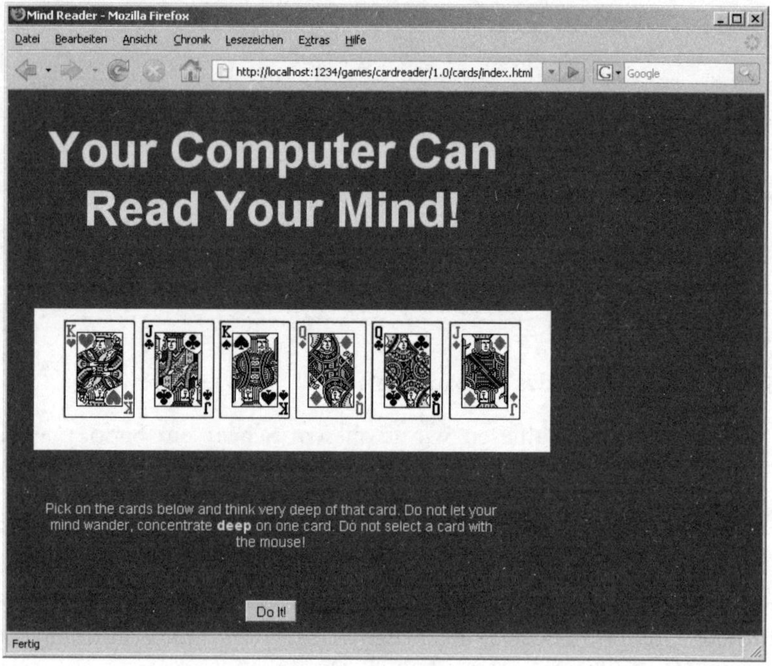

Abb. 2–10
Das Cardreader-Spiel

Schritt 6: Deinstallieren des Sudoku-Spiels

Ein in der OSGi Service Platform installiertes Bundle kann jederzeit wieder deinstalliert werden. Um bspw. das Sudoku-Spiel aus der laufenden Anwendung zu entfernen, geben Sie den folgenden Befehl auf der Konsole ein:

```
uninstall sudoku
```

Wenn Sie sich anschließend in Ihrem Webbrowser die Liste mit den verfügbaren Spielen anzeigen lassen, ist der Eintrag für das Sudoku-Spiel nicht mehr verfügbar. Über den Befehl ss können Sie sich zudem alle im Framework installierten Bundles anzeigen lassen:

```
osgi> ss
Framework is launched.

id    State     Bundle
0     ACTIVE    org.eclipse.osgi_3.3.2.R33x_v20080105
1     ACTIVE    org.eclipse.osgi.services_3.1.200.v20070605
2     ACTIVE    org.eclipse.equinox.ds_1.0.0.v20070226
3     ACTIVE    javax.servlet_2.4.0.v200706111738
4     ACTIVE    org.eclipse.equinox.http_1.0.101.R33x_v20071016
5     ACTIVE    gamesservlet_1.0.0
7     ACTIVE    cardreader_1.0.0
```

Schritt 7: Beenden des Frameworks

Um das Framework zu beenden, können Sie den Befehl `exit` auf der Konsole eingeben:

```
osgi> exit
```

2.8 Zusammenfassung

Dieses Kapitel hat Ihnen einen ersten Überblick über die OSGi Service Platform und deren grundlegende Konzepte vermittelt. Sie haben die Vorteile des Einsatzes der OSGi Service Platform kennengelernt und einen ersten praktischen Eindruck des Arbeitens mit der OSGi Service Platform anhand von Eclipse Equinox erhalten.

Im nachfolgenden Teil I stellen wir Ihnen die Konzepte des OSGi Frameworks im Detail vor, um Sie in die Lage zu versetzen, eigene OSGi-basierte Anwendungen zu erstellen. Eine genauere Vorstellung der OSGi Standard Services erhalten Sie in Teil II des Buches. In Teil III stellen wir abschließend Eclipse-Equinox-spezifische Erweiterungen der OSGi Service Platform dar.

Teil I: Das OSGi Framework

Der erste Teil dieses Buches beschäftigt sich mit dem OSGi Framework, das der OSGi Service Platform zugrunde liegt. Der Teil besteht aus zehn Kapiteln und ist wie folgt aufgebaut:

- *Kapitel 3 (Bundles)* erläutert an einem ersten, einfachen Beispiel den Aufbau von Bundles und stellt grundlegende Framework-Klassen wie den `BundleActivator` und den `BundleContext` vor.
- *Kapitel 4 (Bundle-Lebenszyklus)* erläutert den Lebenszyklus von Bundles und zeigt, wie Sie diesen über die Equinox-Konsole steuern und überwachen.
- *Kapitel 5 (Package-Abhängigkeiten zwischen Bundles)* beschreibt, wie Packages von Bundles exportiert bzw. importiert und so Package-Abhängigkeiten zwischen Bundles definiert werden.
- *Kapitel 6 (OSGi Services)* führt Sie in die Grundlagen der Implementierung und des Arbeitens mit OSGi Services ein.
- *Kapitel 7 (Umgang mit dynamischen Services)* behandelt, wie Sie mit Services in dynamischen Systemen umgehen, in denen die Services zur Laufzeit »kommen und gehen« können.
- *Kapitel 8 (Fragment Bundles)* beschreibt das Arbeiten mit Fragment Bundles, mit denen Sie bestehende Bundles um zusätzliche Klassen und Ressourcen erweitern können.
- *Kapitel 9 (Security)* behandelt sicherheitsrelevante Aspekte des OSGi Frameworks und zeigt, wie Sie die Ausführungsrechte einzelner Bundles gezielt beschränken.
- *Kapitel 10 (Management der OSGi Service Platform)* zeigt, wie Sie das Eclipse Equinox mithilfe von Management Agents »von außen« administrieren.
- *Kapitel 11 (Packaging und Deployment)* behandelt das Packaging und Deployment von Anwendungen, die auf Eclipse Equinox basieren. Es wird gezeigt, wie Sie Eclipse Equinox von der Kommandozeile oder aus Java-Anwendungen heraus ausführen.

3 Bundles

Motivation

In den bisherigen Ausführungen zur OSGi Service Platform haben Sie das *Bundle* als Modularisierungseinheit von Anwendungen kennengelernt. Dieses Konzept werden wir in diesem Kapitel näher beleuchten und Ihnen den grundsätzlichen Aufbau von Bundles vorstellen. Sie lernen das Bundle Manifest mit seinen verschiedenen Manifest Headern sowie grundlegende Framework-Klassen kennen.

Bundles vs. Plug-ins

Lassen Sie sich bitte nicht verwirren, wenn Sie im Folgenden neben dem Konzept des *Bundles* scheinbar mit einem zweiten Konzept, dem *Eclipse-Plug-in,* konfrontiert werden. Beide Begriffe beschreiben ein und dasselbe Konzept, und innerhalb der Eclipse IDE wird der Begriff »Plug-in« synonym zum Begriff »Bundle« verwendet.

Dass innerhalb von Eclipse nicht von Bundles, sondern von Plug-ins die Rede ist, liegt an der Tatsache, dass Eclipse bis zur Version 3.0 eine eigene, proprietäre Modularisierungsinfrastruktur besaß, in der die Module Plug-ins hießen. Mit der Integration des OSGi Frameworks in Eclipse wurde zwar die proprietäre Infrastruktur abgelöst, die Begrifflichkeit wurde jedoch beibehalten.

Einordnung

Die in diesem Kapitel vorgestellten Konzepte sind im Module Layer des OSGi Frameworks angesiedelt (vgl. Abb. 3–1) und können in Kapitel 3 der OSGi Core Specification [OSCS07] nachgelesen werden. Die Eclipse-spezifischen Konzepte wie bspw. das Arbeiten mit Plug-in-Projekten sind in der Online-Hilfe der Eclipse IDE [ECHE33] beschrieben.

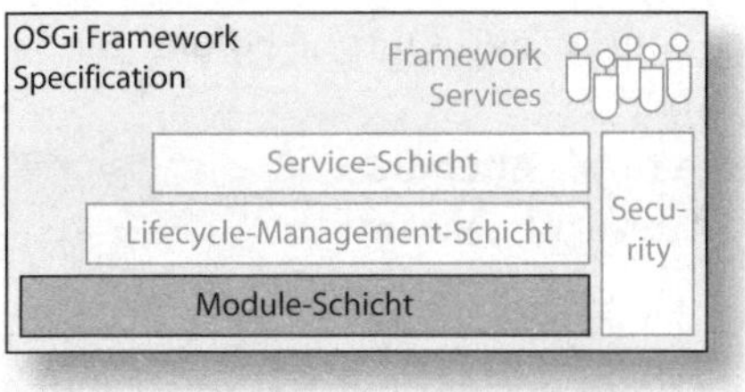

Abb. 3–1
Einordnung in die logischen Framework-Schichten

3.1 Tutorial: Ein »Hello World«-Bundle

Überblick

Jeder erste Kontakt mit einer Programmiersprache oder einem Framework beginnt mit einem »Hello World«-Programm. Auch wir möchten uns dieser Tradition nicht entziehen und werden Sie nachfolgend durch die Implementierung eines Bundles führen, das eine »Hello OSGi World«-Nachricht auf der Systemkonsole ausgibt.

Das »Hello World«-Bundle enthält ein einziges Package mit genau einer Klasse, dem Bundle-Aktivator (vgl. Abb. 3–2).

Abb. 3–2
Das »Hello World«-Bundle

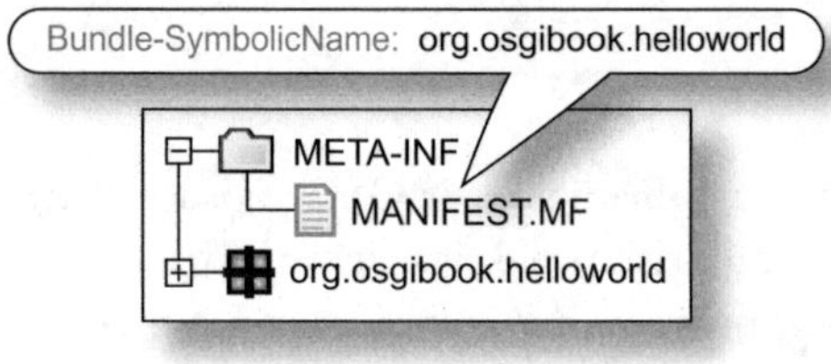

Der Bundle-Aktivator implementiert die Ausgabe des »Hello OSGi World«-Grußes, die erfolgen soll, sobald das Bundle gestartet wird. Zusätzlich soll beim Stoppen des Bundles eine »Goodbye OSGi World«-Nachricht ausgegeben werden.

Schritt 1: Anlegen des »Hello World«-Plug-in-Projektes

Ein zu entwickelndes Bundle wird innerhalb der Eclipse IDE immer durch ein *Plug-in-Projekt* repräsentiert. Ein Plug-in-Projekt enthält neben dem Bundle Manifest alle zum Bundle gehörenden Sourcen und Ressourcen. Für unser »Hello World«-Beispiel müssen Sie also zunächst ein neues Plug-in-Projekt anlegen. Dazu verwenden Sie den Plug-in Project Wizard, den Sie über **File -> New -> Project ... -> Plug-in Project** aufrufen.

Spezifikation des Plug-in-Projektes

Auf der Startseite des Wizards (vgl. Abb. 3–3) müssen Sie die verschiedenen Informationen spezifizieren, die sich auf das zu generierende Plug-in-Projekt beziehen:

- den Projektnamen
(hier: `org.osgibook.helloworld`),
- den Namen der Source- und Output-Folder
(hier: `src` bzw. `bin`),
- die Zielplattform für das Bundle
(hier: `an OSGi Framework/standard`)

Über die Auswahl der Zielplattform (Target Platform) legen Sie fest, ob das Bundle innerhalb der Eclipse IDE oder auf Basis eines OSGi

Frameworks ablaufen soll. Abhängig von dieser Einstellung bietet Ihnen der Plug-in Project Wizard auf der letzten Seite des Wizards verschiedene Projekt-Templates zur Auswahl an. In unserem Fall wählen Sie **OSGi Framework** und ändern die Auswahlbox auf **standard**.

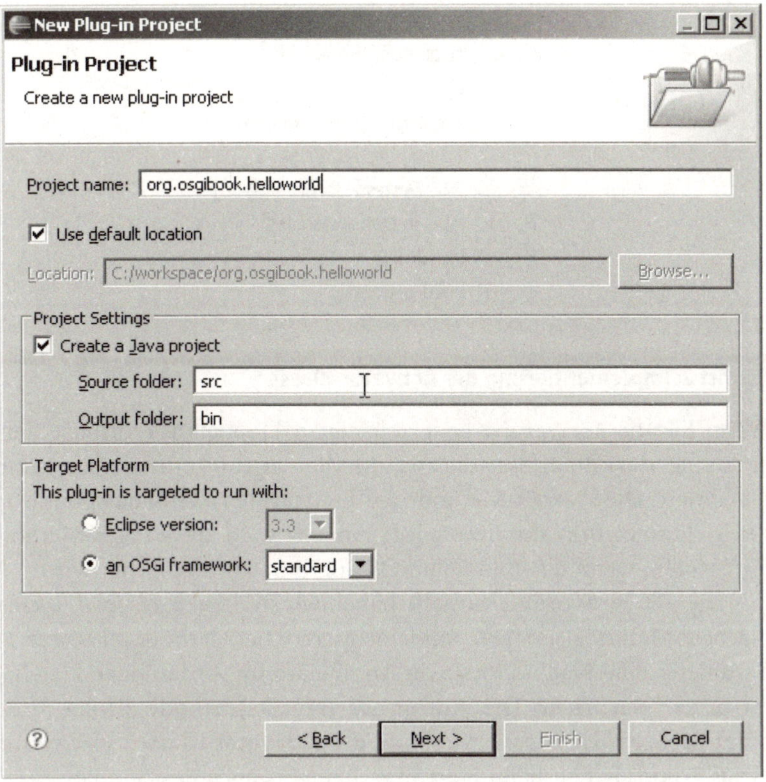

Abb. 3–3
Der Plug-in Project Wizard

Der Zusatz **standard** in der Auswahlbox gibt an, dass innerhalb des Bundle Manifests des zu entwicklenden Bundles keine Equinox-spezifischen Erweiterungen verwendet werden, so dass das Bundle auch mit alternativen R4-kompatiblen OSGi-Implementierungen, wie bspw. dem Knopflerfish OSGi Framework, lauffähig ist.

Spezifikation der Plug-in-Inhalte

Wenn Sie alle Einstellungen getroffen haben, können Sie über den Button **Next >** zur nächsten Seite des Wizards wechseln, auf der Sie Informationen bzgl. des *Plug-in-Inhaltes* spezifizieren können. Geben Sie im Feld **Plug-in Name** `Hello World Bundle` ein. Die anderen Inhalte können Sie wie vorbelegt übernehmen und das Plug-in-Projekt durch die Aktivierung der **Finish**-Schaltfläche erzeugen.

Das generierte Beispielprojekt

Nach Beenden des Plug-in-Project-Wizards befindet sich in Ihrem Workspace ein neues Projekt, das den in Abb. 3–4 dargestellten Aufbau besitzt. Das generierte Projekt enthält neben dem Bundle Manifest

(MANIFEST.MF) die Klasse Activator, die im Package org.osgibook.helloworld abgelegt ist. Ferner besitzt das Projekt eine Datei build.properties, die wir allerdings in diesem Abschnitt nicht näher betrachten werden. Für nähere Informationen zu diesem Thema sei an dieser Stelle auf Kapitel 11 verwiesen.

Abb. 3–4
Das generierte Beispielprojekt

Schritt 2: Implementierung der Activator-Klasse

Wenn Sie die Activator-Klasse mit einem Doppelklick öffnen, dann sehen Sie, dass die Klasse die zwei Methoden start() und stop() implementiert. Die start()-Methode wird aufgerufen, wenn das Bundle im OSGi Framework aktiviert wird. Analog wird die stop()-Methode aufgerufen, wenn das Bundle im OSGi Framework gestoppt wird.

Die »Hello World«-Ausgabe haben wir in diesem Beispiel in einer eigenen Methode greet() implementiert. Die Methode erwartet als Parameter eine Nachricht sowie Argumente für vorhandene Platzhalter in der Nachricht. Der Aufruf der greet()-Methode erfolgt in der start()- bzw. der stop()-Methode der Activator-Klasse, so dass der Gruß grundsätzlich beim Start bzw. beim Stoppen des Bundles ausgegeben wird. Zusätzlich zum »Hello World« geben wir in unserem Beispiel den symbolischen Namen des Bundles aus (vgl. Listing 3–1).

Listing 3–1
Der BundleActivator

```
package org.osgibook.helloworld;

import org.osgi.framework.BundleActivator;
import org.osgi.framework.BundleContext;

public class Activator implements BundleActivator {

   public void start(BundleContext context) throws Exception {
      greet("Hello OSGi-World from bundle %s!",
      context.getBundle().getSymbolicName());
   }

   public void stop(BundleContext context) throws Exception {
      greet("Goodbye OSGi-World from bundle %s!",
      context.getBundle().getSymbolicName());
   }
```

```
    protected void greet(String msg, Object... args) {
        String message = String.format(msg, args);
        System.out.println(message);
    }
}
```

Schritt 3: Starten der OSGi Service Platform

Anlegen einer Run-Konfiguration

Um das neue Bundle innerhalb des Equinox-OSGi-Frameworks auszuführen, müssen Sie zunächst eine neue Run-Konfiguration anlegen. Dazu öffnen Sie den Run-Dialog (**Run -> Run...**) und erzeugen eine neue OSGi Framework Konfiguration mit dem Namen »Hello World Example« (vgl. Abb. 3–5).

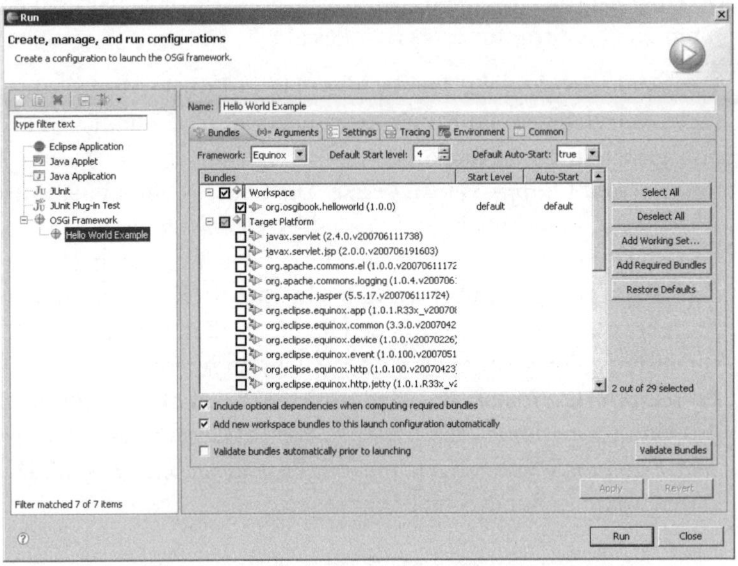

Abb. 3–5
Die »Hello World«-Run-Konfiguration

Bitte achten Sie darauf, dass in der Liste der ausgewählten Plug-ins nur das Bundle `org.osgibook.helloworld` und das benötigte Bundle `org.eclipse.osgi` ausgewählt ist. Deselektieren Sie dazu alle ausgewählten Bundles (**Deselect All**), um anschließend die beiden Bundles auszuwählen.

Ausführen der Run-Konfiguration

Führen Sie die erstellte Run-Konfiguration nun aus, indem Sie den **Run**-Button aktivieren. Auf der Konsole erscheint wie erwartet die »Hello World«-Ausgabe:

```
osgi> Hello OSGi World from bundle org.osgibook.helloworld
```

Damit haben Sie Ihr erstes OSGi Bundle entwickelt. In den folgenden Unterkapiteln werden wir die zugrunde liegenden Konzepte detailliert betrachten.

3.2 Bundles im Überblick

Ein Bundle ist eine fachlich oder technisch zusammenhängende Einheit von Klassen und Ressourcen, die unabhängig im OSGi Framework installiert und deinstalliert werden kann. Technisch gesehen ist ein Bundle ein Java-Archiv (Jar-Datei), das zusätzliche Informationen in Form des Bundle Manifests enthält. In Eclipse Equinox können Bundles auch in »entpackter« Form, also als Verzeichnisstruktur, installiert werden.

Bundles und Eclipse-Plug-in-Projekte

Innerhalb der Eclipse IDE werden Bundles immer als *Plug-in-Projekte* entwickelt. Plug-in-Projekte enthalten das Bundle Manifest sowie alle zum Bundle gehörenden Sourcen und Ressourcen. Die Struktur eines Plug-in-Projektes (Abb. 3–6) weicht in einigen wesentlichen Punkten von der Struktur eines Bundles ab:

- ***Verzeichnisstruktur vs. Jar-Archiv:*** Plug-in-Projekte liegen als einfache Verzeichnisse im Dateisystem vor, während Bundles in Form von Jar-Archiven existieren.
- ***Source- und Output-Verzeichnisse:*** Die Sourcen eines Plug-in-Projektes sind gewöhnlich in Source-Verzeichnissen (z.B. `src`), die kompilierten Klassen analog in Output-Verzeichnissen (z.B. `bin`) enthalten. Demgegenüber enthält ein Bundle in Form eines Jar-Archives die kompilierten Klassen im Normalfall direkt im Wurzelverzeichnis. Die Sourcen sind i.d.R. nicht im Bundle enthalten.
- ***Projektinformationen:*** Ein Plug-in-Projekt enthält eine Reihe von Projektinformationen, die bspw. in der `.classpath`- und der `.project`-Datei im Wurzelverzeichnis des Projektes abgelegt sind. Diese Dateien sind in Bundles nicht enthalten.

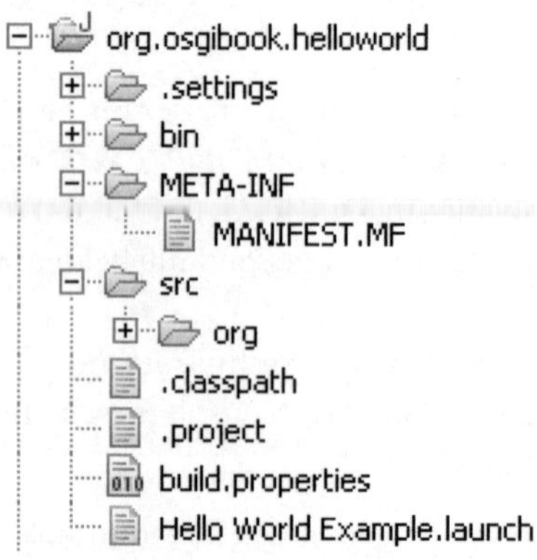

Abb. 3–6
Struktur eines Plug-in-Projektes

Die Überführung eines Plug-in-Projekts in ein Bundle erfolgt, indem Sie ein Plug-in-Projekt explizit aus der IDE exportieren. Wir werden dieses Thema im Detail in Kapitel 11 behandeln.

Um die Entwicklung von Bundles in Form von Plug-in-Projekten möglichst komfortabel zu gestalten und lange Turn-around-Zyklen zu vermeiden, unterstützt Eclipse Equinox neben der Verwendung von Bundles auch die direkte Verwendung von Plug-in-Projekten: Sie können also Eclipse-Plug-in-Projekte direkt im OSGi Framework installieren und starten, ohne dass diese vorher in Bundles konvertiert werden müssten. Dies stellt zur Entwicklungszeit eine erhebliche Vereinfachung dar, da das Umbauen von Plug-in-Projekten zu Bundles eine gewisse Zeit benötigt und so die Entwicklung ausbremst. Durch die direkte Verwendung von Plug-in-Projekten in Eclipse Equinox zur Entwicklungszeit entfällt dieser Schritt.

Installation von Plug-in-Projekten in Eclipse Equinox

3.3 Das Bundle Manifest

Im Verzeichnis META-INF unseres Beispielprojektes befindet sich das Bundle Manifest, das die im Plug-in-Project-Wizard spezifizierten Einträge enthält. Über das Bundle Manifest stellt ein Bundle zusätzliche deskriptive Informationen über sich selbst bereit, die vom OSGi Framework ausgewertet und verarbeitet werden können.

3.3.1 Der Plug-in Manifest Editor

Mit einem Doppelklick können Sie das Bundle Manifest im *Plug-in Manifest Editor* öffnen und bearbeiten (siehe Abb. 3–7).

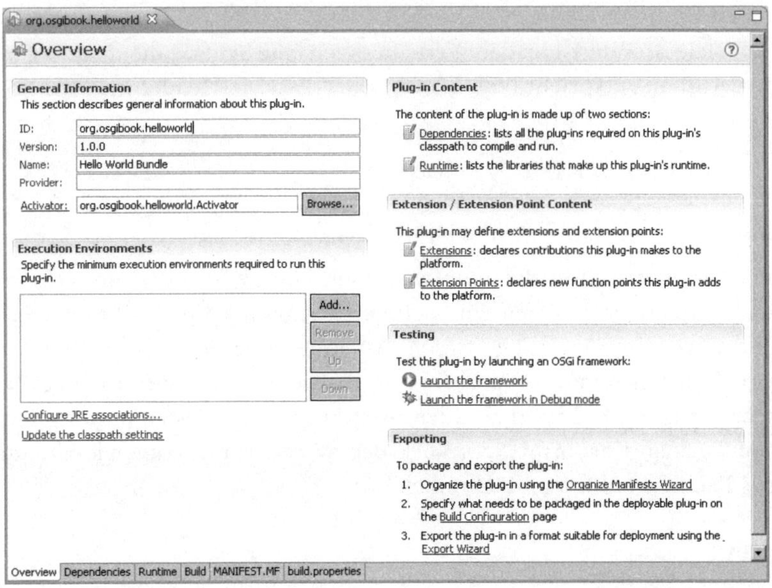

Abb. 3–7 *Der Plug-in Manifest Editor*

Der Plug-in Manifest Editor ist ein Bestandteil des Plugin Development Environments (PDE) der Eclipse IDE und stellt einen komfortablen Editor zur Bearbeitung des Bundle Manifests zur Vefügung.

3.3.2 Das Bundle Manifest in textueller Form

Wenn Sie im Plug-in Manifest Editor den Reiter »MANIFEST.MF« auswählen, dann können Sie das Bundle Manifest mit dem verwendeten Bundle Manifest Header in einer übersichtlichen Textform betrachten (siehe Listing 3–2).

Listing 3–2
Das Bundle Manifest in textueller Form

```
Manifest-Version: 1.0
Bundle-ManifestVersion: 2
Bundle-Name: Hello World Bundle
Bundle-SymbolicName: org.osgibook.helloworld
Bundle-Version: 1.0.0
Bundle-Activator: org.osgibook.helloworld.Activator
Import-Package: org.osgi.framework;version="1.4.0"
Bundle-ClassPath: .
```

Die möglichen Bundle Manifest Header und ihre jeweilige Bedeutung sind in der OSGi-Core-Spezifikation [OSCS07] innerhalb des Kapitels 3 (*Modules*) spezifiziert. Die meisten der dort definierten Header sind optional und ggf. mit einem Defaultwert belegt. Lediglich der symbolische Name eines Bundles (`Bundle-SymbolicName`), der zusammen mit der Version des Bundles die eindeutige Identifikation des Bundles innerhalb des Frameworks ermöglicht, muss im Bundle Manifest angegeben werden.

Syntax

Viele Manifest-Header-Werte besitzen eine Syntax, die dem folgenden Aufbau entspricht (vgl. bspw. `Import-Package`-Header in Listing 3–2):

```
header ::= clause ( ',' clause) *
clause ::= path ( ';' path ) *
              ( ';' parameter ) *
```

Ein Parameter kann dabei entweder eine *Direktive* oder ein *Attribut* sein. Direktiven besitzen eine definierte Semantik für das Framework und werden mit »:=« zugewiesen. Attribute hingegen werden benutzt, um Zuordnungen und Vergleiche zu realisieren, und mit »=« zugewiesen. In Listing 3–2 wird z.B. dem Attribut `version` des zu importierenden Packages `org.osgi.framework` der Wert »1.4.0« zugewiesen, um das Package näher zu beschreiben.

3.3.3 Bedeutung der verwendeten Bundle Manifest Header

Die Bedeutungen der in unserem Beispiel verwendeten Bundle Manifest Header sind in der nachfolgenden Tabelle (Tabelle 3–1) aufgelistet. Der Manifest-Header `Manifest-Version` ist Bestandteil der Jar File Specification von SUN [JARSPEC] und spezifiziert die Version der Manifest-Datei. Wir werden diesen Header hier nicht weiter betrachten.

Tab. 3–1
Verwendete Bundle Manifest Header

Bundle Manifest Header	Pflicht	Beschreibung
Bundle-ManifestVersion	nein	Definiert die Version der OSGi-Spezifikation, auf die sich das Bundle bezieht. Für Release-4-konforme Bundles muss die Manifest-Version den Wert '2' besitzen. Der Defaultwert ist '1'. Die Bundle-Manifest-Version wird beim Anlegen eines Plug-in-Projektes automatisch auf den Wert 2 gesetzt und sollte von Ihnen nicht geändert werden.
Bundle-Name	nein	Legt einen sprechenden, menschenlesbaren Namen fest, der das Bundle beschreibt und den Sie frei wählen können.
Bundle-SymbolicName	ja	Der symbolische Name ermöglicht – zusammen mit der Bundle-Version – die eindeutige Identifikation eines Bundles innerhalb des Frameworks. Die OSGi-Spezifikation empfiehlt, dass der symbolische Name der Reverse-Domainname-Konvention (z.B. `org.osgibook.xyz`) genügt.
Bundle-Version	nein	Spezifiziert die Version eines Bundles. Die Default-Version lautet 0.0.0 (siehe Unterkapitel 5.5).
Bundle-Activator	nein	Der Name einer Klasse, deren start()- bzw. stop()-Methoden ausgeführt werden, wenn das Bundle gestartet bzw. gestoppt wird (siehe Unterkapitel 3.4).
Import-Package	nein	Die importierten Packages des Bundles, die zu dessen Ausführung benötigt werden (siehe Unterkapitel 5.3).
Bundle-Classpath	nein	Definiert eine kommaseparierte Liste mit Jar-Dateien oder Verzeichnissen innerhalb des Bundles, die Klassen und Ressourcen enthalten (siehe Unterkapitel 3.6).

3.4 Der Bundle-Aktivator

3.4.1 Das Interface BundleActivator

Mithilfe eines Bundle-Aktivators kann ein Bundle beim Start und beim Stopp beliebige Operationen ausführen. Der Bundle-Aktivator muss das Interface `org.osgi.framework.BundleActivator` implementieren. Dieses Interface definiert die vom Bundle-Entwickler zu implementierenden Methoden, die beim Start und beim Stopp eines Bundles vom Framework aufgerufen werden (vgl. Listing 3–3).

Listing 3–3
Das Interface BundleActivator

```
package org.osgi.framework;

public interface BundleActivator {
   public void start(BundleContext context) throws Exception;
   public void stop(BundleContext context) throws Exception;
}
```

Die Aktivatorklasse muss einen öffentlichen Konstruktor ohne Parameter (also den Default-Konstruktor) implementieren, damit das OSGi Framework ein Exemplar dieser Klasse mit der Methode `Class.newInstance()` erzeugen kann.

Der Header Bundle-Activator

Spezifiziert wird der Aktivator durch den `Bundle-Activator`-Manifest-Header, wobei pro Bundle nur maximal ein Aktivator definiert werden kann. Der Aufbau des Bundle Manifest Headers entspricht der folgenden Form:

```
Bundle-Activator: classname
```

wobei *classname* der vollqualifizierte Java-Klassenname ist.

Package-Konventionen

Der Bundle-Aktivator ist in der Regel kein Bestandteil der öffentlichen Schnittstelle eines Bundles. Sie sollten deshalb dafür sorgen, dass Ihre `Activator`-Klasse in einem nichtöffentlichen Package liegt, das von Ihrem Bundle nicht exportiert wird (siehe dazu auch Unterkapitel 5.2).

3.5 Der Bundle-Kontext

3.5.1 Das Interface BundleContext

Das Interface `BundleContext` stellt die Schnittstelle zur Verfügung, über die ein Bundle auf das OSGi Framework zugreifen kann, und wird vom OSGi Framework implementiert (vgl. Listing 3–4).

Listing 3–4
Das Interface BundleContext

```
package org.osgi.framework;

import java.io.File;
import java.io.InputStream;
import java.util.Dictionary;

public interface BundleContext {
```

Installation von und Zugriff auf Bundles

```
  public Bundle getBundle();
  public Bundle installBundle(String location)
    throws BundleException;
  public Bundle installBundle(String location, InputStream input)
    throws BundleException;
  public Bundle getBundle(long id);
  public Bundle[] getBundles();
```

An- und Abmelden von Listenern

```
  public void addServiceListener(ServiceListener listener,
    String filter) throws InvalidSyntaxException;
  public void addServiceListener(ServiceListener listener);
  public void removeServiceListener(ServiceListener listener);
  public void addBundleListener(BundleListener listener);
  public void removeBundleListener(BundleListener listener);
  public void addFrameworkListener(FrameworkListener listener);
  public void removeFrameworkListener(FrameworkListener listener);
```

An- und Abmelden eigener sowie Zugriff auf fremde Services

```
  public ServiceRegistration registerService(String[] clazzes,
    Object service, Dictionary properties);
  public ServiceRegistration registerService(String clazz,
    Object service, Dictionary properties);
  public ServiceReference[] getServiceReferences(String clazz,
    String filter) throws InvalidSyntaxException;
  public ServiceReference[] getAllServiceReferences(String clazz,
    String filter) throws InvalidSyntaxException;
  public ServiceReference getServiceReference(String clazz);
  public Object getService(ServiceReference reference);
  public boolean ungetService(ServiceReference reference);
```

Weitere Aufgaben

```
  public String getProperty(String key);
  public File getDataFile(String filename);
  public Filter createFilter(String filter)
    throws InvalidSyntaxException;
}
```

Der Bundle-Kontext wird dem Bundle in der `start()`- bzw. in der `stop()`-Methode des Aktivators übergeben und kann dort gespeichert werden, um einen Zugriff auf den Bundle-Kontext während der Laufzeit des Bundles zu ermöglichen.

Die Kommunikation mit dem Framework ist ausschließlich über den Bundle-Kontext möglich, eine direkte Repräsentation des OSGi Frameworks gibt es in der OSGi-Spezifikation nicht. Der Bundle-Kontext ist somit eine zentrale Schnittstelle innerhalb des OSGi Frameworks und wird Ihnen im weiteren Verlauf des Buches häufig wiederbegegnen.

Über den Bundle-Kontext können Sie neue Bundles im Framework installieren und auf im System installierte Bundles zugreifen. Sie können Listener zur Verarbeitung von OSGi-Events anmelden, eigene Services an- und abmelden und bestehende Services abfragen. Darüber hinaus besitzt das Interface `BundleContext` Methoden, die bspw. das Auslesen von Properties oder das Erstellen von Service-Filtern erlauben.

3.6 Der Bundle-Klassenpfad

Für gewöhnlich enthält ein Bundle Klassen und Ressourcen, die direkt im Wurzelverzeichnis des Bundles liegen. Falls Sie jedoch innerhalb des Bundles Klassen oder Ressourcen verwenden, die außerhalb dieser Verzeichnisse liegen (bspw. in einer weiteren enthaltenen Jar-Datei), müssen Sie den Klassenpfad Ihres Bundles entsprechend anpassen.

Der Header Bundle-Classpath

Der Bundle-Klassenpfad legt fest, wie das OSGi Framework innerhalb eines Bundles nach Klassen sucht. Sie können den Bundle-Klassenpfad im Bundle Manifest über den OSGi-Header `Bundle-Classpath` spezifizieren. Der `Bundle-Classpath`-Header erwartet eine kommaseparierte Liste mit den relativen Pfaden der Jar-Dateien bzw. der Verzeichnisse innerhalb eines Bundles, in denen nach Klassen und Ressourcen gesucht werden soll. Dabei wird das Wurzelverzeichnis eines Bundles durch einen Punkt (».«) gekennzeichnet.

Beispiel

Wenn Sie in Ihrem Bundle bspw. die »Simple Logging Facade for Java« [SLF4J] für die Ausgabe der Grußbotschaften verwenden möchten, können Sie deren Jar-Dateien `slf4j-api-1.4.3.jar` und `slf4j-simple-1.4.3.jar` in Ihr Bundle aufnehmen und den Klassenpfad entsprechend setzen:

```
Bundle-Classpath: .,lib/slf4j-api-1.4.3.jar,lib/slf4j-simple-
1.4.3.jar
```

In Abb. 3–8 ist der resultierende Klassenpfad des »Hello World«-Bundles grau unterlegt dargestellt.

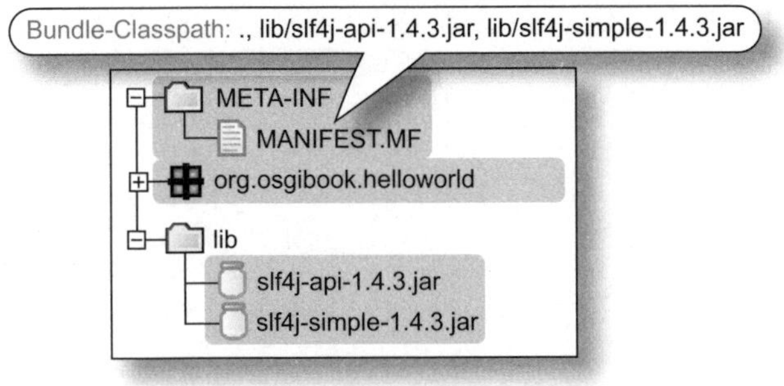

Abb. 3-8
Der Bundle-Klassenpfad

Alle Einträge im `Bundle-Classpath` müssen relativ zum Root-Verzeichnis Ihres Bundles angegeben werden. Die Einträge dürfen sich außerdem nur auf Verzeichnisse und Jar-Dateien beziehen, die sich innerhalb Ihres Bundles befinden. Ressourcen außerhalb eines Bundles können nicht referenziert werden. Enthält Ihr Klassenpfad Einträge, die nicht innerhalb des Bundles oder eines seiner Fragment-Bundles (vgl. Kapitel 8) existieren, werden diese vom Framework ignoriert.

3.7 Zusammenfassung

Dieses Kapitel hat Ihnen einen ersten Eindruck davon vermittelt, wie Sie innerhalb der Eclipse IDE Bundles in Form von Plug-in-Projekten implementieren und in einem OSGi Framework ausführen können. Schon mit dem hier vorgestellten, einfachen Beispiel haben Sie eine Reihe von grundlegenden Konzepten von Bundles kennengelernt:

- Mit dem *Bundle Manifest* werden innerhalb eines Bundles zusätzliche deskriptive Informationen angegeben, die vom OSGi Framework ausgelesen und interpretiert werden können. Viele der in der OSGi-Spezifikation beschriebenen Manifest-Header werden wir im weiteren Verlauf des Buches detailliert vorstellen und erläutern.
- Um innerhalb eines Bundles zusätzliche Verzeichnisse oder Jar-Dateien verfügbar zu machen, können Sie den lokalen Klassenpfad eines Bundles über den Manifest-Header `Bundle-Classpath` anpassen.
- Mit dem *Bundle-Aktivator* haben Sie die Möglichkeit, beim Start und beim Stopp eines Bundles beliebige Operationen auszuführen. Der Bundle-Aktivator muss das Interface `org.osgi.framework.BundleActivator` implementieren und über den Manifest-Header `Bundle-Activator` spezifiziert werden.
- Der `BundleContext`, der als Parameter in der `start()`- und in der `stop()`-Methode des Bundle-Aktivators übergeben wird, erlaubt Ihnen den Zugriff auf das OSGi Framework. Über ihn können neue Bundles im System installiert, diverse Listener registriert und deregistriert sowie Services angemeldet und abgefragt werden.

4 Bundle-Lebenszyklus

Im letzten Kapitel haben Sie gelernt, wie Sie in der Eclipse IDE ein einfaches OSGi-Bundle in Form eines Plug-in-Projektes anlegen und zusammen mit dem Start des Frameworks ausführen. In diesem Kapitel stellen wir Ihnen vor, wie Sie Bundles *zur Laufzeit* mithilfe eines Management Agents in der Service Platform installieren und starten, stoppen und wieder deinstallieren können. *Motivation*

Für die Administration des OSGi Frameworks verwenden wir die *Equinox-Konsole*. Die Equinox-Konsole ist ein einfacher Management Agent, der die Steuerung des OSGi Frameworks über die Kommandozeile ermöglicht und standardmäßig in jeder Eclipse-Equinox-Distribution vorhanden ist.

Darüber hinaus lernen Sie in diesem Kapitel, wie Sie unter der Verwendung von *Bundle* und *Framework Listenern* auf Änderungen im Zustand von Bundles bzw. des Frameworks reagieren. Abschließend zeigen wir Ihnen, wie Sie Zustandsänderungen an Bundles programmatisch vornehmen, wenn Sie bspw. einen eigenen Management Agent implementieren möchten.

Die in diesem Kapitel vorgestellten Konzepte sind logisch im Lifecycle-Management-Layer des OSGi Frameworks angesiedelt (vgl. Abb. 4–1). *Einordnung*

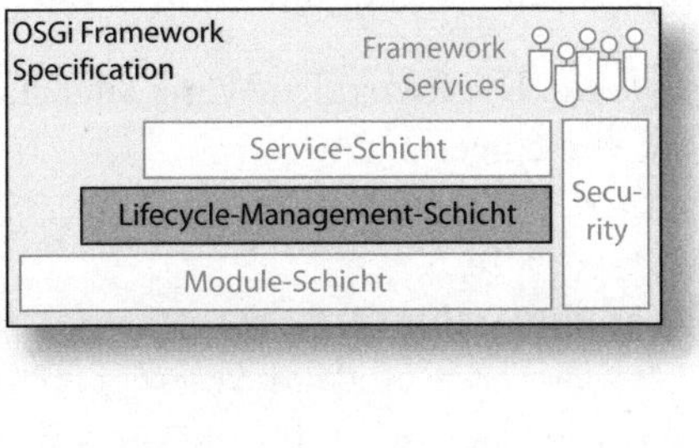

Abb. 4–1
Einordnung in die logischen Framework-Schichten

Sie können die Spezifikation der in diesem Kapitel vorgestellten Konzepte in Kapitel 4 (Lifecycle Layer) der OSGi Core Specification nachlesen.

4.1 Tutorial: Den Bundle-Lebenszyklus über die Equinox-Konsole steuern

Überblick

Um die Installation und Deinstallation von Bundles an einem praktischen Beispiel zu demonstrieren, werden wir das im letzten Unterkapitel erstellte »Hello World«-Bundle zur Laufzeit in der OSGi Service Platform installieren, starten und wieder stoppen.

Das »Hello World«-Bundle selbst muss dazu nicht geändert werden. Lediglich die Launch-Konfiguration, die das »Hello World«-Bundle zusammen mit dem OSGi Framework startet, wird von uns in diesem Unterkapitel so angepasst, dass das »Hello World«-Bundle nicht unmittelbar mit dem Framework mitgestartet wird. Stattdessen werden wir das Bundle nach dem Start des Frameworks mithilfe der Equinox-Konsole installieren, starten und wieder stoppen.

Schritt 1: Eine Launch-Konfiguration zum Start der Konsole anlegen

Legen Sie zunächst eine neue Launch-Konfiguration mit dem Namen »Equinox Console« an. Die neue Konfiguration soll nur das Framework starten und keine weiteren Bundles installieren – wir möchten unser »Hello World«-Bundle schließlich über die Equinox-Konsole installieren und starten. Bitte deselektieren Sie deshalb auf der Seite **Plug-ins** alle Bundles bis auf das Bundle `org.eclipse.osgi`, das das OSGi Framework selbst implementiert.

Die Default-Argumente

Zusätzlich werden wir in diesem Unterkapitel einige Startparameter auf der Seite **Arguments** der Launch-Konfiguration eintragen, um so das Laufzeitverhalten des OSGi Frameworks zu beeinflussen (vgl. Abb. 4–2). Seit der Version 3.3 der Eclipse IDE sind beim Erzeugen einer neuen OSGi-Framework-Launch-Konfiguration verschiedene Werte als Startparameter in der Konfiguration voreingestellt:

- ***Programmargumente.*** Die folgenden Werte sind standardmäßig als Programmargumente eingetragen:
  ```
  -os ${target.os} -ws ${target.ws} -arch ${target.arch}
  -nl ${target.nl} -console
  ```
  Die Default-Programmargumente `-os ${target.os}`, `-ws ${target.ws}`, `-arch ${target.arch}` und `-nl ${target.nl}` werden verwendet, um dem OSGi Framework Informationen über das zugrunde liegende Betriebs- und Fenstersystem sowie die Hardwarearchitek-

tur und das Locale zu übergeben. Diese Werte sind für das hier vorgestellte Beispiel nicht relevant und können wahlweise ignoriert oder gelöscht werden.
Über den Default-Startparameter `-console` bewirken Sie, dass beim Start des OSGi Frameworks die Equinox-Konsole mitgestartet wird, so dass Sie das Framework über die Konsole interaktiv verwalten und manipulieren können.

- *VM-Argumente.* Zusätzlich sind die folgenden Werte als Argumente für die virtuelle Maschine eingetragen:
`-Declipse.ignoreApp=true -Dosgi.noShutdown=true`
Die beiden Default-VM-Argumente steuern das Verhalten des Frameworks bzgl. des Application Admin Service und müssen gesetzt sein.

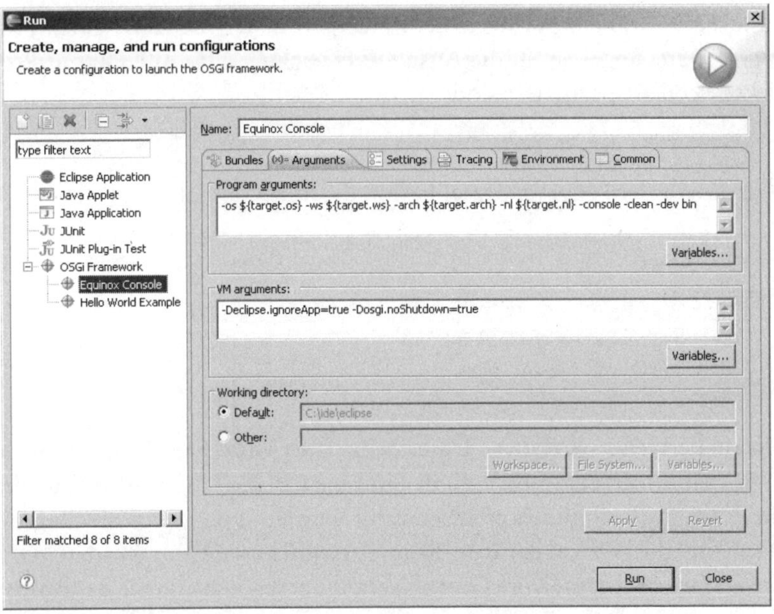

Abb. 4–2
Launch-Konfiguration der Equinox-Konsole

Schritt 2: Zusätzliche Programmargumente spezifizieren

Das Programmargument –clean

Zusätzlich zu den bestehenden Programmargumenten tragen Sie unter **Program arguments** den Startparameter `-clean` ein, der dafür sorgt, dass beim Start des Equinox-Frameworks die Bundle Caches gelöscht werden. Dadurch stellen Sie sicher, dass alle ggf. in einem vorherigen Lauf installierten Bundles aus dem System entfernt werden und Sie immer eine »saubere« Equinox-Installation starten

Das Programmargument –dev bin

Damit Sie in Eclipse Equinox auch Plug-in-Projekte zur Laufzeit korrekt installieren und ausführen können, müssen Sie weiter unter

Program arguments den Startparameter `-dev bin` spezifizieren. Dies hat den folgenden Hintergrund: In Eclipse Equinox können Plug-in-Projekte direkt im Framework installiert werden, ohne dass sie explizit als Jar-Datei gepackt werden müssen. Allerdings muss das Framework wissen, wo es innerhalb von Plug-in-Projekten Klassen und Ressourcen findet, d.h. welche Verzeichnisse eines Projektes Ausgabeverzeichnisse sind. Diese Information kann über den Startparameter `-dev` angegeben werden.

Im einfachsten Fall spezifizieren Sie eine kommaseparierte Liste mit Verzeichnissen, die dann zum Klassenpfad eines jeden Plug-in-Projektes hinzugefügt werden. Zum Beispiel fügt die folgende Angabe für jedes Plug-in-Projekt das Verzeichnis `bin` zum Klassenpfad hinzu:

```
-dev bin
```

Alternativ können Sie nach dem Startparameter die URL einer Property-Datei angeben, in die Ausgabeverzeichnisse für alle Plug-in-Projekte explizit spezifiziert sind:

```
-dev <URL der Property-Datei>
```

Der Inhalt der Property-Datei besitzt die folgende Form:

```
<symbolischerName>=<projekt-ausgabe-verzeichnis>
```

also bspw.

```
org.osgibook.helloworld=bin,
org.osgibook.*=bin, oder
*=bin.
```

Normalerweise wird diese Datei beim Start einer Run-Konfiguration automatisch erzeugt und enthält Einträge für alle Plug-in-Projekte, die in der Run-Konfiguration ausgewählt wurden. Nur wenn Sie Plug-in-Projekte, die *nicht* in der Run-Konfiguration ausgewählt wurden, *nach* dem Start des Frameworks installieren möchten, müssen Sie die Ausgabeverzeichnisse der Projekte mit dem Parameter `-dev` explizit angeben.

Alle Programmargumente im Überblick

Insgesamt müssen in der angepassten Launch-Konfiguration die folgenden Programmargumente spezifiziert sein:

```
-os ${target.os} -ws ${target.ws} -arch ${target.arch}
-nl ${target.nl} -console -clean -dev bin
```

Als VM-Argumente müssen darüber hinaus die folgenden Werte spezifiziert werden:

```
-Declipse.ignoreApp=true -Dosgi.noShutdown=true
```

Schritt 3: Arbeiten mit der Equinox-Konsole

Starten Sie nun die Run-Konfiguration, indem Sie den **Run**-Button aktivieren. Auf der Konsole der Eclipse IDE wird der `osgi>`-Prompt angezeigt (vgl. Abb. 4–3).

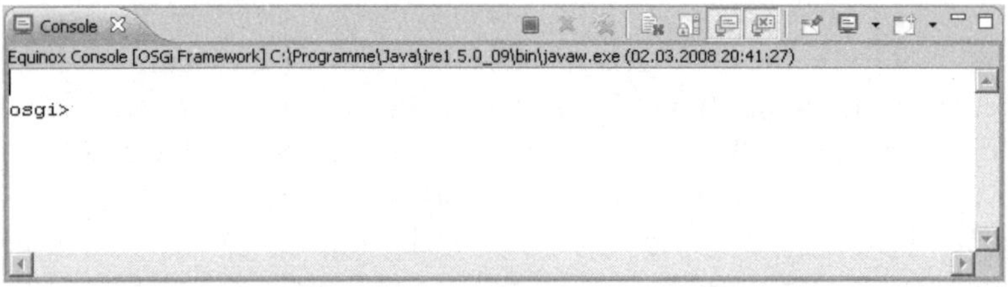

Abb. 4–3
Die Equinox-Konsole

Anzeigen des Framework-Status

Um sich einen Überblick über den Status des Frameworks zu verschaffen, können Sie den Befehl ss (für short status) verwenden, der alle installierten Bundles mit ihrer vom OSGi Framework vergebenen ID, ihrem Zustand sowie ihrem symbolischen Namen ausgibt:

```
osgi> ss
Framework is launched.

id State       Bundle
0  ACTIVE      org.eclipse.osgi_3.3.2.R33x_v20080105
```

Installieren eines Bundles

Installieren Sie nun das »Hello World«-Bundle, indem Sie den Befehl `install <url>` auf der Konsole eingeben, wobei die angegebene URL das Projektverzeichnis des Beispiel-Bundles angibt. Nach erfolgreicher Installation wird Ihnen auf der Konsole die vom Framework vergebene Bundle-ID des installierten Bundles ausgegeben:

```
osgi> install file:C:\workspace\org.osgibook.helloworld
Bundle id is 1
```

Starten eines Bundles

Eine Überprüfung des Framework-Status mit dem Befehl ss zeigt, dass das »Hello World«-Bundle erfolgreich installiert wurde. Allerdings befindet sich das Bundle noch im Zustand `installed` und wurde demnach noch nicht gestartet:

```
osgi> ss
Framework is launched.
id State       Bundle
0  ACTIVE      org.eclipse.osgi_3.3.2.R33x_v20080105
1  INSTALLED   org.osgibook.helloworld_1.0.0
```

Um das »Hello World«-Bundle zu starten, verwenden Sie den Befehl `start <id>`. Die `start()`-Methode unseres Bundle-Aktivators wird ausgeführt und schreibt eine Ausgabe auf die Konsole:

```
osgi> start 1
Hello OSGi-World from bundle org.osgibook.helloworld!
```

Aktualisieren eines Bundles

Ein OSGi Framework erlaubt darüber hinaus die Aktualisierung bereits installierter Bundles zur Laufzeit. Um diese Eigenschaft mit dem bestehenden Beispiel zu illustrieren, ändern Sie bitte die Ausgabe in der `start()`-Methode des »Hello World«-Bundles. Anstelle der Ausgabe »Hello OSGi World« soll nun »Hello Equinox World« ausgegeben werden. Sie aktualisieren das geänderte Bundle, indem Sie auf der Konsole den Befehl `update <id>` eingeben:

```
osgi> update 1
Goodbye OSGi World from bundle org.osgibook.helloworld!
Hello Equinox World from bundle org.osgibook.helloworld!
```

Stoppen eines Bundles

Das Stoppen eines Bundles erfolgt analog mit dem Befehl `stop <id>`:

```
osgi> stop 1
Goodbye OSGi World from bundle org.osgibook.helloworld!
```

Beenden des OSGi Frameworks

Um alle Bundles zu stoppen und das Framework herunterzufahren, können Sie auf der Konsole den Befehl `shutdown` verwenden. Sie beenden das Framework, wenn Sie den Befehl `exit` eingeben:

```
osgi> shutdown
osgi> ss
Framework is shutdown.

id State       Bundle
0  RESOLVED    org.eclipse.osgi_3.3.2.R33x_v20080105
1  RESOLVED    org.osgibook.helloworld_1.0.0

osgi> exit
```

Kommandos der Equinox-Konsole

Die Konsole bietet neben den vorgestellten noch eine Reihe weiterer Kommandos, von denen Sie die meisten im Laufe des Buches kennenlernen werden. Eine Übersicht über alle Kommandos der Equinox-Konsole finden Sie in Unterkapitel 10.3.

4.2 Der Bundle-Lebenszyklus im Überblick

Ein innerhalb der OSGi Service Platform installiertes Bundle kann sich in den Zuständen `INSTALLED`, `RESOLVED`, `STARTING`, `ACTIVE`, `STOPPING` und `UNINSTALLED` befinden (siehe Abb. 4–4).

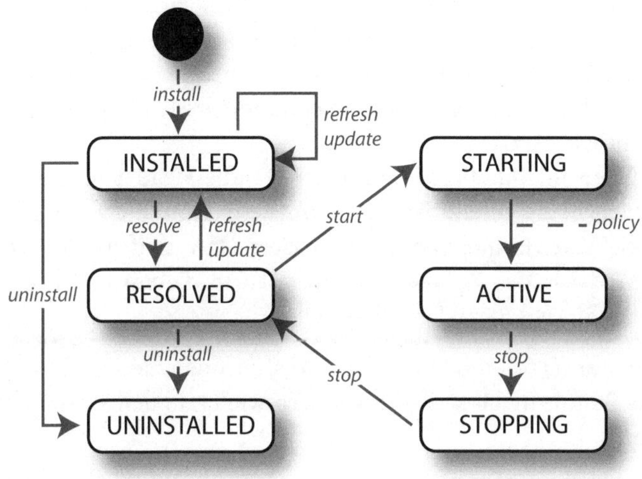

Abb. 4–4
Lebenszyklus von Bundles

Um den Zustand eines Bundles zu ändern, muss auf dem Bundle eine entsprechende Operation (`install`, `start`, `stop` etc.) erfolgreich ausgeführt werden

Die Manipulation des Bundle-Lebenszyklus kann programmatisch über die Framework-API erfolgen oder aber über einen Management Agent wie der Equinox-Konsole, der die Steuerung des Frameworks »von außen« ermöglicht. Unabhängig davon sind auf einem Bundle verschiedene Aktionen durchführbar, die wir im Folgenden vorstellen.

4.2.1 Installieren, Starten, Stoppen, Deinstallieren

- **Installieren eines Bundles:** Damit ein Bundle im Framework verfügbar wird, muss es im Framework installiert werden. Direkt nach der Installation befindet sich ein Bundle im Zustand `INSTALLED`. Wenn alle Package-Abhängigkeiten des Bundles vom OSGi Framework erfolgreich aufgelöst werden können, kann das Bundle in den Zustand `RESOLVED` gesetzt werden. Dieser Zustand signalisiert, dass alle benötigten Java-Klassen (bzw. deren Packages) verfügbar sind und das Bundle gestartet werden kann.
  Ob ein Bundle direkt nach der Installation oder erst unmittelbar vor dem Starten eines Bundles in diesen Zustand gesetzt wird, ist von der jeweiligen Framework-Implementierung abhängig.

- **Starten eines Bundles:** Nach dem Starten eines Bundles wird dieses zunächst in den Zustand `STARTING` gesetzt. Dieser Zustand kann zwei verschiedene Sachverhalte signalisieren:
  - Im Standardfall signalisiert dieser Zustand, dass das Bundle gestartet und die `start()`-Methode des Bundle-Aktivators aufgerufen wurde, aber noch nicht zurückgekehrt ist. Wenn der Aufruf der `start()`-Methode erfolgreich zurückgekehrt ist, wird das Bundle in den Zustand `ACTIVE` gesetzt. Wenn die Methode eine Exception wird, wird das Bundle in den `RESOLVED`-Zustand zurückgesetzt.
  - Wenn im Bundle Manifest der Bundle-Header `Bundle-ActivationPolicy` gesetzt ist, dann wurde das Bundle zwar gestartet, die Aktivierung jedoch verzögert. Der Aufruf der `start()`-Methode des Bundle-Aktivators ist in diesem Fall noch nicht erfolgt (vgl. dazu Unterkapitel 4.3).

Falls die `start()`-Methode bei ihrer Ausführung eine Exception wirft, wird das Bundle nicht aktiviert, sondern wieder in den Zustand `RESOLVED` gesetzt.

- **Stoppen eines Bundles:** Analog zum Starten erfolgt das Stoppen eines Bundles. Direkt nach dem Stoppen befindet sich ein Bundle im Zustand `STOPPING`. Erst nachdem die `stop()`-Methode des Bundle-Aktivators erfolgreich zurückgekehrt ist, wird das Bundle in den Zustand `RESOLVED` gesetzt.
- **Deinstallieren eines Bundles:** Selbstverständlich kann ein installiertes Bundles auch wieder aus dem Framework entfernt werden. Dazu muss sich das zu deinstallierende Bundle im Zustand `INSTALLED` oder `RESOLVED` befinden. Befindet sich ein Bundle im Zustand `ACTIVE`, dann muss das Bundle zunächst gestoppt werden, bevor es aus dem System entfernt werden kann.

4.2.2 Update und Refresh

Neben den vorgestellten vier Aktionen kann ein im Framework installiertes Bundle zur Laufzeit aktualisiert werden. Dabei ist zwischen dem *Update* und dem *Refresh* eines Bundles zu unterscheiden:

- **Update eines Bundles:** Das Update eines Bundles bewirkt, dass das Bundle vom Framework neu eingelesen wird. Dabei ist es möglich, ein Bundle während des Updates durch das gleiche Bundle in einer anderen Version zu ersetzen. Die exportierten Packages der *vorher* installierten Bundles stehen allerdings weiterhin zur Verfügung, wenn Sie von anderen Bundles importiert werden.

- **Refresh eines Bundles:** Der Refresh eines Bundles sorgt im Gegensatz dazu dafür, dass die Package-Abhängigkeiten des Bundles neu aufgelöst werden. Das ist bspw. dann notwendig, wenn die von einem Bundle referenzierten Bundles aktualisiert wurden.

Beim Update eines Bundles sind also alle alten exportierten Packages eines Bundles für die importierenden Bundles verfügbar, erst ein Refresh der importierenden Bundles sorgt dafür, dass die Package-Abhängigkeiten neu aufgelöst werden (vgl. dazu auch Kapitel 5).

4.3 Activation Policies

Mit Release 4.1 der OSGi-Spezifikation wurden die sogenannten Activation Policies in den Lebenszyklus von Bundles aufgenommen. Eine Activation Policy ermöglicht, auf die Aktivierung bzw. den Aktivierungszeitpunkt eines Bundles Einfluss zu nehmen.

4.3.1 Motivation

Die Motivation für die Einführung von Activation Policies war, einen Mechanismus bereitzustellen, der es ermöglicht, Bundles erst dann zu aktivieren, wenn sie tatsächlich benötigt werden. Die Anforderungen für einen solchen Mechanismus ergaben sich aus der Entwicklung der Eclipse IDE heraus, die aus über hundert Bundles besteht. Würden alle hundert Bundles beim Start der Eclipse IDE aktiviert (und damit die `start()`-Methoden der Bundle-Aktivatoren ausgeführt), ergäbe sich eine inakzeptable Startzeit. Dazu kommt, dass viele Bundles gar nicht aktiviert werden müssen, wenn die von ihnen bereitgestellte Funktionalität nicht benötigt wird.

Durch die Verwendung von Activation Policies kann das Aktivierungsverhalten von Bundles allgemein beeinflusst werden. Die einzige in der OSGi-Spezifikation definierte Activation Policy ist die sog. `LazyActivationPolicy`, die den Start eines Bundles so lange verzögert, bis ein anderes Bundle eine Klasse aus dem entsprechenden Bundle lädt. Durch diese Technik kann die Startup-Zeit und der Ressourcenverbrauch von großen Systemen deutlich optimiert werden, da die Aktivierung eines Bundles erst dann vorgenommen wird, wenn tatsächlich auf ein Bundle zugegriffen wird.

4.3.2 Die Lazy Activation Policy

Die Spezifikation einer Activation-Policy erfolgt über den Bundle Manifest Header `Bundle-ActivationPolicy`. Zur Spezifikation der `Lazy-ActivationPolicy` müssen Sie das Bundle Manifest um den folgenden Eintrag erweitern:

```
Bundle-ActivationPolicy: lazy
```

Wenn ein Bundle, für das eine `Lazy-ActivationPolicy` definiert ist, gestartet wird, wechselt es zunächst in den Zustand `STARTING`. Erst wenn eine Klasse über das implizite Java-Class-Loading oder durch den expliziten Aufruf von `Bundle.loadClass()` aus dem Bundle geladen wird, wird das Bundle auch aktiviert und die `start()`-Methode des Bundle-Aktivators ausgeführt (vgl. Abb. 4–5).

Abb. 4–5 *Startverhalten von Bundles mit Lazy Activation*

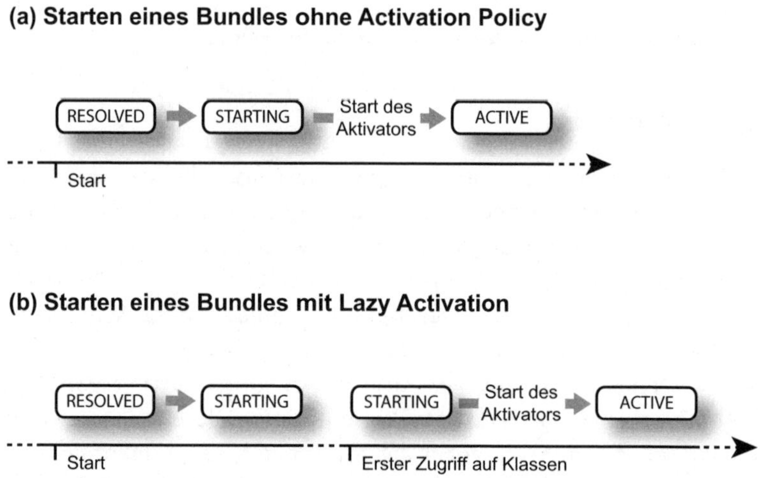

Einschränken der triggernden Klassen

Per Default wird ein Bundle, für das die `Lazy-ActivationPolicy` spezifiziert ist, beim Laden beliebiger Klassen aktiviert. Sie können die Menge der triggernden Klassen jedoch unter Verwendung der folgenden Direktiven einschränken:

- `include`: Die `include`-Direktive führt eine Liste von Packages auf, für deren Klassen eine Aktivierung ausgelöst wird, falls sie von einem anderen Bundle geladen werden. Per Default enthält die `include`-Direktive alle Packages des Bundles.
- `exclude`: Die `exclude`-Direktive führt eine Liste von Packages auf, für deren Klassen **keine** Aktivierung ausgelöst wird, falls sie von einem anderen Bundle geladen werden. Per Default enthält die `exclude`-Direktive keine Packages des Bundles.

Eine Aktivierung des Bundles wird dann beim Laden von Klassen vorgenommen, die in einem in der `include`-Direktive aufgeführten Package und gleichzeitig **nicht** in einem in der `exclude`-Direktive aufgeführten Package enthalten sind. Im folgenden Beispiel wird bspw. die Aktivierung des »Hello World«-Bundles so lange verzögert, bis eine Klasse aus dem Package `org.osgibook.helloworld` geladen wird.

```
Bundle-ActivationPolicy:lazy;↵
  include:="org.osgibook.helloworld"
```

4.4 Programmatische Steuerung des Bundle-Lebenszyklus

4.4.1 Das Interface Bundle

Neben der Änderung des Bundle-Zustandes über einen Management Agent erlaubt Ihnen das OSGi Framework auch die programmatische Änderung von Bundle-Zuständen. Dies erfolgt unter Verwendung von Objekten des Typs `org.osgi.framework.Bundle`, die ein im Framework installiertes Bundle repräsentieren und vom Framework erzeugt und bereitgestellt werden (vgl. Listing 4–1).

Sie können `Bundle`-Objekte über den `BundleContext` vom Framework abgefragen:

```
// Liefert das mit dem BundleContext assoziierte Bundle zurück
Bundle contextBundle = context.getBundle();

// Liefert das Bundle mit der ID 12 zurück
Bundle bundle = context.getBundle(12);
```

Das Bundle-Interface definiert u.a. Methoden, mit denen sich der Lebenszyklus des korrespondierenden Bundles manipulieren lässt. So kann ein Bundle bspw. über folgende Anweisung programmatisch gestartet werden:

```
Bundle bundle = context.getBundle(bundleID);

if (bundle.getState() != Bundle.ACTIVE) {
   try {
      bundle.start();
   } catch (BundleException e) {
      [...]
   }
}
```

Listing 4–1
Das Interface Bundle

```
package org.osgi.framework;

import java.io.IOException;
import java.io.InputStream;
import java.net.URL;
import java.util.Dictionary;
import java.util.Enumeration;

public interface Bundle {
```

Zugriff auf Metainformationen

```
  public String getSymbolicName();
  public Dictionary getHeaders();
  public Dictionary getHeaders(String locale);
  public int getState();
  public long getBundleId();
  public String getLocation();
  public long getLastModified();
  public boolean hasPermission(Object permission);
```

Ändern des Bundle-Zustandes

```
  public void start(int options) throws BundleException;
  public void start() throws BundleException;
  public void stop(int options) throws BundleException;
  public void stop() throws BundleException;
  public void update() throws BundleException;
  public void update(InputStream in) throws BundleException;
  public void uninstall() throws BundleException;
```

Informationen über Services

```
  public ServiceReference[] getRegisteredServices();
  public ServiceReference[] getServicesInUse();
```

Zugriff auf Bundle-Ressourcen

```
  public Class loadClass(String name) throws
                       ClassNotFoundException;
  public URL getResource(String name);
  public URL getEntry(String name);
  public Enumeration getResources(String name)
               throws IOException;
  public Enumeration getEntryPaths(String path);
  public Enumeration findEntries(String path,
               String filePattern, boolean recurse);

  public BundleContext getBundleContext();
}
```

Neben der Steuerung des Lebenszyklus erfüllt das Bundle-Objekt zusätzlich die folgenden Aufgaben:

Weitere Aufgaben

- ***Zugriff auf Metainformationen:*** Sie können auf Metainformationen des Bundles zugreifen, bspw. die spezifizierten Header oder den symbolischen Namen des Bundles.
- ***Serviceinformationen:*** Darüber hinaus können Sie Informationen über registrierte oder verwendete Services erfragen.
- ***Zugriff auf Bundle-Ressourcen:*** Auch der Zugriff auf die Ressourcen und Klassen eines Bundles ist über das Bundle-Interface realisierbar.

4.4.2 Programmatische Installation von Bundles

Wenn ein Bundle noch nicht im Framework installiert ist, dann existiert innerhalb des Frameworks auch kein repräsentierendes Bundle-Objekt. Deshalb findet sich am Bundle-Interface konsequenterweise auch keine `install()`-Methode. Um ein Bundle programmatisch im Framework zu installieren, müssen Sie deshalb auf den Bundle-Kontext zurückgreifen. Dort findet man zwei Methoden, mit denen sich neue Bundles im Framework installieren lassen. Beide Methoden liefern als Ergebnis der erfolgreichen Installation das repräsentierende Bundle-Objekt zurück:

Listing 4–2 *Programmatische Installation über den Bundle-Kontext*

```
package org.osgi.framework

[...]

public interface BundleContext {

[...]

public Bundle installBundle(String location)
      throws BundleException;
public Bundle installBundle(String location, InputStream input)
      throws BundleException;
}
```

Das programmatische Installieren und Starten eines Bundles kann dann z.B. wie folgt erfolgen:

```
String location =
   "file:/c:/org.osgibook.helloworld_1.0.0.jar";

Bundle bundle = context.installBundle(location);

bundle.start();
```

4.5 Bundle Listener und Framework Listener

Anwendungen, die auf der OSGi Service Platform basieren, sind von Natur aus dynamisch, weil Anwendungskomponenten in Form von Bundles zur Laufzeit kommen und gehen können. Daher ist es wichtig, auf Änderungen im Lebenszyklus *beliebiger* Bundles bzw. im Gesamtzustand des Frameworks reagieren zu können.

Um dies zu ermöglichen, definiert die OSGi-Framework-Spezifikation eine Reihe von Listenern, über die Änderungen im Bundle- oder Framework-Zustand konsumiert werden können.

4.5.1 Bundle Listener

Um die Reaktion auf Änderungen im Lebenszyklus von Bundles zu ermöglichen, kann ein Bundle über den `BundleContext` einen (oder auch mehrere) `BundleListener` registrieren, über den ein Bundle beim Eintreten einer Zustandsänderung eines beliebigen Bundles eine Benachrichtigung erhält. Ein Bundle Listener muss das `BundleListener`-Interface implementieren, das die Methode `public void bundleChanged(BundleEvent event)` definiert (vgl. Listing 4–3).

Listing 4–3
BundleListener

```
package org.osgi.framework;

import java.util.EventListener;

public interface BundleListener extends EventListener {
   public void bundleChanged(BundleEvent event);
}
```

Wenn sich der Zustand eines Bundles ändert, wird diese Methode vom Framework asynchron mit einem `BundleEvent` aufgerufen. Die asynchrone Benachrichtigung der angemeldeten `BundleListener` erfolgt unabhängig von der auf einem Bundle ausgeführten Aktion in einem eigenen Thread. Falls Sie also innerhalb der `bundleChanged()`-Methode eine langlaufende Operation ausführen, wird die Aktivierung des Bundles dadurch nicht beeinträchtigt.

Das folgende Codebeispiel illustriert die Verwendung von Bundle Listenern. Es meldet innerhalb der `start()`-Methode eines Aktivators einen Listener an, der Zustandsänderungen von Bundles loggt:

Listing 4–4
Loggen von Bundle-Zustandsänderungen

```
public void start(BundleContext context) throws Exception {

   context.addBundleListener(new BundleListener() {

      public void bundleChanged(BundleEvent event) {
```

```
            greet("Bundle %s changed to state %s",
               event.getBundle().getSymbolicName(),
               event.getType());
         }
      });
   }
}
```

Synchronous BundleListener

In einigen Fällen kann es notwendig sein, dass die Benachrichtigung über Zustandsänderungen nicht asynchron, sondern synchron erfolgt. Um ein solches Verhalten zu erzwingen, muss am `BundleContext` ein `SynchronousBundleListener` angemeldet werden, der das Interface `BundleListener` erweitert. Im Gegensatz zum (asynchronen) `BundleListener` kehrt beim `SynchronousBundleListener` die zustandsverändernde Operation erst dann zurück, wenn alle angemeldeten Listener benachrichtigt wurden. Dadurch kann es zu Dead-Locks kommen, falls der Listener selber Zustandsänderungen (eines anderen Bundles) auslöst.

4.5.2 Framework Listener

Neben den Änderungen im Zustand von Bundles können Sie sich auch über Änderungen im Zustand des Frameworks selbst informieren lassen, indem Sie über den `BundleContext` einen `FrameworkListener` registrieren.

Listing 4–5
Das Interface FrameworkListener

```
package org.osgi.framework;

import java.util.EventListener;

public interface FrameworkListener extends EventListener {
   public void frameworkEvent(FrameworkEvent event);
}
```

Der `FrameworkListener` wird mit einem `FrameworkEvent` aufgerufen, wenn generelle Ereignisse wie bspw. der Start des Frameworks auftreten. Der `FrameworkListener` wird aber auch genutzt, um asynchrone Fehlerzustände, Warnungen und Informationen von installierten Bundles zu propagieren.

Listing 4–6
Verwendung von FrameworkListenern

```
context.addFrameworkListener(new FrameworkListener() {
   public void frameworkEvent(FrameworkEvent event) {
      switch (event.getType()) {
         case FrameworkEvent.ERROR:
            System.err.println("Error in bundle "
                  + event.getBundle().getSymbolicName() + ":"
                  + event.getThrowable());
            break;
```

```
            case FrameworkEvent.WARNING:
               System.out.println("Warning in bundle "
                     + event.getBundle().getSymbolicName());
               break;
            [...]
         }
      }
   });
```

4.6 Der Bundle Cache

Die OSGi-Spezifikation schreibt vor, dass die in einer OSGi Platform installierten Bundles und deren Zustand persistiert werden müssen. Wird das Framework beendet und neu gestartet, muss sich das Framework nach dem Neustart im gleichen Zustand befinden wie vor dem Beenden. Das bedeutet insbesondere, dass alle im Framework installierten Bundles nach einem Neustart des Frameworks wieder zur Verfügung stehen müssen.

Um dieses Verhalten zu realisieren, muss ein OSGi Framework einen sog. *Bundle Cache* implementieren, in dem die installierten Bundles sowie deren Zustände abgelegt werden. Wie der Bundle Cache konkret realisiert wird, ist in der Framework-Spezifikation jedoch nicht festgelegt. Somit ist die Umsetzung den jeweiligen Framework-Herstellern überlassen.

4.6.1 Der Bundle Cache in Eclipse Equinox

In Eclipse Equinox werden die im Framework installierten Bundles mit ihrem Zustand im lokalen Dateisystem persistiert, und zwar unterhalb der *configuration area*. Dieser Bereich befindet sich per default im Verzeichnis `configuration`, relativ zu dem Verzeichnis, in dem Sie das Equinox Framework gestartet haben.

Sie können die *configuration area* aber auch explizit setzen, indem Sie über das Programmargument `-configuration` ein entsprechendes Verzeichnis konfigurieren:

```
-configuration <URL des Konfigurationsverzeichnisses>
```

Der Bundle Cache wiederum befindet sich im Verzeichnis `<URL des Konfigurationsverzeichnisses>/org.eclipse.osgi`. Für jedes im Framework installierte Bundle existiert ein Verzeichnis, das als Namen die Bundle-ID des jeweiligen Bundles trägt. Innerhalb des Bundle-Verzeichnisses ist der Zustand des Bundles und eine vollständige Kopie des installierten Bundles in Form der Datei `bundlefile` gespeichert.

Über den Startparameter `-clean` können Sie veranlassen, dass der Bundle Cache beim Start des Frameworks gelöscht wird. Dadurch erhalten Sie in jedem Fall eine »saubere« Konfiguration des Frameworks, die keine installierten Bundles enthält.

4.7 Zusammenfassung

In diesem Kapitel haben wir Ihnen den Lebenszyklus von Bundles vorgestellt und Ihnen gezeigt, wie Sie diesen in Equinox steuern können:

- Mit der *Equinox-Konsole* steht Ihnen ein einfacher Management Agent zur Verfügung, mit dem Sie den Zustand des Frameworks zur Laufzeit abfragen und manipulieren können. Die Konsole stellt dazu eine kommandozeilenbasierte Schnittstelle zur Verfügung.
- Ein Bundle kann sich innerhalb des OSGi Frameworks in unterschiedlichen *Zuständen* befinden. Die möglichen Zustände sowie die möglichen Zustandsübergänge sind in der Framework-Spezifikation beschrieben.
- Über die Verwendung von *Activation Policies* kann das Startverhalten von Bundles beeinflusst werden, um so die Startup-Zeit und den Ressourcenverbrauch von großen Systemen zu optimieren. Die Lazy-ActivationPolicy sorgt dafür, dass ein Bundle erst dann gestartet wird, wenn Klassen dieses Bundles genutzt werden sollen.
- Das OSGi Framework ermöglicht die *programmatische Änderung* von Bundle-Zuständen unter Verwendung von Objekten des Typs `org.osgi.framework.Bundle`, die im Framework installierte Bundles repräsentieren und vom Framework erzeugt und bereitgestellt werden.
- Über die Verwendung von *Bundle Listenern* können Bundles beim Eintreten einer Zustandsänderung eine Benachrichtigung erhalten. Bundle Listener müssen das `BundleListener`-Interface implementieren und am Bundle Context registriert werden.
- Um sich über Zustandsänderungen im Framework informieren zu lassen, kann am Bundle Context ein *Framework Listener* registriert werden.
- Die im OSGi Framework installierten Bundles und deren Zustand werden im *Bundle Cache* persistiert. Wird das Framework beendet und neu gestartet, befindet sich das Framework nach dem Neustart im gleichen Zustand wie vor dem Beenden.

5 Package-Abhängigkeiten zwischen Bundles

Motivation

In den letzten beiden Kapiteln haben wir Ihnen an einem einfachen »Hello World«-Bundle den grundsätzlichen Aufbau und den Lebenzyklus von Bundles vorgestellt. In diesem Kapitel werden wir unser Beispiel um ein zweites Bundles erweitern und Ihnen demonstrieren, wie Sie in einem Bundle auf Klassen und Ressourcen eines anderen Bundles zugreifen. Da diese Nutzung von Klassen und Ressouren innerhalb der OSGi Service Platform über das Ex- und Importieren von (Java-) Packages realisiert ist, sprechen wir hier auch von Package-Abhängigkeiten zwischen Bundles.

Um das explizite Ex- und Importieren von Klassen und Ressourcen realisieren zu können, macht das OSGi Framework intensiven Gebrauch vom Java-Class-Loading-Mechanismus. Wir werden Ihnen deshalb erläutern, wie die OSGi Service Platform diese Mechanismen nutzt, um Bundles voneinander zu isolieren.

Einordnung

Die in diesem Abschnitt beschriebenen Konzepte sind logisch in der Module-Schicht des OSGi Frameworks angesiedelt. Sie ergänzen die in Kapitel 3 vorgestellten Konzepte und legen fest, wie das OSGi Framework (Package-)Abhängigkeiten zwischen Bundles realisiert.

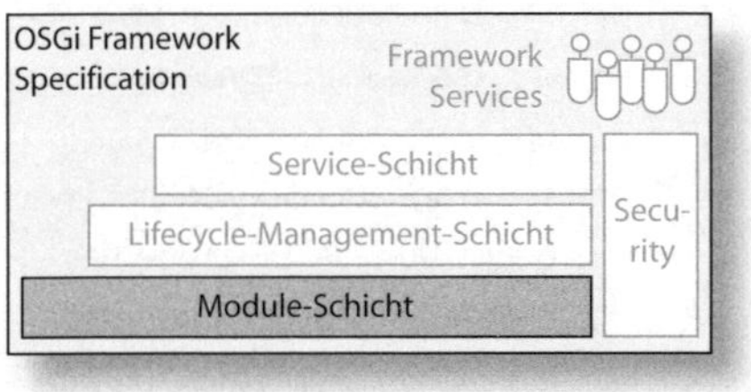

Abb. 5–1
Einordnung in die logischen Framework-Schichten

Die Spezifikation der in diesem Kapitel vorgestellten Konzepte können Sie in Kapitel 3 der OSGi Core Specification [OSCS07] nachlesen.

5.1 Tutorial: Ein »Translation«-Bundle

Überblick

Wir erweitern unser Beispiel in diesem Kapitel um das Bundle `org.osgibook.translation`, das einen Translation Service implementiert, mit dessen Hilfe der Gruß des »Hello World«-Bundles in unterschiedlichen Sprachen ausgegeben werden kann (vgl. Abb. 5–2).

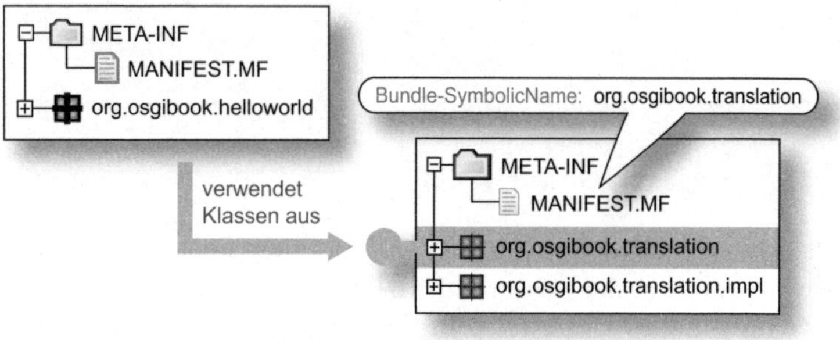

Abb. 5–2
Das »Translation«-Bundle

Das Package `org.osgibook.translation` enthält das Interface `TranslationService` und die Klasse `TranslationServiceFactory`, mit der Instanzen des Translation Service erzeugt werden. Dieses Package wird vom »Translation«-Bundle exportiert und ist somit nach außen sichtbar.

Das Package `org.osgibook.translation.impl` enthält die Klasse `TranslationServiceImpl`, die das Interface `TranslationService` implementiert. Dieses Package ist nach außen nicht sichtbar.

Die Plug-in-Projekte

In Abb. 5–3 ist der Aufbau der fertigen Beispielprojekte aus diesem Kapitel dargestellt.

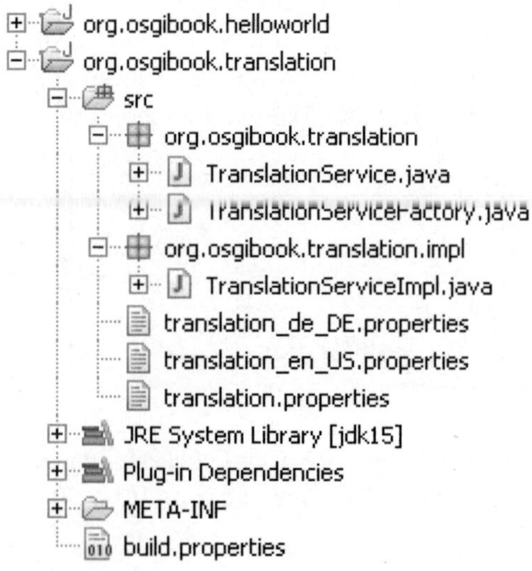

Abb. 5–3
Die Plug-in-Projekte

Neben den Implementierungen der bereits beschriebenen Klassen befinden sich in dem Projekt eine Reihe von Property-Dateien. Diese Property-Dateien enthalten die Übersetzungen der Gruß-Botschaften, die beim Start und beim Stopp des »Hello World«-Bundles ausgegeben werden.

Schritt 1: Implementation des »Translation«-Bundles

Legen Sie mithilfe des Plug-in-Project-Wizards ein neues Plug-in-Projekt mit dem Namen `org.osgibook.translation` an. Da das »Translation«-Bundle keine Activator-Klasse benötigt, können Sie beim Anlegen des Projektes die Option **Generate an Activator** auf der Seite **Plug-in content** des Wizards deselektieren. Der Wizard legt dann keine Activator-Klasse an und generiert auch keinen entsprechenden Eintrag im Bundle Manifest.

Nach dem Anlegen des Projektes implementieren Sie das Interface `TranslationService` im Package `org.osgibook.translation` wie folgt:

Listing 5–1
TranslationService.java

```
package org.osgibook.translation;

public interface TranslationService {
  public String getTranslation(String key);
}
```

Anschließend legen Sie im Package `org.osgibook.translation.impl` die Klasse `TranslationServiceImpl` an:

Listing 5–2
TranslationService-Impl.java

```
package org.osgibook.translation.impl;

import java.util.Locale;
import java.util.MissingResourceException;
import java.util.ResourceBundle;
import org.osgibook.translation.TranslationService;

public class TranslationServiceImpl implements TranslationService {
  private ResourceBundle translations;

public TranslationServiceImpl(Locale locale) {
  // ACHTUNG: das ResourceBundle heißt zwar 'Bundle',
  // hat aber nichts mit den OSGi Bundles zu tun!
  try {
     translations =
        ResourceBundle.getBundle("translation", locale);
  } catch (MissingResourceException e) {
     translations = ResourceBundle.getBundle("translation",
        new Locale("de", "DE"));
  }
}
```

```
   public String getTranslation(String key) {
      try {
         return translations.getString(key);
      } catch (MissingResourceException e) {
         return key;
      }
   }
}
```

Legen Sie nun im Package `org.osgibook.translation` die Klasse `TranslationServiceFactory` an, über die Sie eine Instanz des Translation Service erzeugen können:

Listing 5–3
TranslationService-Factory.java

```
package org.osgibook.translation;

import java.util.Locale;
import org.osgibook.translation.impl.TranslationServiceImpl;

public class TranslationServiceFactory {

   private static TranslationService translationService;

   public static TranslationService getTranslationService() {
      if (translationService == null) {
         translationService =
            new TranslationServiceImpl(Locale.getDefault());
      }
      return translationService;
   }
}
```

Die `java.util.ResourceBundles`, die in der Klasse `TranslationServiceImpl` verwendet werden, arbeiten mit Property-Dateien, die jeweils die Übersetzungen für eine Sprache enthalten. Legen Sie exemplarisch eine Property-Datei für Englisch und Deutsch an sowie eine Default-Datei, auf die der Translation Service zurückgreift, wenn er für die gewählte Sprache keine Property-Datei findet. Die drei Dateien müssen sich im src-Verzeichnis Ihres Bundle-Projektes befinden und der Namenskonvention `translation_<locale>.properties` entsprechen:

Listing 5–4
Die Lokalisationsdateien

```
translation_de_DE.properties:
hello = Hallo OSGi-Welt sagt Bundle %s!
goodbye = Tschüß OSGi-Welt sagt Bundle %s!

translation_en_US.properties:
hello = Hello OSGi World from bundle %s!
goodbye = Goodbye OSGi World from bundle %s!
```

```
translation.properties:
hello = Hallo OSGi-Welt sagt Bundle %s!
goodbye = Tschüß OSGi-Welt sagt Bundle %s!
```

Damit Sie den Translation Service außerhalb des Bundles nutzen können, müssen Sie das Package `org.osgibook.translation`, das das `TranslationService`-Interface enthält, für andere Bundles sichtbar machen, indem Sie es explizit exportieren. Dazu fügen Sie in der Manifest-Datei folgenden Eintrag hinzu[1]:

```
Export-Package: org.osgibook.translation
```

Schritt 2: Anpassen des »Hello World«-Bundles

Nachdem Sie den Translation Service implementiert haben, können Sie diesen innerhalb des »Hello World«-Bundles einsetzen. Dazu passen Sie die greet()-Methode des Activators an, so dass diese den Translation Service zum Übersetzen der Nachrichten verwendet. In der `start()`- und `stop()`-Methode der Activator-Klasse übergeben Sie dann nur noch den Key der Nachricht:

Listing 5–5
Der Activator des »Hello World«-Bundles

```
package org.osgibook.helloworld;

import org.osgi.framework.BundleActivator;
import org.osgi.framework.BundleContext;

import org.osgibook.translation.TranslationService;
import org.osgibook.translation.TranslationServiceFactory;

public class Activator implements BundleActivator {

  public void start(BundleContext context) throws Exception {
    greet("hello", context.getBundle().getSymbolicName());
  }

  public void stop(BundleContext context) throws Exception {
    greet("goodbye", context.getBundle().getSymbolicName());
  }

  protected void greet(String key, Object... args) {
    TranslationService translatorService =
      TranslationServiceFactory.getTranslationService();

    String translatedMsg = translatorService.getTranslation(key);
```

1. Sie können die zu exportierenden Packages alternativ auch im Plug-in-Manifest-Editor auf der Seite »Runtime« unter »Exported Packages« mit der »Add...«-Schaltfläche hinzufügen.

```
        String message = String.format(translatedMsg, args);

        System.out.println(message);
    }
}
```

Wenn Sie Ihre Änderungen an der Activator-Klasse speichern, werden Sie feststellen, dass Eclipse nicht in der Lage ist, das Package `org.osgibook.translation` aufzulösen. Da Sie dieses Package aus einem anderen Bundle nutzen möchten, müssen Sie es explizit importieren, bevor Sie es benutzen können. Ändern Sie dazu den Import-Package-Header in der Manifest-Datei des »Hello World«-Bundles und fügen Sie das Package org.osgibook.translation zur Auflistung der importierten Packages hinzu:[1]

```
Import-Package: org.osgibook.translation,
  org.osgi.framework;version="1.4.0"
```

Wenn Sie Ihre Änderung nun speichern, sehen Sie, dass Eclipse jetzt in der Lage ist, die Activator Klasse fehlerfrei zu kompilieren.

Schritt 3: Ausführen des Beispiels

Starten Sie nun das »Hello World«-Bundle über den »Hello World«-Launcher. Achten Sie darauf, dass das neue »Translation«-Bundle in der Run-Konfiguration ausgewählt ist (siehe Abb. 5–4).

Abb. 5–4
Die Launch-Konfiguration

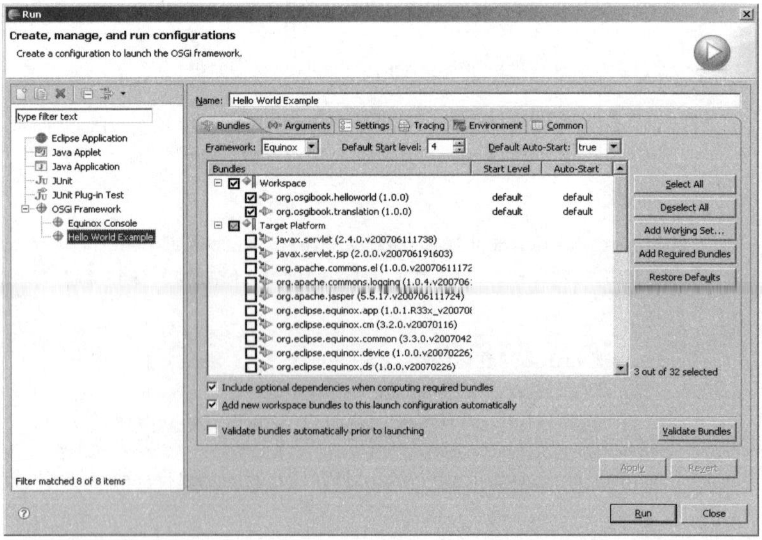

1. Auch hier gilt: Sie können die zu importierenden Packages auch im Plug-in-Manifest-Editor auf der Seite »Dependencies« unter »Imported Packages« mit der »Add...«-Schaltfläche hinzufügen.

Sie sehen die geänderte Begrüßungsnachricht auf der OSGi-Konsole:

```
osgi> Hallo OSGi-Welt sagt Bundle org.osgibook.helloworld!
```

Falls Sie auf einem englischsprachigen System arbeiten, dann wird Ihnen die folgende Begrüßungsnachricht ausgegeben:

```
osgi> Hello OSGi World from bundle org.osgibook.helloworld!
```

Damit haben Sie nun einen ersten praktischen Einblick in die Package-Abhängigkeiten zwischen Bundles bekommen. In den folgenden Unterkapiteln werden wir Ihnen die zugrunde liegenden Konzepte im Detail vorstellen.

5.2 Exportieren von Packages

Die Klassen eines Bundles sind für andere Bundles zunächst nicht sichtbar. Damit diese in anderen Bundles genutzt werden können, müssen sie vom implementierenden Bundle explizit exportiert und vom nutzenden Bundle explizit importiert werden.

Der Export-Package-Header

Das Exportieren von Klassen erfolgt im OSGi Framework auf Package-Ebene. Um ein oder mehrere Packages eines Bundles zu exportieren, müssen Sie über den Manifest Header `Export-Package` eine (kommaseparierte) Liste mit allen Packages angeben:

```
Export-Package: org.osgibook.translation
```

Die obige Anweisung exportiert bspw. das Package `org.osgibook.translation` für die Nutzung in anderen Bundles (vgl. Abb. 5–5).

Abb. 5–5 *Exportieren von Packages*

Class Filtering

Sie können die Menge der exportierten Klassen einschränken, indem Sie die `exclude`- bzw. `include`-Direktiven des `Export-Package`-Headers verwenden. Eine Klasse wird dann nur exportiert, wenn sie einerseits mit der `include`-Direktive erfasst wird, andererseits aber nicht durch die `exclude`-Direktive ausgeschlossen ist. In den Direktiven geben Sie die Klassennamen jeweils ohne ihren Package-Namen an. Um mehrere

Klassen auf einmal zu erfassen, können Sie einen Klassennamen mit einem oder mehreren * trunkieren:

```
Export-Package: org.osgibook.translation;↵
  include:="TranslationService*"
```

Mit diesem Header exportieren Sie alle Klassen aus dem Package `org.osgibook.translation`, deren Name mit `TranslationService` beginnt. Der Defaultwert der `include`-Direktive ist die Wildcard *, der allen Klassennamen entspricht. Die `exclude`-Direktive ist per Default leer, so dass alle Klassen eines Packages sichtbar sind.

5.3 Importieren von Packages

Wenn Sie in Ihrem Bundle Klassen eines anderen Bundles nutzen möchten, müssen Sie die benötigen Packages in Ihrem Bundle explizit importieren. Die Spezifikation der OSGi Platform definiert zwei verschiedene Bundle Manifest Header, mit denen die Abhängigkeit zu anderen Packages bzw. Bundles definiert werden kann: `Import-Package` und `Require-Bundle`.

5.3.1 Importieren mit Import-Package

Mit dem Bundle Manifest Header `Import-Package` spezifizieren Sie die Abhängigkeit zu einem (oder mehreren) Package, indem Sie eine (kommaseparierte) Liste mit allen Packages angeben, die von Ihrem Bundle benötigt werden. Mit der folgenden Angabe importieren Sie bspw. das Package `org.osgibook.translation` und machen es in Ihrem Bundle verfügbar (vgl. Abb. 5–6):

```
Import-Package: org.osgibook.translation
```

Abb. 5–6
Import Package

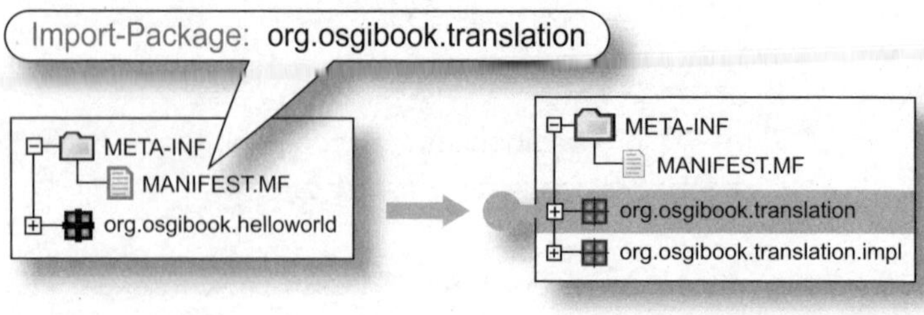

Das OSGi Framework versucht vor dem Starten eines Bundles, dessen Abhängigkeiten aufzulösen. Für alle im Import-Package-Header aufgeführten benötigten Packages bedeutet das, dass das OSGi Framework versucht, dem Bundle entsprechende exportierte Packages bereitzustellen.

Wenn die OSGi-Laufzeitumgebung kein Bundle findet, das ein über `Import-Packages` importiertes Package exportiert, bleibt das Bundle, das diesen Import benötigt, im Zustand `installed` und kann nicht gestartet werden. Mit dem Parameter `resolution` können Sie jedoch ein Package als optional deklarieren. In diesem Falle würde das Framework die `Import-Package`-Anweisung ignorieren, falls kein entsprechendes exportiertes Package im System installiert ist.

Optionale Imports bei Import-Package

```
Import-Package: org.osgibook.translation;↵
  resolution:=optional
```

Damit stehen Ihnen natürlich zur Laufzeit auch die Klassen dieses Packages nicht zur Verfügung. Sinnvoll ist die Verwendung von optionalen Packages bspw. dann, wenn ein Bundle eine bestimmte Funktionalität in Abhängigkeit der Existenz eines Packages erbringt: So kann ein Bundle bspw. beim Vorhandensein einer Logging-API während seiner Ausführung Log-Meldungen ausgeben. Ist die Logging-API hingegen nicht verfügbar, kann das Bundle trotzdem seine eigentliche Aufgabe erfüllen, lediglich die Ausgabe der Log-Nachricht wäre in diesem Falle nicht möglich.

5.3.2 Importieren mit Require-Bundle

Mit dem Bundle Manifest Header `Require-Bundle` spezifizieren Sie Abhängigkeiten eines Bundles zu einem oder mehrerer Bundles. Mit dem folgenden Bundle-Header definieren Sie bspw. die Abhängigkeit zum Bundle `org.osgibook.translation` (vgl. auch Abb. 5–7):

```
Require-Bundle: org.osgibook.translation
```

Im Gegensatz zum `Import-Package`-Header, mit dem Sie gezielt ein oder mehrere Packages in Ihr Bundle importieren, werden mit dem `Require-Bundle`-Header alle Packages, die das referenzierte Bundle exportiert, in Ihr Bundle importiert.

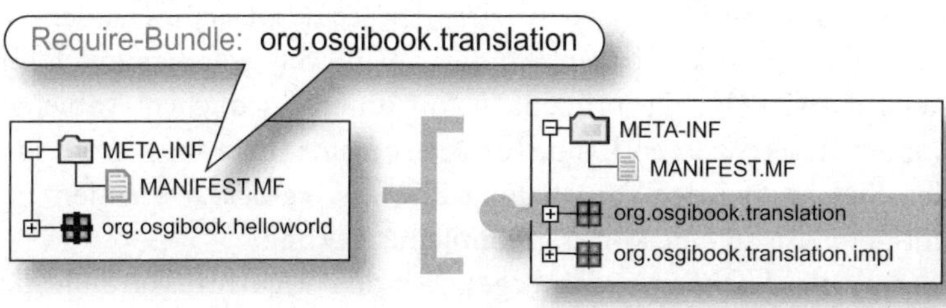

Abb. 5–7
Require-Bundle

Falls im OSGi Framework eines der über den Bundle Manifest Header `Require-Bundle` spezifizierten Bundles nicht verfügbar ist, kann Ihr

Optionale Bundles

Bundle nicht aufgelöst werden, und es bleibt im Zustand INSTALLED. Ähnlich wie beim Import-Package-Header können Sie allerdings auch beim Require-Bundle-Header ein benötigtes Bundle als optional kennzeichnen. Die Abhängigkeit zum gesuchten Bundle wird dann ignoriert, falls es in Ihrer Platform nicht existiert:

```
Require-Bundle: org.osgibook.translation;
  resolution:=optional
```

Sichtbarkeit

Eine Besonderheit bei der Verwendung des Require-Bundle-Headers im Gegensatz zum Import-Package-Header ist die Möglichkeit, alle von den benötigten Bundles importierten Packages automatisch nach außen sichtbar zu machen. Dazu können Sie die Sichtbarkeit des Bundles mit dem visibility-Attribut setzen:

```
Require-Bundle: org.osgibook.translation;
  visibility:=reexport
```

Damit exportiert Ihr Bundle automatisch auch alle Packages, die vom Translation-Bundle exportiert werden.

5.4 Import-Package oder Require-Bundle?

Mit den Manifest Headern Import-Package und Require-Bundle stehen Ihnen zwei Möglichkeiten zur Verfügung, um Package-Abhängigkeiten zwischen Bundles zu definieren. Ursprünglich war in der OSGi Framework Specification ausschließlich die Spezifikation von Abhängigkeiten über den Manifest Header Import-Package vorgesehen. Mit dem Release 4 der OSGi Service Platform Specification wurde jedoch zusätzlich der Bundle Manifest Header Require-Bundle eingeführt.

Die Entscheidung über die Einführung dieses Manifest Headers ist selbst in der OSGi Alliance nicht unumstritten, da die Verwendung des Require-Bundle-Headers einige signifikante Nachteile besitzt:

- ***Abhängigkeit zu konkreten Implementationen:*** Im Gegensatz zum Import-Packages-Header spezifiziert der Require-Bundle-Header Abhängigkeiten zu konkreten Bundles. Wenn Sie gegen eine Schnittstelle entwickeln, die prinzipiell von unterschiedlichen Anbietern implementiert werden kann (bspw. org.osgi.framework), dann binden Sie sich bei der Verwendung des Require-Bundle-Headers unnötigerweise an eine konkrete Implementierung.
- ***Import nicht benötigter Packages:*** Mit dem Require-Bundle-Header werden *alle* exportierten Packages der benötigten Bundles in ein Bundle importiert. Insbesondere importieren Sie auch die Packages des benötigten Bundles, die von diesem reexportiert werden (als die

Abhängigkeiten des benötigten Bundles). In der Regel importieren Sie also bei der Verwendung des `Require-Bundle`-Headers mehr Packages, als eigentlich benötigt werden.

- *Split-Packages:* Bei der Verwendung des Require-Bundle-Headers kann es vorkommen, dass Klassen aus demselben Package aus unterschiedlichen Bundles bereitgestellt werdem (sog. Split-Packages), was zu diversen Problemen führen kann. Befindet sich bspw. dieselbe Klasse in unterschiedlichen Bundles, dann entscheidet die Reihenfolge der spezifizierten Bundles darüber, welche Klasse angezogen wird.

Aus unserer Sicht ist die Verwendung des `Import-Package`-Headers aus den genannten Gründen der Verwendung des `Require-Bundle`-Headers vorzuziehen. Wir werden deshalb auch in den nachfolgenden Beispielen die Spezifikation von Package-Abhängigkeiten über den `Import-Package`-Header realisieren.

5.5 Arbeiten mit Bundle- und Package-Versionen

Bei der Spezifikation von Abhängigkeiten kann durch die Verwendung von Versionen bzw. Versionsbereichen Einfluss darauf genommen werden, welche Packages von einem Bundle importiert werden.

5.5.1 Spezifikation von Bundle- und Package-Versionen

Sowohl Bundles als auch die von einem Bundle exportierten Packages können (unabhängig voneinander) versioniert werden, um das Bundle oder die exportierten Packages näher zu beschreiben.

Versionen

Eine Version setzt sich syntaktisch aus bis zu vier durch einen Punkt getrennte Stellen zusammen, wobei die ersten drei Stellen (»major«, »minor« und »micro«) numerische Werte enthalten müssen, während die vierte Stelle, der »qualifier«, auch ein String sein darf. Beispiele:

```
1.4 oder
1.4.7.I20070326
```

Der Defaultwert für eine Version ist 0.0.0.

Versionierung von Bundles

Um ein Bundle mit einer bestimmten Version zu kennzeichnen, kann im Manifest des Bundles der Bundle Manifest Header `Bundle-Version` mit der entsprechenden Version gesetzt werden:

```
Bundle-SymbolicName: org.osgibook.translation;
Bundle-Version: 1.0.0
```

Ein Bundle wird im Framework anhand des symbolischen Namens und der Version eindeutig im System identifiziert. Es ist also durchaus möglich, ein Bundle gleichzeitig in unterschiedlichen Versionen im Framework zu installieren.

Versionierung von Packages

Neben der Versionierung von Bundles ist es ebenfalls möglich, ein exportiertes Package mit einer Version zu kennzeichnen. Dazu stellen Sie die Version des Packages als Parameter hinter den Namen des exportierten Packages:

```
Export-Package: org.osgibook.translation;version="1.1.0"
```

Auch bei der Versionierung von exportierten Packages ist es möglich, dass ein Package gleichzeitig in unterschiedlichen Versionen im System verfügbar ist.

5.5.2 Spezifikation von Abhängigkeiten mit Versionsbereichen

Bei der Spezifikation der Abhängigkeiten eines Bundles können Sie einen Versionsbereich spezifizieren, aus dem ein Package bzw. ein importiertes Bundle stammen muss.

Versionsbereiche

Ein Versionsbereich setzt sich aus zwei Versionen zusammen, die einen Minimal- und einen Maximalwert darstellen. Mit den eckigen Klammern `'['` bzw. `']'` können Sie »größer-oder-gleich-als« bzw. »kleiner-oder-gleich-als« ausdrücken, mit den runden Klammern `'('` bzw. `')'` drücken Sie »größer-als« bzw. »kleiner-als« aus. Folgende Beispiele illustrieren den syntaktischen Aufbau von Wertebereichen:

```
(1.1, 1.2] bedeutet 1.1.0 < x <= 1.2.0
[1,2] bedeutet 1.0.0 < x < 2.0.0
```

Der Defaultwert für Versionsbereiche ist `[0.0.0, ∞)`. Wenn Sie nur einen Wert angeben, wird dieser als Minimalwert interpretiert, so dass alle Versionen, die größer oder gleich diesem Wert sind, Bestandteil des Versionsbereiches sind. Beispiel:

```
1.1.0 bedeutet 1.1.0 <= x
```

Versionsbereiche bei Import-Package

Wenn Sie ein Package mit einer bestimmten Version oder eine Version aus einem bestimmten Versionsbereich importieren möchten, können Sie innerhalb des `Import-Package`-Headers mit dem `version`-Attribut einen Versionsbereich angeben, aus dem die Version des exportierten Packages stammen muss. Mit folgendem Eintrag in Ihrer Manifest-Datei importieren Sie bspw. das Package `org.osgibook.translation` in einer Version, die größer oder gleich 1.1.0 und kleiner als 1.5.0 ist:

```
Import-Package: org.osgibook.translation;
  version="[1.0.0,1.5.0)"
```

Bei der Verwendung des Require-Bundle-Headers können Sie das version-Attribut verwenden, um einen Versionsbereich für das benötigte Bundle zu definieren. Mit dem folgenden Header spezifizieren Sie zum Beispiel, dass das benötigte »Translation«-Bundle eine Version größer oder gleich 1.0.0 und kleiner 2.0.0 besitzen muss:

Versionsbereiche bei Require-Bundle

```
Require-Bundle: org.osgibook.translation;
  version="[1.0.0,2.0.0)"
```

Falls mehrere Packages oder Bundles existieren, die in einem spezifizierten Versionsbereich liegen, dann wird das Package bzw. das Bundle mit der höchsten Versionsnummer gewählt. In dem in Abb. 5–8 dargestellten Beispiel ist das Package `org.osgibook.translation` in den Versionen `1.1.0` und `1.4.0` verfügbar. Das Bundle `org.osgibook.helloworld` spezifiziert für den Import des Packages den Versionsbereich `[1.0.0, 1.5.0)`. Da beide Package-Versionen in diesem Versionsbereich liegen, wird das Package mit der höheren Version für den Import ausgewählt, in diesem Fall also die Version `1.4.0`.

Mehrere Versionen für einen Versionsbereich

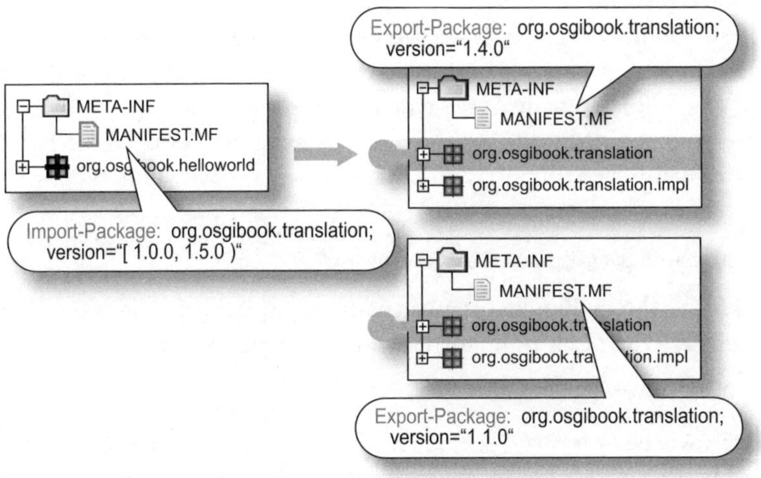

Abb. 5–8
Mehrere Versionen für einen Versionsbereich

5.6 Dynamisches Importieren von Packages

Innerhalb des OSGi Frameworks müssen Sie alle Bundles und Packages, die Ihr Bundle zur Ausführung benötigt, explizit in der Manifest-Datei angeben. Bei der Installation des Bundles löst das OSGi Framework diese Abhängigkeiten auf und ordnet Ihrem Bundle die benötigten exportierten Packages zu.

Dieses Vorgehen setzt allerdings voraus, dass Sie bei der Entwicklung Ihres Bundles bereits wissen, welche Packages Ihr Bundle importieren muss, d.h. von welchen Klassen Ihr Bundle zur Laufzeit abhän-

Grenzen von Import-Package und Require-Bundle

gig ist. Das muss aber nicht immer der Fall sein: Wenn Sie zum Beispiel innerhalb eines Bundles Objekte aus einem Object Stream deserialisieren, dann müssen zur Erzeugung der deserialisierten Objekte die entsprechenden Klassen verfügbar sein. Diese müssen aber nicht zwingend im Bundle enthalten oder diesem bekannt sein. Allgemeiner ausgedrückt kann es immer dann Abhängigkeiten zu Klassen geben, die zur Entwicklungszeit unbekannt sind, wenn diese Klassen über Konstrukte wie `Class.forName(String)` geladen werden.

Der DynamicImport-Package-Header

Um auch solche Szenarien realisieren zu können, können Sie mit dem `DynamicImport-Package`-Header eine Reihe von Packages angeben, für die die OSGi Platform ein Bundle sucht, das das passende Package exportiert. Im Gegensatz zum `Import-Package`-Header bzw. zum `Require-Bundle`-Header versucht das OSGi Framework jedoch nicht, die spezifizierten Packages nach der Installation des Bundles zuzuordnen. Erst wenn während der Laufzeit des Bundles versucht wird, eine Klasse zu laden, die aus einem über den `DynamicImport-Package`-Header spezifizierten Package stammt, wird dynamisch nach einem passenden Package gesucht.

Verwendung von Wildcards

Sie können mit dem `DynamicImport-Package`-Header nicht nur einzelne, konkrete Packages importieren, sondern mit der Verwendung des »*«-Wildcards auch eine ganze Gruppe von Packages mit ihren Unterpackages. Mit der folgenden Anweisung ermöglichen Sie bspw. den dynamischen Import des Packages `org.osgibook` und sämtlicher Unterpackages:

```
DynamicImport-Package: org.osgibook.*
```

Wenn Sie Ihrem Bundle erlauben wollen, tatsächlich alle möglichen Packages dynamisch zu importieren, können Sie das auch tun:

```
DynamicImport-Package: *
```

Angabe von Attributen

Genau wie beim `Import-Package`-Header können Sie Attribute angeben, die mit den Attributen eines exportierten Packages übereinstimmen müssen. So können Sie z.B. festlegen, welche Version das exportierte Package haben muss:

```
DynamicImport-Package: org.osgibook.*; version="1.0.0"
```

Verwendung

Die Suche nach Packages, die über den `DynamicImport-Package`-Header definiert wurden, ist der letzte Schritt, den die OSGi-Laufzeitumgebung bei der Suche nach einem Package macht. Erst wenn das Package nicht über den `Import-Package`-Header, den `Require-Bundle`-Header oder im lokalen Klassenpfad gefunden werden konnte, versucht das OSGi Framework die im `DynamicImport-Package`-Header spezifizierten Packages aufzulösen.

Die Equinox-OSGi-Implementation stellt Ihnen übrigens mit dem »Buddy Class Loading« einen eigenen, proprietären Class-Loading-Mechanismus zur Verfügung, der Ihnen noch weitere Möglichkeiten bietet, das Class-Loading-Verhalten zu beeinflussen. Das Buddy Class Loading stellen wir Ihnen in Kapitel 21 ausführlich vor.

Generell ist die Verwendung von Dynamic-Import und des Buddy Class Loadings nicht unumstritten, da es die Vorteile, die Ihnen das gezielte Importieren von Packages mit Import-Package bietet, teilweise aufhebt. Sie sollten diese Verfahren also nur verwenden, wenn Sie mit Import-Package nicht weiterkommen.

5.7 Exkurs: Class Loading in Java und im OSGi Framework

Das explizite Exportieren und Importieren von Packages innerhalb des OSGi Frameworks wird durch intensiven Gebrauch des Java-Class-Loading-Mechanismus realisiert. Um zu verstehen, wie im OSGi Framework Package-Abhängigkeiten zwischen Bundles aufgelöst werden und welche Implikationen dies für die Anwendungsentwicklung hat, ist ein gutes Verständnis des Java-Class-Loadings im Allgemeinen und dessen Verwendung im OSGi Framework im Speziellen vonnöten.

Die nachfolgenden Ausführungen basieren dabei in weiten Teilen auf [LIPP01].

5.7.1 Class Loading in Java

In der Java-Laufzeitumgebung werden Klassen von sog. Class Loadern (Unterklassen von `java.lang.ClassLoader`) geladen. Ein Class Loader ist dafür verantwortlich, den Bytecode von benötigten Klassen ausfindig zu machen und der Java-VM zur Verfügung zu stellen. Eine Klasse wird innerhalb einer VM eindeutig durch die Kombination aus ihrem voll qualifizierten Namen und dem Class Loader, durch den sie geladen wurde, identifiziert. Es ist also durchaus möglich, mehrere Versionen einer Klasse parallel in einer VM zu halten, wenn die Klassen mit unterschiedlichen Class Loadern geladen werden.

Innerhalb der Java-Laufzeitumgebung stehen folgende Class Loader zur Verfügung:

- **Bootstrap Class Loader:** Der Bootstrap Class Loader ist verantwortlich für das Laden aller Klassen, die zur Java-Laufzeitumgebung gehören. Dazu gehören bspw. die Laufzeitklassen aus dem Archiv `rt.jar`, die Internationalisierungsklassen im Archiv internationalization `i18n.jar`.

- **Extension Class Loader:** Der Extension Class Loader ist verantwortlich für das Laden der Klassen, die sich in den Extension-Verzeichnissen der Java-Laufzeitumgebung befinden, bspw. das Verzeichnis `lib/ext` der Java-Laufzeitumgebung (JRE). Über den Extension- Mechanismus können angepasste oder eigene APIs allen Applikationen verfügbar gemacht werden, die auf der Java-Plattform laufen.
- **System Class Loader:** Der System Class Loader ist verantwortlich für das Laden der Klassen aus dem System-Klassenpfad, der über die System-Property `java.class.path` definiert ist. Standardmäßig ist der Wert der `java.class.path`-Property ».«, also das aktuelle Verzeichnis. Dieser Wert lässt sich über die Kommandozeilenoption `-classpath` oder `-cp` oder die `CLASSPATH` Umgebungsvariable ändern.
- **Custom Class Loader:** Darüber hinaus können in einer Anwendung bei Bedarf beliebige eigene, anwendungsspezifische Class Loader (Custom Class Loader) angelegt und verwendet werden.

Abb. 5–9
Class Loader-Hierarchie im JRE

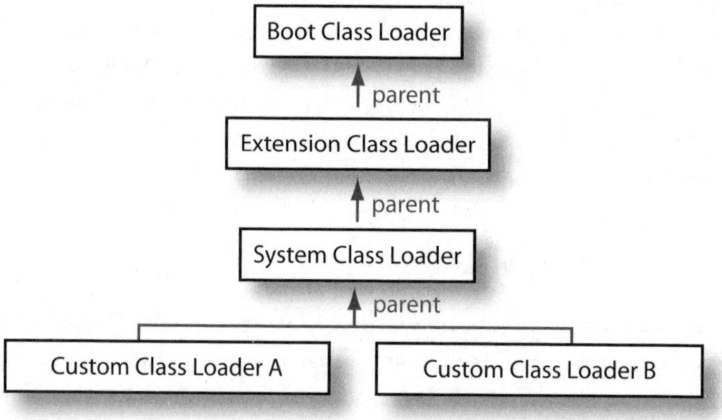

Das Delegationsmodell

Class Loader sind hierarchisch organisiert, wobei jeder Class Loader (außer dem Bootstrap Class Loader) einen Parent besitzt. Soll eine Klasse von einem Class Loader geladen werden, wird immer zunächst der übergeordnete Class Loader aufgefordert, diese Klasse zu laden. Nur wenn dieser die Klasse nicht laden kann, kommt der nächstuntergeordnete Class Loader zum Zug. Wird diese Hierarchie nicht explizit aufgebaut, indem beim Erzeugen eines neuen Class Loaders explizit ein Parent gesetzt wird, wird immer der System Class Loader als Parent eines neuen Class Loaders eingesetzt.

Klassische Java-Client-Applikationen machen von den Class-Loading-Features in der Regel wenig Gebrauch, da meist alle Klassen einer Applikation von demselben Class Loader geladen werden. Applikationsserver hingegen nutzen gerade diese Class-Loading-Mechanismen von Java intensiv, um bspw. Hot-Deployment zu realisieren oder verschiedene Anwendungen voneinander zu isolieren.

5.7.2 Class Loading im OSGi Framework

Auch innerhalb der OSGi Service Platform wird intensiver Gebrauch von den Java-Class-Loading-Möglichkeiten gemacht. Jedes im OSGi Framework installierte Bundle besitzt einen eigenen Class Loader, so dass die im System installierten Bundle voneinander separiert sind und die Import-Export-Beziehungen zwischen Bundles explizit gesteuert werden können. Nur so kann auch realisiert werden, dass Bundles dynamisch zur Laufzeit zum System hinzugefügt und wieder entfernt werden können.

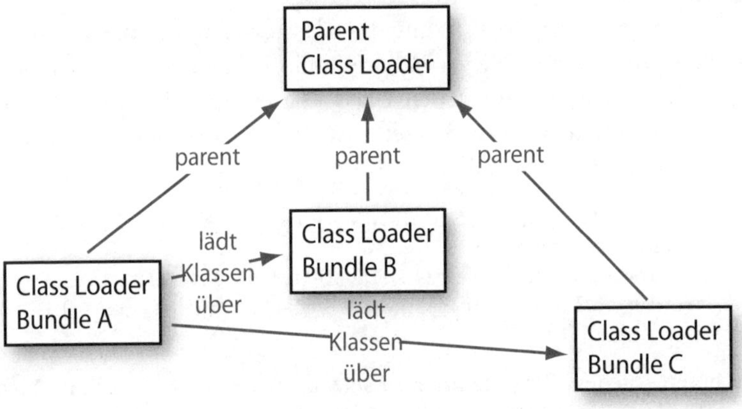

Abb. 5–10 *Class-Loader-Beziehungen im OSGI Framework*

Der Parent Class Loader aller Bundle Class Loader ist in der Regel auf den Boot Class Loader der VM gesetzt[1] (vgl. Abb. 5–10). Auf die Class Loader anderer Bundles haben die Klassen zunächst keinen Zugriff. Allerdings kann ein Bundle Class Loader Referenzen auf andere Bundle Class Loader besitzen, wenn das entsprechende Bundle Klassen (genauer Packages) aus diesen Bundles importiert. Über diesen Mechanismus wird ermöglicht, dass die Package-Abhängigkeiten zwischen Bundles feingranular gesteuert werden können.

1. Mit der Option osgi.parentClassloader kann in Eclipse Equinox der übergeordnete Class Loader für alle Bundles umgesetzt werden, sowohl auf den Extension Class Loader der Java-VM (»ext«), als auch auf den Application Class Loader der Eclipse-Anwendung (»app«).

Versucht ein Bundle eine Klasse zu laden, wird wie folgt vorgegangen:

- Wenn die Klasse aus einem `java.*`-Package stammt, wird die Klasse im Parent Class Loader des Bundles (also im Regelfall der Boot Class Loader) gesucht. Wenn Sie dort nicht gefunden wird, wird die Suche nach der Klasse erfolglos abgebrochen.
- Wenn die Klasse aus einem Package stammt, das im System-Property `org.osgi.framework.bootdelegation` aufgeführt ist, wird versucht, die Klasse über den Parent Class Loader des Bundles zu laden.
- Es wird über den OSGi-Mechanismus festgestellt, ob die gesuchte Klasse aus einem referenzierten Bundle geladen werden kann oder ob das Bundle diese Klasse selber bereitstellt. Im Erfolgsfall wird diese Klasse geladen.

5.7.3 Class Loading über den Context Class Loader

Unabhängig von der Realisierung des Class Loadings in der OSGi Service Platform nutzen viele verfügbare Bibliotheken für das dynamische Laden von Klassen explizit den Class Loader, der als Context Class Loader am aktuellen Thread gesetzt ist. Dieses Vorgehen ist in Listing 5–6 schematisch dargestellt.

Listing 5–6
Class Loading über den Context Class Loader

```
public Object createInstance(String name) throws Exception {
   ClassLoader cl =
      Thread.currentThread().getContextClassLoader();
   return cl.loadClass(name).newInstance();
}
```

Um einen solchen Class Loader zu setzen, bietet die Klasse `java.lang.Thread` entsprechende Methoden an. Setzt man diesen Class Loader nicht explizit, wird vom JDK implizit der Class Loader des Parent-Threads gesetzt, was in der Regel der Class Loader der Applikation ist.

Der aktuelle Thread kann (und muss i.d.R.) genutzt werden, um vor dem Aufruf einer Bibliothek den passenden Class Loader zu setzen, der die von der Bibliothek dynamisch zu erzeugenden Klassendefinitionen laden kann (vgl. Listing 5–7).

Listing 5–7
Verwendung des Context Class Loaders

```
ClassLoader cl = Thread.currentThread().getContextClassLoader();

Thread.currentThread().setContextClassLoader(
   getClass().getClassLoader());

try {
         // call lib
} finally {
   Thread.currentThread().setContextClassLoader(cl);
}
```

Bei der Verwendung von Bibliotheken kann es deshalb unter Umständen erforderlich sein, jeden Aufruf der Bibliothek durch eine entsprechende Wrapper-Klasse mit dem Setzen des Context Class Loaders zu kapseln.

5.8 Zusammenfassung

In diesem Kapitel haben wir Ihnen gezeigt, wie Sie innerhalb des OSGi Frameworks Package-Abhängigkeiten zwischen Bundles definieren:

- Damit die Klassen eines Bundles in anderen Bundles genutzt werden können, müssen die entsprechenden Packages vom implementierenden Bundle explizit *exportiert* werden. Um ein oder mehrere Packages eines Bundles zu exportieren, müssen Sie über den Manifest Header `Export-Package` eine (kommaseparierte) Liste mit allen Packages angeben.
- Wenn Sie Klassen eines anderen Bundles nutzen möchten, müssen Sie die benötigten Packages explizit *importieren*. Über den Bundle Manifest Header `Import-Package` spezifizieren Sie die Abhängigkeit zu einem (oder mehreren) Packages. Mit dem Bundle Manifest Header `Require-Bundle` hingegen spezifizieren Sie die Abhängigkeit zu einem oder mehreren Bundles.
- Bei der Spezifikation von Abhängigkeiten kann durch die Verwendung von *Versionen* bzw. *Versionsbereichen* zusätzlich Einfluss darauf genommen werden, welche Packages von einem Bundle importiert werden. Die Verwendung von Versionen und Versionsbereichen kann dabei auf Bundle-Ebene und/oder auf Package-Ebene erfolgen.
- Über den Manifest Header `DynamicImport-Package` können Sie Packages importieren, ohne dass diese beim Auflösen des Bundles bereits verfügbar sein müssen. Zusätzlich können Sie unter der Verwendung des »*«-Wildcards eine ganze Gruppe von Packages und ihren Unterpackages importieren.

6 OSGi Services

Motivation

Wenn Sie bereits Erfahrung in der Entwicklung von Eclipse-Plug-ins oder Plug-in-basierten Anwendungen auf Basis der Eclipse Rich Client Platform (RCP) besitzen, dann wird Ihnen vieles, was Sie in den vergangenen Kapiteln gelernt haben, in der ein oder anderen Form bekannt sein. Ein für Eclipse-Plug-in- bzw. RCP-Entwickler eher unbekanntes Konzept sind hingegen die OSGi Services, die wir Ihnen in diesem und dem nachfolgenden Kapitel vorstellen.

OSGi Services sind einfache Java-Objekte (POJOs), die innerhalb eines Bundles erzeugt und an der zentralen OSGi Service Registry registriert werden. Dort können sie von anderen Bundles abgefragt und genutzt werden. Durch die Verwendung von OSGi Services ist es damit möglich, Objekte über Bundle-Grenzen hinweg verfügbar zu machen.

Wir werden Ihnen in diesem Kapitel detailliert zeigen, wie Sie Services an der OSGi Service Registry anmelden und abfragen. Darüber hinaus erläutern wir Ihnen die Verwendung von Properties und Filtern, mit denen Sie Services beschreiben und detailliert suchen können. Wir erklären den Zusammenhang zwischen Package- und Service-Abhängigkeiten und stellen Ihnen abschließend die Verwendung von Start-Leveln vor.

Einordnung

Die in diesem Abschnitt beschriebenen Konzepte sind logisch im Service-Layer des OSGi Frameworks angesiedelt.

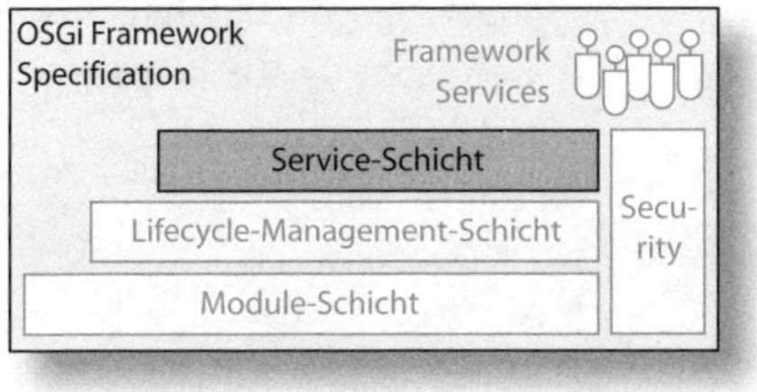

Abb. 6–1
Einordnung in die logischen Framework-Schichten

Die Spezifikation der vorgestellten Konzepte können Sie in Kapitel 5 der OSGi Core Specification [OSCS07] nachlesen.

6.1 Tutorial: Der Translation Service als OSGi Service

Überblick

Wir werden in diesem Kapitel das bestehende Beispiel dahingehend umbauen, dass der Translation Service nicht mehr über eine Factory erzeugt, sondern als OSGi Service über die Service Registry zur Verfügung gestellt wird. Das »Hello World«-Bundle kann den Translation Service dann von der Service Registry abfragen und nutzen (vgl. Abb. 6–2).

Abb. 6–2

Der Translation Service

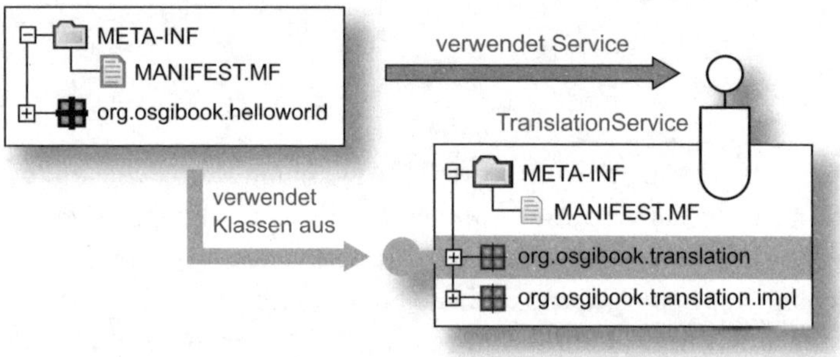

Die `TranslationServiceFactory`, die wir im Beispiel des vorherigen Unterkapitels implementiert haben, wird damit überflüssig. Stattdessen erweitern wir das »Translation«-Bundle um einen Bundle-Aktivator, der beim Start des Bundles einen Translation Service erzeugt und an der Service Registry anmeldet.

Die Plug-in-Projekte

In Abb. 6–3 ist der Aufbau der fertigen Plug-in-Projekte dargestellt.

Abb. 6–3

Aufbau der Plug-in-Projekte

Schritt 1: Den Translation Service als OSGi Service anmelden

Da das »Translation«-Bundle noch keinen `Activator` besitzt, müssen Sie diesen zunächst neu anlegen. Melden Sie dazu den `Activator` im Bundle Manifest mit folgendem Eintrag an:

```
Bundle-Activator: org.osgibook.translation.impl.Activator
```

Anschließend erzeugen Sie die Klasse `Activator` im Package `org.osgi.translation.impl`. Das Listing 6–1 zeigt die Implementierung der `Activator`-Klasse. In der `start()`-Methode des Activators wird der Translation Service über die Methode `BundleContext.registerService()` an der Service Registry registriert. Eine explizite Deregistrierung des Service muss nicht erfolgen, da das OSGi Framework beim Beenden eines Bundles automatisch alle vom Bundle registrierten Services aus der Service Registry entfernt:

Listing 6–1
Der Activator des Translation-Bundles

```
package org.osgibook.translation.impl;

import java.util.Dictionary;
import java.util.Hashtable;
import java.util.Locale;

import org.osgi.framework.BundleActivator;
import org.osgi.framework.BundleContext;
import org.osgi.framework.ServiceRegistration;
import org.osgibook.translation.TranslationService;

public class Activator implements BundleActivator {

   public void start(BundleContext context) throws Exception {
      Locale locale = Locale.getDefault();
      Dictionary<String, String> properties =
         new Hashtable<String, String>();
      properties.put(Locale.class.getName(), locale.toString());
      context.registerService(
         TranslationService.class.getName(),
         new TranslationServiceImpl(locale), properties);
   }

   public void stop(BundleContext context) throws Exception {
      // Deregistrierung erfolgt automatisch
   }
}
```

Löschen Sie nun noch die Klasse `TranslationServiceFactory`. Nach dem Entfernen der Factory treten zunächst einige Kompilierfehler im »Hello World«-Bundle auf, die wir jedoch im nächsten Schritt beheben werden.

Schritt 2: Verwenden des OSGi Service im »Hello World«-Bundle

Der Translation Service wird wie bisher in der Klasse `Activator` des »Hello World«-Bundles benutzt. Allerdings müssen Sie den Code zum Auffinden des Service so anpassen, dass der in Schritt 1 angemeldete Service von der OSGi Service Registry abgefragt wird. Das machen wir in einer modifizierten Version der `greet()`-Methode. Das folgende Listing 6–2 zeigt den fertigen Activator:

Listing 6–2
Der Aktivator des »Hello World«-Bundles

```
package org.osgibook.helloworld;

import org.osgi.framework.BundleActivator;
import org.osgi.framework.BundleContext;
import org.osgi.framework.ServiceReference;
import org.osgibook.translation.TranslationService;

public class Activator implements BundleActivator {

   private BundleContext bundleContext;

   public void start(BundleContext context) throws Exception {
      this.bundleContext = context;
      greet("hello", context.getBundle().getSymbolicName());
   }

   public void stop(BundleContext context) throws Exception {
      greet("goodbye", context.getBundle().getSymbolicName());
   }

   protected void greet(String key, Object... args) {
      ServiceReference serviceReference = bundleContext
         .getServiceReference(TranslationService.class.getName());
      if (serviceReference != null) {
         TranslationService translationService =
            (TranslationService) bundleContext
             .getService(serviceReference);
         if (translationService != null) {
            String translatedMsg =
               translationService.getTranslation(key);
            String message = String.format(translatedMsg, args);
            System.out.println(message);
         }
         bundleContext.ungetService(serviceReference);
      }
   } else {
      System.out.println(
         "TranslationService z.Zt. nicht verfuegbar.");
   }
}
```

Schritt 3: Festlegen der Bundle-Startreihenfolge

Bevor Sie das Beispiel ausführen können, müssen Sie noch eine Anpassung in der »Hello World«-Launch-Konfiguration vornehmen: Da das Bundle `org.osgibook.helloworld` seinen Gruß nur dann ausgeben kann, wenn der Translation Service als OSGi Service angemeldet ist, müssen Sie dafür sorgen, dass das Bundle `org.osgibook.translation` vor dem Bundle `org.osgibook.helloworld` gestartet wird.

Die relative Startreihenfolge lässt sich innerhalb des OSGi Framework durch die Verwendung von Start-Leveln realisieren, die jedem einzelnen Bundle zugewiesen werden können. Weisen Sie deshalb in der Launch-Konfiguration dem Bundle `org.osgibook.translation` einen niedrigeren Start-Level zu als dem Bundle `org.osgibook.helloworld` (vgl. Abb. 6–4).

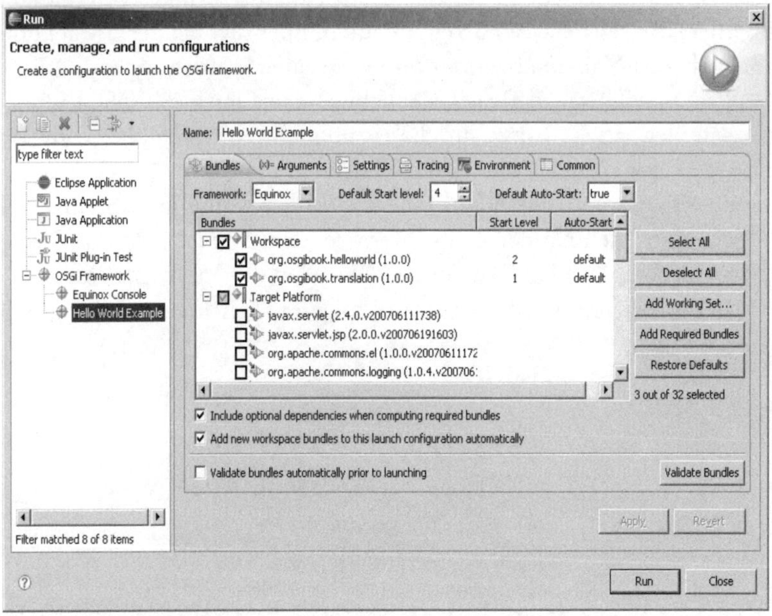

Abb. 6–4 *Die Launch-Konfiguration*

Achtung

Die Verwendung von Start-Leveln zur Auflösung von Service-Abhängigkeiten wird in der OSGi-Spezifikation explizit als Fehler beschrieben, da der potenziellen Dynamik von OSGi-basierten Anwendungen nicht Rechnung getragen wird.

Da wir jedoch den Umgang mit dynamischen Services aus didaktischen Gründen erst in Kapitel 7 behandeln, müssen wir in diesem Tutorial die Startreihenfolge über Start-Level spezifizieren.

Schritt 4: Ausführen der Launch-Konfiguration

Wenn Sie nun die Launch-Konfiguration ausführen, erhalten Sie die gleiche Ausgabe wie im Beispiel des vorherigen Kapitels:

```
osgi> Hallo OSGi-Welt sagt Bundle org.osgibook.helloworld!
```

Damit haben Sie Ihren ersten Service an der OSGi Service Registry angemeldet und abgefragt. In den nachfolgenden Unterkapiteln werden wir Ihnen die demonstrierten Techniken im Detail vorstellen.

6.2 OSGi Services im Überblick

OSGi Services

Ein *OSGi Service* ist ein einfaches Java-Objekt, das an einer zentrale Registratur (der *Service Registry*) unter einem oder mehreren Interface- oder Klassennamen angemeldet wird. Dort kann es von anderen Bundles, die den Service nutzen möchten, über den bei der Anmeldung angegebenen Namen abgefragt und verwendet werden.

Prinzipiell können Sie jedes beliebige Java-Objekt als OSGi Service bereitstellen. Es ist bspw. durchaus möglich, ein Exemplar vom Typ `Long` (z.B. `new Long(1)`) unter dem Klassennamen `java.lang.Long` an der Service Registry anzumelden. Für gewöhnlich sollte jedoch ein OSGi Service unter den Namen eines Interface (dem *Service Interface*) registriert werden, das die öffentlichen Methoden des Service definiert.

Arbeiten mit OSGi Services

Beim Arbeiten mit Services sind folgende Schritte notwendig (vgl. Abb. 6–5):

Abb. 6–5 *Arbeiten mit der Service Registry*

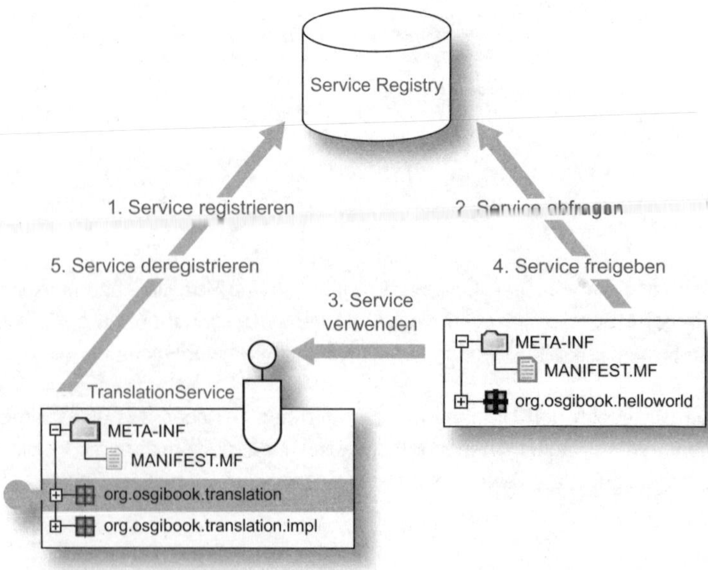

- *Schritt 1 – Services registrieren:* Damit ein OSGi Service im System verfügbar wird, muss er innerhalb eines Bundles erzeugt und an der Service Registry registriert werden.
- *Schritt 2 – Services abfragen:* Die an der Service Registry angemeldeten Services können anschließend unter den bei der Registrierung angegebenen Klassennamen abgefragt werden.
- *Schritt 3 – Services verwenden:* Wenn ein Bundle einen Service von der Service Registry erhalten hat, dann hat das Bundle einen direkten Zugriff auf das als Service angemeldete Objekt und kann dessen Funktionalität in Anspruch nehmen.
- *Schritt 4 – Services freigeben:* Wird ein Service von einem nutzenden Bundle nicht mehr benötigt, dann muss dieses durch das Bundle explizit freigegeben werden. Das OSGi Framework kann so explizit verwalten, welche Services von welchen Bundles genutzt werden.
- *Schritt 5 – Services deregistrieren:* Wenn ein Service nicht mehr im System zur Verfügung stehen soll, dann muss er durch das Bundle, das den Service angemeldet hat, explizit deregistriert werden. Wird das anmeldende Bundle gestoppt, dann werden alle angemeldeten Services automatisch deregistriert. Nach der Deregistrierung eines Service steht diese nicht mehr an der Service Registry zur Verfügung.

6.3 OSGi Services registrieren und deregistrieren

6.3.1 Registrieren von OSGi Services

Das Registrieren eines Objektes als OSGi Service erfolgt über eine der beiden `registerService()`-Methoden des `BundleContext`:

Listing 6–3
Serviceregistrierung über den Bundle Context

```
package org.osgi.framework;

[...]

public interface BundleContext {

   [...]
   public ServiceRegistration registerService(String clazz,
      Object service, Dictionary properties);
   public ServiceRegistration registerService(String[] clazzes,
      Object service, Dictionary properties);
   [...]
}
```

Beide Methoden erwarten als Parameter das zu registrierende Service-Objekt sowie ein (optionales) Dictionary mit Properties, die den Service näher beschreiben. Zusätzlich muss der Name einer oder mehrerer Klassen (bzw. Interfaces) angegeben werden, unter denen der Service später an der Service Registry abgefragt werden kann. Wir werden das Arbeiten mit Properties explizit in Unterkapitel 6.6 behandeln. Wenn Sie keine Properties setzen möchten, können Sie an dieser Stelle auch `null` übergeben.

Beachten Sie zudem, dass das Registrieren von Services nur möglich ist, wenn sich das Bundle in einem der Zustände `STARTING` oder `ACTIVE` befindet.

Beispiel

Der folgende Aufruf registriert den Translation Service aus dem »Translation«-Bundle an der Service Registry:

```
public void start(BundleContext context) throws Exception {

  TranslationService service = new
     TranslationServiceImpl(Locale.getDefault());

  ServiceRegistration registration =
     context.registerService(TranslationService.class.getName(),
     service, null);
}
```

Service Registration

Als Ergebnis der Registrierung liefern beide Methoden ein Objekt vom Typ `ServiceRegistration` zurück (vgl. Listing 6–4).

Listing 6–4
Das Interface ServiceRegistration

```
package org.osgi.framework;

public interface ServiceRegistration {
  public ServiceReference getReference();

  public void setProperties(Dictionary properties);

  public void unregister();
}
```

Die Service Registration ist für die private Benutzung innerhalb des anmeldenden Bundles gedacht und sollte anderen Bundles nicht zugänglich gemacht werden. Über die Service Registration können Sie die für einen Service gesetzten Properties nachträglich verändern. Zudem ist die Service Registration die einzige Möglichkeit, einen Service manuell zu deregistrieren, falls dieser nicht mehr zur Verfügung stehen soll.

6.3.2 Deregistrierung von OSGi Services

Um einen Service wieder aus der Service Registry entfernen, nutzen Sie die Methode `unregister()` der `ServiceRegistration`:

```
registration.unregister();
```

Beachten Sie, dass beim Stopp eines Bundles alle von einem Bundle registrierten Services automatisch von Framework abgemeldet werden. Es ist also nicht zwingend notwendig, innerhalb der `stop()`-Methode des BundleActivators ein `unregister()` auf ggf. vorhandenen Service-Referenzen aufzurufen.

6.4 Service Factories

In unserem Beispiel haben wir einen Translation Service registriert, der von verschiedenen Bundles gemeinsam genutzt wird. In bestimmten Situationen ist es jedoch erforderlich, jedem benutzenden Bundle ein eigenes Service-Objekt zur Verfügung zu stellen. Dies ist insbesondere dann notwendig, wenn der Service nicht zustandslos ist, sondern eine individuelle Konfiguration pro Bundle besitzt. Der `LogService` des OSGi Frameworks wird bspw. mit der Bundle-ID des aufrufenden Bundles parametrisiert und gibt bei der Log-Ausgabe die ID des Bundles mit aus.

Verwendung von Service Factories

Um auch solche Anwendungsszenarien realisieren zu können, gibt es die Möglichkeit, bei der Registrierung eines Service anstelle eines konkreten Service-Objektes eine `ServiceFactory` anzugegeben. Eine `ServiceFactory` ist ein Objekt, dessen Klasse das Interface `org.osgi.framework.ServiceFactory` implementiert. Dieses Interface definiert zwei Methoden, mit denen pro Bundle individuell Services erzeugt bzw. freigegeben werden können.

Listing 6–5
Das Interface ServiceFactory

```
package org.osgi.framework;

public interface ServiceFactory {
   public Object getService(Bundle bundle,
      ServiceRegistration registration);

   public void ungetService(Bundle bundle,
      ServiceRegistration registration, Object service);
}
```

Wenn ein Bundle über die Service Registry einen Service anfragt, der über eine Service Factory realisiert ist, dann wird über die `getService()`-Methode der `ServiceFactory` ein Service für dieses Bundle erzeugt. Wird der Service vom Bundle wieder freigegeben (durch `Bund-`

leContext.unget() oder beim Stoppen des Bundles), wird analog dazu die Methode ungetService() aufgerufen, in der z.B. Aufräumarbeiten vorgenommen werden können.

Beispiel

Um den Translation Service aus dem Beispiel über eine ServiceFactory zu realisieren, müssen Sie eine entsprechende TranslationServiceFactory implementieren:

```
public class TranslationServiceFactory implements ServiceFactory {

   public Object getService(Bundle bundle,
      ServiceRegistration registration) {
         return new TranslationServiceImpl();
   }

   public void ungetService(Bundle bundle,
      ServiceRegistration registration, Object service) {
      // do nothing;
   }
}
```

Die Registrierung des Service erfolgt dann wie folgt:

```
ServiceRegistration registration =
   context.registerService(TranslationService.class.getName(),
   new TranslationServiceFactory(), null);
```

Cachen von Services

Mit der Realisierung des Translation Service über eine Service Factory wird jedem aufrufenden Bundle ein eigenes Exemplar des Translation Service übergeben. Beachten Sie, dass das OSGi Framework die erzeugten Service-Objekte cached, so dass einem Bundle, das bereits einen Service abgefragt hat, der bereits erzeugte Service zurückgeliefert wird. Somit wird maximal ein Service-Objekt für jedes Bundle erzeugt.

6.5 Services verwenden

Wenn Sie innerhalb eines Bundles einen OSGi Service verwenden möchten, müssen Sie diesen von der Service Registry abfragen. Der Zugriff auf einen OSGi Service erfolgt dabei unter Verwendung einer *Service Reference*, die wiederum dazu benutzt wird, den konkreten Service von der Service Registry zu beziehen.

Service References

Die Service Reference wird durch das Interface org.osgi.framework.ServiceReference repräsentiert und kapselt die Metainformationen, die zu einem Service verfügbar sind (vgl. Listing 6–6). Neben den für einen Service gesetzen Properties (vgl. dazu Abschnitt 6.6) können an der Service Reference das definierende Bundle sowie alle Bundles, die den Service nutzen, abgefragt werden.

Listing 6–6
Das Interface ServiceReference

```
package org.osgi.framework;

public interface ServiceReference extends Comparable {
  public Object getProperty(String key);
  public String[] getPropertyKeys();
  public Bundle getBundle();
  public Bundle[] getUsingBundles();
  public boolean isAssignableTo(Bundle bundle, String className);
  public int compareTo(Object reference);
}
```

Eine besondere Funktion erfüllt die Methode `isAssignableTo(Bundle, String)`, mit der überprüft werden kann, ob der durch die Service Reference repräsentierte OSGi Service kompatibel mit den innerhalb eines Bundles verfübaren Klassen ist. Wir werden diesen wichtigen Spezialfall explizit in Unterkapitel 6.8 behandeln.

Abfragen einer Service Reference

Um eine `ServiceReference` von der Service Registry zu beziehen, kann am `BundleContext` eine der folgenden Methoden aufgerufen werden:

```
package org.osgi.framework;

[...]

public interface BundleContext {

  [...]
  public ServiceReference getServiceReference(String clazz);
  public ServiceReference[] getServiceReferences(String clazz,
    String filter) throws InvalidSyntaxException;
  [...]
}
```

Die erste Methode liefert für einen Klassennamen eine Service Reference zurück. Die zweite Methode erlaubt die zusätzliche Angabe eines (optionalen) Filters, der die OSGi Services näher beschreibt und einschränkt (vgl. dazu Unterkapitel 6.7). Mit der folgenden Anweisung wird von der Service Registry die Service Reference zum Translation Service abgefragt:

```
ServiceReference serviceReference = context
  .getServiceReference(TranslationService.class.getName());
```

Die `ServiceReference` können Sie innerhalb Ihres Bundles speichern oder an andere Bundles weiterreichen.

Abfragen des Service

Um den durch die Service Reference repräsentierten OSGi Service an der Service Registry abzufragen, kann am `BundleContext` die Methode `getService()` aufgerufen werden:

```
TranslationService translationService =
   (TranslationService) context.getService(serviceReference);
```

Wenn Sie einen Service über `getService()` erhalten haben, dann besitzen Sie eine direkte Referenz auf das Service-Objekt und können die Methoden des Objektes direkt aufrufen. Bitte beachten Sie, dass diese Methode `null` zurückliefern kann, falls der Service, auf den die Referenz zeigt, in der Zwischenzeit aus der Service Registry abgemeldet wurde.

Freigeben von Services

Services, die innerhalb eines Bundles nicht mehr benötigt werden, müssen über die Methode `BundleContext.unget()` explizit freigegeben werden.

Die OSGi Service Registry merkt sich zu jedem Service, ob und von welchem Bundle ein Service genutzt wird. Diese Information kann programmatisch oder über einen Management Agent abgefragt werden, um die Verwendung von Services jederzeit überwachen zu können. Mit der Methode `BundleContext.unget()` wird der Service Registry signalisiert, dass ein genutzter Service nicht weiter im Bundle verwendet wird.

6.6 Service Properties

Beschreibung von Services mit Properties

Bei der Registrierung von OSGi Services über die `registerService()`-Methode des `BundleContext` können Sie eine Menge von (vorgegebenen oder benutzerdefinierten) Properties angeben, die den Service oder dessen Eigenschaften näher beschreiben:

```
public ServiceRegistration registerService(String[] clazzes,
      Object service, Dictionary properties);
```

Die Angabe von Properties hat im Wesentlichen zwei Aufgaben:

- Zum einen können die zusätzlichen Angaben von einem Management Agent ausgelesen und angezeigt werden und dienen damit der Beschreibung eines Service.
- Zum anderen können die spezifizierten Eigenschaften beim Abfragen von Services angegeben und so zum Filtern von Services verwendet werden. Wir werden die Verwendung von Filtern in Abschnitt 6.7 betrachten.

Zusammengefasst werden diese Eigenschaften in einem Dictionary-Objekt mit Schlüssel-Wert-Paaren, wobei die Schlüssel als Strings angegeben werden. Als Werte sollten Sie lediglich primitive Typen und `java.*`-Klassen verwenden. Die Schlüssel sind nicht case-sensitiv, so dass bspw. die Schlüssel »Locale« und »LOCALE« identisch sind. In unserem Beispiel geben wir bei der Registrierung des Translation Service das verwendete »Locale« an, um zu beschreiben, in welche Sprache der Translation Service übersetzt:

```
Dictionary<String, String> properties =
  new Hashtable<String, String>();

Locale locale = Locale.getDefault();

properties.put(Locale.class.getName(), locale.toString());
context.registerService(TranslationService.class.getName(),
  new TranslationServiceImpl(locale, properties);
```

Standard-Properties

Neben den benutzerdefinierten Properties gibt es eine Reihe von Standard-Properties, deren Schlüssel vom OSGi Framework vorgegeben werden. Zwei von diesen Properties werden zudem automatisch mit Werten belegt und können nicht explizit gesetzt werden:

- **`objectClass`:** Die Property `objectClass` enthält den Interface- oder Klassennamen, unter denen der Service an der Service Registry angemeldet wurde. Wenn ein Service unter mehreren Namen angemeldet wurde, werden die Namen als String-Array abgelegt.
- **`service.id`:** Die Property `service.id` ist die technische ID des Service, die zur Laufzeit des OSGi Frameworks eindeutig ist.

Die weiteren Standard-Properties werden nicht automatisch mit Werten belegt und können optional gesetzt werden:

- **`service.description`:** Die Property `service.description` enthält eine Beschreibung des Service, die hauptsächlich für einfacheres Debugging gedacht ist.
- **`service.pid`:** Die Property `service.pid` ist eine persistente ID des Service, die bei der Registrierung eines Service gesetzt werden kann und einen Service – im Gegensatz zur `service.id` – auch über den Restart des OSGi Frameworks hinweg identifiziert. Die `service.pid` wird von verschiedenen OSGi Standard Services genutzt, um Services eindeutig zu identifizieren.
- **`service.ranking`:** Über die Property `service.ranking` kann beeinflusst werden, welcher Service zurückgegeben werden soll, falls mehrere Services gefunden werden. Dabei kommt zunächst der Service mit dem höheren `service.ranking` in Frage. Bei gleichem Ranking wird der Service mit der niedrigeren `service.id` zurückgegeben.
- **`service.vendor`:** Über `service.vendor` kann optional ein Anbieter des Service angegeben werden.

Bis auf die vom Framework gesetzten Werte `objectClass` und `service.id` können die Eigenschaften nachträglich über das ServiceRegistration-Objekt (vgl. Abschnitt 6.3) verändert werden.

6.7 Filter

Die Properties eines Service können verwendet werden, um beim Abfragen einer Service Reference von der Service Registry den anzufragenden Service genauer zu spezifizieren. Dazu wird beim Aufruf der Methode `BundleContext.getServiceReferences()` neben dem Namen des Service-Interface ein sog. *Filter* angegeben.

Format Filter-Ausdrücke basieren auf dem RFC 1960, »A String Representation of LDAP Search Filters« [NEWG96]. LDAP-Filter bestehen aus einem oder mehreren *Kriterien*, die mittels *Operatoren* miteinander verknüpft werden:

- ***Kriterien:*** Kriterien bestehen aus einer Forderung an ein LDAP-Attribut. Folgende Kriterien sind formulierbar:
  - *Gleichheit:* (attribute=value)
  - *Größer-Vergleich:* (attribute>=value)
  - *Kleiner-Vergleich:* (attribute<=value)
  - *Vorhandensein:* (attribute=*)
- ***Operatoren:*** Kriterien werden über Operatoren miteinander verknüpft. Operatoren stehen stets am Anfang, gefolgt von den Suchkriterien (sog. *polnische Notation*). Sowohl die Kriterien als auch die Verknüpfungen mit Operatoren werden in runden Klammern aufgeführt. Folgende Operatoren sind definiert, wobei die Ausdrücke beliebig schachtelbar sind:
  - *UND-Operator:* `(& (...) (...))` oder auch mit mehr als zwei Kriterien: `(& (...) (...) (...))`
  - *ODER-Operator:* `(| (...) (...))` oder auch mit mehr als zwei Kriterien: `(| (...) (...) (...))`
  - *NOT-Operator:* `(! (...))`

Beispiele Ein einfacher Filter, der alle deutschen Übersetzungsservices filtert, sieht beispielsweise wie folgt aus:

```
String filter = "(java.util.Locale=de_DE)";
```

Um alle deutschen Übersetzungsservices herauszufiltern, die ein Service-Ranking von über 10 haben, verwenden Sie folgenden Filter:

```
String filter =
   "(&(java.util.Locale=de_DE)(service.ranking>10))";
```

Um den Filter zu benutzen, müssen Sie diesen beim Aufruf der Methode `BundleContext.getServiceReferences()` übergeben: *Anwendung*

```
ServiceReference[] serviceReferences = context.
  getServiceReferences( TranslationService.class.getName(),
  filter);
```

Als Ergebnis der Abfrage kommen Sie alle Service References zurückgeliefert, die unter dem Interface-Namen `TranslationService` an der OSGi Service Registry angemeldet sind und den im Filter spezifizierten Kriterien entsprechen.

Das Interface Filter

Über den Bundle Context haben Sie mit der `createFilter()`-Methode außerdem die Möglichkeit, sich ein `org.osgi.framework.Filter`-Objekt erzeugen zu lassen, mit dem Sie selber prüfen können, ob z.B. eine Service Reference auf Ihre Filterkriterien passt:

```
Filter filter = context.createFilter("(java.util.Locale=de_DE)");
if (filter.match(serviceReference)) {
  // Service hat de_DE Locale gesetzt
}
```

6.8 Package- und Service-Abhängigkeiten

Abhängigkeiten zwischen Bundles

Mit der Verwendung von OSGi Services können zwischen Bundles zwei verschiedene Arten von Abhängigkeiten existieren:

1. Eine *Package-Abhängigkeit* liegt vor, wenn ein Bundle von einem anderen Bundle abhängig ist, weil es dessen Packages importiert.
2. Eine *Service-Abhängigkeit* liegt vor, wenn ein Bundle von einem Bundle abhängig ist, weil es dessen Services benutzt.

Im Normalfall bedingt jede Service-Abhängigkeit auch eine Package-Abhängigkeit auf die Schnittstelle des Service. Ein Bundle, das einen Service benutzen möchte, benötigt schließlich auch die Schnittstellenklassen des Service. So können Sie den Translation Service nur dann nutzen, wenn Sie das Package `org.osgibook.translation` importieren, in dem das `TranslationService`-Interface definiert ist.

6.8.1 Kompatibilität zwischen Package- und Service-Abhängigkeit

Es ist im OSGi Framework durchaus möglich, dass mehrere Services in unterschiedlichen Versionen (und mit ggf. unterschiedlichen Schnittstellen) unter dem gleichen Interface-Namen an der Service Registry angemeldet werden. Ein solches Setup ist in Abb. 6–6 dargestellt, wo der Translation Service sowohl in der Version 1.0 als auch in der Version 1.1 an der Service Registry angemeldet ist.

Abb. 6–6
Services in verschiedenen Versionen

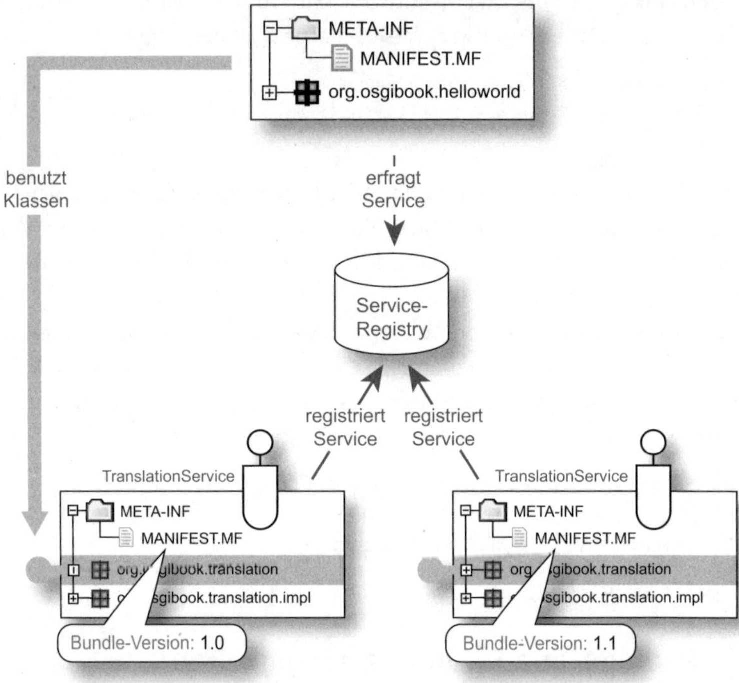

In einem solchen Setup kann es prinzipiell vorkommen, dass es bei einem Bundle, das einen Service nutzen möchte, zu einer Inkompatibilität zwischen den Service- und den Package-Abhängigkeiten kommt. So kann bspw. das »Hello World«-Bundle in dem in Abb. 6–6 dargestellten Setup den Translation Service in der Version 1.1 nicht nutzen, da es die Schnittstellenklassen des Translation Service in der Version 1.0 importiert. Der Versuch, den `TranslationService` in der Version 1.1 auf die Schnittstelle in der Version 1.0 zu casten, würde in einer `ClassCastException` resultieren.

Aus diesem Grund liefert Ihnen die `BundleContext.getServiceReference()`-Methode grundsätzlich nur diejenigen Service-Referenzen zurück, die auf ein Service-Interface zeigen, das zum abfragenden Bundle kompatibel ist. Kompatibel bedeutet in diesem Fall, dass das Bundle, welches den Service registriert hat, das Service-Interface aus dem gleichen Bundle verwendet, aus dem auch Ihr Bundle das Service-Interface verwendet.

Sie können also sicher sein, dass Sie einen Service, auf den Sie eine Referenz erhalten, auch tatsächlich verwenden können. Im Umkehrschluss bedeutet dies jedoch auch, dass Sie mit den Methoden `BundleContext.getServiceReference()` und `BundleContext.getServiceReferences()` ggf. nicht alle angemeldeten Services zu fassen bekommen.

6.8.2 Abfragen aller verfügbaren Services

Wenn Sie in einem Bundle eine Liste aller Services (also der kompatiblen und der nichtkompatiblen) bekommen möchten, können Sie folgende Methoden verwenden:

- `BundleContext.getAllServiceReferences(String clazz, String filter)`: Diese Methode liefert Ihnen eine Liste aller Services zurück, die unter dem entsprechenden Service-Interface-Namen registriert wurden – unabhängig davon, ob das Service-Interface kompatibel mit der in Ihrem Bundle verwendeten Version ist oder nicht.
  Wenn das Service-Interface nicht kompatibel zu der von Ihrem Bundle verwendeten Version ist, können Sie das zurückgelieferte Objekt nicht auf das Service-Interface casten, da Sie – auf Grund der unterschiedlichen Class Loader – eine `ClassCastException` erhalten würden.
- `ServiceReference.isAssignableTo(Bundle bundle, String className)`: Dieser Methode können Sie ein Bundle und den Namen eines Service-Interface übergeben. Die Methode prüft, ob das übergebene Service-Interface mit der Version in dem übergebenen Bundle kompatibel ist. Wenn die Methode `true` zurückliefert, können Sie in dem entsprechenden Bundle das von der Service Reference zurückgelieferte Objekt auf sein Service-Interface casten.

Beispiel

Im folgenden Beispiel werden alle registrierten Services vom Typ `TranslationService` abgefragt und explizit auf ihre Kompatibilität hin überprüft:

```
ServiceReference[] allReferences = context.
   getAllServiceReferences(TranslationService.class.getName(),
      null);

for (ServiceReference reference : allReferences) {
   if (reference.isAssignableTo(context.getBundle(),
         TranslationService.class.getName()) {
      TranslationService service =
         (TranslationService)context.getService(reference);
   } else {
      System.out.println("Nicht kompatible ServiceReference:" +
         reference);
   }
}
```

6.9 Verwendung von Start-Leveln

Mit der Verwendung von Start-Leveln können Sie die relative Startreihenfolge von Bundles festlegen. Dadurch können Sie z.B. ein Bundle, das einen Splash-Screen zeigt oder grundsätzliche Systemfunktionalität zur Verfügung stellt, *vor* allen anderen Bundles starten.

Funktionsweise

Um die Startreihenfolge der Bundles zu beinflussen, können Bundles verschiedene Start-Level zugewiesen werden:

- *Start-Level* sind nichtnegative Integer-Werte, die sowohl dem Framework als auch den im Framework installierten Bundles zugewiesen werden können. Sie sind aufsteigend geordnet, d.h., der Start-Level 4 ist höher als der Start-Level 2, der maximal mögliche Start-Level ist der Wert `Integer.MAX_VALUE`.
- Der *aktive Start-Level* ist der Start-Level, der dem OSGi Framework selbst zugeordnet ist und über den entschieden wird, welche Bundles gestartet werden sollen. Wenn das Framework noch nicht gestartet oder bereits wieder vollständig heruntergefahren wurde (diese Zustände werden äquivalent behandelt), ist der aktive Start-Level 0. In diesem Zustand sind keine Bundles aktiv.
- Jedem im Framework installierten Bundle ist ein *Bundle-Start-Level* zugeordnet, der den minimalen Start-Level definiert, in dem ein Bundle gestartet werden kann.
- Wenn einem Bundle kein expliziter Start-Level zugeordnet wird, wird dem Bundle der sog. *Default-Start-Level* zugeordnet.

Beispiel

In Abb. 6–7 ist die Verwendung von Start-Leveln für das in diesem Kapitel vorgestellte Beispiel dargestellt.

Abb. 6–7 *Verwendung von Start-Leveln*

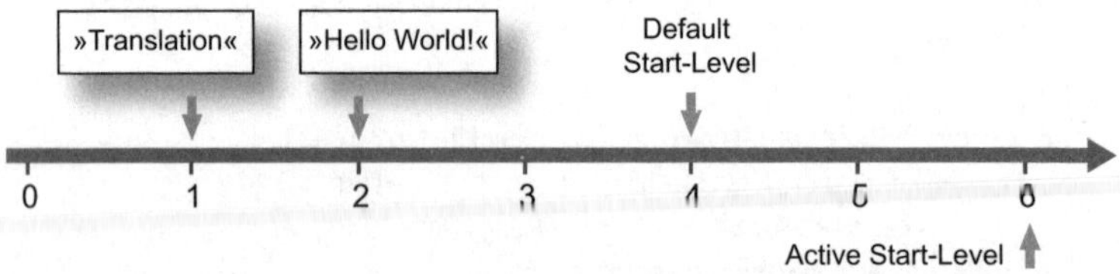

Das »Translation«-Bundle besitzt den Bundle-Start-Level 1, das »Hello World«-Bundle den Bundle-Start-Level 2. Wird einem Bundle nicht explizit ein Start-Level zugewiesen, dann besitzt es den Default-Start-Level 4. Der aktive Start-Level ist 6, so dass sowohl das »Translation«-Bundle als auch das »Hello World«-Bundle gestartet werden können.

Beim Start des Frameworks werden die installierten Bundles in der aufsteigenden Reihenfolge ihrer Start-Level gestartet, und zwar so lange, bis der aktive Start-Level erreicht ist. Das führt dazu, dass das »Translation«-Bundle vor dem »Hello World«-Bundle gestartet wird.

Start Level Service

Damit innerhalb der OSGi Service Platform mit Start-Leveln gearbeitet werden kann, muss das zugrunde liegende OSGi Framework den Start Level Service implementieren. Der Start Level Service ist als (optionaler) Framework Service in der Core-Spezifikation spezifiziert und ermöglicht einem Management Agent die Verwaltung von Framework- und Bundle-Start-Leveln.

Tipp

Setzen des aktiven Start-Levels in Eclipse Equinox

Innerhalb der Launch-Konfiguration, die Sie für den Start des Frameworks aus der Eclipse IDE heraus angelegt haben, können Sie für jedes Bundle explizit einen Start-Level spezifizieren. Ebenso kann der Default-Start-Level angegeben werden. Leider gibt es keine direkte Möglichkeit, den aktiven Start-Level aus der Launch-Konfiguration heraus zu ändern.

Voreingestellt startet Eclipse Equinox mit einem aktiven Start-Level von 6. Möchten Sie diesen Wert ändern, müssen Sie unter dem Tab **Arguments** unter VM-Arguments die Systemproperty `osgi.startLevel` setzen:

```
-Dosgi.startLevel=<startlevel>
```

6.10 Zusammenfassung

In diesem Kapitel haben wir Ihnen gezeigt, wie Sie innerhalb des OSGi Frameworks mit OSGi Services arbeiten:

- Ein *OSGi Service* ist ein einfaches Java-Objekt, das an der *Service Registry* unter einem oder mehreren Klassennamen angemeldet wird und dort von anderen Bundles abgefragt werden kann.
- Der Zugriff auf einen OSGi Service erfolgt unter Verwendung einer *Service Reference*, die genutzt werden kann, um den konkreten Service von der Service Registry zu beziehen. Die `ServiceReference` kann über den `BundleContext` abgefragt werden.
- Bei der Registrierung von OSGi Services können Sie eine Menge von (vorgegebenen oder benutzerdefinierten) Properties angeben, die den Service oder dessen Eigenschaften näher beschreiben.
- Um einen Service beim Abfragen von der Service Registry näher einzugrenzen, kann beim Aufruf der Methode `BundleContext.getServiceReferences()` neben dem Namen Klasse, unter dem der Service registriert wurde, ein sog. *Filter* angegeben werden.
- Mit *Start-Leveln* können Sie die Reihenfolge festlegen, in der Ihre Bundles gestartet werden. Generell sollten Sie allerdings darauf achten, dass Sie keine bestimmte Startreihenfolge von Bundles voraussetzen. Ihr Bundle sollte jederzeit in der Lage sein, auf das Fehlen eines anderen Bundles oder Service zu reagieren.

7 Umgang mit dynamischen Services

Motivation

In Kapitel 6 haben Sie gelernt, wie Sie aus einem Bundle heraus beliebige Objekte als Services an der OSGi Service Registry anmelden und so anderen Bundles zur Verfügung stellen können. Im Tutorial zu Kapitel 6 haben wir dabei über die Verwendung von Start-Leveln sichergestellt, dass das Bundle, das einen Service nutzen möchte (hier: `org.osgibook.helloworld`), *nach* dem Bundle gestartet wird, das diesen Service zur Verfügung stellt (hier: `org.osgibook.translation`).

Nun ist eine herausragende Eigenschaft der OSGi Service Plattform, dass Bundles (und mit ihnen die enthaltenen Services) zu beliebigen Zeitpunkten im Framework installiert und deinstalliert werden können. Es ist also durchaus denkbar, dass das »Hello World«-Bundle vor dem »Translation«-Bundle gestartet wird und der Translation Service beim Start des »Hello World«-Bundles (noch) nicht zur Verfügung steht. In einem solchen Fall ist es bspw. denkbar, den Gruß dann auszugeben, wenn der Translation Service im System verfügbar wird.

In diesem Kapitel zeigen wir Ihnen, wie Sie zur Laufzeit auf Änderungen an der OSGi Service Registry oder den an ihr angemeldeten Services reagieren können.

Einordnung

Die in diesem Kapitel vorgestellten Konzepte sind logisch im Service-Layer des OSGi Frameworks angesiedelt und können in Kapitel 5 der OSGi Core Specification [OSCS07] nachgelesen werden. Die Spezifikation des Service Trackers befindet sich im OSGi Service Compendium in Kapitel 701.

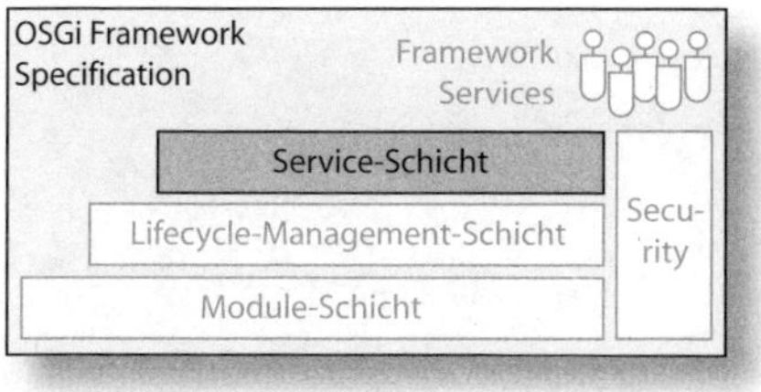

Abb. 7–1
Einordnung in die logischen Framework-Schichten

Hinweis

Der korrekte Umgang mit der Dynamik von Services ist – neben dem Management von Package-Abhängigkeiten – *das* zentrale Thema bei der Entwicklung OSGi-basierter Anwendungen. Da das Registrieren und Deregistrieren von Services zu beliebigen Zeitpunkten und durch unterschiedliche, nebenläufige Threads erfolgen kann, ist die korrekte Behandlung der Service-Abhängigkeiten ein nichttriviales Problem.

Im Umfeld der OSGi Service Platform existieren verschiedene Ansätze, die das Arbeiten mit dynamischen Services vereinfachen. Im Kern basieren alle Ansätze auf dem Konzept der Service Listener, das wir Ihnen in Unterkapitel 7.5 vorstellen. Die Verwendung von Service Listenern in eigenen Anwendungen ist jedoch nicht ratsam, da der resultierende Programmcode schnell sehr komplex wird und insbesondere anfällig für Nebenläufigkeitsprobleme ist.

Innerhalb des OSGi Standard Service Compendium sind zwei Ansätze beschrieben, die das Arbeiten mit dynamischen Services unterstützen:

- ***Service Tracker:*** Der Service Tracker ist eine Hilfsklasse, die den Zugriff auf die Service Registry kapselt und den *programmatischen* Umgang mit dynamischen Services unterstützt. Wir stellen Ihnen den Service Tracker in diesem Kapitel detailliert vor.
- ***Declarative Services:*** Die Declarative Service Specification definiert eine Service Component Runtime, mit deren Hilfe Service-Abhängigkeiten in *deklarativer* Form beschrieben werden können. Das Auflösen der Service-Abhängigkeiten wird durch die Service Component Runtime realisiert, so dass der Anwendungscode von dieser Aufgabe freigehalten wird. Wir stellen Ihnen diesen Ansatz detailliert in Kapitel 12 vor.

Darüber hinaus existieren verschiedene Ansätze, die nicht in der OSGi Specification festgelegt sind und die wir in diesem Buch nicht weiter betrachten:

- ***IPojo:*** IPojo [IPOJO] ist die Weiterentwicklung der Servicebinder- Bibliothek, auf der auch die Declaratice Service Specification basiert. IPojo ähnelt den Declarative Services, geht aber über deren Möglichkeiten hinaus.
- ***Spring-DM:*** Spring Dynamic Modules [SPRIDM] integriert das Spring Framework mit dem OSGi Framework. Auch dort werden Service-Abhängigkeiten deklarativ beschrieben und durch die von der durch Spring-DM bereitgestellten Infrastruktur aufgelöst.

7.1 Tutorial: Ein dynamischer Translation Service

Überblick

Wir werden unser Beispiel in diesem Kapitel dahingehend modifizieren, dass der Translation Service zu beliebigen Zeitpunkten im System registriert und deregistriert werden kann. Um dies zu ermöglichen, werden wir die folgenden Änderungen an unserem Beispiel vornehmen (vgl. Abb. 7–2):

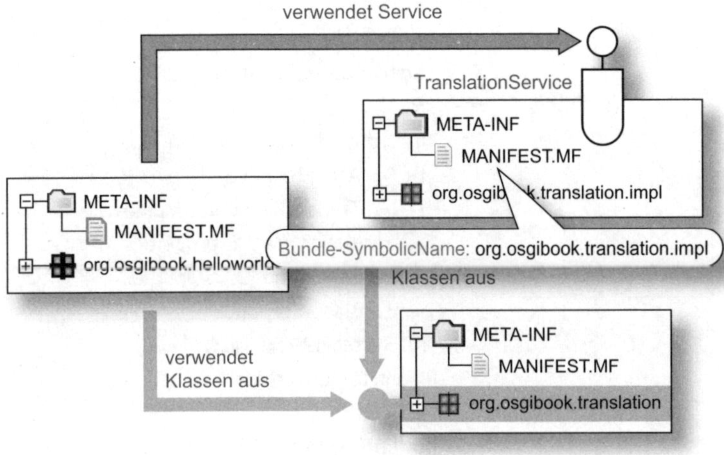

Abb. 7–2
Übersicht über die beteiligten Bundles

- ***Aufteilung des »Translation«-Bundles:*** Wir werden das Bundle `org.osgibook.translation` in die zwei Bundles `org.osgibook.translation` und `org.osgibook.translation.impl` aufteilen. Auf diese Weise kann das »Hello World«-Bundle, das die Schnittstellenklassen für den Translation Service benötigt, gestartet werden, ohne dass die Implementierung des Translation Service im System installiert ist.
- ***Implementieren eines Service Trackers:*** Über einen sog. *Service Tracker* werden wir auf die dynamische Registrierung und Deregistrierung des Translation Service reagieren. Die Grußausgabe soll nun nicht nur beim Start und Stopp des Bundles, sondern auch bei der Registrierung und Deregistrierung des Translation Service ausgegeben werden.

Die Plug-in-Projekte

Abb. 7–3 zeigt den Aufbau der modifizierten Projekte: Das Projekt `org.osgibook.translation` enthält nur noch das Interface `TranslationService`, das vom »Hello World«-Bundle benötigt wird, damit dieses aufgelöst und gestartet werden kann. Die eigentliche Implementierung des Translation Service befindet sich im Bundle `org.osgibook.translation.impl`. Dort befindet sich nun auch der `Activator`, der den Translation Service erzeugt und an der Service Registry anmeldet.

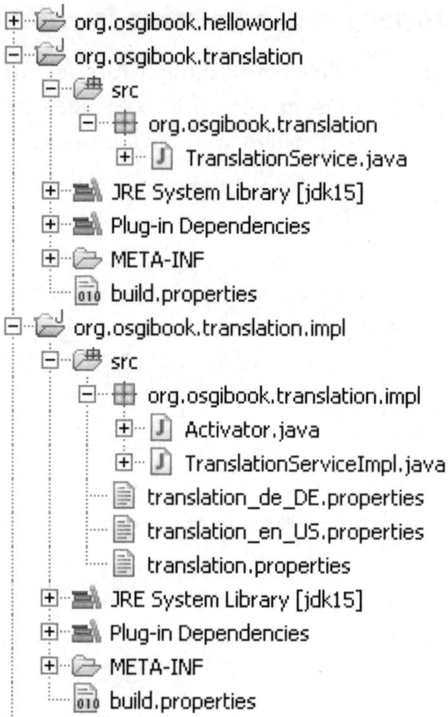

Abb. 7–3
Die Plug-in-Projekte

Schritt 1: Aufsplitten des »Translation«-Bundles

Als ersten Schritt werden wir das »Translation«-Bundle in je ein Bundle für das Interface und die Implementierung aufteilen. Legen Sie dazu ein neues Plug-in-Projekt `org.osgibook.translation.impl` an. Verschieben Sie dann das Package `org.osgibook.translation.impl` sowie die Property-Dateien mit den lokalisierten Strings in das neu erstellte Plug-in-Projekt. Damit das neue Bundle auf das `TranslatorService`-Interface zugreifen kann, müssen Sie das entsprechende Package dem `Import-Package`-Header in der Manifest-Datei hinzufügen:

```
Import-Package: org.osgibook.translation,
 org.osgi.framework;version="1.4.0"
```

Da Sie durch das Verschieben des Packages auch den Bundle-Aktivator verschoben haben, müssen Sie den `Bundle-Activator`-Header aus der Manifest-Datei des Bundles `org.osgibook.translation` löschen und ihn in der Manifest-Datei des Bundles `org.osgibook.translation.impl` entsprechend eintragen:

```
Bundle-Activator: org.osgibook.translation.impl.Activator
```

Schritt 2: Implementieren des Service Trackers (»Hello World«-Bundle)

Um auf die potenzielle Dynamik des Translation Service reagieren zu können, implementieren wir einen Service Tracker als innere Klasse in unserem Aktivator, über den wir über Änderungen an der Service Registry benachrichtigt werden (vgl. Listing 7–1).

Listing 7–1
Implementation des ServiceTrackers

```
package org.osgibook.helloworld;

import org.osgi.util.tracker.ServiceTracker;

[...]

public class Activator implements BundleActivator {

  [...]

  class TranslationServiceTracker extends ServiceTracker {
     public TranslationServiceTracker
        (BundleContext bundleContext) {
        super(bundleContext,
           TranslationService.class.getName(),
           null);
     }

     public Object addingService(ServiceReference reference) {
        TranslationService translationService =
           (TranslationService) context.getService(reference);
        greet(translationService, "hello",
           context.getBundle().getSymbolicName());
        return translationService;
     }

     public void removedService(ServiceReference reference,
        Object service) {
        greet((TranslationService) service, "goodbye",
           context.getBundle().getSymbolicName());
        context.ungetService(reference);
     }
  }
}
```

Mithilfe des Service Trackers sind wir in der Lage, die Grußbotschaft auszugeben, sobald der Service an der Registry an- bzw. abgemeldet wird.

Damit Sie den Service Tracker in Ihrem Bundle nutzen können, müssen Sie das Package `org.osgi.util.tracker` in der Manifest-Datei des »Hello World«-Bundles importieren:

```
Import-Package: org.osgi.framework;version="1.3.0",
 org.osgi.util.tracker;version="1.3.3",
 org.osgibook.translation
```

Schritt 3: Öffnen und Schließen des Service Trackers (»Hello World«-Bundle)

Damit der Service Tracker über Veränderungen von Services benachrichtigt wird, muss er explizit geöffnet werden. Dies realisieren wir in der `start()`-Methode des Activators. Analog dazu wird der Service Tracker beim Beenden des Bundles in der `stop()`-Methode des Activators wieder geschlossen (vgl. Listing 7–2):

Listing 7–2
Öffnen und Schließen des Service Trackers

```
package org.osgibook.helloworld;

[...]

public class Activator implements BundleActivator, ServiceListener
{
  private ServiceTracker translationServiceTracker;
  [...]

  public void start(BundleContext context) throws Exception {
    translationServiceTracker = new
      TranslationServiceTracker(context);
    translationServiceTracker.open();
  }

  public void stop(BundleContext context) throws Exception {
    translationServiceTracker.close();
  }

  [...]
}
```

Schritt 4: Ausführen des Beispiels

Anpassen der Launch-Konfiguration

Bevor Sie das modifizierte Beispiel ausführen können, müssen Sie noch eine Anpassung in der »Hello World«-Launch-Konfiguration vornehmen: Für das Beispiel soll die Implementierung des Translation Service nicht unmittelbar mit dem Framework, sondern nachträglich über die Equinox-Konsole gestartet werden. Bitte deaktivieren Sie deshalb das Plug-in-Projekt `org.osgibook.translation.impl` in der »Hello World«-Launch-Konfiguration (vgl. Abb. 7–4).

Ausführen des Beispiels

Starten Sie nun das Beispiel mit der »Hello World«-Launch-Konfiguration. Da bei der Ausführung der Launch-Konfiguration das Bundle `org.osgibook.translation.impl` nicht installiert wird, gibt das »Hello World«-Bundle zunächst nichts aus, da der erforderliche Translation Service nicht zur Verfügung steht.

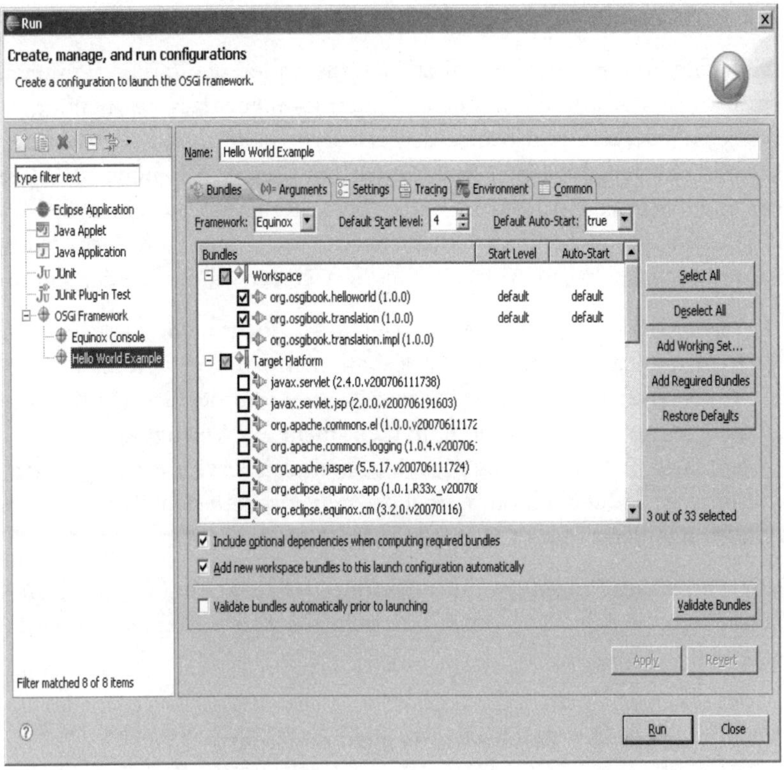

Abb. 7–4
Die angepasste Launch-Konfiguration

Installieren und starten Sie nun das Bundle `org.osgibook.translation.impl` über die Konsole:

```
osgi> install file:/C:\workspace\org.osgibook.translation.impl
Bundle id is 3

osgi> start 3
Hallo OSGi-Welt sagt Bundle org.osgibook.helloworld!
```

Der Service Tracker hat also die Benachrichtigung von der Service Registry erhalten, dass der Service jetzt verfügbar ist. Wenn Sie das Bundle `org.osgibook.translation.impl` jetzt wieder stoppen, sehen Sie, dass das »Hello World«-Bundle einen entsprechenden Gruß ausgibt, bevor der Translation Service erneut aus dem System entfernt wird:

```
osgi> stop 3
Tschüß OSGi-Welt sagt Bundle org.osgibook.helloworld!
```

Damit haben Sie das »Hello World«-Bundle in die Lage versetzt, auf die Dynamik in Ihrer OSGi Platform zu reagieren. In den folgenden Kapiteln werden wir Ihnen die verwendeten Konzepte im Detail vorstellen.

7.2 Services in dynamischen Systemen

Wenn ein Bundle Services nutzt, die aus anderen Bundles stammen, dann muss das Bundle damit umgehen können, dass die benötigten Services jederzeit registriert, deregistriert oder aktualisiert werden können. In verschiedenen Situationen kann es vorkommen, dass Sie bei einer Service-Anfrage entweder keine Referenz auf einen Service erhalten oder eine bereits erhaltene Service Reference nicht mehr gültig ist und nicht mehr zur Abfrage eines Service verwendet werden kann:

- **Szenario 1:** Der benötigte Service wurde (noch) nicht an der Service Registry registriert und steht deshalb nicht zur Verfügung.
- **Szenario 2:** Der benötigte Service wurde von der Service Registry deregistriert und steht deshalb nicht mehr zur Verfügung.
- **Szenario 3:** Der benötigte Service ist an der Service Registry registriert, ist jedoch inkompatibel zu den importierten Packages des abfragenden Bundles.

Wir werden im Folgenden die aufgeführten Szenarien analysieren und betrachten, welche Konsequenzen sich aus den einzelnen Szenarien ergeben.

7.2.1 Szenario 1: Service wurde nicht registriert

Problem

Damit ein Service an der Service Registry verfügbar ist, muss er dort von einem Bundle registriert worden sein. Wenn dies nicht erfolgt ist, dann steht der Service an der Service Registry nicht zur Verfügung. Wenn Sie in diesem Fall versuchen, über die Methode `BundleContext.getServiceReference()` eine Referenz auf den Service zu erhalten, liefert Ihnen die Methode den Wert `null` zurück.

Konsequenz

Sie müssen deshalb beim Abfragen einer Service Reference immer damit rechnen, dass der angefragte Service nicht zur Verfügung steht. Prüfen Sie deshalb immer nach dem Aufruf der `getServiceReference()`-Methode, ob Sie eine gültige Referenz erhalten haben:

```
ServiceReference reference =
  context.getServiceReference(TranslationService.class.getName());
if(reference != null) {
  [...]
}
```

7.2.2 Szenario 2: Service wurde deregistriert

Auch wenn Sie bereits eine gültige Service Reference erhalten haben, kann es sein, dass der Service, der durch die Service Reference referenziert wird, zwischenzeitlich von der Service Registry abgemeldet (deregistriert) wurde. *Problem*

Sie müssen also vor der Verwendung eines Service zusätzlich prüfen, ob dieser tatsächlich (noch) existiert. Dazu verwenden Sie die Methode `getService()` am Service-Reference-Objekt. Wenn der registrierte Service nicht mehr zur Verfügung steht, liefert diese Methode `null` zurück. Das bedeutet aber zunächst nur, dass der Service, der ursprünglich registriert wurde, nicht mehr zur Verfügung steht. *Konsequenz*

Möglicherweise wurde in der Zwischenzeit aber ein neuer Service installiert, der auf Ihre Bedürfnisse ebenfalls passt, z.B. ein Service in neuerer Version. Um dies zu prüfen, müssen Sie in diesem Fall eine neue Service Reference über die Methode `getServiceReference()` am Bundle Context abfragen. Wenn kein passender Service zur Verfügung steht, dann liefert der `BundleContext` wieder null zurück.

7.2.3 Szenario 3: Service wurde inkompatibel aktualisiert

Neben der Deregistrierung eines Service kann auch die Aktualisierung (update) eines Service dazu führen, dass eine ehemals gültige Referenz ungültig wird. Dieser Fall tritt dann auf, wenn der aktualisierte Service andere Klassen verwendet, als von dem nutzenden Bundle importiert werden. In diesem Fall liegt eine Inkompatibilität zwischen den Package-Abhängigkeiten und den Service-Abhängigkeiten des importierenden Bundles vor. Wir haben diesen Fall bereits in Unterkapitel 6.8 ausführlich dargestellt. *Problem*

Im Falle einer Inkompatibilität zwischen den Package-Abhängigkeiten und den Service-Abhängigkeiten können Sie einen an der OSGi Service Registry angemeldeten Service nicht nutzen. Damit dies möglich wird, muss die Imkompatibilität aufgelöst werden, indem das nutzende Bundle die Packages importiert, die zur Nutzung des Service benötigt werden. Wenn dies nicht erfolgt oder nicht möglich ist, dann liefert die Methode `getServiceReference()` ebenfalls null zurück. Sie müssen also auch in diesem Fall prüfen, ob der Service aktuell zur Verfügung steht und genutzt werden kann. *Konsequenz*

7.3 Arbeiten mit dem Service Tracker

Überblick

Das Tutorial zu diesem Kapitel hat Ihnen gezeigt, wie die Klasse `ServiceTracker` das Arbeiten mit Services signifikant vereinfachen kann. In diesem Unterkapitel stellen wir Ihnen den Service Tracker detailliert vor. Er ist im Package `org.osgi.util.tracker` implementiert und besitzt die in Listing 7–3 dargestellte API.

Listing 7–3 *Die Klasse ServiceTracker*

```
package org.osgi.util.tracker;

[...]

public class ServiceTracker implements ServiceTrackerCustomizer {
```

Erzeugen eines ServiceTrackers

```
  public ServiceTracker(BundleContext context, ServiceReference
          reference, ServiceTrackerCustomizer customizer) { ... }
  public ServiceTracker(BundleContext context, String clazz,
          ServiceTrackerCustomizer customizer) { ... }
  public ServiceTracker(BundleContext context, Filter filter,
          ServiceTrackerCustomizer customizer) { ... }
```

Öffnen und Schließen

```
  public void open() { ... }
  public void open(boolean trackAllServices) { ... }
  public void close() { ... }
  public Object waitForService(long timeout)
          throws InterruptedException { ... }
```

Arbeiten mit Services und ServiceReferences

```
  public Object[] getServices() { ... }
  public Object getService() { ... }
  public ServiceReference[] getServiceReferences() { ... }
  public ServiceReference getServiceReference() { ... }
  public Object getService(ServiceReference reference) { ... }
  public void remove(ServiceReference reference) { ... }
```

Zustandsinformationen

```
  public int size() { ... }
  public int getTrackingCount() { ... }
```

ServiceTrackerCustomizer

```
  public Object addingService(ServiceReference reference) { ... }
  public void modifiedService(ServiceReference reference,
          Object service) { ... }
  public void removedService(ServiceReference reference,
          Object service) { ... }
}
```

7.3.1 Erzeugen eines Service Trackers

Für die Erzeugung eines Service Trackers stehen mehrere Konstruktoren zur Verfügung:

```
public ServiceTracker(BundleContext context, String clazz,
   ServiceTrackerCustomizer customizer)

public ServiceTracker(BundleContext context, Filter filter,
   ServiceTrackerCustomizer customizer)

public ServiceTracker(BundleContext context, ServiceReference
   reference, ServiceTrackerCustomizer customizer)
```

Die unterschiedlichen Konstruktoren erwarten jeweils den Context des nutzenden Bundles. Als zweiten Parameter können Sie entweder den Namen der Service-Klasse, einen Filter oder alternativ auch eine bereits bestehende Service Reference übergeben, die dann vom Service Tracker verwaltet wird. Als dritten und optionalen Parameter können Sie einen Service Tracker Customizer angeben, der Callback-Methoden implementiert, die vom Service Tracker aufgerufen werden. Wir werden das Interface `ServiceTrackerCustomizer` ausführlich in Unterkapitel 7.4 betrachten.

Beispiel

Um bspw. den Translation Service über einen Service Tracker zu verwalten, können Sie einen Service Tracker erzeugen, dem Sie den Namen des `Translation`-Service-Interface übergeben:

```
translationServiceTracker = new ServiceTracker(context,
   TranslationService.class.getName(), null);
```

Alternativ können Sie einen Filter definieren, der den zu beobachtenden Service beschreibt, und diesen anstelle des Namens des Service-Interface übergeben:

```
Filter filter = context.createFilter(
   "(" + Constants.OBJECTCLASS + "="
   + TranslationService.class.getName() + ")");
translationServiceTracker = new ServiceTracker(context,
   filter, null);
```

Wenn Sie bereits eine `ServiceReference` auf einen Service besitzen, den Sie über einen Service Tracker beobachten möchten, dann können Sie auch die Service Reference als Parameter zur Erzeugung eines `Service-Tracker`-Objektes verwenden:

```
ServiceReference reference = bundleContext.
   getServiceReference(TranslationService.class.getName());

translationServiceTracker = new ServiceTracker(context,
   reference, null);
```

7.3.2 Öffnen und Schließen des Service Trackers

Das Erzeugen einer neuen Service-Tracker-Instanz führt noch nicht dazu, dass der Tracker auch tatsächlich arbeitet und Service-Veränderungen für Sie registriert. Um mit der Beobachtung der Service-Zustände zu beginnen, muss der Service Tracker explizit mit der Methode `open()` geöffnet werden:

```
translationServiceTracker.open();
```

Neben der parameterlosen `open()`-Methode besitzt die Service-Tracker-Klasse noch eine Methode `open(boolean)`. Über diese Methode können Sie angeben, ob Sie an allen Services interessiert sind, auf die die im Service Tracker spezifizierten Kritierien zutreffen, oder ob der Service Tracker nur die zum aufrufenden Bundle kompatiblen Services beobachten soll (vgl. hierzu Unterkapitel 6.8). Der Aufruf der parameterlosen Methode `open()` entspricht dem Aufruf der Methode `open(false)`.

Wenn Sie an einem Service nicht länger interessiert sind (spätestens beim Beenden Ihres Bundles), müssen Sie den Service Tracker schließen:

```
translationServiceTracker.close();
```

Das Schließen des Service Trackers sorgt dafür, dass die `removedService`-Methode aufgerufen wird, so dass evtl. bestehende Service-Referenzen dort freigegeben werden können. Der Service Tracker reagiert nun nicht länger auf Service Events.

7.3.3 Arbeiten mit Services

Um Abfragen des oder der beobachteten Services stehen Ihnen mehrere Methoden am Service Tracker zur Verfügung, mit denen Sie sowohl Services als auch Service References abfragen können. Bitte beachten Sie, dass es irrelevant ist, ob ein Service beim Erzeugen (bzw. Öffnen) des Service Trackers bereits an der Service Registry angemeldet war oder dies erst danach erfolgte.

Wenn die von Ihnen bei der Erzeugung des Service Trackers spezifizierten Kriterien auf nur einen an der Service Registry registrierten Service zutreffen (oder wenn Sie nur an einem Service interessiert sind), dann können Sie den beobachteten Service jederzeit mit der Methode `getService()` am Service Tracker abfragen:

```
TranslationService translationService =
   (TranslationService) translationServiceTracker.getService();
```

Als Ergebnis des Methodenaufrufs bekommen Sie den getrackten Service zurückgeliefert, sofern ein entsprechender Service in der Service Registry existiert – unabhängig davon, ob er vor dem Öffnen des Service Trackers bereits existierte oder erst im Laufe der Zeit registriert wurde. Steht zum Zeitpunkt des Aufrufs kein passender Service zur Verfügung, dann liefert die Methode `null` zurück.

Wenn die von Ihnen bei der Erzeugung des Service Trackers angegebenen Kritierien auf mehrere Services zutreffen, die an der Service Registry angemeldet sind, dann können Sie über die Methode `getServices()` alle beobachteten Services vom Service Tracker abfragen:

```
TranslationService[] translationServices =
  (TranslationService[]) translationServiceTracker.getServices();
```

Auch diese Methode liefert `null` zurück, wenn zum Zeitpunkt des Aufrufs kein passender Service zur Verfügung steht.

Mit der Methode `waitForService(long timeout)` steht Ihnen zusätzlich eine Methode zur Verfügung, die es Ihnen ermöglicht, auf einen passenden Service zu warten: Steht zum Zeitpunkt des Aufrufs kein passender Service zur Verfügung, dann blockiert die Methode, bis ein Service zur Verfügung steht oder der beim Aufruf der Methode angegebene Timeout überschritten wurde:

```
TranslationService translationService =
  (TranslationService) translationServiceTracker.
    waitForService(1000);
```

Wenn Sie als Timeout den Wert 0 übergeben, dann wird kein Timeout verwendet, und die Methode blockiert so lange, bis ein passender Service an der Service Registry verfügbar ist.

7.3.4 Arbeiten mit Service References

Neben dem Abfragen von Services können Sie über die Methoden `getServiceReference()` und `getServiceReferences()` auch die Service References der beobachteten Services abfragen, über die Sie zusätzliche Metainformationen über den Service abfragen können:

```
ServiceReference reference =
  translationServiceTracker.getServiceReference();
```

bzw.

```
ServiceReference[] references =
  translationServiceTracker.getServiceReferences();
```

Auch hier liefern beide Methoden `null` zurück, wenn an der Service Registry kein passender Service verfügbar ist.

Selbstverständlich ist es möglich, über eine bereits vorhandene Service Reference den korrespondierenden Service über den Service Tracker abzufragen:

```
TranslationService translationService =
   (TranslationService) translationServiceTracker.
      getService(reference);
```

Ebenfalls kann ein Service über seine Service Reference explizit von der Beobachtung ausgeschlossen werden:

```
translationServiceTracker.remove(reference)
```

7.3.5 Abfragen von Zustandsinformationen

Über die Methode `size()` können Sie jederzeit abfragen, wie viele Services aktuell durch den Service Tracker beobachtet werden.

```
int anzahlServices = translationServiceTracker.size();
```

Wenn kein Service auf die angegebenen Kriterien zutrifft, dann liefert die Methode 0 zurück.

Weiter steht Ihnen die Methode `getTrackingCount()` zur Verfügung, mit der Sie abprüfen können, wie oft dem Service Tracker Services hinzugefügt, entfernt oder modifiziert wurden.

```
int anzahlAenderungen =
   translationServiceTracker.getTrackingCount();
```

Initial ist der Tracking Count eines Service Trackers 0. Jedesmal, wenn ein Service zum Service Tracker hinzugefügt, geändert oder modifiziert wird, wird der Tracking Count um 1 inkrementiert. Über den Tracking Count kann festgestellt werden, ob ein Service Tracker in einem bestimmten Zeitraum modifiziert wurde oder nicht.

7.4 Das Interface ServiceTrackerCustomizer

Motivation

Die in Unterkapitel 7.3 vorgestellten Methoden ermöglichen es Ihnen, zu jeder Zeit einen oder mehrere beobachtete Services von der Service Registry abzufragen. Es ist jedoch darüber hinaus häufig notwendig, unmittelbar auf Änderungen an Services oder der Service Registry zu reagieren. Beispielsweise geben wir im Beispiel zu diesem Kapitel den »Hello World«-Gruß nicht nur beim Start und beim Stopp des »Hello World«-Bundles aus, sondern auch dann, wenn nach dem Start der Bundles ein Translation Service an der Service Registry an- oder abgemeldet wird.

Um unmittelbar – und nicht erst beim Aufruf von getService() – auf Änderungen reagieren zu können, bietet der Service Tracker die Möglichkeit, einen sog. *Service Tracker Customizer* anzugeben (vgl. Listing 7–4).

Listing 7–4
Das Interface ServiceTrackerCustomizer

```
package org.osgi.util.tracker;

public interface ServiceTrackerCustomizer {
   public Object addingService(ServiceReference reference);
   public void modifiedService(ServiceReference reference,
      Object service);
   public void removedService(ServiceReference reference,
      Object service);
}
```

Die Callback-Methoden des Service Tracker Customizer werden vom Service Tracker bei einer Veränderung an der Service Registry aufgerufen:

Callback-Methoden

- **addingService(ServiceReference reference):** Wird vom Service Tracker aufgerufen, wenn ein passender Service in der Service Registry vorhanden ist. Dies erfolgt einmalig nach dem Öffnen des Trackers mit allen bereits registrierten Services sowie unmittelbar sobald ein neuer Service an der Service Registry angemeldet wurde. Als Rückgabewert können Sie entweder den hinzugefügten Service zurückliefern oder ein beliebiges anderes Objekt, das der Service Tracker Ihnen dann wieder übergibt, wenn die Service Properties modifiziert oder der Service entfernt wurde.
- **modifiedService(ServiceReference reference, Object service):** Wird vom Service Tracker aufgerufen, wenn sich die Properties eines Service geändert haben. Als Parameter wird der Methode die Service Reference und das Objekt, das die addingService()-Methode zurückgegeben hat, übergeben (s.u.).
- **removedService(ServiceReference reference, Object service)** wird aufgerufen, sobald ein Service aus der Registry entfernt wird. Außerdem wird die Methode aufgerufen, wenn beim Schließen des Service Trackers noch eine Referenz auf einen Service besteht. Als Parameter wird der Methode die Service Reference und das Objekt, das die addingService()-Methode zurückgegeben hat, übergeben (s.u.)

Die Methode addingService() liefert ein Objekt vom Typ java.lang.Object zurück. Sie können in dieser Methode entweder den hinzugefügten Service zurückliefern oder ein beliebiges anderes domainspezifisches Objekt. Das Objekt, das Sie zurückliefern, wird dann den

Methoden modifiedService() und removedService() als zweitem Parameter übergeben.

Der ServiceTracker als ServiceTrackerCustomizer

Da die Klasse Service Tracker selbst das Interface ServiceTrackerCustomizer implementiert, können Sie anstelle einer eigenen ServiceTrackerCustomizer-Klasse auch eine Unterklasse des Service Trackers implementieren, die die benötigten Methoden überschreibt bzw. erweitert. Innerhalb des Konstruktors müssen sie in diesem Fall den Wert null übergeben (vgl. Listing 7–5).

Listing 7–5
Der Service Tracker als ServiceTrackerCustomizer

```
ServiceTracker translationServiceTracker =
  new ServiceTracker(context,
     TranslationService.class.getName(), null) {

  public Object addingService(ServiceReference reference) {

     TranslationService translationService = (TranslationService)
        super.addingService(reference);
     greet("hello", translationService);
     return translationService;
  }

  public void removedService(ServiceReference reference,
        Object service) {
     greet("goodbye", (TranslationService) service);
     super.removedService(reference, service);
  }
};

translationServiceTracker.open();
```

7.5 Service Listener und Service Events

Im Folgenden geben wir Ihnen der Vollständigkeit halber einen Überblick über die Service Listener, die die technische Grundlage z.B. der Service Tracker sind. Service Listener sind zwar aus historischen Gründen Bestandteil der OSGi-Spezifikation, es wird aber empfohlen, sie nicht in eigenen Anwendungen zu verwenden, da der Einsatz recht fehleranfällig (z.B. durch Concurrency-Probleme) und komplex ist. Verwenden Sie stattdessen den Service Tracker (oder eine der anderen in der Einleitung vorgestellten Technologien), um auf die Dynamik in der OSGi Platform zu reagieren.

7.5.1 Service Listener verwenden

Ein Service Listener muss das Interface `org.osgi.framework.ServiceListener` implementieren und über den Bundle Context an der Service Registry angemeldet werden. Das `ServiceListener`-Interface besteht nur aus der Methode `serviceChanged()` (vgl. Listing 7–6).

Listing 7–6
Das Interface ServiceListener

```
package org.osgi.framework;

public interface ServiceListener extends EventListener {
  public void serviceChanged(ServiceEvent event);
}
```

Die Methode `serviceChanged()` wird vom OSGi Framework mit einem `ServiceEvent`-Objekt aufgerufen, sobald ein Service registriert oder abgemeldet wurde oder wenn Veränderungen an den Properties eines Service vorgenommen wurden:

Listing 7–7
Die Klasse ServiceEvent

```
package org.osgi.framework;

public class ServiceEvent extends EventObject {
  public ServiceReference getServiceReference() { ... }
  public int getType() { ... }
}
```

Service Events verarbeiten

Über den Service Event können Sie sowohl die Referenz auf den veränderten Service als auch die Art der Veränderung abfragen:

```
ServiceListener serviceListener = new ServiceListener() {

  public void serviceChanged(ServiceEvent event) {
     switch (event.getType()) {
     case ServiceEvent.REGISTERED:
        System.out.println
           ("Service registriert: " + event.getReference());
        break;
     case ServiceEvent.UNREGISTERING:
        System.out.println
           ("Service entfernt: " + event.getReference());
        break;
     case ServiceEvent.MODIFIED:
        System.out.println("Service Properties modifiziert: "
           + event.getReference());
        break;
     default:
        break;
     }
  }
};
```

Anmelden des Service Listeners

Ihren Service Listener melden Sie mit der `addServiceListener()`-Methode am `BundleContext` an:

```
ServiceListener serviceListener = new ServiceListener() {
   public void serviceChanged(ServiceEvent event) {
      [...]
   }
};

bundleContext.addServiceListener(serviceListener);
```

Service Events filtern

Alternativ dazu können Sie bei der Anmeldung eines Listeners zusätzlich einen Filter angeben, so dass Sie nur über die Veränderungen von Services informiert werden, die auf die Filterdefinition passen. Mit dem folgenden Beispiel registrieren Sie einen Service Listener, der nur bei Veränderungen des Translation Service aufgerufen wird:

```
String filter = "("
   + Constants.OBJECTCLASS + "="
   + TranslationService.class.getName() + ")";

context.addServiceListener(this, filter);
```

7.6 Exkurs: Das Whiteboard-Pattern

Service Listener und Service Events ermöglichen es Ihnen, auf Änderungen an der Service Registry zu reagieren, um so mit der Registrierung neuer bzw. der Deregistrierung vorhandener Services sinnvoll umgehen zu können. In bestimmten Anwendungsfällen können Sie jedoch unter Verwendung entsprechender Entwurfsmuster auf die Verwendung von Service Listenern verzichten und dennoch sinnvoll mit dynamischen Services umgehen.

Ein solches Entwurfsmuster, das insbesondere im Zusammenhang mit den OSGi Standard Services Anwendung findet, ist das sog. *Whiteboard-Pattern*, das wir Ihnen in diesem Unterkapitel vorstellen. Das Whiteboard-Pattern ist dann relevant, wenn Objekte (i.d.R. Callback-Interfaces) an Services registriert und deregistriert werden müssen. Dies ist bspw. dann der Fall, wenn Sie innerhalb eines Bundles einen Event Listener an einem Service anmelden möchten, um bestimmte Events des Service zu empfangen.

7.6.1 Beispiel: Translation Listener

Wir möchten dieses Szenario an einem einfachen Beispiel illustrieren: Beliebige Bundles sollen in der Lage sein, sich über das Callback-Interface `TranslationListener` über vorgenommene Übersetzungen des Translation Service informieren zu lassen (vgl. Listing 7–8).

Listing 7–8
Das Interface TranslationListener

```
package org.osgibook.translation;

public interface TranslationListener {

   public void translationOccured(
      TranslationEvent translationEvent);
}
```

Um eine Benachrichtigung zu empfangen, muss ein interessiertes Bundle das Interface `TranslationListener` implementieren und am Translation Service anmelden. Innerhalb dieses Beispiels implementieren wir ein Bundle `org.osgibook.eventclient` (vgl. Abb. 7–5), das unter Benutzung des Translation Listeners bei einer durchgeführten Übersetzung eine entsprechende Meldung auf die Konsole schreiben soll.

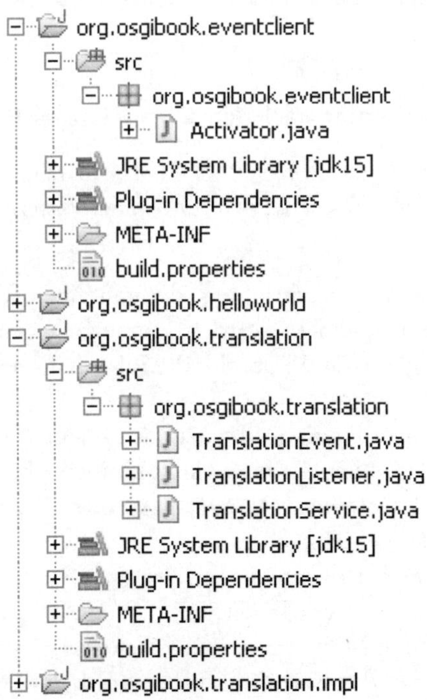

Abb. 7–5
Implementierung des Translation Listeners

Implementierungsalternativen

Die Anmeldung des Translation Listeners am Translation Service kann auf zwei unterschiedliche Arten implementiert werden:

- ***Implementierung nach dem Event-Listener-Pattern:*** In klassischen Java-Anwendungen wird das An- und Abmelden von Event Listenern über das sog. Listener-Pattern realisiert. Dabei wird der Event Listener (also in unserem Fall der `TranslationListener`) über Methoden der Form `addEventListener()` und `removeEventListener()` direkt am Event Source (in also in unserem Fall dem Translation Service) angemeldet. Die Umsetzung dieses Patterns im Kontext der OSGi Service Platform stellen wir Ihnen in Abschnitt 7.6.2 vor.
- ***Implementierung nach dem Whiteboard-Pattern:*** Eine wesentlich elegantere und vor allem weniger codeintensive Implementierung lernen Sie in Abschnitt 7.6.3 kennen, in dem wir Ihnen die Implementierung des angeführten Beispiels nach dem Whiteboard-Pattern vorstellen. In diesem Pattern werden die Listener nicht über `add()`- und `remove()`-Methoden am Event Source angemeldet, sondern als OSGi Services an der Service Registry registriert. Dort können Sie beim Feuern eines Events vom Translation Service abgefragt werden.

7.6.2 Implementierung nach dem Event-Listener-Pattern

Das Listener-Pattern

Das Listener-Pattern ist die Basis für das Event Handling in Java und wurde mit dem dem JDK 1.1 eingeführt. Das Pattern basiert auf drei einfachen Konzepten:

- ***Events:*** Events sind Nachrichten, die von einem Objekt zu einem anderen Objekt geschickt werden können. Sie repräsentieren ein bestimmtes Ereignis und kapseln alle Informationen, die für dieses Ereignis relevant sind.
- ***Event Source:*** Der Event Source ist das Objekt, das Events versendet (feuert). An einem Event Source können über `addEventListener()`- und `removeEventListener()`-Methoden Event Listener an- und abgemeldet werden.
- ***Event Listener:*** Ein Event Listener ist ein Objekt, das Events von einem Event Source verarbeitet. Beim Feuern eines Events ruft der Event Source eine Methode des angemeldeten Event Listeners auf, der als Parameter das Event übergeben wird.

Überblick über die Implementierung

Für die Implementierung des Beispiels nach dem Event-Listener-Pattern müssen wir zunächst Methoden zur Registrierung und Deregistrierung der Translation Listener am Translation Service implementieren (Schritt 1). Die Implementierung des Translation Service (`TranslationServiceImpl`) verwaltet die registrierten Translation Listener und benachrichtigt diese, wenn eine Übersetzung vorgenommen wird (Schritt 2). Zur Registrierung eines Translation Listeners muss der Event Client den Translation Service von der Service Registry abfragen und die `addTranslationListener()`-Methode aufrufen (vgl. Abb. 7–6).

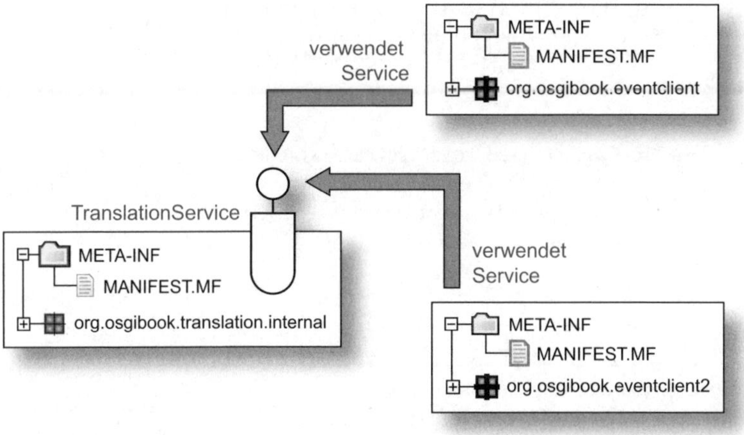

Abb. 7–6
Implementierung nach dem Listener-Pattern

Schritt 1: Erweitern des Translation Service

Die Methoden zum Hinzufügen und Entfernen von `TranslationListe-nern` fügen wir direkt im Interface `TranslationService` hinzu (vgl. Listing 7–9).

Listing 7–9
Hinzufügen und Entfernen von Translation Listenern am Translation Service

```
package org.osgibook.translation;

public interface TranslationService {

   public String getTranslation(String key);

   public void addTranslationListener(
      TranslationListener listener);

   public void removeTranslationListener(
      TranslationListener listener);
}
```

Schritt 2: Erweitern der Translation-Service-Implementierung

Die Implementierung des Interface `TranslationListenerRegistration` nehmen wir an der Klasse `TranslationServiceImpl` vor. Beim Übersetzen einer Message wird über die Methode `fireEvent(String message, String translatedMessage)` ein entsprechendes Event an alle angemeldeten Translation Listener verschickt (vgl. Listing 7–10).

Listing 7–10
Die Klasse TranslationServiceImpl

```
package org.osgibook.translation.impl;

[...]

public class TranslationServiceImpl implements TranslationService {

   private List<TranslationListener>listenerList =
      new Vector<TranslationListener>();

   [...]

   public synchronized void addTranslationListener(
      TranslationListener listener) {
      if (!listenerList.contains(listener)) {
         listenerList.add(listener);
      }
   }

   public synchronized void removeTranslationListener(
       TranslationListener listener) {
      listenerList.remove(listener);
   }

   private void fireEvent(String msg, String transMsg) {
      TranslationListener[] listeners =
         listenerList.toArray(new TranslationListener[0]);

      TranslationEvent translationEvent = new
         TranslationEvent(this, msg, transMsg);

      for (int i = 0; i < listeners.length; i++) {
         try {
            listeners[i].translationOccured(translationEvent);
         } catch (Throwable throwable) {
            System.err.println
               ("Could not deliver event to " + listeners[i]);
            throwable.printStackTrace();
         }
      }
   }
}
```

Schritt 3: Implementierung des Event-Client-Bundles

Der Event Client soll sich an allen Translation Services, die an der OSGi Service Registry angemeldet sind, als Translation Listener registrieren, um über durchgeführte Übersetzungen informiert zu werden. Dazu verwenden wir einen Service Tracker, der beim Anmelden eines Translation Service die Activator-Klasse, die unseren Event Client darstellt und das Translation-Listener-Interface implementiert, anmeldet und sie beim Entfernen des Service auch wieder abmeldet:

```
package org.osgibook.eventclient;

[...]

public class Activator implements BundleActivator,
TranslationListener {

  TranslationServiceTracker translationServiceTracker;

  public void start(BundleContext context) throws Exception {
     translationServiceTracker = new
        TranslationServiceTracker(context);
     translationServiceTracker.open();
  }

  public void stop(BundleContext context) throws Exception {
     translationServiceTracker.close();
  }

  public void translationOccured(TranslationEvent
     translationEvent) {
     System.out.println("Translated "
        + translationEvent.getMessage() + " to "
        + translationEvent.getTranslatedMessage());
  }

  class TranslationServiceTracker extends ServiceTracker {
     public TranslationServiceTracker(BundleContext bundleContext)
     {
        super(bundleContext, TranslationService.class.getName(),
           null);
     }

     public Object addingService(ServiceReference reference) {
        TranslationService translationService =
           (TranslationService) context.getService(reference);
        if (translationService != null) {
           translationService.addTranslationListener
              (Activator.this);
        }
```

```
            return translationService;
        }

        public void removedService(ServiceReference reference,
        Object service) {
            TranslationService translationService =
               (TranslationService) service;
            translationService.removeTranslationListener
               (Activator.this);
            context.ungetService(reference);
        }
    }
}
```

7.6.3 Implementierung nach dem Whiteboard-Pattern

Im Whiteboard-Pattern wird für die Registrierung der Event Listener die OSGi Service Registry verwendet, anstatt eine eigene, private Registratur zu implementieren. Anders als im Listener-Pattern wird im Whiteboard-Pattern der zu registrierende Event Listener als Service an der OSGi Service Registry angemeldet.(Abb. 7–7).

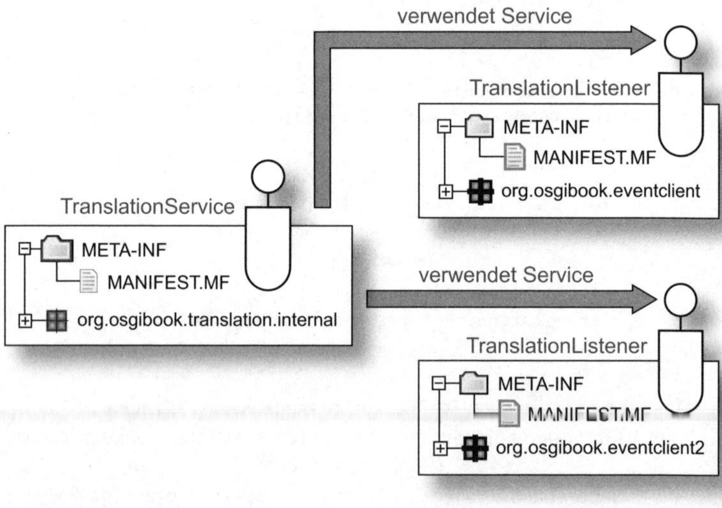

Abb. 7–7
Implementierung nach dem Whiteboard-Pattern

Wenn der Event Source (hier der Translation Service) einen Event an die registrierten Event Listener feuern möchte, dann fragt der Event Source alle in der Service Registry angemeldeten Listener ab und benachrichtigt diese.

Schritt 1: Implementierung des Event Sources

Durch die Verwendung der OSGi Service Registry als Registratur für die Event Listener lässt sich die Implementierung des Translation Service deutlich einfacher gestalten (Listing 7–11).

Listing 7–11
Die Klasse TranslationServiceImpl

```
package org.osgibook.translation.impl;

public class TranslationServiceImpl implements TranslationService {

  [...]

  private void fireEvent(String message, String translatedMessage)
{
     ServiceTracker listenerTracker =
        new ServiceTracker(bundleContext,
           TranslationListener.class.getName(), null);
     listenerTracker.open();

     try {
        TranslationEvent translationEvent = new
           TranslationEvent(this, message, translatedMessage);
        Object[] services = listenerTracker.getServices();
        for (Object service : services) {
           TranslationListener translationListener =
              (TranslationListener) service;
           translationListener.
              translationOccured(translationEvent);
        }
     } finally {
        listenerTracker.close();
     }
  }
}
```

Schritt 2: Implementierung des Event Listeners

Die Implementierung des Event Clients beschränkt sich auf das Erzeugen eines Translation Listeners, der als Service an der OSGi Service Registry angemeldet wird (vgl. Listing 7–12):

Listing 7–12
Implementierung des Event Clients

```
package org.osgibook.eventclient;

[...]

public class Activator implements BundleActivator {

  public void start(BundleContext context) throws Exception {
     TranslationListener translationListener =
        new TranslationListener() {
```

```
                public void translationOccured(
                    TranslationEvent translationEvent) {
                    System.out.println("Translated "
                        + translationEvent.getMessage()
                        + " to "
                        + translationEvent.getTranslatedMessage());
                }
            };
            context.registerService(TranslationListener.class.getName(),
                    translationListener, null);
        }
        public void stop(BundleContext context) throws Exception {
            // Deregistrierung erfolgt durch das Framework
        }
    }
```

7.7 Zusammenfassung

In dieses Kapitel haben wir Ihnen gezeigt, wie Sie dynamisch auf die Veränderungen an der Service Registry bzw. an Services reagieren können:

- Der *Service Tracker* ermöglicht es, mit einer einzigen Schnittstelle zu arbeiten, unabhängig davon, ob ein Service erst während der Laufzeit eines Bundles registriert wird oder ob der Service bereits beim Starten des Bundles existiert.
- Über verschiedene Methoden können nach dem Erzeugen und Öffnen eines Service Trackers die beobachteten *Services und Service-Referenzen abgefragt* werden.
- Um unmittelbar auf Änderungen reagieren zu können, bietet der Service Tracker die Möglichkeit, in den verschiedenen Konstruktoren einen sog. `ServiceTrackerCustomizer` zu übergeben. Das Interface `ServiceTrackerCustomizer` definiert Callback-Methoden, die unmittelbar beim Hinzufügen, Ändern und Entfernen eines Service ausgeführt werden.
- Grundlage der Service Tracker sind *Service Listener,* die in der Core-Spezifikation definiert sind, in eigenen Anwendungen aber nicht verwendet werden sollten.
- Die zentrale OSGi Service Registry und das Whiteboard-Pattern bieten Ihnen einen einfachen Weg, das traditionelle Listener-Pattern zu ersetzen.

8 Fragment Bundles

Motivation

In den Tutorials der letzten Kapitel haben wir die Übersetzungsdateien für den Translation Service in Form von Property-Dateien innerhalb des Bundles `org.osgibook.translation.impl` abgelegt. Sie sind dort Bestandteil des Klassenpfades und können im Translation Service geladen und verwendet werden.

Die Kopplung der Übersetzungsdateien an die Implementierung des Translation Service hat allerdings einen gravierenden Nachteil: Wenn Sie neue Übersetzungsdateien für den Translation Service bereitstellen möchten, dann müssen Sie die neuen Dateien im Bundle `org.osgibook.translation.impl` einfügen. Solange Sie dieses Bundle selbst entwickeln, stellt das kein Problem dar. Wenn das Bundle allerdings als Jar-Datei vorliegt, dann müssen Sie das Bundle patchen, um neue Übersetzungsdateien einzufügen. Es fehlt eine Möglichkeit, die Implementierung des Translation Service um Klassen und Ressourcen zu erweitern, *ohne* dass dazu das implementierende Bundle selbst verändert werden muss.

Solche Szenarien können in der OSGi Service Platform durch den Einsatz sog. *Fragment Bundles* realisiert werden. Fragment Bundles (oder kurz *Fragments*) sind spezielle Bundles, die den Klassenpfad eines anderen Bundles (dem *Host Bundle*) erweitern und so das Hinzufügen von Klassen und Ressourcen ermöglichen.

Einordnung

Die in diesem Abschnitt beschriebenen Konzepte sind logisch in der Module-Schicht des OSGi Frameworks angesiedelt.

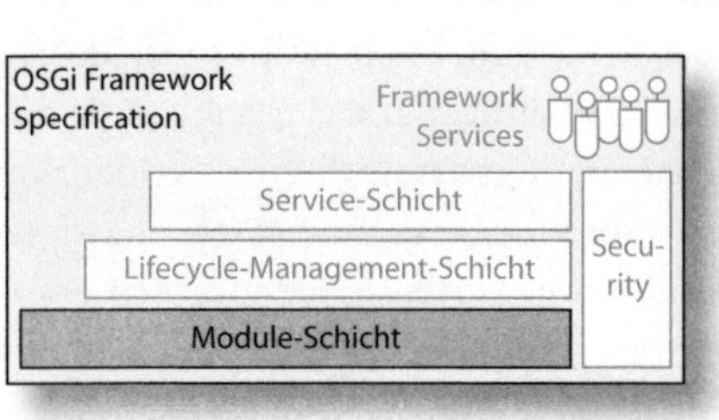

Abb. 8–1
Einordnung in die logischen Framework-Schichten

Die Spezifikation der in diesem Kapitel vorgestellten Konzepte können Sie in Kapitel 3 der OSGi Core Specification nachlesen.

8.1 Tutorial: »Language«-Fragmente

Übersicht

Wir werden in diesem Kapitel für die Property-Dateien mit den Übersetzungen, die bislang direkt im Bundle `org.osgibook.translation.impl` liegen, jeweils eigene Fragment Bundles anlegen. So können die Übersetzungsdateien je nach Bedarf im System bereitgestellt werden, ohne dass dazu das Bundle `org.osgibook.translation.impl` angepasst oder verändert werden muss (vgl. Abb. 8–2).

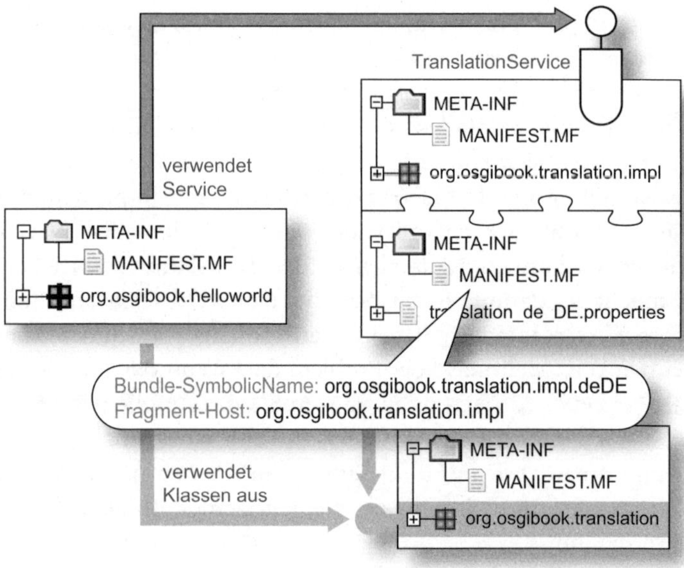

Abb. 8–2 *Übersicht über die beteiligten Bundles*

Da wir im bisherigen Beispiel Übersetzungsdateien für Deutsch und Englisch bereitgestellt haben, müssen entsprechend zwei Fragment Bundles angelegt werden. Das Fragment Bundle `org.osgibook.translation.impl.deDE` enthält die Dateien für die deutschen Übersetzungen. Das Fragment Bundle `org.osgibook.translation.impl.enUS` enthält analog die Übersetzungsdateien für die amerikanischen Übersetzungen. In Abb. 8–2 ist der Einfachheit halber nur das Fragment Bundle mit der deutschen Übersetzungsdatei dargestellt.

Die Default-Übersetzungsdatei, die verwendet wird, wenn für die im System gesetzte Sprache keine Übersetzungsdatei verfügbar ist, wird weiter im Bundle `org.osgibook.translation.impl` abgelegt. Falls eine andere als die hier implementierten Sprachen unterstützt werden soll, müssen Sie lediglich ein weiteres Fragment Bundle anlegen und installieren.

Die Plug-in-Projekte

In Abb. 8–3 ist der Aufbau der Plug-in-Projekte nach der Erzeugung der Fragment Bundles dargestellt.

Abb. 8–3
Struktur der Beispiel-Projekte

Schritt 1: Anlegen der Fragment-Projekte

Der Fragment Project Wizard

Bitte legen Sie zunächst die Projekte für die neuen Fragment Bundles an. Zur Erzeugung von Fragment-Projekten bietet Eclipse einen eigenen Fragment Project Wizard an, den Sie unter **File -> New -> Project...** und dann **Plug-in Development -> Fragment Project** aufrufen können.

Fragment Project Page

Die Startseite dieses Wizards unterscheidet sich kaum von der Startseite des bereits bekannten Plug-in Project-Wizards. Tragen Sie hier als Projektnamen `org.osgibook.translation.impl.deDE` (bzw. `org.osgibook.translation.impl.enUS`) ein. Klicken Sie im Abschnitt **Target Platform** außerdem die Option **an OSGi framework** an und wählen in der Auswahlbox **standard** aus, da wir keine Equinox-spezifischen Erweiterungen verwenden wollen.

Fragment Content Page

Auf der zweiten Seite des Wizards müssen Sie im Abschnitt **Host Plug-in** festlegen, welches (existierende) Bundle Sie mit Ihrem Fragment erweitern möchten. Da in unserem Fall das Bundle `org.osgibook.translation.impl` erweitert werden soll, müssen Sie unter **Plug-in ID** den Namen des Bundles `org.osgibook.translation.impl` eintragen (vgl. Abb. 8–4).

Abb. 8–4
Fragment Content Page

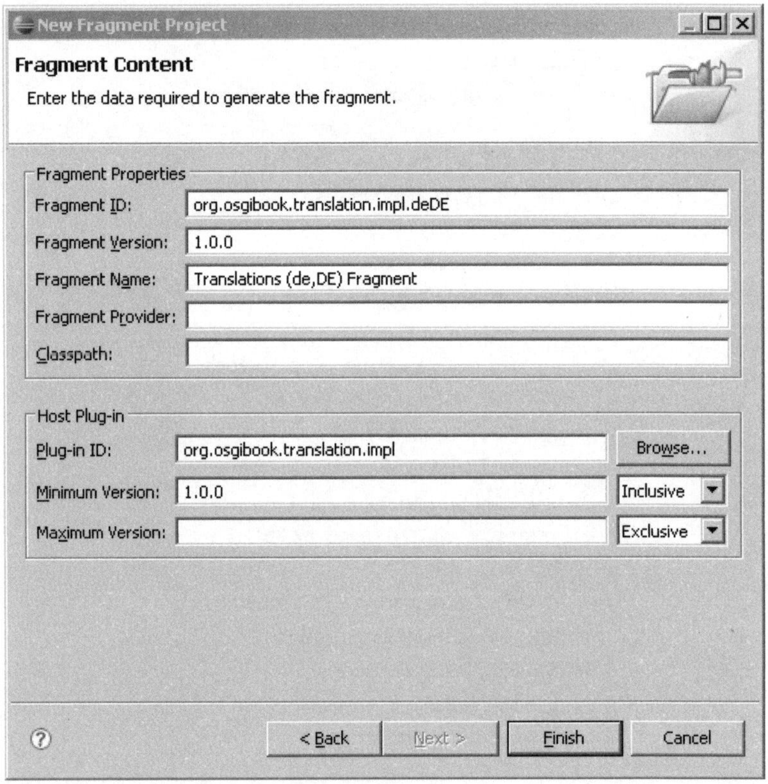

Nach Abschluss des Dialogs erstellt der Fragment Project Wizard das Fragment-Projekt und generiert eine Manifest-Datei, die die von Ihnen eingetragenen Informationen über Ihr Fragment enthält.

Schritt 2: Verschieben der bestehenden Übersetzungsdateien

Nachdem Sie jeweils ein Fragment Bundle für die deutsche und die amerikanische Übersetzung angelegt haben, können Sie die Property-Dateien in das jeweilige Fragment-Projekt verschieben. Fügen Sie die Übersetzungsdateien direkt im Source-Verzeichnis der Fragment-Projekte ein (vgl. dazu Abb. 8–3).

Schritt 3: Anpassen der »Hello World«-Launch-Konfiguration

Bevor Sie die angepasste Beispielanwendung ausführen können, müssen Sie zunächst die »Hello World«-Launch-Konfiguration anpassen: Fügen Sie die neu erstellten Fragment-Projekte zur Launch-Konfiguration hinzu, damit die Fragment Bundles bei der Ausführung der Beispielanwendung mitgestartet werden (vgl. Abb. 8–5).

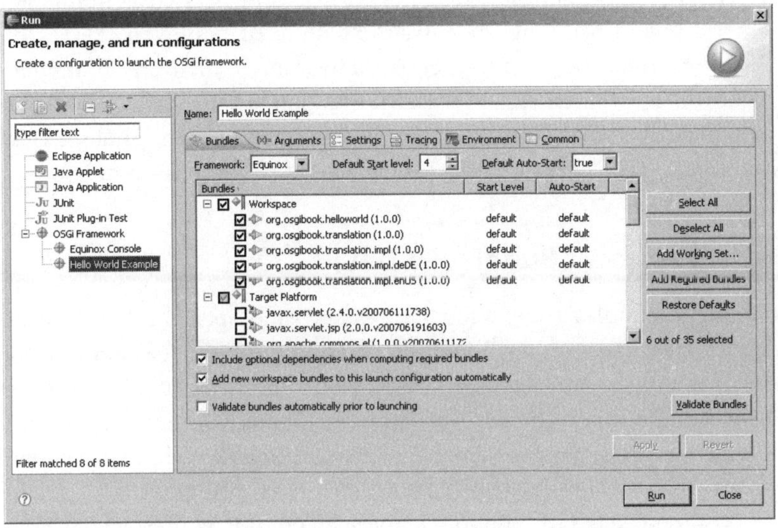

Abb. 8–5
Die angepasste Launch-Konfiguration

Schritt 4: Ausführen des Beispiels

Wenn Sie Equinox jetzt über den »Hello World Example«-Launcher starten, begrüßt Sie das »Hello World«-Bundle mit der bekannten Grußbotschaft:

```
osgi> Hallo OSGi-Welt sagt Bundle org.osgibook.helloworld!
```

Lassen Sie sich anschließend auf der Equinox-Konsole über das Kommando `ss` den Status des Frameworks anzeigen. Neben den installierten Bundles und deren Zustand wird auf der Konsole für alle Fragment Bundles das zugeordnete Host Bundle angezeigt. Daneben werden für das Bundle `org.osgibook.translation.impl` die zugeordneten Fragment Bundles angezeigt:

```
osgi> ss

Framework is launched.

id State       Bundle
0  ACTIVE      org.eclipse.osgi_3.3.2.R33x_v20080105
1  ACTIVE      org.osgibook.translation.impl_1.0.0
               Fragments=2, 4
```

```
2 RESOLVED    org.osgibook.translation.impl.deDE_1.0.0
              Master=1
3 ACTIVE      org.osgibook.helloworld_1.0.0
4 RESOLVED    org.osgibook.translation.impl.enUS_1.0.0
              Master=1
5 ACTIVE      org.osgibook.translation_1.0.0
```

Durch die Verwendung eines Fragment Bundles sind Sie jetzt in der Lage, die Übersetzungsdateien des Translation Service getrennt von seiner Implementierung zu entwickeln und zu deployen. Da es die OSGi-Spezifikation erlaubt, einem Host auch mehrere Fragmente zuzuordnen, können Sie (oder Dritte) Fragmente für weitere Sprachen schreiben, die vom Translation Service genutzt werden, ohne dass Sie das Bundle `org.osgibook.translation.impl` dafür anpassen müssen.

8.2 Fragment Bundles im Detail

Fragment Bundles (oder kurz *Fragments*) sind spezielle Bundles, die den Klassenpfad anderer Bundles (den *Host Bundles*) erweitern und so das Hinzufügen von Klassen und Ressourcen ermöglichen. Ein Fragment Bundle unterscheidet sich darüber hinaus von einem normalen Bundle dadurch, dass es keinen eigenen Lebenszyklus besitzt, sondern einem anderen Bundle, dem *Host Bundle*, hinzugefügt wird.

Während das Host Bundle keinerlei Kenntnis von etwaigen Fragment Bundles hat, müssen Sie für ein Fragment Bundle in dessen Manifest angeben, welchem Bundle es zugeordnet werden soll. Dazu spezifizieren Sie im Fragment Bundle mit dem Bundle Manifest Header `Fragment-Host` den Namen des Host Bundles. Optional können Sie zusätzlich mit dem Attribut `bundle-version` einen Versionsbereich festlegen, aus dem das Host Bundle stammen muss:

```
Fragment-Host: org.osgibook.translation.impl;↵
  bundle-version="1.0.0"
```

Durch die Verwendung des Bundle Manifest Headers `Fragment-Host` im Manifest wird ein Bundle zu einem Fragment Bundle, das zur Laufzeit seinem Host Bundle hinzugefügt wird (vgl. Abb. 8–6).

Einschränkungen

Obwohl ein Fragment Bundle weitestgehend einem normalen Bundle entspricht, gibt es einige Einschränkungen in der Arbeit mir Fragment Bundles. So darf ein Fragment Bundle keinen eigenen Bundle-Aktivator angeben, da es wie erwähnt nicht über einen eigenen Lebenszyklus verfügt. Außerdem kann ein Fragment Bundle nicht von einem anderen Bundle mittels `Require-Bundle` referenziert werden.

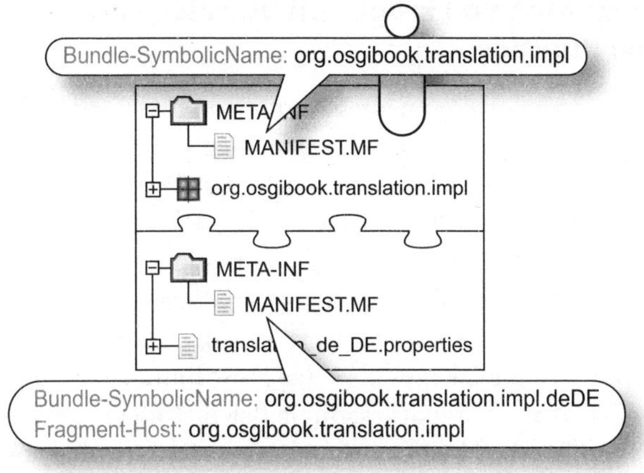

Abb. 8–6
Fragment Bundle und Host Bundle

8.3 Anwendungsszenarien für Fragment Bundles

Das im Beispiel zu diesem Kapitel vorgestellte Szenario mit Übersetzungsdateien für unterschiedliche Sprachen wird in der OSGi Service Platform als das Schlüsselszenario für den Einsatz von Fragment Bundles aufgeführt. Generell lassen sich Fragment Bundles in den folgenden Szenarien sinnvoll einsetzen:

- ***Implementierung von Produktvarianten:*** Wenn Sie eine Anwendung in unterschiedlichen Varianten bereitstellen wollen, dann kann der Einsatz von Fragment Bundles eine mögliche Lösung sein. So wird bspw. beim Standard Widget Toolkit (SWT) die Unterstützung von unterschiedlichen Betriebssystemen durch den Einsatz von Fragments realisiert.
  In solchen Szenarien wird der generische Teil der Anwendung innerhalb des Host Bundles implementiert, während die variablen Anteile in unterscheidlichen Fragments realisiert sind. Je nach Variante können dann unterschiedliche Fragmente im OSGi Framework installiert werden.
- ***Bereitstellug von Systemkonfigurationen:*** Einige Bibliotheken (bspw. Logging-Bibliotheken wie Log4J) erwarten, dass ihre Konfiguration Bestandteil ihres Klassenpfades ist. Da diese Konfigurationen abhängig von allen im System installierten Bundles sind, muss die Konfiguration spezifisch für jede Gesamtinstallation angepasst werden. Auch hier ist der Einsatz von Fragment Bundles eine mögliche Lösung.

8.4 Zuordnung von Fragment Bundles und Host Bundle

Beim Hinzufügen eines Fragmentes zu seinem Host werden die `Import-Package`-, `Require-Bundle`- und `Export-Package`-Header an die entsprechenden Header des Host Bundles angehängt. Das bedeutet, dass das Host Bundle nicht nur auf die Klassen und Ressourcen seiner Fragment Bundles Zugriff hat, sondern auch auf alle Klassen und Ressourcen, die von den Fragments über `Import-Package` oder `Require-Bundle` importiert werden. Gleichzeitig werden auch die vom Fragment-Package exportierten Packages über das Host Bundle mitexportiert. So sind in dem in Abb. 8–7 dargestellten Beispiel alle grau unterlegten Packages innerhalb des Host Bundles über den Klassenpfad zugreifbar.

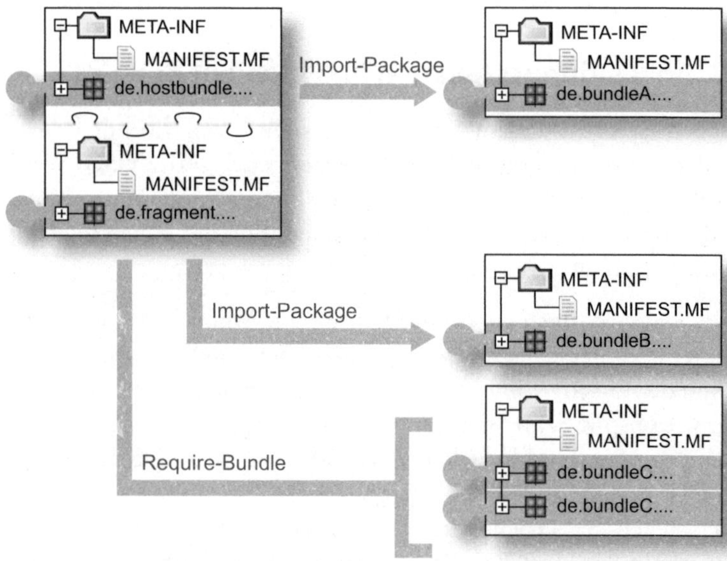

Abb. 8–7 *Host Bundle und Fragment Bundle*

Ein Fragment Bundle wird einem Host Bundle zugeordnet, wenn das OSGi Framework die Abhängigkeiten *des Host Bundles* auflöst. Das bedeutet, dass ein Fragment nur dann seinem Host zugeordnet wird, wenn es in dem Moment, in dem das Host Bundle aufgelöst wird, bereits in der OSGi Service Platform installiert ist. Wenn Sie ein Fragment Bundle nach dem Auflösen der Host-Abhängigkeiten installieren, wird es dem Host *nicht* zugeordnet. Gleiches gilt auch, wenn Sie nachträglich eine neue Version Ihres Fragments installieren: In beiden Fällen müssen Sie das Host Bundle aktualisieren (*refresh*).

Der Bundle-Classpath

Mit dem Manifest Header `Bundle-Classpath` können Sie für ein Fragment Bundle einen eigenen Klassenpfad definieren, wie es auch für das Host Bundle möglich ist (vgl. Kapitel 3.6). Da Host und Fragment Bundles über denselben Class Loader verfügen, werden zur Laufzeit die Pfade aus den Fragment Bundles an den Klassenpfad des Host Bundles angehängt.

Wenn der Class Loader nach einer Klasse oder Ressource sucht, werden alle im Host Bundle und den Fragment Bundles eingetragenen Pfade nacheinander durchsucht. Es macht aus Sicht das Class Loaders keinen Unterschied, ob Sie einen Klassenpfad-Eintrag im Host oder im Fragment angeben.

8.5 Das Framework erweitern: Extension Bundles

Motivation

Mit Fragment Bundles können Sie jedes Bundle um Klassen und Ressourcen erweitern, die Sie im OSGi Framework installiert haben. Es gibt allerdings Szenarien, in denen nicht die im Framework installierten Bundles, sondern das Framework selbst oder der Boot-Klassenpfad erweitert werden müssen.

Dies ist bspw. notwendig, wenn Sie in einem Bundle Erweiterungen für `java.*`-Packages anbieten wollen. Das Framework delegiert jeden Versuch, Klassen aus `java.*`-Packages zu laden, grundsätzlich an den Class Loader, mit dem die Anwendung gestartet wurde (den *Boot Class Loader*). Kann die entsprechende Klasse dort nicht geladen werden, dann wird der Suchvorgang erfolglos abgebrochen. Es ist somit nicht möglich, Klassen in `java.*`-Packages über ein »normales« Bundle zu installieren: In diesem Fall muss der Boot-Klassenpfad der Anwendung erweitert werden.

Extension Bundles

Solche Szenarien können mithilfe sog. *Extension Bundles* realisiert werden. Ein Extension Bundle ist eine spezielle Ausprägung eines Fragment Bundles. Der Unterschied zu »einfachen« Fragment Bundles besteht darin, dass Sie bei einem Extension Bundle als Host Bundle das Bundle angeben, das die Implementierung des OSGi Frameworks selber enthält – in Equinox also das Bundle `org.eclipse.osgi`. Dieses Bundle ist das sog. »System Bundle« und trägt immer den symbolischen Namen `system.bundle`, den Sie auch als Namen für den `Fragment-Host`-Header verwenden können.

Zusätzlich müssen Sie mit dem `extension`-Attribut angeben, ob Ihr Fragment eine Erweiterung des Boot-Klassenpfades (`bootclasspath`) oder des Framework Bundles (`framework`) sein soll:

```
Fragment-Host: system-bundle; extension:=bootclasspath
```

bzw.

```
Fragment-Host: system-bundle; extension:=framework
```

Da es nicht in allen OSGi-Umgebungen möglich ist, den Boot-Klassenpfad und/oder den Framework-Klassenpfad zu modifizieren, ist die Unterstützung für Extension Bundles optional – in diesem Falle sollten Sie beim Versuch, ein Extension Bundle zu installieren, eine `UnsupportedOperationException` erhalten.

Einschränkungen

Im Gegensatz zu Fragment Bundles dürfen Sie in einem Extension Bundle neben dem `Bundle-Activator` auch die vier weiteren Header nicht verwenden:

- `Import-Package`
- `Require-Bundle`
- `Bundle-NativeCode`
- `DynamicImport-Package`

Bitte beachten Sie außerdem, dass eine Aktualisierung (`refresh`) eines installierten Extension Bundles automatisch zur Beendigung des OSGi Frameworks und zum Neustart der Java-VM führt.

8.6 Zusammenfassung

In diesem Kapitel haben Sie gelernt, wie Sie im System installierte Bundles, das OSGi Framework oder den Boot-Klassenpfad durch Fragment Bundles um zusätzliche Klassen und Ressourcen erweitern können:

- *Fragment Bundles* (oder *Fragments*) sind spezielle Bundles, die den Klassenpfad eines anderen Bundles (dem *Host Bundle*) erweitern. Sie besitzen innerhalb des Frameworks keinen eigenständigen Lebenszyklus. Das Host-Bundle muss im Bundle Manifest des Fragment Bundles über den Bundle Manifest Header `Fragment-Host` angeben werden.
- Ein Fragment Bundle wird einem *Host Bundle* zugeordnet, wenn das OSGi Framework die Abhängigkeiten des Host Bundles auflöst. Beim Hinzufügen eines Fragmentes zu seinem Host werden die `Import-Package`-, `Require-Bundle`- und `Export-Package`-Header an die entsprechenden Header des Host Bundles angehängt.
- Mit sog. *Extension Bundles* können Sie den Boot-Klassenpfad oder das OSGi Framework selbst um zusätzliche Klassen und Ressourcen erweitern. Dazu muss als Fragment-Host das System-Bundle, das die Framework-Implementierung enthält, angegeben werden. Zusätzlich muss mit dem `extension`-Attribut angegeben werden, ob das Fragment eine Erweiterung des Boot-Klassenpfads (`bootclasspath`) oder des Framework-Bundles (`framework`) ist.

9 Security

Motivation

In den vergangenen Kapiteln haben wir Ihnen gezeigt, wie Sie Bundles und Services für die OSGi Service Platform entwickeln. Dabei besaßen die von Ihnen entwickelten Bundles immer volle Ausführungsrechte, d.h., aus den Bundles kann auf alle Ressourcen der Java-Laufzeitumgebung zugegriffen werden.

In Anwendungsszenarien, in denen Bundles unterschiedlicher Entwickler in einer zentral administrierten Instanz des OSGi Frameworks ablaufen sollen, ist die Vergabe voller Ausführungsrechte für alle Bundles u.U. nicht angemessen. So ist es bspw. denkbar, anwendungsfachlichen Bundles die Rechte zur Installation und Manipulation von Bundles zu entziehen, während einem Management Bundle diese Rechte durchaus zur Verfügung stehen müssen.

In diesem Kapitel stellen wir Ihnen das für das OSGi Framework spezifizierte Sicherheitskonzept vor. Es erweitert das Java-2-Security-Modell und ermöglicht, den im Framework installierten Bundles (dynamisch) Ausführungsrechte zuzuweisen bzw. zu entziehen.

Einordnung

Die OSGi-spezifischen Erweiterungen des Java-Security-Modells sind ein optionaler Bestandteil der OSGi Framework Specification und logisch in der Service-Schicht des OSGi Frameworks angesiedelt (vgl. Abb. 9–1). Sie können in Kapitel 2 der OSGi-Spezifikation nachgelesen werden.

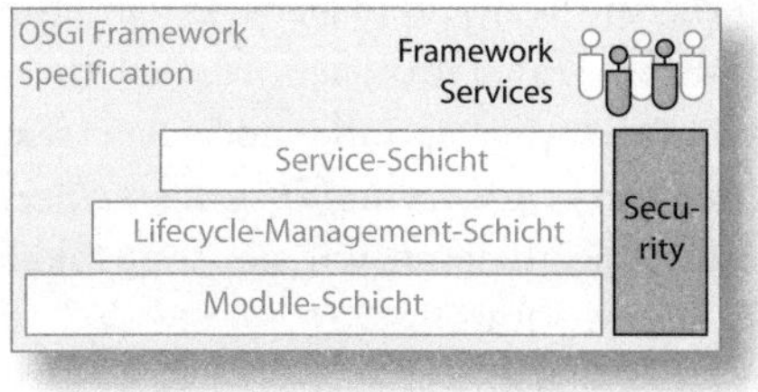

Abb. 9–1 *Einordnung in die logischen Framework-Schichten*

Die Verwaltung von Ausführungsrechten erfolgt über Framework Services, die in Kapitel 9 bzw. Kapitel 10 der OSGi Core Specification beschrieben sind.

9.1 Tutorial: Ein sicherer Translation Service

Überblick

Für die Vergaben von Ausführungsrechten einzelner Bundles sind unterschiedliche Szenarien denkbar:

- ***Spezifikation von lokalen Rechten durch den Bundle-Entwickler:*** Der Entwickler eines Bundles kann alle für die Ausführung des Bundles benötigten Rechte direkt im Bundle lokal spezifizieren (die sog. *lokalen Rechte*). Der Framework-Administrator inspiziert die spezifizierten Rechte und installiert das Bundle, wenn er keine Sicherheitsrisiken feststellen konnte. Das OSGi Framework stellt sicher, dass dem Bundle nur die angegebenen, lokalen Rechte zugewiesen werden.
- ***Spezifikation von System-Berechtigungen durch den Framework-Administrator:*** Darüber hinaus kann der Framework-Administrator auf Basis bestimmter Bedingungen (sog. *Conditions)*, bspw. der Signatur eines Bundles, die Rechte zuweisen, die es aus seiner Sicht besitzen darf (die sog. *System-Berechtigungen*).

In diesem Tutorial zeigen wir Ihnen, wie Sie über die lokalen Rechte eines Bundles die Ausführungsrechte einschränken. Wir erweitern unser Beispiel um ein eigenes Recht (die `TranslationPermission`), über das ein Bundle verfügen muss, um Übersetzungen mit dem Translation Service durchzuführen. Dazu modifizieren wir das bestehende Beispiel wie folgt (vgl. auch Abb. 9–2):

- ***Implementierung der Translation Permission:*** Die `TranslationPermission` implementieren wir in dem Bundle `org.osgibook.translation`. Die Permission basiert auf einer »normalen« Java Permission.
- ***Absichern des Translation Service:*** Den Translation Service passen wir so an, dass eine Übersetzung nur dann möglich ist, wenn das aufrufende Bundle die `TranslationPermission` besizt. Ist dies nicht der Fall, dann soll der Translation Service die Übersetzung der übergebenen Nachricht verweigern und eine `SecurityException` werfen.
- ***Spezifikation der benötigten Ausführungsrechte:*** Die benötigten Ausführungsrechte spezifizieren wir als sog. lokale Rechte innerhalb des »Hello World«-Bundles.

Die Plug-in-Projekte

In diesem Tutorial werden wir im Bundle `org.osgibook.translation` die `TranslationPermission` hinzufügen. Zusätzlich werden wir Anpassungen am Bundle `org.osgibook.translation.impl` und am Bundle `org.osgibook.helloworld` vornehmen (vgl. Abb. 9–3).

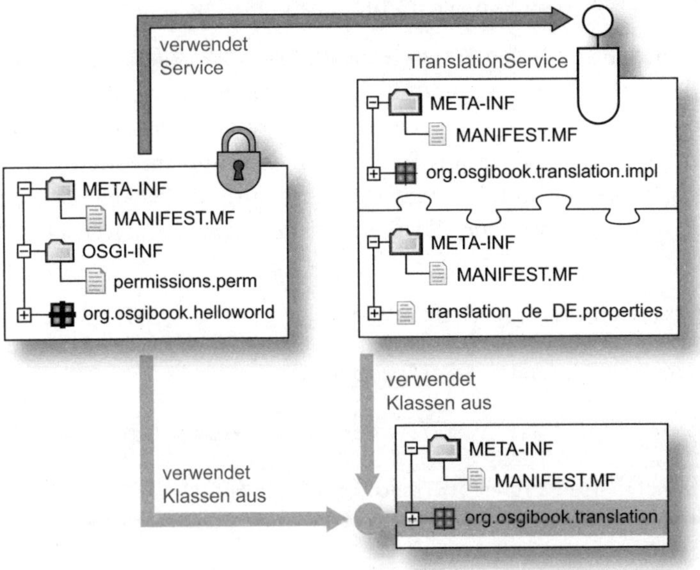

Abb. 9–2
Übersicht über die beteiligten Bundles

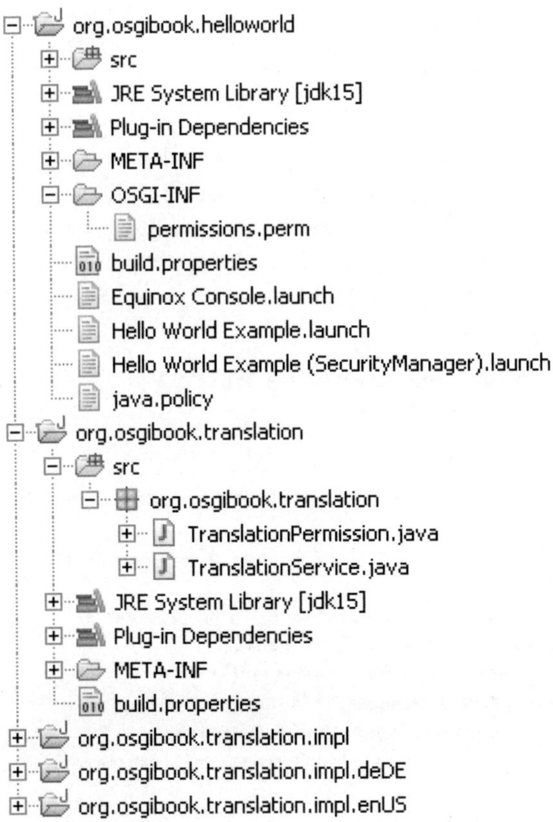

Abb. 9–3
Die Plug-in-Projekte

Schritt 1: Implementieren der Translation Permission

Im ersten Schritt implementieren wir die TranslationPermission, die ein Bundle künftig benötigt, um mit dem Translation Service Übersetzungen durchführen zu dürfen. Da die Permission Teil der öffentlichen Schnittstelle des Translation Service sein soll, implementieren wir sie im »Translation«-Bundle. Legen Sie dort bitte im Package org.osgibook.translation die neue Klasse an, die auf einer regulären Java Permission basiert:

Listing 9–1
Die TranslationPermission

```
package org.osgibook.translation;

import java.security.BasicPermission;

public final class TranslationPermission extends BasicPermission {

   public TranslationPermission (String name) {
      super(name);
   }
}
```

Schritt 2: Absichern des Translation Service

Im zweiten Schritt werden wir die Implementierung des Translation Service so erweitern, dass dieser vor dem Übersetzen einer Nachricht über einen java.lang.SecurityManager überprüft, ob das aufrufende Bundle über die TranslationPermission verfügt.

Erweitern Sie dazu die Methode getTranslation() der Klasse TranslationServiceImpl im Bundle org.osgibook.translation.impl (vgl. Listing 9–2).

Listing 9–2
Die Klasse TranslationServiceImpl

```
package org.osgibook.translation.impl;

[...]

public class TranslationServiceImpl implements TranslationService {

   [...]

   public String getTranslation(String message) {
      SecurityManager securityManager =
         System.getSecurityManager();
      if (securityManager != null) {
         securityManager.checkPermission
            (new TranslationPermission("translate"));
      }
```

```
        try {
            return translations.getString(message);
        } catch (MissingResourceException e) {
            return message;
        }
    }
}
```

Schritt 3: Spezifikation der lokalen Ausführungsrechte

Um die lokalen Ausführungsrechte für das »Hello World«-Bundle zu spezifizieren, legen Sie im Verzeichnis `OSGI-INF` des »Hello World«-Plug-in-Projektes eine Datei `permission.perm` mit den in Listing 9–3 aufgeführten Berechtigungen an.

Listing 9–3
Die Datei permission.perm

```
# das Recht, Packages zu importieren
(org.osgi.framework.PackagePermission "*" "IMPORT")

# das Recht, den TranslationService von der Registry abzufragen
(org.osgi.framework.ServicePermission ↵
   "org.osgibook.translation.TranslationService" "get")

# das Recht, den TranslationService auszufuehren
(org.osgibook.translation.TranslationPermission "translate")
```

Beachten Sie, dass Sie neben der `TranslationPermission` auch die `org.osgi.framework.PackagePermission` und die `org.osgi.framework. ServicePermission` vergeben müssen: Da Sie das Framework mit einem Security Manager ausführen müssen, werden u.a. auch die Ausführungsberechtigungen für den Import von Packages oder das Abfragen von Services überprüft. Wären die Berechtigungen dem »Hello World«-Bundle nicht zugewiesen, würde der Security Manager das Importieren von Packages und das Abfragen eines Service von der Service Registry verbieten.

Schritt 4: Anpassen der Launch-Konfiguration

Die in Schritt 2 in der Klasse `TranslationServiceImpl` implementierte Prüfung wird nur dann ausgeführt, wenn beim Starten der Anwendung explizit ein Security Manager installiert wurde. Um alle OSGi-Security-Features nutzen zu können, reicht es allerdings nicht, den »normalen« Security Manager des JREs zu verwenden. Stattdessen müssen Sie eine OSGi-spezifische Implementierung verwenden, die von Ihrer OSGi-Implementierung zur Verfügung gestellt werden muss – bei Equinox ist dies der »FrameworkSecurityManager«. Um diesen zu verwenden, müssen Sie die Launch-Konfiguration anpassen und folgende zusätzliche Startargumente eintragen:

- **-Declipse.security=org.eclipse.osgi.framework.internal.core.FrameworkSecurityManager:** Mit diesem Parameter bewirken Sie, dass der Security Manager von Equinox beim Start der virtuellen Maschine installiert wird.
- **-Djava.security.policy:** Mit dem Startparameter -Djava.security.policy spezifizieren Sie eine Policy-Datei, die die Ausführungsrechte für das OSGi Framework selbst festlegt. In unserem Beispiel verweisen wir auf eine Policy-Datei, die wir im Plug-in-Projekt org.osgibook.helloword ablegen.

Verwendung des Security Managers über die Kommandozeile

Normalerweise wird ein Security Manager mit dem System-Property **java.security.manager** in einer Java VM installiert. Wenn Sie Equinox jedoch über eine Launch-Konfiguration starten, wird intern ein »Equinox Launcher« verwendet, der das Property **eclipse.security** erwartet. Wenn Sie Equinox über die Kommandozeile aufrufen, (vgl. Unterkapitel 11.5), verwenden Sie bitte das java.security.manager-Property.

Legen Sie also eine entsprechende Launch-Konfiguration mit dem Namen »Hello World Example (SecurityManager)« an. Unter dem Reiter **Arguments** tragen Sie im Feld **VM arguments** zusätzlich die folgenden Argumente ein:

```
-Declipse.security=org.eclipse.osgi.framework.internal.↵
  core.FrameworkSecurityManager
-Djava.security.policy=↵
  "${project_loc:org.osgibook.helloworld}/java.policy"
```

In Abb. 9–4 ist die »Hello World Example (SecurityManager)«-Launch-Konfiguration mit den angepassten Argumenten dargestellt.

Die java.policy-Datei

Legen Sie abschließend noch die Datei java.policy im Plug-in-Projekt org.osgibook.helloworld an, auf die wir mit der java.security.policy-Property verwiesen haben. Über diese Policy-Datei werden die Rechte festgelegt, die das OSGi Framework selbst besitzen soll. Da wir nur die im Framework installierten Bundles, nicht aber das Framework in seinen Ausführungsrechten einschränken möchten, weisen wir dem Framework die Berechtigung java.security.AllPermission zu, die pauschal alle Aktionen erlaubt (vgl. Listing 9–4).

Listing 9–4
Die Datei java.policy

```
grant {
  permission java.security.AllPermission;
};
```

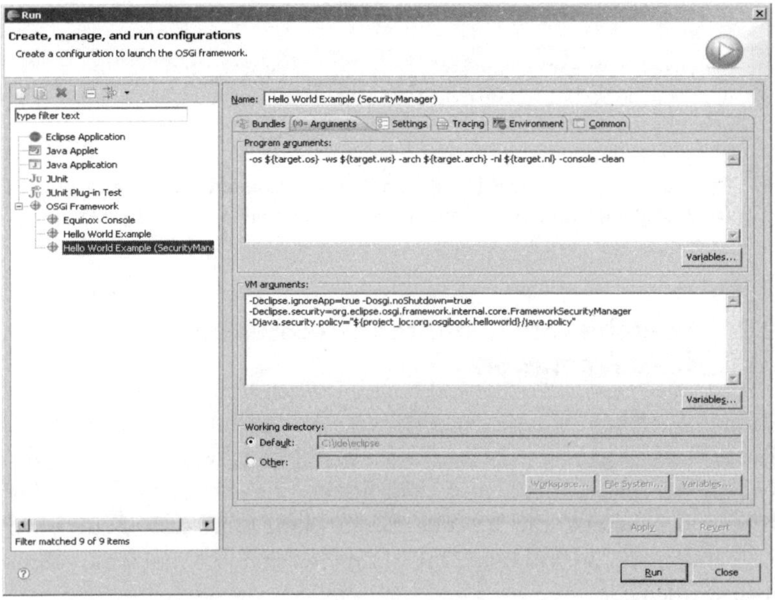

Abb. 9–4
Die Launch-Konfiguration mit SecurityManager

Schritt 5: Ausführen der Anwendung

Wenn Sie die »`Hello World Example (SecurityManager)`«-Launch-Konfiguration jetzt starten, werden Sie sehen, dass das »Hello World«-Bundle nach wie vor die bekannte Grußbotschaft auf die Konsole schreibt:

```
osgi> Hallo OSGi-Welt sagt Bundle org.osgibook.helloworld!
```

Um die Überprüfung der Ausführungsberechtigungen zu demonstrieren, entfernen Sie nun bitte folgende Zeile aus der Datei `permissions.perm` im Plug-in-Projekt `org.osgibook.helloworld`:

```
(org.osgibook.translation.TranslationPermission "translate")
```

Wenn Sie nun das »Hello World«-Bundle aktualisieren, dann wird zunächst noch mit den alten Berechtigungen ein Gruß auf die Konsole geschrieben:

```
osgi> update org.osgibook.helloworld
Tschüß OSGi-Welt sagt Bundle org.osgibook.helloworld!
```

Allerdings wird das »Hello World«-Bundle nicht erneut gestartet. Da nun die geänderten Berechtigungen aktiv sind, kann die »hello«-Ausgabe nicht mehr übersetzt werden. Der Versuch, das Bundle erneut zu starten, führt zu einer `AccessControlException`:

```
osgi> start org.osgibook.helloworld

org.osgi.framework.BundleException: Exception in
org.osgibook.helloworld.Activator.stop() of bundle
org.osgibook.helloworld.
  at [...]
Caused by: java.security.AccessControlException: access denied
(org.osgibook.translation.TranslationPermission translate)
  at [...]
```

9.2 Vergabe von Ausführungsrechten im OSGi Framework

Um zu verstehen, wie die Vergabe von Ausführungsrechten im OSGi Framework organisiert ist und wie Ausführungsrechte effektiv zugewiesen werden können, ist es erforderlich, die unterschiedlichen Rollen zu beleuchten, die bei der Entwicklung und dem Betrieb von Anwendungen, die auf dem OSGi Framework aufbauen, wahrgenommen werden:

- *Der Bundle-Entwickler:* Der Bundle-Entwickler implementiert technische und/oder anwendungsfachliche Bundles, die eine gewünschte Funktionalität realisieren. Das Ergebnis dieser Tätigkeit sind fertige Bundles, die in einem OSGi Framework installiert werden können.
- *Der Framework-Administrator:* Der Framework-Administrator ist für den Betrieb einer oder mehrerer Instanzen des OSGi Frameworks verantwortlich. Er muss dafür sorgen, dass die in den Instanzen installierten Bundles den jeweiligen Sicherheitsvorgaben genügen und keine unerlaubten Aktionen ausführen oder auf geschützte Ressourcen zugreifen können.
- *Der Endanwender:* Der Endanwender nutzt die Funktionalität, die von der auf dem OSGi Framework basierenden Anwendung bereitgestellt wird.

Ausgehend von dieser Rollenverteilung können mehrere Deployment-Szenarien unterschieden werden, die jeweils eigene Anforderungen an das Sicherheitsmodell mit sich bringen.

9.2.1 Rechtevergabe in geschlossenen Systemen

In den Szenarien, in denen der Framework-Administrator die vollständige Kontrolle über eine OSGi-Framework-Instanz besitzt, reicht es in der Regel aus, wenn der Bundle-Entwickler die von einem Bundle benötigten Berechtigungen in Form der im Bundle enthaltenen Datei `OSGI-INF/permissions.perm` als sog. lokale Berechtigungen beschreibt.

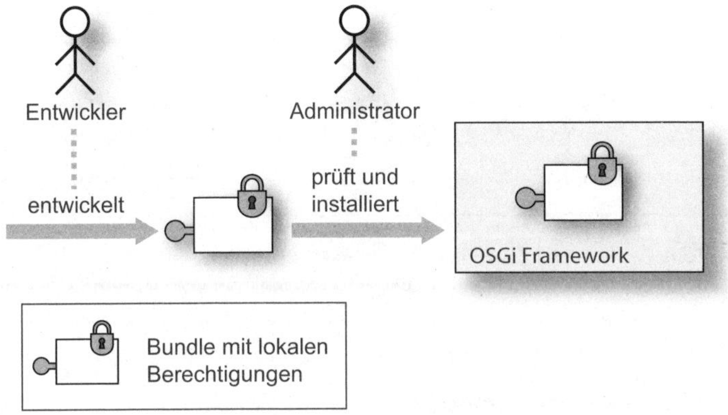

Abb. 9–5
Rechtevergabe in geschlossenen Systemen

Der Framework-Administrator kann vor der Installation anhand dieser Datei überprüfen, welche Ausführungsrechte ein Bundle benötigt und ob er einem Bundle diese Rechte zugesteht. Ist dies der Fall, dann installiert der Framework-Administrator das Bundle. Das OSGi Framework wiederum stellt sicher, dass dem installierten Bundle nur die spezifizierten Ausführungsrechte zugewiesen werden.

Stellt der Administrator fest, dass ein Bundle Ausführungsrechte benötigt, die er diesem Bundle nicht zugestehen möchte, wird er das entsprechende Bundle nicht installieren. Der Deployment-Prozess für dieses Szenario ist in Abb. 9–5 dargestellt.

9.2.2 Rechtevergabe in Systemen mit offenen Deployment-Kanälen

Auch in diesem Szenario beschreibt der Entwickler die erforderlichen Berechtigungen in der lokalen Datei `OSGI-INF/permissions.perm` direkt im Bundle. Der Administrator überprüft die Berechtigungen und entscheidet, ob die Ausführungsrechte aus seiner Sicht zugewiesen werden dürfen oder nicht (vgl. Abb. 9–6).

Im Gegensatz zu dem in Abschnitt 9.2.1 skizzierten Szenario installiert er das Bundle dann aber nicht selbst in einer OSGi-Plattform, sondern stellt das Bundle über einen offenen Deployment-Kanal, z.B. zum Download aus dem Internet, zur Verfügung. Zuvor signiert er das Bundle, um es gegen Modifikationen und Fälschungen durch Dritte zu schützen. Der Endanwender kann das Bundle nur dann installieren, wenn die OSGi Platform die Signatur erfolgreich überprüfen und sicherstellen kann, dass das Bundle nicht modifiziert wurde.

Abb. 9–6
Rechtevergabe in Systemen mit offenen Deployment-Kanälen

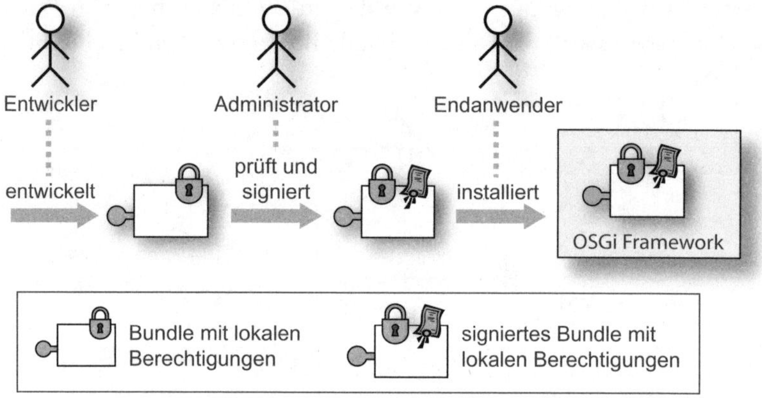

9.2.3 Das Delegationsmodell

In den in Abschnitt 9.2.1 und Abschnitt 9.2.2 vorgestellten Szenarien entscheidet der Administrator anhand der lokalen Berechtigungen darüber, ob ein Bundle mit den lokal spezifizierten Rechten installiert werden kann oder nicht.

Dieses Verfahren stößt jedoch an seine Grenzen, wenn Dritte Bundles in einer Instanz des OSGi Frameworks installieren möchten, ohne dabei vom Administrator abhängig zu sein: Insbesondere bei der Installation vieler verschiedener Bundles, die häufigen Update-Zyklen unterliegen, wird der Administrator in den vorgestellten Szenarien schnell zum Flaschenhals.

Um auch für dieses Szenario eine adäquate Lösung anzubieten, ist in der OSGi Core Specification das sog. Delegationsmodell definiert. In diesem Modell stellt der Administrator den Bundle Anbietern, die unabhängig vom Administrator Bundles installieren möchten, ein individuelles Zertifikat aus. Die Anbieter können mit diesem Zertifikat ihre Bundles signieren, um sie zum einen gegen Veränderungen zu schützen und zum anderen als Bundles des jeweiligen Anbieters auszuweisen (vgl. Abb. 9–7).

Der Administrator kann nun auf Basis der ausgestellten Zertifikate Berechtigungen erteilen oder entziehen. So kann sehr feingranualar geregelt werden, welchen Anbietern welche Ausführungsrechte für die Ausführung ihres Bundles zur Verfügung stehen. Auch in diesem Szenario behält der Administrator zu jeder Zeit die volle Kontrolle über die Ausführungsrechte in der von ihm administrierten OSGi-Framework-Instanz.

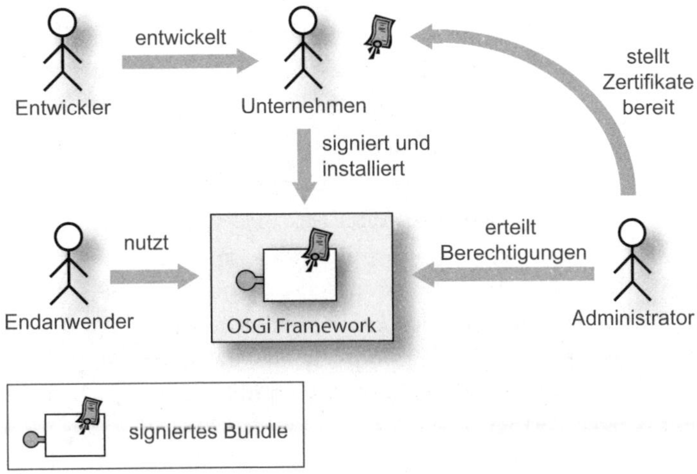

Abb. 9–7
Das Delegationsmodell

9.3 Die lokalen Berechtigungen eines Bundles

Durch die Verwendung sog. *lokaler Berechtigungen* können Sie in der Rolle des Bundle-Entwicklers festlegen, welche Ausführungsrechte ein von Ihnen entwickeltes Bundle zur Laufzeit benötigt. Die Spezifikation der lokalen Berechtigungen erfolgt in einer Datei `permissions.perm`, die sich innerhalb des Bundles im Verzeichnis `OSGI-INF` befinden muss.

Die Datei `permissions.perm` listet alle Berechtigungen auf, die ein Bundle zur Ausführung benötigt, und ähnelt im Aufbau einer regulären Java-Policy-Datei. Das genaue Format der Datei ist in Kapitel 9.9 der Core Specification definiert.

Mit den folgenden Einträgen erlauben Sie einem Bundle bspw., beliebige Packages zu Importieren, den Translation Service von der Service Registry abzufragen und Übersetzungen mit diesem durchzuführen (vgl. auch Abb. 9–8):

```
(org.osgi.framework.PackagePermission "*" "IMPORT")
(org.osgi.framework.ServicePermission ↵
  "org.osgibook.translation.TranslationService" "get")
(org.osgibook.translation.TranslationPermission "translate")
```

Mithilfe der `permissions.perm`-Datei kann ein Framework-Administrator auf einen Blick alle Berechtigungen einsehen, die ein Bundle benötigt, und entscheiden, ob das Bundle mit diesen Rechten installiert werden kann oder nicht. Die OSGi Platform weist einem Bundle nur die dort explizit aufgeführten Berechtigungen zu.

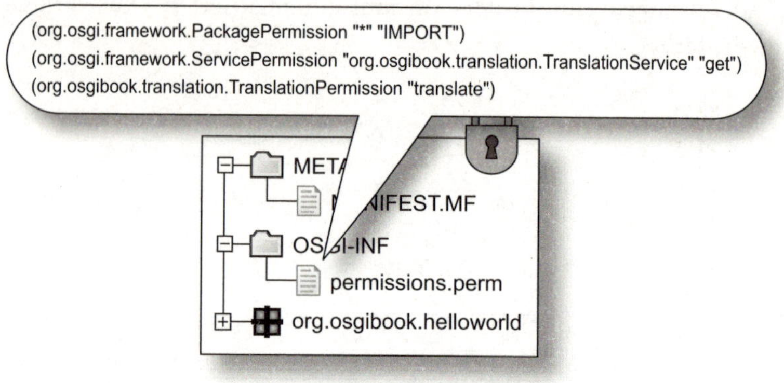

Abb. 9–8 *Die lokalen Rechte eines Bundles*

Wenn innerhalb eines Bundles *keine* `permissions.perm`-Datei definiert ist, dann wird dem Bundle implizit die `java.lang.Allpermission`-Berechtigung zugewiesen, so dass das Bundle automatisch über *alle* Berechtigungen verfügt.

9.4 Globale Berechtigungen vergeben

Um in der Rolle des Framework-Administrators globale Berechtigungen bspw. auf Basis der Zertifikate signierter Bundles zu vergeben, können Sie den *Conditional Permission Admin Service* nutzen, der in der OSGi Core Specification spezifiziert ist. Er ermöglicht, globale Berechtigungen pauschal einer Gruppe von Bundles zuzuweisen, die eine (bzw. mehrere) bestimmte *Bedingung* (»Condition«) erfüllen, z.B. mit einem bestimmten Zertifikat signiert wurden.

Conditions

Der Conditional Permission Admin Service definiert zwei Standard-Conditions, die eine ähnliche Funktionalität bieten wie die `codeBase`- bzw. `signedBy`-Attribute eines `grant`-Eintrages in einer Java-Policy-Datei:

- ***org.osgi.service.condpermadmin.BundleSignerCondition:*** Diese Bedingung erlaubt es Ihnen, Berechtigungen an Bundles zu vergeben, die mit einem bestimmten Zertifikat signiert sind.
- ***org.osgi.service.condpermadmin.BundleLocationCondition:*** Mit dieser Bedingung lassen sich Berechtigungen anhand des Installationsortes eines oder mehrerer Bundles vergeben.

Definition einer ConditionalPermission

Um globale Berechtigungen für Bundles zu definieren, die bestimmten Bedingungen genügen, können Sie die `addConditionalPermissionInfo`-Methode am Interface `ConditionalPermissionAdminService` nutzen:

```
public ConditionalPermissionInfo
   addConditionalPermissionInfo(ConditionInfo conds[],
      PermissionInfo perms[]);
```

Mit dieser Methode fügen Sie ein neues Tuple, bestehend aus Bedingungen und Berechtigungen, zu den globalen Berechtigungen hinzu. Die übergebenen Berechtigungen (Permissions) werden einem Bundle bei der Überprüfung einer Berechtigung zugeteilt, wenn zu dem Zeitpunkt der Überprüfung alle übergebenen Bedingungen (Conditions) wahr sind.

Beispiele

Die lokalen Berechtigungen aus dem Turorial können Sie als globale Berechtigungen wie folgt über die API anlegen:

```
// ConditionInfo erzeugen
ConditionInfo conditionInfo =
  new ConditionInfo("[org.osgi.service.condpermadmin." +
  "BundleLocationCondition \"*/org.osgibook.helloworld*\"])"

// PermissionInfos erzeugen
PermissionInfo packagePermissionInfo =
  new PermissionInfo("(org.osgi.framework.PackagePermission" +
  "\"*\" \"IMPORT\");
PermissionInfo servicePermissionInfo =
  new PermissionInfo("(org.osgi.framework.PackagePermission" +
  " \"*\" \"IMPORT\");

PermissionInfo translationPermissionInfo =
  new PermissionInfo("(org.osgibook.translation." +
  "TranslationPermission \"translate\")");

// Condition und zugehoerige Berechtigungen bekannt machen
ConditionalPermissionAdmin admin = ...;

admin.addConditionalPermissionInfo(
  new ConditionInfo[]{conditionInfo},
  new PermissionInfo[]{packagePermissionInfo,
     servicePermissionInfo, translationPermissionInfo}
  );
```

Die Methode `addConditionalPermissionInfo` liefert Ihnen dann ein `ConditionalPermissionInfo`-Objekt zurück, das aus den von Ihnen übergebenen Objekten sowie einem eindeutigen Namen besteht.

Um eine Liste aller installierten Berechtigungen zu bekommen, können Sie die Methode `getConditionalPermissionInfos()` verwenden, die Ihnen eine Liste aller `ConditionalPermissionInfo`-Objekte zurückgibt. Um einen Berechtigungssatz aus dem System zu entfernen, rufen Sie dann an der entsprechenden Instanz die `delete()`-Methode auf:

```
private void removeAllPermissions(
  ConditionalPermissionAdmin permissionAdmin) {
     // Alle Permissions ermitteln
     Enumeration existingPermissionInfos = permissionAdmin
          .getConditionalPermissionInfos();
```

```
        // Ueber Permission iterieren
        while (existingPermissionInfos.hasMoreElements()) {
            ConditionalPermissionInfo permissionInfo =
                (ConditionalPermissionInfo)
                existingPermissionInfos.nextElement();
            // Permissions entfernen
            permissionInfo.delete();
        }
    }
```

Der Permission Admin Service

Neben dem Conditional Permission Admin Service ist in Kapitel 10 der OSGi-Spezifikation noch der *Permission Admin Service* beschrieben. Dieser Service ist der Vorgänger des Conditional Permission Admin Service und wird möglicherweise in einer kommenden Version der OSGi-Spezifikation »deprecated« und damit nicht länger unterstützt.

9.5 OSGi-Framework-spezifische Permissions

Im Tutorial dieses Kapitels haben Sie mit der `ServicePermission` und der `PackagePermission` bereits zwei Berechtigungen kennengelernt, die Bestandteil des OSGi Frameworks sind. Die OSGi-Spezifikation definiert aber noch weitere Berechtigungen, mit denen Sie sehr feingranular regeln können, welche OSGi-spezifischen Aktionen Sie einem Bundle erlauben:

- **`org.osgi.framework.PackagePermission`:** Mit dieser Berechtigung erlauben Sie einem Bundle, ein oder mehrere Packages zu importieren bzw. zu exportieren.
  Beispielsweise erlauben Sie mit der folgenden Definition, alle Unterpackages des `org.osgi`-Packages zu importieren:

  ```
  (org.osgi.framework.PackagePermission "org.osgi.*" "IMPORT")
  ```

- **`org.osgi.framework.BundlePermission`:** Die `BundlePermission` hat eine ähnliche Funktion wie die `PackagePermission`, nur dass Sie hiermit die Abhängigkeiten zwischen Bundles mittels `Require-Bundle` und `Fragment-Host` erlauben.
  Um einem Bundle zu erlauben, mit `Require-Bundle` ein anderes Bundle zu referenzieren, müssen Sie dem Bundle die `BundlePermission` zuweisen. Das Bundle, das referenziert wird, muss ebenfalls über die `BundlePermission` verfügen. Das Gleiche gilt für die Verwendung von Fragments: Dem Fragment muss mit der `BundlePermission` erlaubt werden, sich an einen Host zu binden. Dem Bundle, das als Fragment-Host dienen soll, müssen Sie mit der `BundlePermission` explizit erlauben, Fragmente aufnehmen zu können.

Mit der folgenden Permission gestatten Sie bspw. einem Bundle, das Bundle `org.osgibook.translationservice` per `Require-Bundle` zu referenzieren:

```
(org.osgi.framework.BundlePermission ↵
  "org.osgibook.translationservice", "require")
```

- **`org.osgi.framework.ServicePermission`:** Wenn ein Bundle einen Service an der Service Registry anmelden oder abfragen möchte, muss das Bundle über eine entsprechende `ServicePermission` verfügen. Mit dieser Berechtigung können Sie festlegen, auf welche Services ein Bundle Zugriff bekommen soll.
  Beispielsweise erlaubt die folgende Definition, einen Service von der Service Registry abzufragen, der mit dem qualifizierten Klassennamen `org.osgi` anfängt:

  ```
  (org.osgi.framework.ServicePermission "org.osgi.*" "get")
  ```

- **`org.osgi.framework.AdminPermission`:** Mit dieser Permission können Sie einem Bundle erlauben, administrative Aktionen in der OSGi Platform auszuführen. Dazu gehört z.B. Bundles zu installieren, zu starten und zu stoppen, aber auch der Zugriff auf die Methoden des Bundle Context.
  Als ersten Parameter müssen Sie einen Filter angeben, mit dem Sie auswählen, auf welchem Ziel-Bundle ein Bundle Aktionen ausführen darf. Als zweiten Parameter geben Sie dann an, welche Aktionen Sie einem Bundle erlauben wollen.
  Die folgende Definition erlaubt z.B., mittels `Bundle.getResource()` auf die Ressourcen aller `org.osgibook`-Bundles zuzugreifen:

  ```
  org.osgi.framework.AdminPermission(" ↵
    (name=org.osgibook.name.*)", "resource" )
  ```

Weitere Informationen zu den OSGi Permissions, insbesondere auch zu deren konkreten Parametern, finden Sie sowohl in der Spezifikation als auch in der Javadoc-Dokumentation der einzelnen Permission-Klassen.

9.6 Zusammenfassung

In diesem Kapitel habe wir Ihnen erläutert, wie Sie Ausführungsrechte einzelner Bundles gezielt einschränken und kontrollieren:

- Über sog. *lokale Berechtigungen* kann ein Bundle-Entwickler festlegen, welche Ausführungsrechte ein Bundle zur Laufzeit benötigt. Die lokalen Berechtigungen werden in der Datei `OSGI-INF/permissions.perm` beschrieben.

- Mithilfe der *lokalen Berechtigungen* kann ein Framework-Administrator entscheiden, ob das Bundle mit diesen Rechten installiert (oder signiert) werden kann oder nicht.
- Im sog. Delegationsmodell stellt der Administrator den Bundle-Anbietern individuelle Zertifikate aus, mit denen diese ihre Bundles signieren können. Der Administrator kann auf Basis der Zertifikate sog. *globale Berechtigungen* erteilen.
- Die Vergabe globaler Berechtigungen erfolgt mit dem *Conditional Permission Admin Service*. Mit ihm können Berechtigungen pauschal einer Gruppe von Bundles zugewiesen werden, die bestimmte Bedingungen (*Conditions*) erfüllen (bspw. die Signierung mit einem bestimmten Zertifikat).

10 Management der OSGi Service Platform

Motivation

In den Tutorials der zurückliegenden Kapitel haben Sie die Equinox-Konsole bereits als einfachen Management Agent kennengelernt, mit dem Sie die OSGi Service Platform zur Laufzeit überwachen und manipulieren können. Dabei haben wir die Konsole zur Anzeige des Framework-Status und zur Steuerung des Bundle-Lebenszyklus verwendet. Die Equinox-Konsole stellt darüber hinaus eine Reihe weiterer Kommandos bereit, die zur Administration der OSGi Service Platform eingesetzt werden können.

Alternativ zur Equinox-Konsole, die ein integraler Bestandteil der Equinox-Distribution ist, existieren im Open-Source-Bereich eine Reihe von alternativen Management Agents, die ebenfalls zusammen mit Eclipse Equinox eingesetzt werden können.

In diesem Kapitel gehen wir sowohl auf die Möglichkeiten der Equinox-Konsole als auch auf die Verwendung alternativer Management Agents ein. Sie lernen die Kommandos der Equinox-Konsole kennen und erfahren, wie Sie die Equinox-Konsole um eigene Kommandos erweitern können. Darüber hinaus zeigen wir Ihnen am Beispiel des Knopflerfish-Desktops, wie Sie einen anderen Management Agent in Eclipse Equinox installieren und zur Administration der OSGi Service Platform verwenden.

Einordnung

Die in diesem Kapitel vorgestellten Konzepte sind in weiten Teilen Equinox-spezifisch, da in der OSGi-Spezifikation nicht festgelegt ist, welche Funktionalität Management Agents bereitzustellen haben oder wie Sie diese bereitstellen.

Stattdessen beschreibt die Spezifikation, wie die programmatische Schnittstelle (API) der OSGi Service Platform aussieht, über die die potenziellen Management Agents Zugriff auf das OSGi Framework bzw. die Standard Services erhalten. Aus diesem Grund sind Management Agents, die ausschließlich diese Schnittstelle verwenden, implementierungsübergreifend nutzbar.

10.1 Tutorial: Die Equinox-Konsole um ein greet-Kommando erweitern

Überblick

Im Tutorial zu diesem Kapitel erweitern wir die Equinox-Konsole um einen neuen, eigenen Befehl `greet`. Wir bauen das »Hello World«-Beispiel so um, dass der Gruß nicht mehr implizit beim Starten und Stoppen des Bundles `org.osgibook.helloworld` ausgegeben, sondern explizit durch das neues Kommando auf der Equinox-Konsole aufgerufen wird.

Um die Equinox-Konsole um den neuen Befehl zu erweitern, müssen wir einen `CommandProvider` implementieren, der das `greet`-Kommando für die Equinox-Konsole bereitstellt. Der `CommandProvider` wird als Service an der Service Registry angemeldet und stellt so das `greet`-Kommando über das Whiteboard-Pattern (vgl. Unterkapitel 7.6) in der Equinox-Konsole bereit (vgl. Abb. 10–1).

Abb. 10–1
Übersicht über die beteiligten Bundles

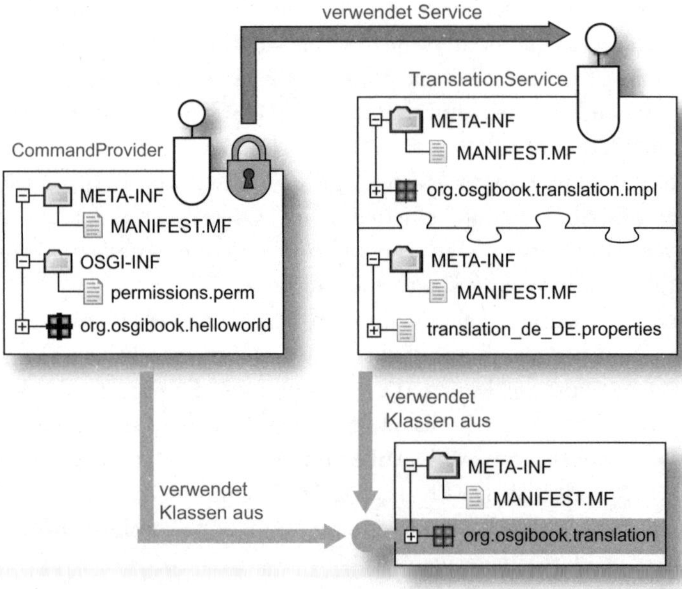

Die Plug-in-Projekte

Wir erweitern im Tutorial zu diesem Kapitel lediglich den `Activator` des Plug-in-Projektes `org.osgibook.helloworld`. Alle weiteren Plug-in-Projekte bleiben unverändert. Für den Fall, dass Sie das Beispiel mit der in Kapitel 9 angelegten »Hello World Example (SecurityManager)«-Launch-Konfiguration starten möchten, müssen Sie jedoch zusätzlich die lokalen Ausführungsrechte des Plug-in-Projektes `org.osgibook.helloworld` anpassen.

Schritt 1: Anpassen der start()- und stop()-Methoden

Da die Grußbotschaft nicht mehr beim Start und beim Stopp des »Hello World«-Bundles ausgegeben werden soll, benötigen Sie im Gegensatz zum bisherigen Beispiel keinen Service Tracker mehr, der das Ausgeben der Grußbotschaft beim An- und Abmelden des Translation Service übernimmt. Stattdessen verwenden wir einen »einfachen« Service Tracker, über den wir den Translation Service abfragen, sobald ein Anwender das `greet`-Kommando auf der Konsole ausgeführt hat.

Entfernen Sie deshalb den bislang verwendeten `TranslationServiceTracker` aus dem `Activator`. Instanzieren Sie in der `start()`-Methode stattdessen einen normalen Service Tracker (vgl. Listing 10–1):

Listing 10–1
Anpassungen im Activator des »Hello World«-Bundles I

```
package org.osgibook.helloworld;

[...]

public class Activator implements BundleActivator {

   private BundleContext bundleContext;

   private ServiceTracker translationServiceTracker;

   public void start(BundleContext context) throws Exception {
      this.bundleContext = context;

      translationServiceTracker = new ServiceTracker(context,
         TranslationService.class.getName(), null);
      translationServiceTracker.open();
   }

   public void stop(BundleContext context) throws Exception {
      translationServiceTracker.close();
   }

   [...]
}
```

Schritt 2: Implementierung des CommandProvider-Interface

Der Equinox-Konsole können eigene Kommando hinzugefügt werden, indem eine Klasse vom Typ `org.eclipse.osgi.framework.console.CommandProvider` implementiert und ein Exemplar dieser Klasse als Service an der Service Registry angemeldet wird.

Import der benötigten Packages

In diesem Tutorial implementieren wir der Einfachheit halber das `CommandProvider`-Interface direkt am `Activator` des »Hello World«-Bundles. Beachten Sie, dass Sie dafür im Bundle Manifest das Package `org.eclipse.osgi.framework.console` importieren müssen, damit die entsprechenden Klassen zur Verfügung stehen:

```
Import-Package: org.eclipse.osgi.framework.console
```

Implementierung des CommandProvider-Interface

Die einzige Methode, die vom `CommandProvider`-Interface definiert wird, ist die Methode `getHelp()`, die in unserem Fall die Beschreibung des Kommandos `greet` zurückliefert. In der `start()`-Methode des Activators muss die `CommandProvider`-Instanz, in unserem Fall also der Activator selber, unter dem `CommandProvider`-Interface an der Service Registry angemeldet werden (vgl. Listing 10–2).

Listing 10–2
Anpassungen im Activator des »Hello World«-Bundles II

```
package org.osgibook.helloworld;

import org.eclipse.osgi.framework.console.CommandProvider;

[...]

public class Activator implements BundleActivator, CommandProvider
{
  [...]

  public void start(BundleContext context) throws Exception {
     this.bundleContext = context;

     context.registerService(CommandProvider.class.getName(),
        this, null);

     translationServiceTracker = new ServiceTracker(context,
        TranslationService.class.getName(), null);
     translationServiceTracker.open();
  }

  [...]

  public String getHelp() {
     StringBuilder help = new StringBuilder();
     help.append("\n--- Hello World Commands ---");
     help.append("\n\tgreet [hello|goodbye] - ");
     help.append("display the \"Hello World !\" message");
     return help.toString();
  }
}
```

Schritt 3: Implementierung des greet-Kommandos

Um ein neues Kommando für die Konsole zur Verfügung zu stellen, muss der Command Provider eine öffentliche Methode implementieren, die nach dem Kommando benannt ist und mit einem führenden Unterstrich beginnt – in unserem Fall also `_greet`. Die Signatur der Methode muss genau einen Parameter vom Typ `org.eclipse.osgi.framework.console.CommandInterpreter` besitzen.

Dieses CommandInterpreter-Objekt wird genutzt, um auf weitere Argumente, die der Benutzer zusammen mit dem Kommando eingegeben hat, zuzugreifen. Außerdem können Sie darüber mit der Konsole interagieren, also z.B. Texte ausgeben oder andere Kommandos ausführen.

Bitte legen Sie also die Methode _greet() an, die die Eingabe des Benutzers entgegennimmt und eine entsprechende Grußbotschaft auf der Konsole ausgibt. Die bisherige greet()-Methode können Sie aus der Activator-Klasse entfernen, da sie nicht mehr benötigt wird.

Listing 10–3
Das _greet-Kommando

```
package org.osgibook.helloworld;

import org.eclipse.osgi.framework.console.CommandInterpreter;

[...]

public class Activator
  implements BundleActivator, CommandProvider {

  [...]

  public void _greet(CommandInterpreter ci) {
     TranslationService translationService =
        (TranslationService) translationServiceTracker
           .getService();
     if (translationService == null) {
        commandInterpreter.println
           ("TranslationService z.Zt. nicht verfuegbar.");
        return;
     }
     String key = commandInterpreter.nextArgument();
     if (key == null) {
        // Wenn keine Nachricht eingegeben wurde, hello ausgeben
        key = "hello";
     }
     String translatedMsg =
        translationService.getTranslation(key);
     String message = String.format(translatedMsg,
        bundleContext.getBundle().getSymbolicName());
     // Komplette Nachricht auf der Konsole ausgeben
     commandInterpreter.println(message);
  }
}
```

Schritt 4: Anpassen der benötigten Ausführungsrechte

Falls Sie das geänderte Beispiel mit der in Kapitel 9 erstellten »Hello World Example (SecurityManager)«-Launch-Konfiguration starten möchten, dann müssen Sie die bereits definierten Rechte des Bundles org.osgibook.helloworld erweitern. Fügen Sie dazu in der Datei OSGI-

`INF/permission.perm` des Bundles `org.osgibook.helloworld` den folgenden Eintrag hinzu:

```
(org.osgi.framework.ServicePermission ↵
"org.eclipse.osgi.framework.console.CommandProvider" "register")
```

Schritt 5: Ausführen des Beispiels

Wenn Sie das Beispiel nun über die »Hello World Example«- bzw. die »Hello World Example (SecurityManager)«-Launch-Konfiguration ausführen, wird beim Start des »Hello World«-Bundles keine Grußbotschaft mehr ausgegeben:

```
osgi>
```

Erst wenn Sie den Befehl `greet` auf der Konsole eingeben, erscheint die Grußbotschaft in der bekannten Form auf der Konsole:

```
osgi> greet hello
Hallo OSGi-Welt sagt Bundle org.osgibook.helloworld!

osgi> greet goodbye
Tschüß OSGi-Welt sagt Bundle org.osgibook.helloworld!
```

10.2 Management Agents im Überblick

Die Verwaltung eines OSGi Frameworks und die Manipulation von Bundle-Zuständen erfolgt über einen sog. *Management Agent*. Ein Management Agent implementiert eine Benutzungsschnittstelle zum OSGi Framework, über die das Framework »von außen« administriert werden kann.

10.2.1 Management Bundles

Ein Management Agent ist selber in einem oder mehreren Bundles implementiert, die innerhalb des Frameworks installiert sind (den sog. *Management Bundles*). Wie ein Management Agent konkret implementiert wird oder welche Benutzungsschnittstelle er bereitstellt, ist in der OSGi-Spezifikation nicht festgelegt. Sie beschreibt lediglich die API, über die Management Bundles das Framework programmatisch verwalten und manipulieren können (vgl. Abb. 10–2).

Management Bundles, die ausschließlich die spezifizierten, »offiziellen« Schnittstellen der OSGi Service Platform nutzen, können entsprechend in beliebigen Implementierungen des OSGi Frameworks verwendet werden. So ist es möglich, Management Agents vollständig unabhängig von einer konkreten Framework-Implementierung zu entwickeln.

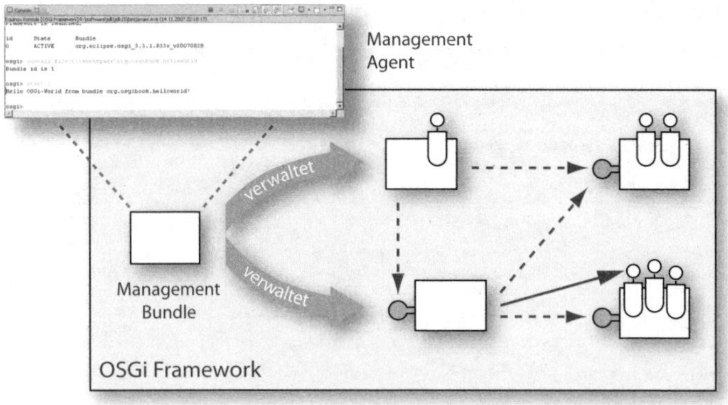

Abb. 10–2
Management Bundles im OSGi Framework

10.2.2 Open-Source-Implementierungen

Im Open-Source-Bereich existieren ganz unterschiedliche Management-Agent-Implementierungen, die zusammen mit Eclipse Equinox nutzbar sind:

- **Equinox-Konsole:** Die Equinox-Konsole ist ein integraler Bestandteil des Equinox-Frameworks und ermöglicht einen einfachen, kommandozeilenbasierten Zugang zum Framework. Für die Remote-Administration des OSGi Frameworks kann die Konsole auch über Telnet betrieben werden.
  In den nachfolgenden Unterkapiteln stellen wir Ihnen die verschiedenen Kommandos der Equinox-Konsole vor (Unterkapitel 10.3) und zeigen Ihnen, wie Sie die Equinox-Konsole um eigene Kommandos erweitern können (Unterkapitel 10.4).
- **Knopflerfish-Desktop:** Der Knopflerfish-Desktop [KNODES] ist Bestandteil der OSGi-Implementierung Knopflerfish und stellt eine auf Swing basierende, grafisch-interaktive Oberfläche zur Verfügung. Er kann losgelöst vom Knopflerfish-Framework in jedem R4-kompatiblen OSGi Framework eingesetzt werden.
  Stellvertretend für die verschiedenen Management-Agent-Implementierungen zeigen wir Ihnen in Unterkapitel 10.5, wie Sie den Knopflerfish-Desktop als alternativen Management Agent in Eclipse Equinox installieren und ausführen.
- **Knopflerfish-HTTP/HTML-Konsole:** Ebenfalls Bestandteil der Knopflerfish-Implementierung ist die Kopflerfish-HTTP/HTML-Konsole [KNOHTM]. Die HTTP/HTML-Konsole implementiert ein Servlet, das auf jeder OSGi-Plattform ausgeführt werden kann, in der ein OSGi Http Service installiert ist. Es ermöglicht die Administration des OSGi Frameworks über das Web (vgl. Abb. 10–3).
  Damit die HTTP/HTML-Konsole in Eclipse Equinox installiert und ausgeführt werden kann, muss neben dem Bundle mit der

Standard-Service-API auch die Servlet-API und die Implementierung des Http Service installiert und gestartet sein.

Abb. 10–3
Die Knopflerfish-HTML/HTTP-Konsole

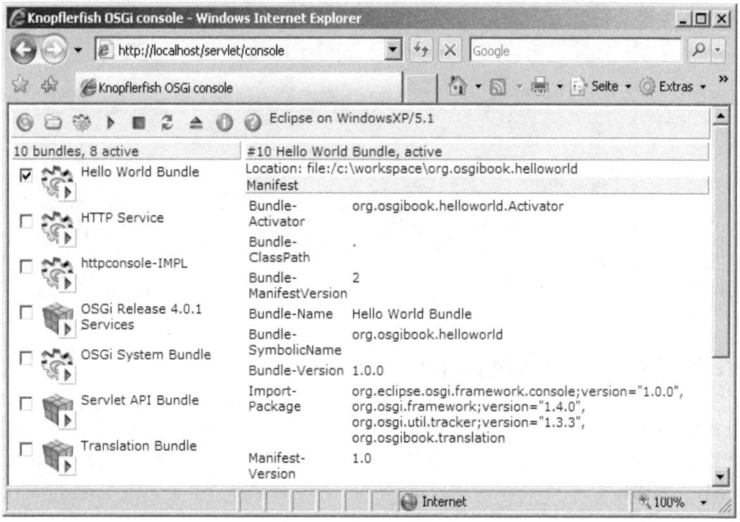

- **Prosyst mConsole:** Die leistungsfähige, grafisch-interaktive Prosyst mConsole ist Bestandteil der Prosyst mBedded Server Equinox Edition [PROMEE] und ermöglicht ebenfalls die entfernte Administration des OSGi Frameworks, wobei ein eigenes Kommunikationsprotokoll zum Einsatz kommt (vgl. Abb. 10–4).

Abb. 10–4
Die ProSyst mConsole

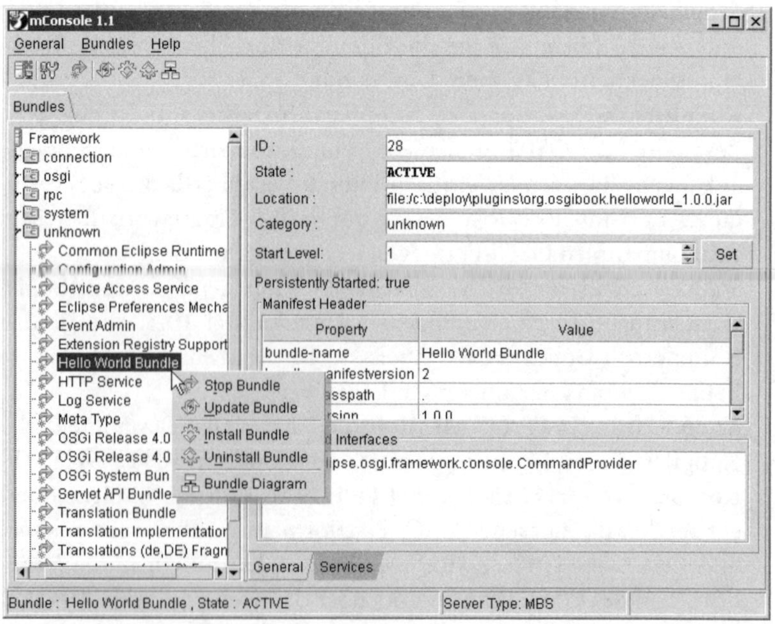

10.3 Die Equinox-Konsole im Detail

Die Equinox-Konsole implementiert eine einfache, kommandozeilenorientierte Benutzungsschnittstelle zur Verwaltung des Equinox OSGi Frameworks. Sie stellt eine Reihe von Befehlen zur Verfügung, mit denen der Zustand des Frameworks und der installierten Bundles zur Laufzeit abgefragt und manipuliert werden kann (vgl. auch [EQXCON]). Wir stellen Ihnen nachfolgend die Kommandos mit ihrer jeweiligen Syntax und einer erklärenden Beschreibung vor. Für einige Kommandos können Sie Abkürzungen verwenden, die in den Tabellen mit [] gekennzeichnet sind.

10.3.1 Kommandos zur Steuerung des Frameworks

Zur Steuerung des OSGi Frameworks stehen die in Tabelle 10–1 aufgeführten Kommandos zur Verfügung.

Tab. 10–1 Kommandos zur Steuerung des Frameworks

Kommando	Beschreibung
shutdown	Fährt das OSGi Framework herunter. Der Zustand aller installierten Bundles wird dabei persistiert.
launch	Startet das OSGi Framework, wenn es nicht bereits gestartet ist. Der Zustand von persistierten Bundles wird dabei wiederhergestellt.
close	Fährt das OSGi Framework herunter (shutdown) und beendet die virtuelle Maschine.
exit	Beendet die virtuelle Maschine unmittelbar (System.exit()).
init	Deinstalliert alle im Framework installierten Bundles. Dieses Kommando darf nur aufgerufen werden, wenn das Framework gestoppt ist.
gc	Führt eine Garbage Collection durch.
[setp]rop <name>=<wert>	Setzt die spezifizierte OSGi Property mit dem spezifizierten Wert.

10.3.2 Kommandos zur Steuerung von Bundles

Zur Steuerung von Bundles stehen die folgenden, in Tabelle 10–2 aufgeführten Befehle zur Verfügung. Bei den Bundle-spezifischen Kommandos müssen die Bundles, auf die sich das Kommando beziehen soll, über zusätzliche Kommandoparameter spezifiziert werden. Dabei sind alternativ folgende Angaben möglich:

- *Symbolischer Name:* Der symbolische Name des Bundles in der Form `symbolicname[@version]`.
  Beispiel: `org.osgibook.helloworld@1.0.0`
- *Eindeutige Id:* Die eindeutige Id des Bundles, die bei seiner Installation vom Framework zugewiesen wurde.
  Beispiel: `12`
- *Location:* Der Location-String des Bundles. Für gewöhnlich bezeichnet der Location-String den Ort, von dem das Bundle installiert wurde.
  Beispiel: `file:/c:\\workspace\\org.osgibook.helloworld`

Tab. 10–2
Kommandos zur Steuerung von Bundles

Kommando	Beschreibung
[i]nstall <URL> {[s]tart}	Installiert das Bundle mit der angegebenen URL und startet es ggf. Die URL kann unterschiedliche Protokolle besitzen, z.B. `file:/<Pfad zur Bundle>` oder `http://<Pfad zum Bundle>`
[un]install (<id>|<loc>|<name>)+	Deinstalliert das/die angegebene(n) Bundle(s).
[sta]rt (<id>|<loc>|<name>)+	Startet das/die angegebene(n) Bundle(s).
[sto]p (<id>|<loc>|<name>)+	Stoppt das/die angegebene(n) Bundle(s).
[r]efresh (<id>|<loc>|<name>)+	Löst die Abhängigkeiten des/der angegebene(n) Bundle(s) neu auf.
[up]date * | (<id>|<loc>|<name>)	Aktualisiert das angegebene Bundle. Wenn als Argument der Wert '*' übergeben wird, dann werden alle installierten Bundles aktualisiert.

10.3.3 Kommandos zum Anzeigen von Statusinformationen

Zur Anzeige von Statusinformationen stehen die folgenden, in Tabelle 10–2 aufgeführten Befehle zur Verfügung.

Tab. 10–3
Kommandos zur Anzeige von Statusinformationen

Kommando	Beschreibung
ss {-s <STATE>} {<teil-des-symbolischen-Namens>}	Zeigt die kurze Version der Statusanzeige an (short status). Wird über den Parameter -s ein Bundle-Zustand angegeben, werden nur die Bundles in diesem Zustand angezeigt. Zusätzlich kann ein String angegeben werden, der als Substring im symbolischen Namen der anzuzeigenden Bundles vorkommen muss.

<table>
<tr><th>Kommando</th><th>Beschreibung</th></tr>
<tr><td>[s]tatus {-s <STATE>} {<teil-des-symbolischen-Namens>}</td><td>Zeigt detaillierte Informationen zu den installierten Bundles und Services an.
Wird über den Parameter -s ein Bundle-Zustand angegeben, werden nur die Bundles in diesem Zustand angezeigt.
Zusätzlich kann ein String angegeben werden, der als Substring im symbolischen Namen der anzuzeigenden Bundles vorkommen muss.</td></tr>
<tr><td>[b]undle (<id>|<loc>|<name>)+</td><td>Zeigt detaillierte Informationen über das/die angegebene(n) Bundle(s) an.</td></tr>
<tr><td>bundles {-s <STATE>} {<teil-des-symbolischen-Namens>}</td><td>Zeigt detaillierte Informationen zu den installierten Bundles an.
Wird über den Parameter -s ein Bundle-Zustand angegeben, werden nur die Bundles in diesem Zustand angezeigt.
Zusätzlich kann ein String angegeben werden, der als Substring im symbolischen Namen der anzuzeigenden Bundles vorkommen muss.</td></tr>
<tr><td>(h)eaders (<id>|<location>|<symbolicname>)*</td><td>Zeigt alle Einträge der Manifest-Datei des/der angegebene(n) Bundle(s) an.</td></tr>
<tr><td>getPackages (<id>|<location>|<symbolicname>)</td><td>Zeigt alle von anderen Bundles exportierte Packages an, auf die vom angegebenen Bundle zugegriffen werden kann.</td></tr>
<tr><td>(p)ackages (<id>|<location>|<symbolicname>)</td><td>Zeigt alle exportierten Packages eines Bundles an. Zusätzlich wird für jedes exportierte Bundle angezeigt, von welchem Bundle das Package importiert wird.</td></tr>
<tr><td>requiredBundles <symbolicname></td><td>Zeigt für das Bundle mit dem übergebenen symbolischen Namen alle Bundles an, die das Bundle über den Manifest Header Require-Bundle importieren.</td></tr>
<tr><td>diag (<id>|<symbolicname>)*</td><td>Zeigt alle unerfüllten Bedingungen für das/die angegebene(n) Bundle(s) an.</td></tr>
<tr><td>(se)rvices {<filter>}</td><td>Zeigt alle Services an, die dem angegebenen Filter genügen. Wird kein Filter angegeben, dann werden alle Services angezeigt.</td></tr>
<tr><td>(t)hreads</td><td>Zeigt die aktuellen Threads und Threadgroups an.</td></tr>
<tr><td>(pr)ops</td><td>Zeigt alle System-Properties an.</td></tr>
<tr><td>getprop {<anfang-des-namens>}</td><td>Zeigt alle System-Properties an, die mit dem übergebenen Namen anfangen. Wird kein Parameter übergeben, werden alle Properties ausgegeben.</td></tr>
</table>

10.3.4 Kommandos zur Manipulation der Startlevel

Zur Kontrolle und Manipulation der Bundle- und Framework-Startlevel stehen Ihnen die in Tabelle 10–4 aufgeführten Kommandos zur Verfügung.

Tab. 10–4 *Kommandos zur Manipulation der Startlevel*

<table>
<tr><th>Kommando</th><th>Beschreibung</th></tr>
<tr><td>sl (<id>|<location>|<symbolicname>)</td><td>Zeigt den Startlevel für das angegebene Bundle an. Wenn kein Bundle spezifiziert wird, dann wird der Startlevel des Frameworks angezeigt.</td></tr>
<tr><td>setfwsl <startlevel></td><td>Setzt den aktuellen Startlevel des Frameworks.</td></tr>
<tr><td>setbsl <startlevel> (<id>|<location>)</td><td>Setzt den Startlevel für ein Bundle. Das Bundle können Sie über dessen Id oder seine Location angeben.</td></tr>
<tr><td>setibsl <startlevel></td><td>Setzt den Startlevel, der für ein Bundle verwendet wird, wenn für das Bundle kein Startlevel explizit angegeben wurde.</td></tr>
</table>

10.3.5 Weitere Kommandos

Zusätzlich zu den bereits vorgestellten Kommandos bietet die Equinox-Konsole die in Tabelle 10–5 aufgeführten Kommandos.

Tab. 10–5 *Weitere Kommandos*

Kommando	Beschreibung
exec	Führt ein Betriebssystem-Kommando in einem eigenen Prozess aus und wartet auf dessen Beendigung.
fork	Führt ein Betriebssystem-Kommando in einem eigenen Prozess aus und kehrt unmittelbar zurück.

10.4 Die Equinox-Konsole um eigene Befehle erweitern

Mit den in Abschnitt 10.3 vorgestellten Kommandos besitzt die Equinox-Konsole bereits eine große Anzahl an Befehlen, mit denen sich das Framework manipulieren und überwachen lässt. Trotzdem kann es notwendig oder wünschenswert sein, die Equinox-Konsole um eigene Kommandos zu erweitern, die speziell auf eine Problemdomäne zugeschnittene Anforderungen realisieren. Die Implementierung zusätzlicher Kommandos für die Equinox-Konsole ist durch die Anwendung des Whiteboard-Patterns (vgl. Abschnitt 7.6) einfach realisierbar.

10.4.1 Das Interface CommandProvider

Um ein (oder mehrere) Kommandos in der Equinox-Konsole bereitzustellen, müssen die Kommandos in einer Klasse vom Typ `org.eclipse.osgi.framework.console.Command-Provider` implementiert und unter diesem Interface an der OSGi Service Registry angemeldet werden. Die Equinox-Konsole erkennt die angemeldeten `CommandProvider` und delegiert die eingegebenen Kommandos entsprechend an die Services.

Das `CommandProvider`-Interface definiert lediglich die Methode `getHelp()` (vgl. Listing 10–4):

Listing 10–4
Das Interface CommandProvider

```
package org.eclipse.osgi.framework.console;

public interface CommandProvider {
  public String getHelp();
}
```

Die `getHelp()`-Methode liefert einen String zurück, der eine Beschreibung der Kommandos enthält, die Sie implementieren möchten. Equinox ruft diese Methode auf, wenn das `help`-Kommando von der Konsole ausgeführt wurde, um dem Anwender eine Beschreibung aller registrierten Kommandos auszugeben.

Implementierung der Kommandos

Um eigene Kommandos für die Konsole zur Verfügung zu stellen, müssen Sie in Ihrem Command Provider für jedes Kommando eine öffentliche Methode implementieren, die genauso heißt wie das Kommando, allerdings mit einem Unterstrich beginnt. Die Signatur der Methode muss genau einen Parameter vom Typ `CommandInterpreter` besitzen. Für das `greet`-Kommando müssen Sie demnach die folgende Methode implementieren:

```
public void _greet(CommandInterpreter commandInterpreter) {
  [...]
}
```

10.4.2 Das Interface CommandInterpreter

Das in der Implementierung des Kommandos übergebene `CommandInterpreter`-Objekt erlaubt es Ihnen, mit der Konsole zu interagieren:

Listing 10–5
Das Interface CommandInterpreter

```
package org.eclipse.osgi.framework.console;

import java.util.Dictionary;
import org.osgi.framework.Bundle;

public interface CommandInterpreter {
  public String nextArgument();
```

```
    public Object execute(String cmd);

    public void print(Object o);
    public void println();
    public void println(Object o);
    public void printStackTrace(Throwable t);
    public void printDictionary(Dictionary dic, String title);
    public void printBundleResource(Bundle bundle, String resource);
}
```

Das `CommandInterpreter`-Objekt stellt Ihnen drei Typen von Methoden zur Verfügung:

- Mit der Methode **`nextArgument()`** können Sie auf die Argumente, die der Anwender Ihrem Kommando übergeben hat, zugreifen. Diese Methode können Sie so lange aufrufen, bis Sie null zurückgeliefert bekommen, in diesem Falle stehen keine weiteren Argumente zur Verfügung.
- Die Methode **`execute()`** ermöglicht es Ihnen per API Kommandos auszuführen. Sie können der Methode dazu das entsprechende Kommando mit all seinen Parametern übergeben – genauso, wie Sie es auch von der Equinox-Konsole aus tun würden.
- Die verschiedenen **`print`**-Methoden können Sie verwenden, um Texte auf der Equinox-Konsole auszugeben. Bei der Ausgabe der Texte berücksichtigt Equinox auch die Einstellung des `more`-Kommandos: Wenn Sie mehr Zeilen ausgeben, als der Anwender auf einmal sehen möchte, unterbricht Equinox die Ausgabe nach der entsprechenden Zeile so lange, bis der Anwender eine Taste zum Fortfahren gedrückt hat (analog zu den aus Windows und Unix bekannten »more«-Kommandos).

10.5 Exkurs: Der Knopflerfish-Desktop als alternativer Management Agent

In diesem Abchnitt stellen wir Ihnen mit dem *Knopflerfish-Desktop* einen alternativen Management Agent vor. Im Gegensatz zur kommandozeilenorientierten Schnittstelle der Equinox-Konsole bietet er eine auf Swing basierende, grafisch-interaktive Oberfläche (vgl. Abb. 10–5).

Der Knopflerfish-Desktop ist Bestandteil der OSGi-Implementierung Knopflerfish, die unter [KNOPF] verfügbar ist, kann aber losgelöst vom Knopflerfish-Framework in jedem R4-kompatiblen OSGi Framework eingesetzt werden.

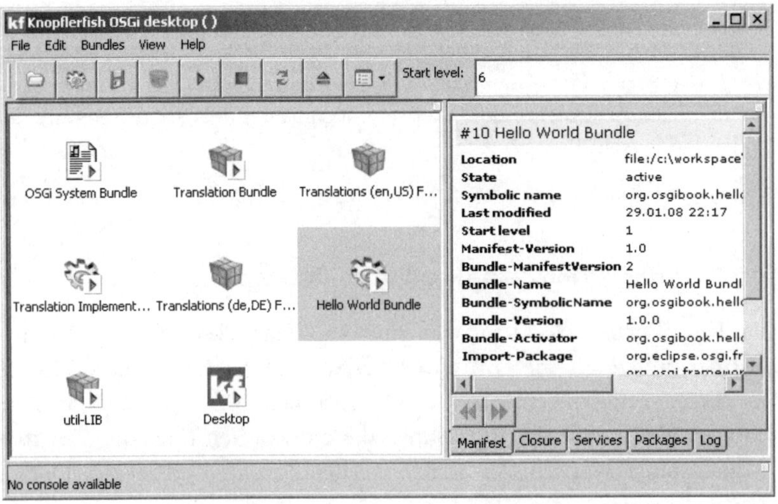

Abb. 10–5
Der Knopflerfish-Desktop

10.5.1 Installation des Knopflerfish-Desktops

Der Knopflerfish-Desktop besteht aus den zwei Bundles

- `org.knopferfish.bundle.util-LIB` und
- `org.knopferfish.bundle.desktop`,

die beide sowohl über die Homepage zu diesem Buch unter *http://www.osgibook.org/repo* als auch über die Knopflerfish-Homepage *http://www.knopflerfish.org/repo* verfügbar sind. Sie können die Bundles (mittels der Equinox-Konsole) über das HTTP-Protokoll direkt in Equinox installieren. Starten Sie dazu das Equinox Framework mit der Launch-Konfiguration »Equinox Console«. Zur Installation der beiden Knopflerfish-Bundles geben Sie die nachfolgenden Kommandos auf der Equinox-Konsole ein:

```
osgi>install http://www.osgibook.org/repo/jars/util/util- ↵
  2.0.0.jar start

Bundle id is 1

osgi>install http://www.osgibook.org/repo/jars/desktop/ ↵
  desktop_all-2.0.0.jar start

Bundle id is 2
```

Tipp

Wenn Sie über einen Proxy auf das Internet zugreifen, müssen Sie den Proxy in der Launch-Konfiguration konfigurieren, damit Equinox eine HTTP-Verbindung zum Knopflerfish-Repository aufbauen kann. Geben Sie in diesem Fall auf der Seite **Arguments** der Launch-Konfiguration unter **VM arguments** die folgenden System-Properties an:

```
-DproxySet=true -DproxyHost=<proxyHost> -DproxyPort=<proxyPort>.
```

10.5.2 Arbeiten mit dem Knopflerfish-Desktop

Der Knopflerfish-Desktop wird mit dem Start des Desktop-Bundles geöffnet und zeigt eine grafische Übersicht des OSGi Frameworks an. Sämtliche Bundle-Lebenszyklus-Operationen (Installieren, Starten, Stoppen, Aktualisieren und Deinstallieren) können über den Desktop vorgenommen werden. Zusätzlich werden Bundle- und Service-Details angezeigt.

Um ein Bundle über den Knopflerfish-Desktop zu installieren, öffnen Sie bitte über **File -> Add bundle URL...** (oder über die Tastenkombination Strg+u) den »Add bundle URL«-Dialog. In diesem Dialog können Sie die URL des zu ladenden Bundles eintragen, also bspw. `file:/c:\workspace\org.osgibook.helloworld` (vgl. Abb. 10–6).

Nach Betätigen des OK-Buttons wird das angegebene Bundle im Framework installiert. Über die Schaltflächen in der Toobar können Sie die Bundles jederzeit stoppen, aktualisieren usw. Weitere Informationen zum Knopflerfish-Desktop finden Sie unter [KNODES].

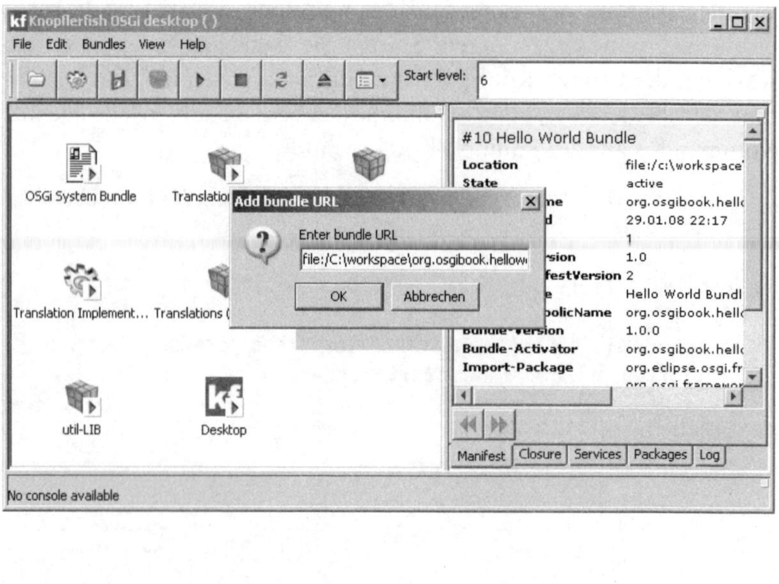

Abb. 10–6
Installation eines Bundles im Knopflerfish-Desktop

10.6 Zusammenfassung

In diesem Kapitel haben Sie gelernt, wie Sie Management Agents nutzen, um den Zustand des OSGi Frameworks zu administrieren:

- Ein *Management Agent* implementiert eine Benutzungsschnittstelle zum OSGi Framework, über die das Framework »von außen« administriert werden kann.
- Ein Management Agent ist selber in einem oder mehreren Bundles implementiert, die innerhalb des Frameworks installiert sind (den sog. *Management Bundles*).
- Die OSGi-Spezifikation spezifiziert eine API, über die Management Bundles das Framework programmatisch verwalten und manipulieren können. Management Bundles, die ausschließlich die spezifizierten Schnittstellen der OSGi Service Platform nutzen, können in beliebigen Framework-Implementierungen eingesetzt werden
- Die *Equinox-Konsole* implementiert eine einfache, kommandozeilenorientierte Benutzungsschnittstelle zur Verwaltung des Equinox OSGi Frameworks.
- Die Equinox-Konsole kann um eigene Kommandos erweitert werden, indem eine Klasse vom Typ `org.eclipse.osgi.framework.console.CommandProvider` implementiert und diese unter dem `CommandProvider`-Interface an der OSGi Service Registry angemeldet wird.

11 Packaging und Deployment

Motivation

In den zurückliegenden Kapiteln haben Sie das »Hello World«-Beispiel direkt aus der Eclipse IDE gestartet. Dabei wurden die Plug-in-Projekte in Equinox installiert, ohne dass sie vorher in »echte« Bundles überführt worden wären. Für den Produktivbetrieb einer OSGi-basierten Anwendung ist es erforderlich, die Anwendung außerhalb der Eclipse IDE ablaufen zu lassen. Dazu müssen die verwendeten Plug-in-Projekte zu Bundles gepackt werden.

In diesem Kapitel zeigen wir Ihnen, wie Sie aus den in der Eclipse IDE erstellten Plug-in-Projekten OSGi Bundles in Form von Jar-Dateien bauen. Neben dem interaktiven Export aus der Eclipse IDE stellen wir Ihnen weitere Möglichkeiten vor, Plug-in-Projekte automatisiert in Bundles zu überführen. Einen besonderen Schwerpunkt bildet dabei der PDE Headless Build, der Bestandteil der Eclipse IDE ist. Weiter erläutern wir Ihnen, wie Sie Eclipse Equinox von der Kommandozeile bzw. aus einer Java-Anwendung heraus starten und über verschiedene Konfigurationsmöglichkeiten an Ihre spezifischen Bedürfnisse anpassen können.

Einordnung

Die in diesen Abschnitt vorgestellten Konzepte sind durchgehend Eclipse- und Equinox-spezifisch. Sie sind nicht innerhalb der OSGi-Spezifikation festgelegt. Wenn Sie weiterführende oder vertiefende Informationen zu den in diesem Kapitel vorgestellten Themen suchen, können Sie diese in der Eclipse-Online-Hilfe nachlesen, die in der Eclipse IDE unter **Help -> Help Contents...** oder online unter [ECHE33] verfügbar ist.

11.1 Tutorial: Ausführen des »Hello World«-Beispiels von der Kommandozeile

Überblick

Im Tutorial zu diesem Kapitel zeigen wir Ihnen, wie Sie die bisher erstellten Plug-in-Projekte als deployfähige Bundles aus der Eclipse IDE exportieren (Schritt 1 und 2 des Tutorials). Anschließend werden wir Eclipse Equinox mit diesen Bundles konfigurieren und von der Kommandozeile starten (Schritt 3 und 4 des Tutorials).

Schritt 1: Anpassen der Build-Konfiguration

Die Datei build.properties

Plug-in-Projekte können mithilfe des Plug-in-Export-Wizards als Bundles aus der Eclipse IDE exportiert werden. *Welche* Dateien eines Plug-in-Projektes in das exportierte Bundle übernommen werden, steuern Sie dabei über die Datei `build.properties`, die sich im Root-Verzeichnis des Plug-in-Projektes befindet. Per Default sind dort lediglich die Projekt-Ausgabe-Verzeichnisse (in unseren Projekten also das `bin`-Verzeichnis) sowie das `META-INF`-Verzeichnis eingetragen.

Abb. 11–1
Der Build-Properties-Editor

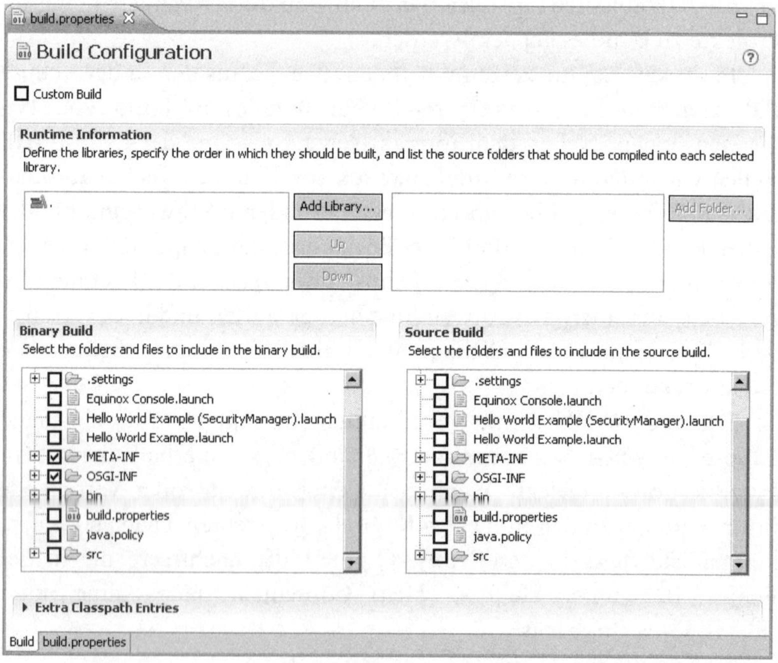

Für das »Hello World«-Plug-in-Projekt müssen wir jedoch zusätzlich das Verzeichnis `OSGI-INF` inkludieren, das die lokalen Berechtigungen des »Hello World«-Bundles enthält. Öffnen Sie dazu bitte den **Build Configuration**-Editor, indem Sie die `build.properties`-Datei des »Hello World«-Bundles durch Doppelklick zum Bearbeiten öffnen (vgl. Abb. 11–1).

Der **Build Configuration**-Editor ermöglicht das grafisch-interaktive Bearbeiten der Datei `build.properties`. Um das Verzeichnis `OSGI-INF` in die Build-Konfiguration aufzunehmen, setzen Sie im Abschnitt **Binary build** beim Verzeichnis `OSGI-INF` einen Haken (vgl. Abb. 11–1) und speichern Sie die geänderte Datei.

Schritt 2: Exportieren der Bundles

Der Plug-in Export Wizard

Um die in Ihrem Workspace enthaltenen Plug-in-Projekte zu exportieren, müssen Sie den Export Wizard unter **File -> Export...** öffnen und dort in der Kategorie **Plug-in development** den Wizard **Deployable plug-ins and fragments** auswählen.

Anschließend öffnet sich der Plug-in Export Wizard und zeigt Ihnen die Liste aller in Ihrem Workspace vorhandenen Plug-in-Projekte. Wählen Sie dort bitte alle Projekte aus. Im Feld **Destination** müssen Sie das Zielverzeichnis angeben, in das der Plug-in Export Wizard die Bundles exportieren soll. Geben Sie dort im Feld **Directory** als Zielverzeichnis `c:\deploy` an (siehe Abb. 11–2).

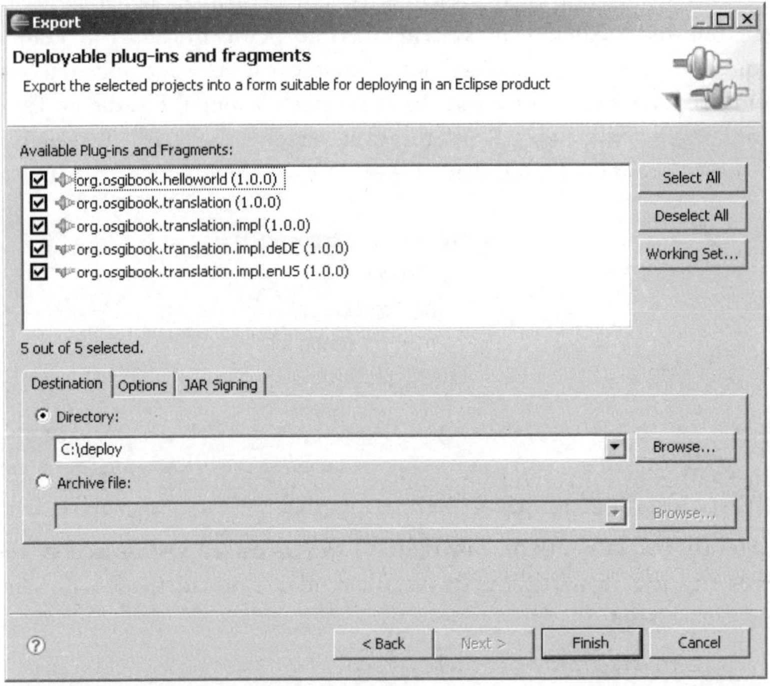

Abb. 11–2
Der Plug-in Export Wizard

Die exportierten Bundles

Wenn Sie den Wizard über die Schaltfläche **Finish** beenden, werden die ausgewählten Bundles zunächst kompiliert und dann in einer OSGi-konformen Jar-Datei im Verzeichnis `plugins` innerhalb des von Ihnen ausgewählten Zielverzeichnisses abgelegt (siehe Abb. 11–3).

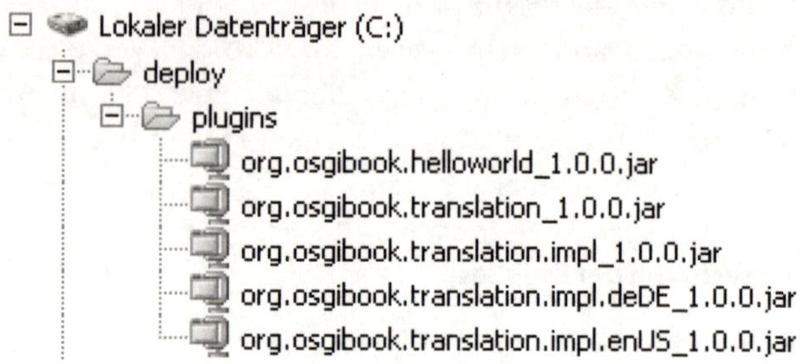

Abb. 11–3
Die exportierten Bundles

Schritt 3: Anlegen einer Equinox-Konfiguration

Bei der Ausführung unseres Beispiels sollen die in Schritt 2 exportierten Bundles beim Start des OSGi Frameworks automatisch installiert und gestartet werden. Diese (und weitere) Einstellungen konfigurieren Sie in der Konfigurationdatei `config.ini`, die im Konfigurationsverzeichnis von Equinox Eclipse (der sog. *configuration area*) liegen muss.

Das Konfigurationsverzeichnis

Das Konfigurationsverzeichnis ist ein prinzipiell beliebiges Verzeichnis im lokalen Dateisystem, das Sie beim Starten von Eclipse Equinox über den Start-Parameter `-configuration` oder über die System-Property `osgi.configuration.area` setzen können. Für dieses Tutorial legen wir als Konfigurationsverzeichnis das Verzeichnis `c:\deploy\config` an (vgl. Abb. 11–4).

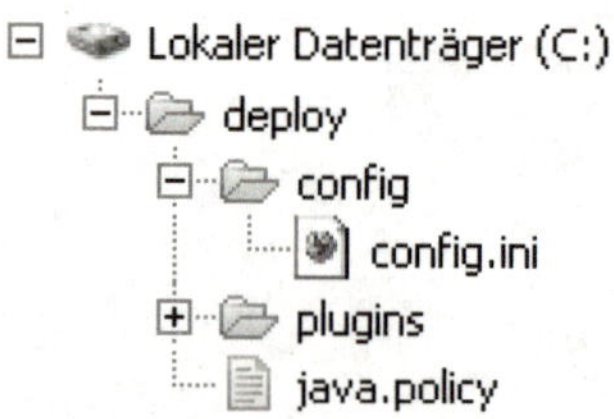

Abb. 11–4
Die Zielverzeichnis

Die Konfigurationsdatei config.ini

Im Konfigurationsverzeichnis müssen Sie anschließend die Datei `config.ini` anlegen, die die Konfigurationseinstellungen für die Eclipse Equinox-Instanz enthält. Für dieses Tutorial tragen wir dort über die Property `osgi.bundles` die zu installierenden und startenden Bundles ein (vgl. Listing 11–1):

Listing 11–1
Die Datei config.ini

```
osgi.bundles=\
file:/C:/deploy/plugins/↵
  org.osgibook.translation_1.0.0.jar@2:start,\
file:/C:/deploy/plugins/↵
  org.osgibook.translation.impl_1.0.0.jar@2:start,\
file:/C:/deploy/plugins/↵
  org.osgibook.translation.impl.deDE_1.0.0.jar@2,\
```

```
file:/C:/deploy/plugins/↵
   org.osgibook.translation.impl.enUS_1.0.0.jar@2,\
file:/C:/deploy/plugins/↵
   org.osgibook.helloworld_1.0.0.jar@2:start
eclipse.ignoreApp=true
```

Falls Sie Eclipse Equinox mit einem Security Manager starten möchten (vgl. Kapitel 11), müssen Sie zusätzlich die `java.policy`-Datei aus dem »Hello World«-Plug-in-Projekt in das Zielverzeichnis kopieren.

Schritt 4: Ausführen von Eclipse Equinox von der Kommandozeile

Nach dem Anlegen der Konfigurationsdatei können Sie Eclipse Equinox von der Kommandozeile aus starten. Wechseln Sie dazu in das Verzeichnis `C:\deploy` und führen folgenden Java-Aufruf aus:

```
C:\deploy> java ↵
-Djava.security.manager ↵
-Djava.security.policy=java.policy ↵
-jar c:\equinox\eclipse\plugins\↵
   org.eclipse.osgi_3.3.2.R33x_v20080105.jar ↵
-configuration c:\deploy\config ↵
-console -clean
```

Equinox installiert (und startet) unmittelbar alle Bundles, die Sie in der Datei `config.ini` eingetragen haben. Mit dem in Kapitel 10 implementierten greet-Kommando können Sie nun wie gehabt eine Begrüßung ausgeben lassen (Abb. 11–5).

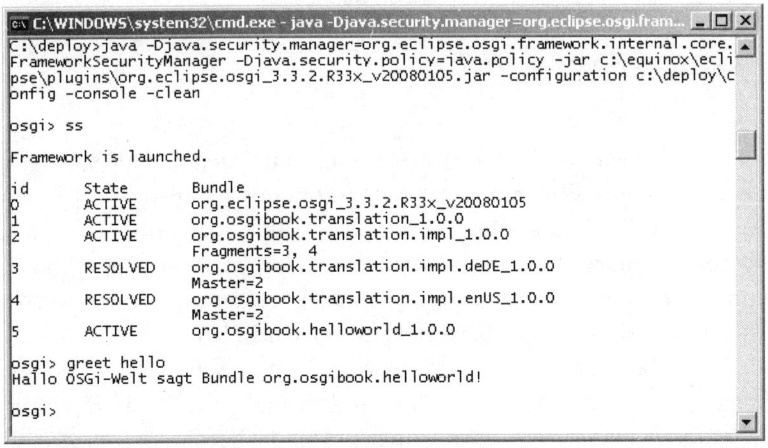

Abb. 11–5
Eclipse Equinox von der Kommandozeile

Damit haben Sie Ihre Plug-in-Projekte aus Eclipse in Bundles exportiert und Equinox außerhalb von Eclipse gestartet.

11.2 Der Plug-in-Export-Wizard

Um ein neu entwickeltes Bundle für den Einsatz in einem Produktivsystem vorzubereiten, müssen Sie aus dem im Eclipse Workspace vorliegenden Plug-in-Projekt ein »echtes« Bundle in Form einer Jar-Datei erzeugen. Zu diesem Zweck stellt Ihnen die Eclipse IDE den Plug-in-Export-Wizard zur Verfügung, der es Ihnen erlaubt, Plug-in-Projekte als Bundles aus dem Workspace zu exportieren.

Festlegen von Bundle-Inhalten

Gesteuert wird der Eclipse-Plug-in-Wizard über die Datei `build.properties`, die sich im Root-Verzeichnis jedes Plug-in-Projektes befindet und in der beschrieben ist, welche Verzeichnisse und Dateien er aus Ihrem Plug-in-Projekt mit in das Bundle-Jar-File aufnehmen soll, und an welchen Ort innerhalb der Jar-Datei er die Dateien kopieren soll.

Abb. 11-6
Konfiguration des Plug-in-Export-Wizards

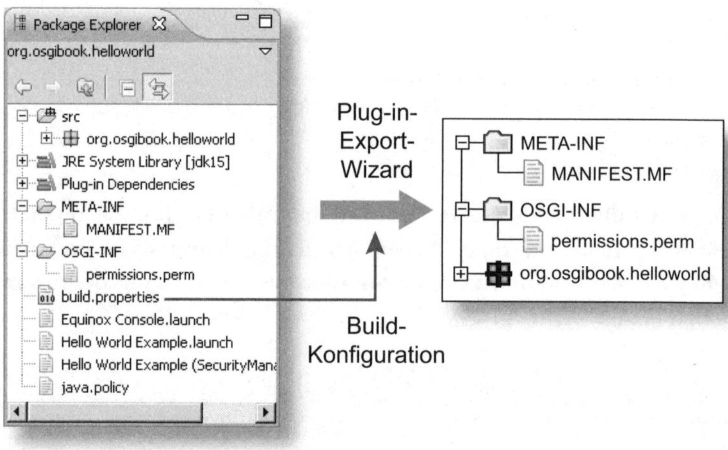

Für die Bearbeitung der `build.properties`-Datei steht ein eigener grafischer Editor zur Verfügung, der sich automatisch öffnet, wenn Sie auf einer `build.properties`-Datei einen Doppelklick ausführen. In dem Abschnitt **Binary Build** können Sie durch Anklicken der Checkboxen ganze Verzeichnisse oder einzelne Dateien auswählen, die mit in Ihr exportiertes Bundle-Jar übernommen werden sollen.

Bundles mit Source-Code exportieren

Um neben den Klassen und Ressourcen auch Source-Dateien in ein Bundle aufzunehmen, können Sie im Abschnitt **Source Build** zusätzliche Dateien und Verzeichnisse auswählen, die der Export Wizard mit in Ihr Bundle-Jar übernimmt, wenn Sie dort die Option **Include source code** auf der Reiterkarte **Options** ausgewählt haben.

11.3 Automatisiertes Bauen von Bundles

Für Szenarien, in denen Sie das Bauen und den Export von Plug-in-Projekten nicht manuell anstoßen können, ist der Export-Wizard nicht geeignet. Wenn Sie Ihre Bundles bspw. aus einem automatisierten Build-System heraus bauen wollen, brauchen Sie eine Möglichkeit, den Build ohne Benutzereingriff, etwa über ein Batch-Script, ausführen zu können. Dafür existieren verschiedene Möglichkeiten:

- **PDE Headless Build:** Der PDE Headless Build ist Bestandteil der Eclipse-Distribution. Er stellt eine Ant-basierte Lösung dar, die von den Eclipse-Entwicklern selbst genutzt wird, um die Eclipse IDE zu bauen. Mit dem PDE Headless Build lassen sich nicht nur Bundles in Form von Plug-in-Projekten bauen, sondern auch alle weiteren Eclipse-spezifischen Artefakte wie Features und RCP-Anwendungen. Zudem verfügt das Build-System über eine CVS- und Subversion-Integration. Seinen Namen verdankt der Headless Build der Tatsache, dass er eine GUI-freie Eclipse-Instanz (sog. »headless«-Instanz) startet, um den eigentlichen Build-Prozess durchzuführen.
- **Ant4Eclipse:** Ant4Eclipse [ANT4EC] ist ein Open-Source-Projekt, das eine Reihe von Ant-Tasks anbietet, mit denen Sie die verschiedenen Eclipse-Artefakte (z.B. `.classpath`-Dateien) auslesen und direkt in Ihren Ant-basierten Build-Skripten nutzen können. Seit der Version 0.5 unterstützt Ant4Eclipse auch das Bauen von Eclipse-Plug-in-Projekten, wobei im Gegensatz zum PDE Headless Build keine laufende Eclipse-Instanz benötigt wird. Um sicherzustellen, dass die Abhängigkeiten zur Build-Zeit so aufgelöst werden, wie der PDE Build und Eclipse Equinox die Abhängigkeiten auflösen, arbeitet ant4eclipse intern direkt mit Eclipse-Code.

Neben den beiden oben genannten Tools, die direkt auf den Eclipse-Plug-in-Projekten arbeiten, existieren zwei weitere Möglichkeiten, die jeweils eigene Konfigurationen für den Build-Prozess benötigen:

- **Maven:** Wenn Sie Ihre Bundles mit Maven bauen möchten, können Sie das »maven-bundle-plugin« aus dem Apache-Felix-Projekt verwenden. Während beim PDE Headless Build und bei Ant4Eclipse die Eclipse-Plug-in-Projekte der Ausgangspunkt des Build-Prozesses sind, geht das Maven-Plug-in von den Maven-Projektbeschreibungen (POMs), die für Ihr Plug-in-Projekt exisitieren müssen, aus. Aus den POMs ermittelt das Plug-in, welche Abhängigkeiten (auf andere Maven-Projekte) Ihr Bundle hat, und kompiliert das Projekt entsprechend. Außerdem generiert das Plug-in aus den Projektbeschreibungen die Manifest-Datei für Ihr Bundle, indem es den kompilierten Code analysiert, um z.B. festzustellen, welche Packages Ihr Bundle aus anderen Bundles importiert.

- **bnd:** Das »Bundle Tool« (bnd) von Peter Kriens erlaubt das Erstellen eines Bundle-Jars anhand einer einfachen Beschreibung in Form einer Textdatei sowie der Analyse eines Klassenpfades. Das Tool ermittelt darüber u.a. alle Package-Importe und Package-Exporte, generiert eine Manifest-Datei inkl. der benötigten Header sowie die Bundle-Jar-Datei. Darüber hinaus bietet das Tool die Möglichkeit, nicht-OSGi-Jars, etwa von Drittanbietern, im Nachhinein mit den OSGi-Headern zu versehen, so dass Sie diese Jar-Dateien als Bundles verwenden können. Das Tool kann direkt von der Homepage von Peter Kriens [KRIBND] heruntergeladen werden.

11.4 Exkurs: Der PDE Headless Build

Der PDE Headless Build ist Bestandteil der Eclipse-Distribution und arbeitet auf Basis von Ant. Er wird über den Eclipse-eigenen AntRunner aus einer ohne GUI laufenden (deshalb »headless«) Eclipse-Instanz gestartet. Dadurch kann er die komplette PDE-Infrastruktur zum Bauen der Plug-in-Projekte nutzen.

Der PDE-Build ist im Plug-in `org.eclipse.pde.build` implementiert. Wenn Sie den Build-Prozess von der Kommandozeile aus starten, übergeben Sie dem PDE Headless Build den Namen eines *generischen* Buildfiles, das Bestandteil des Plug-ins ist. Dieses Buildfile generiert anhand der von Ihnen bereitgestellten Konfigurationsdateien Build-Skripte, die konkret auf Ihre Eclipse-Instanz zugeschnitten sind. Diese Skripte werden unmittelbar nach ihrer Generierung vom PDE Headless Build ausgeführt und erzeugen die Bundles. In den folgenden Abschnitten werden wir Ihnen zeigen, wie Sie einen PDE Build aufsetzen, der Ihre Bundles direkt aus dem Workspace heraus baut. Weitere Informationen zum PDE Build finden Sie in der Eclipse-Online-Hilfe unter **Help -> Help Contents -> Plug-in Development Environment Guide -> Tasks** und auf der Eclipse-Homepage unter [PDEAUT].

11.4.1 Schritt 1: Anlegen eines Feature-Projektes

Um Ihre Bundles mit dem PDE Headless Build zu erstellen, benötigen Sie zur Steuerung des Build-Prozesses ein *Feature*, in dem Sie alle Bundles eintragen, die Sie bauen möchten.

Hintergrund

Ein *Feature* ist ein Eclipse-Artefakt, das mehrere Plug-ins, die für eine bestimmte Funktionalität erforderlich sind, zusammenfasst. Ein Feature enthält keinen Sourcecode oder Class-Files, sondern lediglich eine Beschreibung in Form einer XML-Datei. Darin wird u.a. festgelegt, welche Plug-ins zu diesem Feature gehören.

Features werden in Form von *Feature-Projekten* erstellt, die Sie über einen eigenen Wizard erzeugen können. In einem Feature-Projekt können Sie die Beschreibungsdatei `feature.xml` mit einen grafischen Editor bearbeiten.

Weitere Informationen zu Features finden Sie in der Eclipse- Online-Hilfe im Platform Plug-in Developer Guide [ECHE33].

Öffnen Sie für das Anlegen des Feature-Projektes den Feature-Wizard mit **File -> New -> Project... -> Plug-in Development -> Feature Project**. Auf der ersten Seite des Wizards geben Sie als Projektname `org.osgibook.helloworld.feature` ein. Die weiteren Felder können Sie unverändert lassen, da wir das Feature lediglich für den Build-Prozess benötigen. Klicken Sie auf **Next**, um zur nächsten Seite zu gelangen.

Auf der zweiten Seite wählen Sie aus, welche Bundles Sie in Ihr Feature aufnehmen möchten. An dieser Stelle selektieren Sie bitte aus der Liste **Initialize from the plug-ins list** die sechs `org.osgibook`-Bundles und -Fragmente. Klicken Sie dann auf **Finish**, um Ihr Feature-Projekt anzulegen und den Wizard zu beenden.

11.4.2 Schritt 2: Anlegen eines Build-Projektes

Die projektspezifischen Skripte und Konfigurationsdateien, die für den PDE Build notwendig sind, organisieren wir ebenfalls in einem eigenen Projekt. Dafür genügt es, wenn Sie ein »einfaches« Projekt (**File -> New -> Project... -> General -> Project**) erstellen, das Sie »build-pde« nennen. Nach dem Abschluss des Projekt-Wizards legen Sie darin noch das Verzeichnis `scripts` an.

Vorlagen kopieren

Für den PDE Build benötigen Sie drei Build- bzw. Konfigurationsdateien: `allElements.xml`, `customTargets.xml` und `build.properties`. Vorlagen für diese Dateien befinden sich im Verzeichnis `templates\headless-build` im Bundle `org.eclipse.pde.build` aus Ihrer Eclipse-Installation. Bitte kopieren Sie diese drei Dateien aus dem Ordner in das soeben angelegte `scripts`-Verzeichnis.

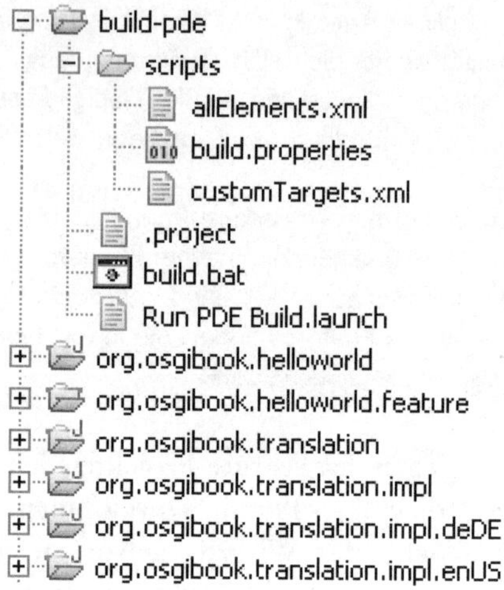

Abb. 11–7
Das PDE-Build-Projekt

11.4.3 Schritt 3: Anpassen der `build.properties`-Datei

Die zentrale Konfigurationsdatei für den PDE Build ist die `build.properties`-Datei. Diese Datei ist bereits mit Defaultwerten vorbelegt, die zum größten Teil übernommen werden können.

Build-Verzeichnis festlegen

Einige der Properties müssen wir allerdings anpassen. Zunächst müssen wir das Verzeichnis eintragen, in dem der PDE Build unser Feature und unsere Plug-in-Projekte findet. Der PDE Build kann allerdings nicht direkt auf den Projekten im Workspace arbeiten, da er eine Verzeichnisstruktur erwartet, in der es ein `plugins`-Verzeichnis mit den Plug-in-Projekten und ein `features`-Verzeichnis mit den Feature-Projekten gibt. Deswegen werden wir die Projekte später in das Unterverzeichnis `build` in unserem Build-Projekt in die erwartete Struktur kopieren. Den kompletten Pfad zu diesem Verzeichnis, `c:/workspace/build-pde/build`, tragen Sie bitte in das `buildDirectory`-Property in der `build.properties`-Datei ein:

```
# The directory into which the build elements are fetched and where
# the build takes place.
buildDirectory=c:/workspace/build-pde/build
```

Pfad zur Equinox-Installation festlegen

Neben dem `buildDirectory` müssen Sie noch den Pfad zu Ihrer Equinox-Installation angeben, damit der PDE Build die OSGi Bundles findet, gegen die er Ihre Bundles kompilieren soll. Dazu setzen Sie das Property `base` auf `c:/equinox`:

```
# Settings for the base Eclipse components and Java class libraries
# against which you are building.
base=c:/equinox
```

Abschließend müssen Sie nun noch angeben, mit welcher Compiler-Version Sie arbeiten möchten. Setzen Sie dazu die Properties javacSource und javacTarget-Properties auf die entsprechenden Werte für das JDK 5:

Compiler-Version

```
# Default value for the version of the source code.
javacSource=1.5

# Default value for the version of the byte code targeted.
javacTarget=1.5
```

11.4.4 Schritt 4: Die allElements.xml-Datei

In der Datei allElements.xml müssen Sie das Target allElementsDelegator, das vom PDE-Build während des Build-Prozesses aufgerufen wird, anpassen. Tragen Sie in dem Target in der ant-Anweisung im property-Subtask den Namen Ihres Features ein, das gebaut werden soll:

```
<target name="allElementsDelegator">
   <ant antfile="${genericTargets}" target="${target}">
      <property name="type" value="feature" />
      <property name="id"
                value="org.osgibook.helloworld.feature" />
   </ant>
</target>
```

Neben dem allElementsDelegator-Target muss in der allElements.xml-Datei für jedes Ihrer Features ein assemble.*feature-id*-target enthalten sein. Sie finden dafür in der Datei bereits ein Beispiel-Target, das Sie bitte für für das »Hello World«-Feature entsprechend umbenennen:

```
<target name="assemble.org.osgibook.helloworld.feature">
   <ant antfile="${assembleScriptName}" dir="${buildDirectory}"/>
</target>
```

11.4.5 Schritt 5: Die customTargets.xml-Datei

Die customTargets.xml-Datei enthält eine Reihe von »Callback-Targets«, die vom PDE Build in unterschiedlichen Build-Phasen aufgerufen werden. Sie können diese Targets nutzen, um eigene Erweiterungen für den Build-Prozess zu implementieren.

Wir verwenden das preSetup-Target in dieser Datei dazu, die Projekte aus unserem Workspace in die vom PDE-Build erwartete Struktur, d.h. getrennt nach Plug-ins und Features, unterhalb des build-Verzeichnisses in unserem build-pde-Projekt zu kopieren. Fügen Sie dazu bitte die folgenden copy-Tasks ein:

```
<target name="preSetup">
   <!-- Build-Verzeichnis loeschen -->
   <delete dir="${buildDirectory}"/>

   <!-- Kopieren der Plug-in-Projekte -->
   <copy todir="${buildDirectory}/plugins">
      <fileset dir="${buildDirectory}/../../"
         includes="org.osgibook.*/**"
         excludes="org.osgibook.helloworld.feature/**"/>
   </copy>
   <!-- Kopieren des Feature-Projektes -->
   <copy todir="${buildDirectory}/features">
      <fileset dir="${buildDirectory}/../../"
         includes="org.osgibook.helloworld.feature/**"/>
   </copy>
</target>
```

11.4.6 Schritt 6: Ausführen des PDE-Builds

Die Konfigurationsarbeiten sind damit abgeschlossen, und Sie konnen den Build starten. Legen Sie im Root-Verzeichnis des build-pde-Projektes die Batch-Datei build.bat an, in der Sie den java-Aufruf implementieren, der die Eclipse-»headless«-Instanz startet:

```
set ECLIPSE_HOME="C:\ide\eclipse"

set WORKSPACE_HOME="C:\workspace"

java -jar %ECLIPSE_HOME%\plugins\org.eclipse. ↵
   equinox.launcher_<version>.jar ↵
-application org.eclipse.ant.core.antRunner ↵
-f %ECLIPSE_HOME%\plugins\org.eclipse.pde.↵
   build_<version>\scripts\build.xml ↵
-Dbuilder=%WORKSPACE_HOME%\build-pde\scripts
```

Führen Sie nun die Batch-Datei aus, um den Build-Prozess zu starten. Nachdem der Build beendet ist, finden Sie im Verzeichnis build zahlreiche Artefakte, die der PDE Build generiert hat. Im Unterverzeichnis I.TestBuild befindet sich die Zip-Datei org.osgibook.helloworld.feature-TestBuild.zip, die Ihre fertig gebauten Bundles enthält.

In den vorherigen Schritten haben Sie gesehen, wie Sie einen PDE-Build für Ihre Bundles einrichten können. Wenn Sie sich die Konfiguration des PDE-Builds per Hand ersparen möchten, können Sie den »Pluginbuilder« [PLUBUI] verwenden. Dabei handelt es sich um ein Eclipse-Plug-in, das es u.a. ermöglicht, auf Knopfdruck einen PDE-Build für Ihre Plug-in-Projekte einzurichten.

11.5 Ausführen von Eclipse Equinox

Für die Ausführung von Equinox gibt es zwei verschiedene Szenarien. Zum einen können Sie Eclipse Equinox über die Kommandozeile als eigenständige Java-Applikation starten, die in einer eigenen Java VM ausgeführt wird. Über die Eclipse-Konsole oder einen beliebigen anderen Management Agent können Sie das laufende OSGi Framework verwalten und steuern (vgl. auch Kapitel 10).

Zum anderen können Sie Equinox programmatisch aus einer bereits laufenden Java-Anwendung heraus starten. Das kann z.B. sinnvoll sein, wenn Sie Equinox in eine bestehende Anwendung oder einen Applikationsserver einbetten wollen. Mit dieser Technik arbeitet bspw. die Servlet Bridge, die Equinox in einen Servlet-Container integriert (vgl. Kapitel 24).

11.5.1 Starten von Equinox von der Kommandozeile

Sie können Equinox von der Kommandozeile starten, indem Sie dem `java`-Kommando mit dem `-jar`-Argument die `org.eclipse.osgi`-Jar-Datei übergeben. Da die Manifest-Datei dieses Bundles einen `Main-Class`-Eintrag enthält, weiß die Java-VM, in welcher Klasse sich die auszuführende `main`-Methode befindet:

```
java -jar ↵
C:\equinox\eclipse\plugins\org.eclipse.osgi_<version>.jar
```

Dem Aufruf können Sie noch die Konfigurationsparameter hinzufügen, die wir auch in den Launch-Konfigurationen verwendet haben:

```
java -Declipse.ignoreApp=true -jar ↵
C:\equinox\eclipse\plugins\org.eclipse.osgi_<version>.jar \
-console
```

11.5.2 Starten von Equinox aus einer Java-Anwendung

Um Equinox aus einer Java-Anwendung heraus zu starten, verwenden Sie die statische Methode `startup()` an der Klasse `org.eclipse.core.runtime.adaptor.EclipseStarter`. Die Methode erwartet als ersten Parameter ein String-Array, das mit den Parametern für Equinox gefüllt ist. Die Parameter entsprechen denen, die Sie auch auf der Kommandozeile verwenden können. Mit dem zweiten Parameter können Sie einen Handler für einen Splash-Screen oder einfach `null` übergeben:

```
BundleContext bundleContext = EclipseStarter.startup(
    new String[] { "-console" }, null);
```

Zugriff auf das Framework

Die startup-Methode startet das Framework und liefert Ihnen eine Referenz auf das BundleContext-Objekt des System Bundles zurück, im Falle von Equinox also org.eclipse.osgi. Über diese BundleContext-Instanz haben Sie dann programmatischen Zugriff auf das laufende Framework und können darüber beispielsweise Bundles in Ihrem System installieren, auf Services zugreifen oder Framework Listener anmelden:

```
Bundle bundle = bundleContext
   .installBundle("file:c:/deploy/plugins/" +
      "org.osgibook.helloworld_1.0.0.jar");
```

Beispiel

Das folgende Beispiel demonstriert Ihnen das Starten von Equinox unter Verwendung der EclipseStarter-Klasse:

```
package org.osgibook.util;

[...]

public class EquinoxRunner {

   public void runEquinox() throws Exception {
      // Einlesen der Framework-Properties
      try {

         InputStream stream = this.getClass().
            getResourceAsStream("c:/my.properties");

         if (stream != null) {
            Properties frameworkProperties = new Properties();
            frameworkProperties.load(stream);
            EclipseStarter.setInitialProperties(
               frameworkProperties);
         }
      } catch (IOException ioe) {
         [...]
      }

      // Starten des Frameworks
      BundleContext bundleContext = EclipseStarter.startup(
         new String[] { "-console" }, null);

      // Installieren eines Bundles
      Bundle bundle = bundleContext
         .installBundle("file:c:/deploy/plugins/" +
            "org.osgibook.helloworld_1.0.0.jar");

      // Starten des Bundles
      bundle.start();
   }
}
```

11.5.3 Equinox konfigurieren

Die Eclipse Equinox OSGi Platform kann mit einer Vielzahl von Einstellungen an Ihre individuellen Anforderungen angepasst werden. Eine Beschreibung der möglichen Parameter finden Sie in der Eclipse-Hilfe unter **The Eclipse runtime options** unter [ECRU33].

Konfiguration über Kommandozeile

Die meisten Parameter können Sie entweder beim Starten als Kommandozeilenargument oder als Property angeben. Um einen Parameter als Kommandozeilenargument anzugeben, geben Sie den entsprechenden Parameter einfach direkt hinter dem »-jar org.eclipse.osgi.jar«-Ausdruck an:

```
java -jar org.eclipse.osgi_3.3.2.R33x_v20080105.jar -clean -
console
```

Properties

Um Equinox über Properties zu konfigurieren, haben Sie zwei Möglichkeiten: Einerseits können Sie die Properties direkt beim Start von Equinox als reguläre System-Properties mit »-D« auf der Kommandozeile unmittelbar vor dem »-jar«-Argument setzen:

```
java -Dosgi.clean=true -Dosgi.console=true ↵
  -jar org.eclipse.osgi_3.3.2.R33x_v20080105.jar
```

config.ini

Alternativ dazu können Sie Ihre Einstellungen auch in der `config.ini`-Datei von Equinox vornehmen. Diese Datei hat das Format einer regulären Java-Property-Datei und muss im Konfigurationsverzeichnis von Equinox liegen:

```
osgi.clean=true
osgi.console=true
```

Programmatische Konfiguration

Wenn Sie Equinox aus einer Java-Anwendung heraus starten, können Sie der `startup()`-Methode die Argumente übergeben, die Sie auch auf der Kommandozeile angeben können:

```
EclipseStarter.startup(new String[]{"-clean", "-console"};
```

Mit der Methode `EclipseStarter.setInitialProperties()` können Sie außerdem Properties für das Framework setzen:

```
Properties frameworkProperties = new Properties();
frameworkProperties.put("osgi.clean", "true");
frameworkProperties.put("osgi.console", "true");
EclipseStarter.setInitialProperties(frameorkProperties);
```

11.6 Zusammenfassung

In diesem Kapitel haben wir Ihnen gezeigt, wie Sie Ihre Plug-in-Projekte aus dem Workspace in reguläre Bundle-Jar-Dateien exportieren und wie Sie Equinox als Standalone-Anwendung starten und konfigurieren.

- Mit dem *Plug-in Export-Wizard* haben Sie eine komfortable Möglichkeit, Plug-in-Projekte direkt in Form eines Bundles aus der Eclipse IDE zu exportieren.
- Für automatisierte Build-Prozesse können der PDE Headless Build, ant4eclipse oder auch Maven genutzt werden.
- Der PDE Headless Build ist Bestandteil der Eclipse-Distribution und kann alle Eclipse-Artefakte automatisiert bauen. Um das Aufsetzen des PDE Headless Builds zu vereinfachen, enthält er Template-Dateien, die Sie verwenden können, um die Konfigurations- und Build-Skripte für Ihre Projekte zu erzeugen.
- Zum Starten von Eclipse Equinox von der Kommandozeile können Sie direkt die Jar-Datei `org.eclipse.osgi_<version>.jar` ausführen. Alternativ können Sie Equinox über die Klasse `org.eclipse.core.runtime.adaptor.EclipseStarter` aus einer Java-Anwendung heraus starten.
- Mit einer Reihe von Parametern können Sie Equinox an Ihre individuellen Anforderungen anpassen. Die Einstellungen können Sie per Kommandozeilenargument, System-Property oder über die `config.ini`-Konfigurationsdatei vornehmen.

Teil II: OSGi Standard Services

Im zweiten Teil dieses Buches stellen wir Ihnen einige OSGi Standard Services vor, die – aufbauend auf dem OSGi Framework – Lösungen für unterschiedliche horizontale Problemstellungen implementieren. Wir beschränken uns dabei auf die in Eclipse Equinox 3.3 implementierten Services, die aus unserer Sicht unabhängig vom konkreten Einsatzkontext sowohl im Embedded-Bereich als auch in Client-Anwendungen oder Server-Applikationen sinnvoll eingesetzt werden können.

Der Teil besteht aus neun Kapiteln und ist wie folgt aufgebaut:

- *Kapitel 12 (Declarative Services)* zeigt Ihnen, wie das Arbeiten mit Services durch deklarativ beschriebene Service Components drastisch vereinfacht werden kann.
- *Kapitel 13 (Der Config Admin Service)* beschreibt, wie Bundles und Services zur Laufzeit zentral konfiguriert werden können.
- *Kapitel 14 (Der Metatype Service)* behandelt die Bereitstellung von Metatyp-Informationen für Service- und Bundle-Konfigurationen, auf deren Basis bspw. grafische Management Agents Eingabemasken erzeugen können.
- *Kapitel 15 (Der Event Admin Service)* erläutert, wie mithilfe des Event Admin Service auf einfache Weise Events bundleübergreifend verschickt werden können.
- *Kapitel 16 (Der Log Service)* beschreibt, wie über den OSGi Log Service Logging-Nachrichten geschrieben und ausgelesen werden.
- *Kapitel 17 (Der User Admin Service)* stellt den User Admin Service vor, der eine einfache Benutzerverwaltung implementiert.
- *Kapitel 18 (Der Preferences Service)* zeigt, wie Bundles System- und Benutzereinstellungen in einer Preferences-Datenbank ablegen und von dort lesen können.
- *Kapitel 19 (Der Http Service)* beschreibt einen leichtgewichtigen Http Server für den Einsatz innerhalb der OSGi Service Platform.
- *Kapitel 20 (Der Application Admin Service)* behandelt die Verwaltung und Steuerung beliebiger Applikationstypen aus der OSGi Service Platform heraus.

12 Declarative Services

Motivation

Das OSGi Framework implementiert ein Service-Modell, in dem Services programmatisch an der Service Registry angemeldet und abgefragt werden. Dieses Modell ist sehr mächtig, besitzt jedoch bei der Konstruktion großer Anwendungssysteme einige Nachteile:

- ***Startup-Dauer:*** Das Service-Modell erfordert, dass Services instanziert und aktiv registriert werden, was in der Regel beim Start des implementierenden Bundles erfolgt. In Systemen mit vielen Bundles kann dies schnell zu einer inakzeptablen Startup-Dauer führen.
- ***Speicherverbrauch:*** Für jeden Service, der im Framework registriert wird, werden alle zugehörigen Klassen und Objekte in den Speicher geladen. Falls der Service niemals genutzt wird, ist dieser Speicherplatz unnötigerweise belegt.
- ***Komplexität:*** Da Services jederzeit kommen und gehen können, ist das resultierende Programmiermodell deutlich komplexer als herkömmliche Modelle.

Die Declarative Service Specification adressiert diese Probleme durch die Einführung von *Service Components*. Die von einer Service Component bereitgestellten und benötigten Services werden deklarativ beschrieben. Die sog. Service Component Runtime aktiviert eine Service Component nur, wenn alle benötigten Services im System verfügbar sind. Die von einer Service Component bereitgestellten Services können verzögert aktiviert werden, d.h., sie werden erst dann erzeugt, wenn ein nutzendes Bundle auf diese Services zugreift.

Einordnung

Die Konzept hinter den deklarativen Services wurde von Humberto Cervantes und Richard S. Hall in der »Service Binder«-Bibliothek [SERBIN] entwickelt. Seit der Version R4 ist eine Weiterentwicklung dieser Bibliothek unter dem Namen »Declarative Services« Bestandteil des OSGi Service Compendium sowie der OSGi Mobile Specification und ist dort jeweils in Kapitel 112 »Declarative Services Specification« definiert.

12.1 Tutorial: Services deklarativ beschreiben

Überblick

Im Tutorial zu diesem Kapitel stellen wir das Beispiel aus Kapitel 8 auf deklarative Services um (Basis für dieses Tutorial ist damit der Endstand aus Kapitel 8). Den Umbau nehmen wir in zwei Schritten vor:

- **Schritt 1 – Umstellung des Bundles org.osgibook.translation.impl:** Die Implementierung des Translation Service realisieren wir als Service Component, über die der Translation Service bereitgestellt wird.
- **Schritt 2 – Umstellung des Bundles org.osgibook.helloworld:** Auch im Bundle org.osgibook.helloworld realisieren wir eine Service Component, bei deren Aktivierung und Deaktivierung ein Gruß ausgegeben werden soll.

In Abb. 12–1 sind die beteiligten Bundles mit ihren Abhängigkeiten dargestellt.

Abb. 12–1
Übersicht über die beteiligten Bundles

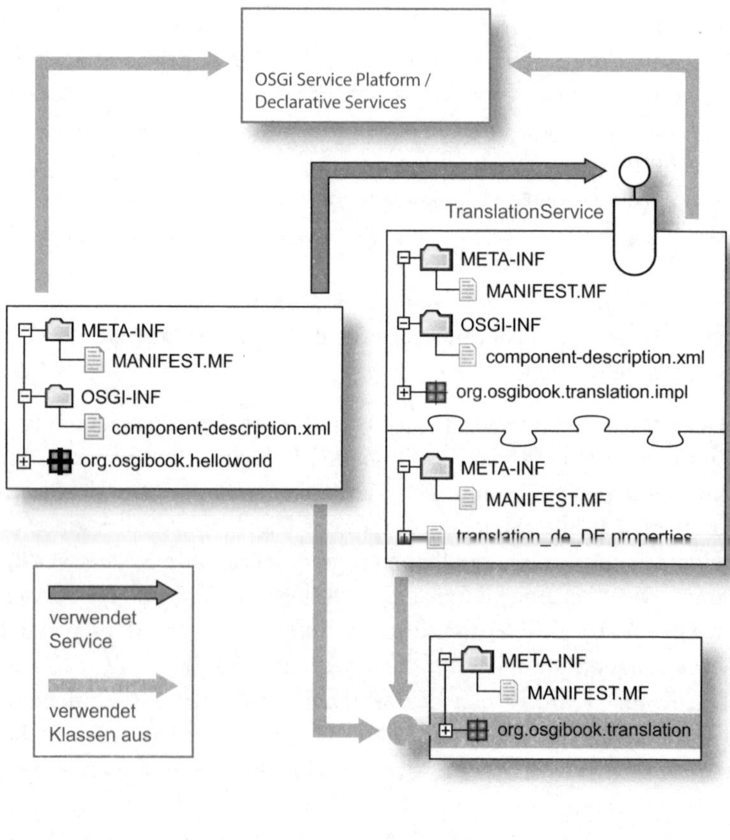

Die Plug-in-Projekte

Die fertigen Plug-in-Projekte zu diesem Tutorial sind in Abb. 12–2 dargestellt.

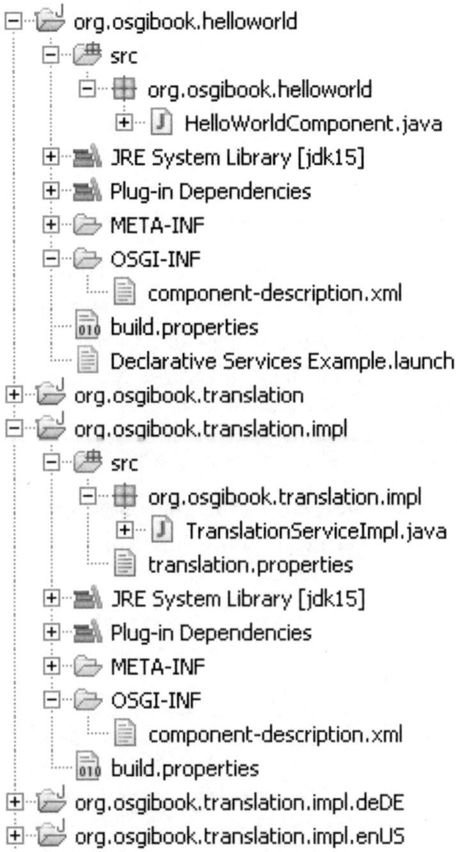

Abb. 12–2
Die Plug-in-Projekte

Achtung

Die Implementierung der Declarative Services ist in Eclipse Equinox 3.3 nicht Bestandteil der Standard-Distribution, sondern muss zusätzlich aus dem Equinox Incubator in Form des Bundles `org.eclipse.equinox.ds_<version>.jar` heruntergeladen werden (vgl. Abschnitt 1.4.3).

Mitte 2007 hat die Firma Prosyst der Eclipse Community verschiedene Standard-Service-Implementierungen als Open Source übergeben, unter anderem auch eine Implementierung der Declarativce Services. Es ist geplant, dass diese Implementierung die bestehende Implementierung ersetzt und voraussichtlich Bestandteil von Eclipse Equinox 3.4 wird.

Schritt 1a: Entfernen des »TranslationServiceImpl«-Bundle-Activators

Da das Erzeugen und Registrieren der Translation-Service-Implementierung in Form einer Service Component erfolgen soll, wird die Activator-Klasse, die diese Aufgabe bislang erledigt hat, nicht mehr benötigt. Entfernen Sie deshalb die Klasse `org.osgibook.translation.internal.Activator` aus dem Plug-in-Projekt und den entsprechenden Manifest Header `Bundle-Activator` im Bundle Manifest.

Schritt 1b: Beschreibung der Translation Service Component

Damit die Translation Service Component von der Service Component Runtime erzeugt und aktiviert werden kann, müssen Sie die Komponente in Form eines XML-Dokumentes beschreiben. Dazu müssen Sie deren Pfad innerhalb des Bundles im Bundle Manifest mit dem Manifest Header `Service-Component` spezifieren:

```
Service-Component: OSGI-INF/component-description.xml
```

Anschließend legen Sie die Datei `OSGI-INF/component-description.xml` mit dem in Listing 12–1 dargestellten Inhalt an:

Listing 12–1
OSGI-INF/component-description.xml

```
<?xml version="1.0"?>
<component name="translationServiceComponent">
  <implementation class="org.osgibook.translation.impl.↵
    TranslationServiceImpl"/>
  <property name="translation.language" value="de"/>
  <property name="translation.country" value="DE"/>
  <service>
    <provide interface="org.osgibook.translation. ↵
      TranslationService"/>
  </service>
</component>
```

Schritt 1c: Anpassen der Klasse TranslationServiceImpl

Damit die Klasse `TranslationServiceImpl` von der Service Component Runtime instanziert werden kann, müssen Sie einige Anpassungen vornehmen. Zum einen benötigt die Klasse einen Default-Konstruktor, damit entsprechende Exemplare via Reflection erzeugt werden können. Zum anderen müssen Sie die Callback-Methode `activate()` implementieren, die bei der Aktivierung der Komponente aufgerufen wird und in der wir das Locale des Translation Service setzen.

Das folgende Listing 12–2 zeigt die Implementierung der Klasse `TranslationServiceImpl`:

Listing 12–2
Die Klasse TranslationServiceImpl

```
package org.osgibook.translation.impl;

[...]

import org.osgi.service.component.ComponentContext;

public class TranslationServiceImpl implements TranslationService {

  private ResourceBundle translations;

  public String getTranslation(String key) {
     try {
        return translations.getString(key);
     } catch (MissingResourceException e) {
        return key;
     }
  }

  protected void activate(ComponentContext componentContext) {
     Dictionary properties = componentContext.getProperties();
     String language =
        (String) properties.get("translation.language");
     String country =
        (String) properties.get("translation.country");
     Locale locale = new Locale(language, country);
     translations = ResourceBundle.
        getBundle("translation", locale);
  }
}
```

Beachten Sie, dass Sie das Package `org.osgi.service.component` im Bundle Manifest importieren müssen, damit die Klasse `org.osgi.service.component.ComponentContext` innerhalb des Bundles genutzt werden kann:

```
Import-Package: org.osgi.framework;version="1.4.0",
  org.osgi.service.component;version="1.0.0",
  org.osgibook.translation
```

Schritt 2a: Entfernen des Bundle-Activators

Im Bundle `org.osgibook.helloworld` wird innerhalb des Beispiels aus Kapitel 8 der Gruß beim Start und beim Stopp des Bundles ausgegeben. Die Ausgabe ist dabei im Aktivator des Bundles implementiert. In diesem Tutorial wird dieser Aktivator nicht mehr benötigt, da wir eine Service Component implementieren, die den entsprechenden Gruß ausgibt. Entfernen Sie deshalb im »Hello World«-Plug-in-Projekt die Klasse `org.osgibook.helloworld.Activator` und den `Bundle-Activator`-Header im Bundle Manifest.

Schritt 2b: Implementierung der Klasse GreetCommandProvider

Das Ausgabe des Grußes implementieren wir in einer eigenen Klasse `HelloWorldComponent` (vgl. Listing 12–3). Für den Translation Service implementieren wir set- und unset-Methoden, über die die Service Component Runtime den Translation Service setzt. Zusätzlich implementieren wir eine `activate()`- und eine `deactivate()`-Methode, in der jeweils ein Gruß ausgegeben wird.

Listing 12–3
Die Klasse HelloWorldComponent

```
package org.osgibook.helloworld;

import org.osgi.service.component.ComponentContext;
import org.osgibook.translation.TranslationService;

public class HelloWorldComponent {

   private TranslationService translationService;

   private ComponentContext componentContext;

   protected void setTranslationService(TranslationService
         translationService) {
      this.translationService = translationService;
   }

   protected void unsetTranslationService(TranslationService
         translationService) {
      this.translationService = null;
   }

   protected void activate(ComponentContext componentContext) {
      this.componentContext = componentContext;
      greet("hello");
   }

   protected void deactivate(ComponentContext componentContext) {
      greet("goodbye");
      this.componentContext = null;
   }

   private void greet(String key) {
      String translatedMsg = translationService.
         getTranslation(key);

      String bundleName = componentContext.
         getBundleContext().getBundle().getSymbolicName();
      String message = String.format(translatedMsg, bundleName);
      System.out.println(message);
   }
}
```

Schritt 2c: Beschreibung der Command Provider Component

Die Commmand Provider Component wird wieder in der Datei `OSGI-INF/component-description.xml` deklariert:

Listing 12–4
OSGI-INF/component-description.xml

```
<?xml version="1.0"?>
<component name="helloWorldComponent">
   <implementation
      class="org.osgibook.helloworld.HelloWorldComponent"/>
    <reference name="translationService"
      interface="org.osgibook.translation.TranslationService"
      bind="setTranslationService"
      unbind="unsetTranslationService"
      />
</component>
```

Analog zur Spezifikation der Translation Service Component Description müssen wir auch für die Command Provider Component den Pfad der XML-Datei im Bundle Manifest angeben:

```
Service-Component: OSGI-INF/component-description.xml
```

Schritt 3: Ausführen des Beispiels

Zum Starten des Beispiels legen Sie eine neue Launch-Konfiguration an, in der Sie neben den Bundles aus dem Workspace auch die folgenden Bundles starten:

- `org.eclipse.osgi`
- `org.eclipse.osgi.services`
- `org.eclipse.equinox.ds`

Wenn Sie die Launch-Konfiguration ausführen, sehen Sie die bereits bekannte Grußausgabe auf der Konsole:

```
osgi> Hallo OSGi-Welt sagt Bundle org.osgibook.helloworld!
```

Offensichtlich wurden alle Services korrekt instanziert und an der Service Registry angemeldet. Sie haben damit Ihre ersten Service Components angelegt. Die Service Component Runtime hat die Service Components instanziert und die bereitgestellten Services an der Service Registry angemeldet.

Wir werden Ihnen in den nachfolgenden Unterkapiteln die zugrunde liegenden Konzepte und Funktionsweisen von deklarativen Services detailliert erläutern.

12.2 Überblick über Declarative Services

Service Components

Das zentrale Konzept in der Declarative-Services-Spezifikation ist das Konzept der *Service Components* (oder kurz Components). Eine Service Component besteht aus einer implementierenden Klasse, der *Komponentenklasse*, und einer *Komponentenbeschreibung* in Form eines XML-Dokumentes:

- ***Die Komponentenklasse:*** Die Komponentenklasse ist eine einfache Java-Klasse, die optional Callback-Methoden definieren kann, mit denen bei der Aktivierung und bei der Deaktivierung einer Komponente beliebige Aktionen ausgeführt werden können.
- ***Die Komponentenbeschreibung:*** Die Komponentenbeschreibung beschreibt eine Komponente, ggf. mit ihren Abhängigkeiten zu anderen Services, in Form eines XML-Dokumentes. Zusätzlich kann angegeben werden, ob eine Komponente selber Services über die Service Registry bereitstellt.

Die Service Component Runtime

Die Erzeugung von Komponenteninstanzen und die Verwaltung deren Lebenszyklus erfolgt durch die *Service Component Runtime (SCR)*. Die Service Component Runtime ist für die Erzeugung von Service Components und die Verwaltung derer Lebenszyklen verantwortlich. Sie wird durch die Implementierung der Declarative-Services-Spezifikation bereitgestellt.

Abb. 12–3
Übersicht

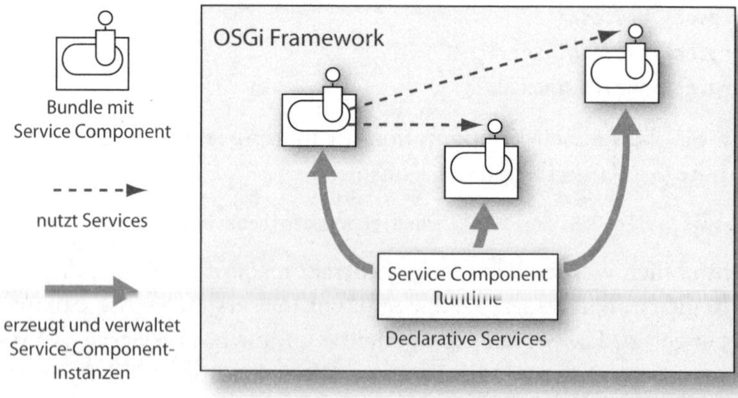

Die Service Component Runtime prüft bei der Installation eines Bundles, ob dieses eine oder mehrere Komponentenbeschreibungen enthält. Ist dies der Fall, versucht die Service Component Runtime die Abhängigkeiten der Komponente zu anderen Services aufzulösen. Dazu überprüft die Runtime, ob alle benötigten Services im System vorhanden sind. Sind alle benötigten Services verfügbar, wird eine Instanz der Komponenten erzeugt und aktiviert. Steht hingegen ein benötigter Service nicht zur Verfügung, dann wird die Instanzierung und Aktivierung der Komponente so lange verzögert, bis zu einem späteren Zeitpunkt alle erforderlichen Services verfügbar sind. In Abb. 12–3 ist der Zusammenhang zwischen der Service Component Runtime und Service Components dargestellt.

Component Properties

Komponenten können über sog. *Component Properties* parametrisiert werden. Component Properties können direkt in der Komponentenbeschreibung angegeben werden. Alternativ können sie aber auch über *Component Factories* zur Laufzeit gesetzt werden.

Vorteile

Die Verwendung deklarativer Services bietet eine Reihe signifikanter Vorteile:

- ***Verzögerte Aktivierung von Services:*** Services, die über eine Komponente bereitgestellt werden, können verzögert aktiviert werden. Das bedeutet, dass der bereitgestellte Service zwar bereits mit dem Start des implementierenden Bundles an der Service Registry angemeldet wird, die Service-Instanz aber erst beim ersten Zugriff auf den Service erzeugt und aktiviert wird.
- ***Auflösen von Service-Referenzen:*** Referenzen zu benötigten Services werden von der Service Component Runtime aufgelöst. Nur wenn alle notwendigen Services im System verfügbar sind, wird die Komponente instanziert und aktiviert. Dadurch wird die Behandlung der potenziellen Dynamik von Services in der Komponentenklasse drastisch vereinfacht.

12.3 Service Components

Eine Service Component besteht aus einer Java-Klasse (der Komponentenklasse) und einer Komponentenbeschreibung in Form eines XML-Dokumentes.

12.3.1 Die Komponentenklasse

Die Komponentenklasse ist eine einfache Java-Klasse. Die einzige technische Anforderung an die Komponentenklasse besteht darin, dass sie über einen öffentlichen Defaultkonstruktor verfügen muss.

Die activate()-Methoden

Eine Komponentenklasse kann eine Methode `activate(ComponentContext)` definieren, die von der Service Component Runtime aufgerufen wird, wenn die entsprechende Komponenteninstanz aktiviert wird. Die `activate()`-Methode muss dabei die folgende Signatur besitzen:

```
protected void activate(ComponentContext context)
```

Die deactivate()-Methoden

Analog wird die Methode `deactivate(ComponentContext)` aufgerufen, wenn die entsprechende Komponenteninstanz deaktiviert wird. Die `deactivate()`-Methode muss die folgende Signatur besitzen:

```
protected void deactivate(ComponentContext context)
```

Beachten Sie, dass die Komponentenklasse dazu kein spezielles Interface implementieren muss – es genügt, wenn die beiden Methoden an der Komponentenklasse vorhanden sind.

Das Interface ComponentContext

Als Parameter wird beiden Methoden ein Objekt vom Typ `org.osgi.service.component.ComponentContext` übergeben. Über den Component Context kann u.a. auf die Properties einer Komponente zugegriffen werden oder der Bundle Context des definierenden Bundles abgefragt werden (vgl. Listing 12–5).

Listing 12–5 *Das Interface ComponentContext*

```
package org.osgi.service.component;

[...]

public interface ComponentContext {
   public Dictionary getProperties();
   public Object locateService(String name);
   public Object locateService(String name,
      ServiceReference reference);
   public Object[] locateServices(String name);
   public BundleContext getBundleContext();
   public Bundle getUsingBundle();
   public ComponentInstance getComponentInstance();
   public void enableComponent(String name);
   public void disableComponent(String name);
   public ServiceReference getServiceReference();
}
```

Beispiel

Das folgende Beispiel zeigt eine einfache Komponentenklasse, die bei der Aktivierung und Deaktivierung der Komponente eine Meldung auf die Konsole schreibt:

```
package org.osgibook.simplecomponent;

import org.osgi.service.component.ComponentContext;

public class SimpleComponent {
   protected void activate(ComponentContext context) {
      System.out.println("activate");
   }
   protected void deactivate(ComponentContext context) {
      System.out.println("deactivate");
   }
}
```

12.3.2 Die Komponentenbeschreibung

Der Manifest Header Service-Component

Die Beschreibung einer Komponente erfolgt in Form eines XML-Dokumentes. Der Name der zugehörigen XML-Datei muss im Bundle Manifest über den Manifest Header `Service-Component` definiert werden:

```
Service-Component: OSGI-INF/component-description.xml
```

Wenn Sie innerhalb eines Bundles mehrere Komponenten in unterschiedlichen XML-Dateien beschreiben, dann werden alle Dateien in Form einer kommaseparierten Liste angegeben.

Das component-Element

Die eigentliche Beschreibung der Komponente befindet sich innerhalb des definierenden Bundles in den angegebenen XML-Dateien. Das Root-Element einer Komponentenbeschreibung ist das XML-Element `component`. Es besitzt die in Tabelle 12–1 aufgeführten Attribute.

Tab. 12–1
Attribute des component-Elements

Name	Optional	Beschreibung
name	nein	Der global eindeutige Name der Komponente. Im Zusammenhang mit dem Config Admin Service kann der Komponentenname als Persistent Identity (PID) verwendet werden (vgl. dazu Kapitel 12).
enabled	ja	Gibt an, ob die Komponente Start des Bundles erzeugt und aktiviert werden soll oder nicht (vgl. Unterkapitel 12.6). Der Defaultwert ist `true`.
factory	ja	Wenn die beschriebene Komponente eine Factory Component ist, muss dieses Attribut den Namen der Factory enthalten (vgl. Unterkapitel 12.7).
immediate	ja	Gibt an, ob eine Komponente, die eigene Services definieret, verzögert aktiviert werden soll oder nicht (vgl. Unterkapitel 12.6).

Das implementation-Element

Die implementierende Klasse einer Komponente wird über das Unterelement `implementation` spezifiziert. Es besitzt ein einziges Attribut `class` (vgl. Tabelle 12–2).

Tab. 12–2
Attribute des implementation-Elements

Name	Optional	Beschreibung
class	nein	Der vollqualifizierte Name der implementierenden Java-Klasse.

Beispiel

Im folgenden Beispiel wird eine Komponente mit dem logischen Namen `simpleComponent` definiert, die durch die Klasse `org.osgibook.simplecomponent.SimpleComponent` implementiert wird:

```
<?xml version="1.0"?>
<component name="simpleComponent">
  <implementation
     class="org.osgibook.simplecomponent.SimpleComponent"/>
</component>
```

12.4 Services bereitstellen

Das service-Element

Die Instanz einer Komponente kann selber als OSGi Service an der Service Registry registriert werden. Auch dies erfolgt deklarativ über die Komponentenbeschreibung, und zwar unter Verwendung des XML-Elements `service`, das das in Tabelle 12–3 aufgeführte Attribut besitzt.

Tab. 12–3
Attribute des service-Elements

Name	Optional	Beschreibung
serviceFactory	ja	Gibt an, ob der Service für alle nutzenden Bundles identisch sein soll (true) oder ob für jedes nutzende Bundle über eine ServiceFactory eine eigene Instanz der Komponente erzeugt werden soll. Der Defaultwert ist false.

Das provide-Element

Die Spezifikation des oder der Service-Interfaces erfolgt durch das Unterelement `provide`, das das in Tabelle 12–4 aufgeführte Attribut `class` besitzt,

Tab. 12–4
Attribute des provide-Elements

Name	Optional	Beschreibung
class	nein	Der vollqualifizierte Name der Java-Klasse, unter der die Komponenteninstanz an der Service Registry angemeldet werden soll.

Beispiel

Im folgenden Beispiel ist eine Komponente definiert, deren Komponenteninstanz unter dem Interface `org.osgibook.simplecomponent.SimpleService` an der Service Registry angemeldet wird. Das Service Interface ist wie folgt implementiert:

```
package org.osgibook.simplecomponent;

public interface SimpleService {
   public void sayHello();
}
```

Die Komponentenklasse implementiert das Interface `SimpleService`:

```
package org.osgibook.simplecomponent;

import org.osgi.service.component.ComponentContext;

public class SimpleComponent implements SimpleService {

   public void sayHello() {
      System.out.println("hello");
   }
```

```
    protected void activate(ComponentContext context) {
        System.out.println("activate");
    }

    protected void deactivate(ComponentContext context) {
        System.out.println("deactivate");
    }
}
```

In der Komponentenbeschreibung kann nun über das service-Element der Service mit dem Service-Interface definiert werden:

```
<?xml version="1.0"?>
<component name="simpleComponent">
    <implementation
        class="org.osgibook.simplecomponent.SimpleComponent"/>
    <service>
        <provide
            interface="org.osgibook.simplecomponent.SimpleService"/>
    </service>
</component>
```

12.5 Services benutzen

Das reference-Element

Komponenten können Services verwenden, die von anderen Bundles oder Komponenten an der Service Registry registriert wurden. Die Spezifikation von Service-Abhängigkeiten erfolgt dabei über das XML-Element reference, das die in Tabelle 12–5 aufgeführten Attribute besitzt.

Tab. 12–5
Attribute des reference-Elements

Name	Optional	Beschreibung
name	nein	Der lokal eindeutige Name der Reference.
interface	nein	Der vollqualifizierte Name des Interface, unter dem der Service an der Service Registry angemeldet ist.
cardinality	ja	Gibt an, ob die Reference optional ist und wie viele Services über diese Referenz gebunden werden können (siehe Abschnitt 12.5.3).
policy	ja	Gibt an, wie mit Änderungen an den initial gebundenen Services umgegangen werden soll (siehe Abschnitt 12.5.4).
target	ja	Ein Filter, der den referenzierten Service näher beschreibt.
bind	ja	Der Name der Methode, über die ein Service an der Komponente gesetzt werden kann.
unbind	ja	Der Name der Methode, über die ein Service von der Komponente entfernt werden kann.

Wir beschreiben im Folgenden die Art und Weise der Service-Benutzung und stellen dabei die einzelnen Attribute des `reference`-Elements näher vor.

Event- und Lookup-Strategie

Grundsätzlich stehen für die Spezifikation von Referenzen zu Services zwei unterschiedliche Strategien bereit:

- ***Event-Strategie:*** Bei der Verwendung der Event-Strategie müssen Sie an der Komponentenklasse für einen referenzierten Service eine `bind`- und eine `unbind`-Methode implementieren, deren Namen Sie selber wählen können. Wenn der referenzierte Service verfügbar ist, wird er von der Service Component Runtime über die `bind`-Methode an der Komponenteninstanz gesetzt. Wird der referenzierte Service aus dem System entfernt, ruft die Service Component Runtime analog die `unbind`-Methode auf.
- ***Lookup-Strategie:*** Alternativ können Sie bei Verwendung der Lookup-Strategie den referenzierten Service über den `ComponentContext` selber abfragen.

12.5.1 Die Event-Strategie

Bei der Verwendung der Event-Strategie müssen Sie in der Komponentenklasse zwei Methoden implementieren, über die die Service Component Runtime den referenzierten Service setzen oder entfernen kann. Die Namen der Methoden können Sie frei wählen, die Methoden müssen jedoch `public` oder `protected` sein und den Rückgabewert `void` besitzen. Der Typ des einzigen Parameters kann entweder eine `ServiceReference` oder der Typ des Service sein (in der Regel also das Service Interface).

Beispiel

Im folgenden Beispiel benötigt die Komponentenklasse den Translation Service, der über die Methode `setTranslationService()` gesetzt werden kann. Über die Methode `unsetTranslationService()` kann ein bereits gesetzter Translation Service von der Komponente abgemeldet werden, wenn er aus dem System entfernt wird.

```
package org.osgibook.simplecomponent;

import org.osgi.service.component.ComponentContext;
import org.osgibook.translation.TranslationService;

public class SimpleComponent implements SimpleService {

  private TranslationServicetranslationService;

  [...]
```

```
    protected void setTranslationService(
            TranslationService translationService) {
        this.translationService = translationService;
    }

    protected void unsetTranslationService(
            TranslationService translationService) {
        this.translationService = null;
    }
}
```

Die Service-Abhängigkeit kann nun wie folgt in der Komponentenbeschreibung definiert werden:

```
<?xml version="1.0"?>
<component name="simpleComponent">
    <implementation
        class="org.osgibook.simplecomponent.SimpleComponent"/>
    <service>
        <provide
            interface="org.osgibook.simplecomponent.SimpleService"/>
    </service>
    <reference name="translationService"
        interface="org.osgibook.translation.TranslationService"
        bind="setTranslationService"
        unbind="unsetTranslationService"
        />
</component>
```

12.5.2 Die Lookup-Strategie

Bei der Verwendung der Lookup-Strategie wird der referenzierte Service nicht durch die Service Component Runtime direkt an der Komponente gesetzt, sondern muss über den Component Context mittels der Methode `locateService()` abgefragt werden. Die Implementierung entsprechender `bind`- und `unbind`-Methoden ist nicht notwendig.

Beispiel

Im folgenden Beispiel wird der von der Simple Component benötigte Translation Service über den Component Context abgefragt. Dabei wird dem Component Context der in der Komponentenbeschreibung angegebene Name der Referenz übergeben:

```
package org.osgibook.simplecomponent;

[...]

public class SimpleComponent implements SimpleService {

    private ComponentContext componentContext;

    [...]
```

```
    protected void activate(ComponentContext context) {
        componentContext = context;
    }

    protected void deactivate(ComponentContext context) {
        componentContext = null;
    }

    private TranslationService getTranslationService() {
        if (this.componentContext != null) {
            return (TranslationService) this.componentContext
                .locateService("translationService");
        }
        return null;
    }
}
```

Die Beschreibung der Service-Abhängigkeit erfolgt dann folgendermaßen:

```
<?xml version="1.0"?>
<component name="simpleComponent">
  <implementation
class="org.osgibook.simplecomponent.SimpleComponent"/>
  <service>
    <provide
      interface="org.osgibook.simplecomponent.SimpleService"/>
  </service>
  <reference name="translationService"
    interface="org.osgibook.translation.TranslationService"/>
</component>
```

12.5.3 Die Kardinalität einer Referenz

Optionalität und Multiplizität

Die Kardinalität einer Referenz beschreibt die folgenden Eigenschaften:

- ***Optionalität:*** Die Optionalität einer Referenz gibt an, ob die Komponente den referenzierten Service zwingend benötigt oder ob sie auch ohne den referenzierten Service arbeiten kann.
  Beispielsweise kann eine Komponente, die einen Logging Service referenziert, auch dann sinnvoll arbeiten, wenn der Logging Service nicht zur Verfügung steht. Einzig die Ausgabe von Log-Nachrichten wäre in diesem Fall nicht möglich.
- ***Multiplizität:*** Die Multiplizität einer Referenz gibt an, ob eine Komponente an genau einer Instanz des referenzierten Service interessiert ist oder ob sie in der Lage ist, mit mehreren Service-Instanzen umzugehen.

Möchte beispielsweise eine Komponente Events an Listener verschicken, die nach dem Whiteboard-Pattern an der Service Registry angemeldet sind, müssen der Komponente alle registrierten Services verfügbar gemacht werden.

Das cardinality-Attribut

Die Kardinalität einer Referenz legen Sie über das Attribut `cardinality` fest, das am `reference`-Element verfügbar ist. Die folgenden Werte können gesetzt werden:

- `0..1 - optional und unary`: Der referenzierte Service ist optional, und der Komponente darf maximal eine Instanz des referenzierten Service zugewiesen werden.
- `1..1 - mandatory und unary`: Der referenzierte Service ist erforderlich, und der Komponente darf maximal eine Instanz des referenzierten Service zugewiesen werden. Dieses ist gleichzeitig die Default-Einstellung, die verwendet wird, wenn das `cardinality`-Attribut nicht gesetzt ist.
- `0..n - optional und multiple`: Der referenzierte Service ist optional, und der Komponente werden alle Instanzen des referenzierten Service zugewiesen.
- `1..n - mandatory und multiple`: Der referenzierte Service ist erforderlich, und der Komponente werden alle verfügbaren Instanzen des referenzierten Service zugewiesen.

Beispiel

Im folgenden Beispiel wird eine Service-Referenz mit der `0..1`-Kardinalität beschrieben. Die entsprechende Komponente kann dadurch unabhängig von der Verfügbarkeit des referenzierten Service instanziert und aktiviert werden:

```
<?xml version="1.0"?>
<component name="simpleComponent" immediate="true">
  [...]
  <reference name="translationService"
     interface="org.osgibook.translation.TranslationService"
     bind="setTranslationService"
     unbind="unsetTranslationService"
     cardinality="0..1"
     />
</component>
```

12.5.4 Die Policy einer Referenz

Die Service Component Runtime stellt sicher, dass eine Service Component nur instanziert und gestartet wird, wenn alle von der Komponente benötigten Services im System verfügbar sind. Die referenzierten Services werden bei der Aktivierung an die Komponente gebunden.

Nun ist es eine Eigenschaft der OSGi Service Platform, dass Services zur Laufzeit im System registriert und deregistriert werden können. Ein an eine Komponente gebundener Service kann bspw. nach der Aktivierung einer Komponente von der Service Registry deregistriert werden, womit alle Objekt-Referenzen auf das entsprechende Service-Objekt ungültig werden.

Das policy-Attribut

Eine Komponente muss deshalb spezifizieren, wie mit Änderungen bzgl. der gebundenen Services umgegangen werden soll. Dazu kann eine Komponente das Attribut `policy` des Elements `reference` spezifizieren, das einen der folgenden Werte annehmen kann:

- `static`: Bei der Verwendung der `static`-Policy werden die bei der Aktivierung der Komponente gebundenen Services nachträglich nicht mehr verändert. Wird ein gebundener Service von der Service Registry deregistriert, dann wird die referenzierende Komponente deaktiviert. Falls ein alternativer Service an der Service Registry registriert wird, der die Abhängigkeiten der Komponente erfüllt, dann wird die Komponente unmittelbar mit dem neu gebundenen Service (re-)aktiviert.
  Die `static`-Policy ist die Default-Policy, die verwendet wird, wenn das `policy`-Attribut nicht gesetzt ist.
- `dynamic`: Bei Verwendung der `dynamic`-Policy wird eine Komponente *nicht* deaktiviert, wenn ein gebundener Service deregistriert wird, solange alle Service-Referenzen weiterhin erfüllt werden können. Die Implementierung der Komponente muss deshalb auf Änderungen bzgl. der gebundenen Services reagieren können.
  Falls eine Referenz die Event-Strategie (vgl. Abschnitt 12.5.1) verwendet, um auf Services zuzugreifen, dann wird die Komponenteninstanz durch Aufruf der entsprechenden `bind`- und `unbind`-Methoden über Änderungen der gebundenen Services informiert.

Beispiel

Das folgende Beispiel beschreibt eine dynamische Service-Referenz. Die implementierende Komponentenklasse muss entsprechend auf die potenzielle Dynamik reagieren:

```
<?xml version="1.0"?>
<component name="simpleComponent" immediate="true">
  [...]
  <reference name="translationService"
     interface="org.osgibook.translation.TranslationService"
     bind="setTranslationService"
     unbind="unsetTranslationService"
     cardinality="0..1"
     policy="dynamic"
     />
</component>
```

12.6 Der Lebenszyklus von Komponenten

12.6.1 Der Zustand »enabled«

Generell können Komponenten erst aktiviert werden, wenn sie sich im Zustand `enabled` befinden. Im Normalfall werden Komponenten von der Service Component Runtime automatisch in diesen Zustand gesetzt, sobald das definierende Bundle gestartet wird. Wird das definierende Bundle gestoppt, setzt die Service Component Runtime die enthaltenen Komponenten in den Zustand `disabled`.

Über das `component`-Attribut `enabled` kann allerdings spezifiziert werden, dass eine Komponente nicht beim Start des definierenden Bundles in den Zustand `enabled` gesetzt werden soll. Über die Methoden `ComponentContext.enableComponent(String name)` und `ComponentContext.disableComponent(String name)` können Komponenten dann programmatisch über ihren logischen Namen in den Zustand `enabled` oder `disabled` gesetzt werden.

12.6.2 Immediate und Delayed Components

Die Declarative-Services-Spezifikation unterscheidet zwei unterschiedliche Arten von Komponenten:

- *Immediate Components:* Immediate Components sind Komponenten, die unmittelbar aktiviert werden, wenn alle notwendigen Referenzen erfüllt sind, d.h. die referenzierten Services im System verfügbar sind.
- *Delayed Components:* Delayed Components sind Komponenten, die einen oder mehrere Services bereitstellen und die erst dann aktiviert werden, wenn die von der Komponente bereitgestellten Services an der Service Registry abgefragt werden.

12.6.3 Lebenszyklus von Immediate Components

Immediate Components werden aktiviert, wenn alle von einer Komponente benötigten Services im System verfügbar sind, d.h. alle notwendigen Referenzen erfüllt werden können. Bei der Aktivierung einer Komponente wird die ggf. implementierte Methode `activate()` an der Komponenteninstanz aufgerufen (vgl. Abschnitt 12.3.1).

Abb. 12–4
Lebenszyklus einer Immediate Component

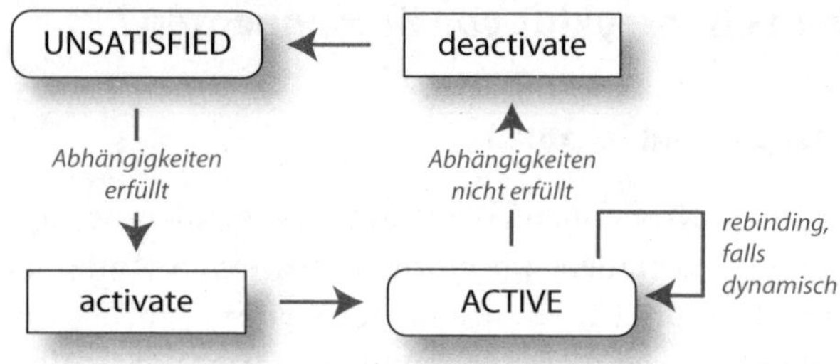

Eine aktive Komponente wird deaktiviert, wenn die benötigten Services nicht mehr verfügbar sind, die Komponenteninstanz über die Methode `ComponentContext.disableComponent()` in den Zustand `disabled` gesetzt oder das definierende Bundle gestoppt wird.

12.6.4 Lebenszyklus von Delayed Components

Service Components, die Services bereitstellen, sind per Default Delayed Components. Das heißt, sie werden erst dann aktiviert, wenn ein von der Komponente bereitgestellter Service von der Service Registry abgefragt wird (vgl. Abb. 12–5).

Registrierung von Services

Wird eine Delayed Component in den Zustand `enabled` gesetzt, versucht die Service Component Runtime, die von der Komponente definierten Service-Abhängigkeiten aufzulösen. Ist dies erfolgreich, registriert die Service Component Runtime ein Proxy-Object an der Service Registry, das den Service repräsentiert. Erst wenn der Service von der Service Registry abgefragt wird, aktiviert die Service Component Runtime die Service Component und delegiert den Aufruf an den echten Service. Dies geschieht für den Benutzer des Service völlig transparent.

Abb. 12–5
Lebenszyklus einer Immediate Component

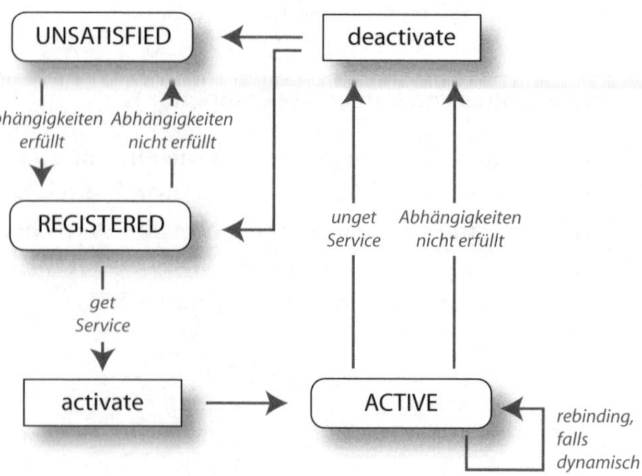

Falls eine Service-Referenz das Attribut `servicefactory="true"` setzt, dann wird für jedes abfragende Bundle eine neue Instanz der Komponente instanziert und aktiviert. Anderenfalls steht allen Bundles genau eine gemeinsame Komponenteninstanz zur Verfügung.

Das Attribut servicefactory

12.7 Component Properties und Factory Components

12.7.1 Component Properties

Service Components können über Component Properties parametrisiert werden, die über den Component Context ausgelesen werden können. Component Properties können auf die folgenden Arten spezifiziert werden:

1. Als Parameter bei der Erzeugung von Komponenten über eine Component Factory (wir werden dieses Szenario detailliert in Abschnitt 12.7.2 betrachten).
2. Als Konfiguration, die über den OSGi Config Admin Service bereitgestellt wird. In diesem Fall muss die sog. Persistent Identity (PID) der Konfiguration gleich dem Namen der Komponenten sein (vgl. dazu Kapitel 12).
3. Als Einträge in der Komponentenbeschreibung (s. folgenden Abschnitt).

Das property-Element

Innerhalb der Beschreibung einer Komponente können Properties über die Elemente `property` oder `properties` gesetzt werden. Das `property`-Element erlaubt die Definition einzelner Properties und besitzt die in Tabelle 12–6 aufgeführten Attribute.

Tab. 12–6
Attribute des property-Elements

Name	Optional	Beschreibung
name	nein	Der Name der Property.
value	ja	Der Wert des Properties.
type	ja	Der Typ des Properties. Erlaubte Werte sind `String` (default), `Long`, `Double`, `Float`, `Integer`, `Byte`, `Character`, `Boolean`, `Short`.

Das properties-Element

Das `properties`-Element erlaubt die Spezifikation einer Property-Datei, die die Properties für die Komponente enthält. Die Datei muss sich in dem Bundle befinden, das die Komponente definiert. Das `properties`-Element besitzt das in Tabelle 12–7 dargestellte Attribut.

Tab. 12–7 Attribute des properties-Elements

Name	Optional	Beschreibung
entry	nein	Der Pfad relativ zum Root-Verzeichnis des Bundles.

Beispiel Im Tutorial zu diesem Kapitel haben wir die Zielsprache des Translation Service über die Properties `translation.language` und `translation.country` gesetzt. Beide Properties habe wir dabei in der Komponentenbeschreibung über das Element `property` gesetzt:

```
<?xml version="1.0"?>
<component name="translationServiceComponent">
   <implementation class="org.osgibook.translation.internal. ↵
      TranslationServiceImpl"/>
   <property name="translation.language" value="de"/>
   <property name="translation.country" value="DE"/>
   <service>
      <provide interface="org.osgibook.translation. ↵
         TranslationService"/>
   </service>
</component>
```

In der Komponentenklasse haben wir in der `activate()`-Methode die gesetzten Properties über den Component Context ausgelesen, um das entsprechende Locale zu erzeugen:

```
package org.osgibook.translation.internal;

[...]

public class TranslationServiceImpl implements TranslationService {
   private ResourceBundle translations;
   [...]

   protected void activate(ComponentContext componentContext) {
      Dictionary properties = componentContext.getProperties();
      String language = (String)
         properties.get("translation.language");
      String country = (String)
         properties.get("translation.country");
      Locale locale = new Locale(language, country);
      translations =
         ResourceBundle.getBundle("translation", locale);
   }
}
```

12.7.2 Factory Components

Motivation

In bestimmten Anwendungsfällen kann es vorkommen, dass die Konfiguration einer Komponente nicht bereits in der Komponentenbeschreibung, sondern erst zur Laufzeit (bspw. durch den benutzenden Client) festgelegt werden kann oder soll. Im Beispiel aus Unterkapitel 12.1 ist es z.B. vorstellbar, dass ein Bundle, das den Translation Service nutzen möchte, selber festlegt, welche Zielsprache der Translation Service besitzen soll.

Die ComponentFactory

Solche Szenarien lassen sich durch den Einsatz sog. Factory Components realisieren. Factory Components werden definiert, indem dem Attribut `factory` des XML-Elements `component` ein Namen zugewiesen wird, der die Factory identifiziert. Für Factory Components werden durch die Service Component Runtime keine Komponenteninstanzen erzeugt. Stattdessen wird pro Factory Component ein Service vom Typ `ComponentFactory` an der Service Registry registriert, sobald die Komponente in den Zustand `enabled` gesetzt wird und die erforderlichen Service-Referenzen aufgelöst werden können. Das Interface `ComponentFactory` besitzt eine einzige Methode `newInstance (Dictionary)`, über die neue Komponenteninstanzen erzeugt werden können (vgl. Listing 12–6).

Listing 12–6
Das Interface ComponentFactory

```
package org.osgi.service.component;

import java.util.Dictionary;

public interface ComponentFactory {
   public ComponentInstance newInstance(Dictionary properties);
}
```

Das Interface ComponentInstance

Bundles, die eine parametrisierte Komponente erzeugen möchten, können dieses Interface von der Service Registry abfragen und über die `newInstance()`-Methode eine neue Komponenteninstanz erzeugen. Die Komponenten-Properties werden als Parameter in Form eines Objektes vom Typ `Dictionary` übergeben. Als Ergebnis erhält der Aufrufer ein Objekt vom Typ `ComponentInstance` zurück (vgl. Listing 12–7).

Listing 12–7
Das Interface ComponentInstance

```
package org.osgi.service.component;

public interface ComponentInstance {
   public void dispose();
   public Object getInstance();
}
```

Über die Methode `getInstance()` kann die Komponenteninstanz abgefragt werden. Wenn die Komponente programmatisch in den Zustand `disabled` gesetzt werden soll, dann kann diese über die Methode `dispose()` erfolgen.

Beispiel

Im folgenden Beispiel wird die Translation-Service-Komponente so umgebaut, dass Komponenteninstanzen über eine Component Factory erzeugt werden können. Dabei soll die Zielsprache der zu erzeugenden Instanz der Translation-Service-Komponente durch den aufrufenden Client gesetzt werden.

Zunächst muss die Translation-Service-Komponente in der Komponentenbeschreibung als Factory Component deklariert werden. Dazu setzen wir über das Attribut `factory` des `component`-Elements einen Namen, der die Component Factory identifiziert.

```
<?xml version="1.0"?>
<component name="translationServiceComponent"
  factory="translationserviceComponentFactory">
  [...]
</component>
```

Im nutzenden Bundle referenzieren wir anschließend einen Service vom Typ `ComponentFactory` anstelle des Translation Service. Über das Attribut `target` spezifizieren wir einen Filter, der die gewünschte Component Factory anhand ihres Namens identifiziert.

```
<?xml version="1.0"?>
<component name="simpleComponent">

  [...]

  <reference name="translationServiceFactory"
    interface="org.osgi.service.component.ComponentFactory"
    bind="setTranslationServiceFactory"
    unbind="unsetTranslationServiceFactory"
    target="(component.factory= ↵
      translationserviceComponentFactory)"
    />
</component>
```

Die Implementierung der nutzenden Komponentenklasse sieht dann wie folgt aus:

```
package org.osgibook.simplecomponent;

[...]

public class SimpleComponent implements SimpleService {

  private TranslationService translationService;

  [...]
```

```
protected void deactivate(ComponentContext context) {
    componentContext = null;
}

protected void setTranslationServiceFactory(
        ComponentFactory translationServiceFactory) {
    Dictionary properties = new Hashtable();
    properties.put("translation.language", "en");
    properties.put("translation.country", "US");
    ComponentInstance instance = translationServiceFactory
        .newInstance(properties);
    this.translationService =
        (TranslationService) instance.getInstance();
}

protected void unsetTranslationServiceFactory(
      ComponentFactory translationServiceFactory) {
    this.translationService = null;
}
```

12.8 Zusammenfassung

In diesem Kapitel haben wir Ihnen gezeigt, wie Sie das Arbeiten mit OSGi Services mithilfe der deklarativen Beschreibung von Service Components drastisch vereinfachen können:

- Eine *Service Component* besteht aus einer implementierenden Klasse, der Komponentenklasse, und einer Komponentenbeschreibung in Form eines XML-Dokumentes.
- Die *Komponentenklasse* ist eine einfache Java-Klasse, die optional Callback-Methoden definieren kann, mit denen bei der Aktivierung und bei der Deaktivierung einer Komponente beliebige Aktionen ausgeführt werden können.
- Die *Komponentenbeschreibung* beschreibt eine Komponente mit ihren Abhängigkeiten zu anderen Services in Form eines XML-Dokumentes. Zusätzlich kann angegeben werden, ob eine Komponente selber Services über die Service Registry bereitstellt.
- Die Erzeugung von Komponenteninstanzen und die Verwaltung deren Lebenszyklus erfolgt durch die *Service Component Runtime (SCR)*.
- Komponentenbeschreibungen können über sog. *Component Properties* parametrisiert werden. Component Properties können direkt in der Komponentenbeschreibung angegeben werden. Alternativ können sie aber auch über *Component Factories* zur Laufzeit gesetzt werden.

13 Der Config Admin Service

Motivation

Im ersten Teil dieses Buches haben Sie am Beispiel des Translation Service unterschiedliche Möglichkeiten kennengelernt, mit Services innerhalb des OSGi Frameworks zu arbeiten. Die *Konfiguration* des Translation Service (also seine Zielsprache) haben wir bei der Erzeugung der Klasse `TranslationServiceImpl` gesetzt, indem wir das Default-Locale der Laufzeitumgebung als Konstruktorparameter übergeben haben. In Kapitel 12 haben wir Ihnen außerdem gezeigt, wie Sie bei der Verwendung von deklarativen Services Komponenten über Component Properties parametrisieren können.

In diesem Kapitel stellen wir Ihnen mit dem *Config Admin Service* einen Service vor, der die zentrale Konfiguration von beliebigen Bundles und Services zur Laufzeit ermöglicht. Über eine definierte Schnittstelle können Management Agents auf den Config Admin Service zugreifen, um Konfigurationen anzuzeigen und zu bearbeiten.

Einige Management Agents, etwa der Knopflerfish-Desktop, bieten grafische Frontends, über die Sie die Konfigurationen von Bundles und Services verwalten können. Die Equinox-Konsole unterstützt das Arbeiten mit dem Config Admin Service nicht explizit. Sie kann aber einfach um entsprechende Kommandos erweitert werden.

Einordnung

Der Config Admin Service ist in Kapitel 104 »Configuration Admin Service Specification« des Service Compendium und der Mobile Specification beschrieben. Eng verwandt mit dem Config Admin Service ist der Metatype Service, den wir Ihnen im nachfolgenden Kapitel vorstellen werden.

13.1 Tutorial: Ein administrierbarer Translation Service

Übersicht

Im Tutorial zu diesem Kapitel werden wir das Beispiel aus Kapitel 11 dahingehend umbauen, dass die Zielsprache des Translation Service über den Config Admin Service konfigurierbar ist. Auf diese Art und

Weise können Sie die Zielsprache zur Laufzeit setzen und ändern. Im Einzelnen realisieren wir die folgenden Änderungen (vgl. Abb. 13–1):

- ***Implementierung eines Managed Service:*** An der Klasse `TranslationServiceImpl` implementieren wir das Interface `org.osgi.service.cm.ManagedService`, über das der Config Admin Service Konfigurationen setzen kann.
- ***Implementierung eines*** **`configure`*****-Kommandos:*** Da die Eclipse-Equinox-Konsole keine Kommandos für Arbeiten mit dem Config Admin Service bereitstellt, implementieren wir ein zusätzliches Bundle `org.osgibook.console.cm`. Dieses Bundle realisiert das Konsolenkommando `configure`, über das Konfigurationen am Config Admin gesetzt werden können.

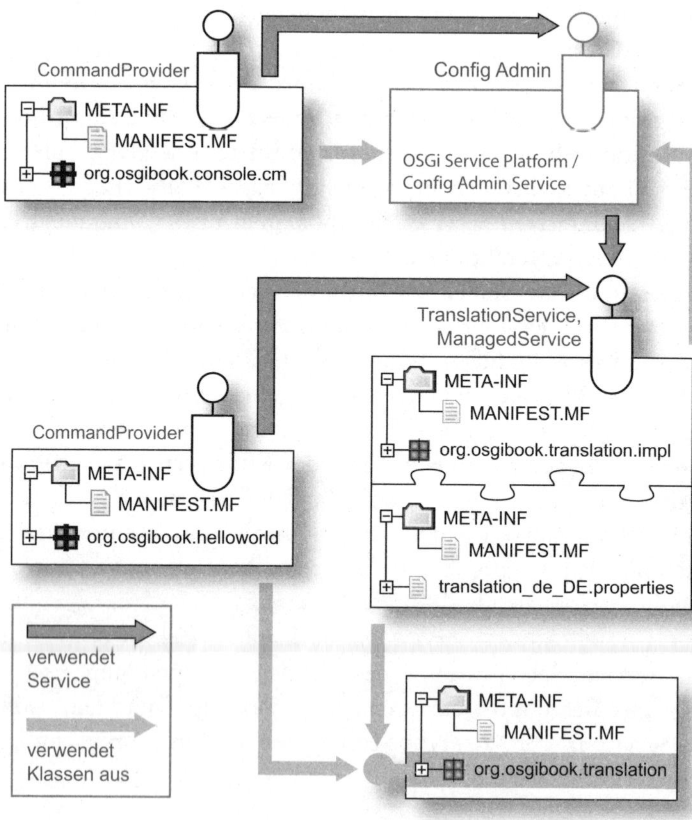

Abb. 13–1
Übersicht über die beteiligten Bundles

Die Plug-in-Projekte

In Abb. 13–2 ist der Aufbau der fertigen Projekte aus diesem Beispiel dargestellt.

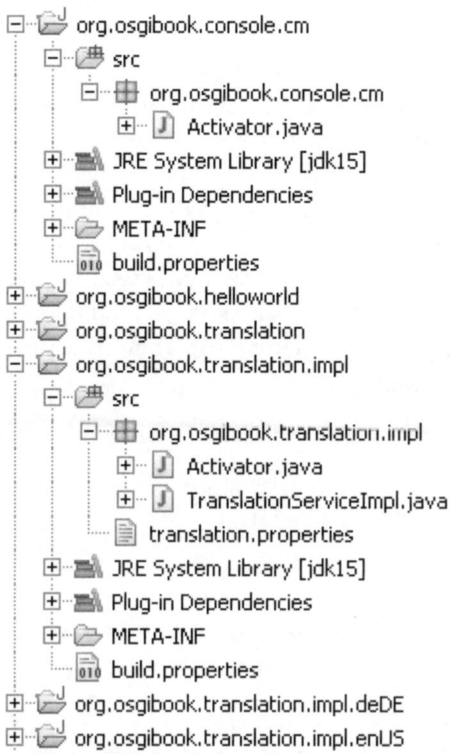

Abb. 13–2
Die Plug-in-Projekte

Achtung

Die Implementierung des Config Admin Service ist in Eclipse Equinox 3.3 nicht Bestandteil der Standard-Distribution, sondern muss zusätzlich aus dem Equinox Incubator in Form des Bundles org.eclipse.equinox.cm_<version>.jar heruntergeladen werden (vgl. Abschnitt 1.4.3).

Grund für die Nichtaufnahme des Bundles in die Standard-Distribution sind verschiedene Probleme im Bereich der Multi-Threading-Fähigkeit. Es ist jedoch zu erwarten, dass das Bundle Bestandteil der Standard-Distribution für Eclipse Equinox 3.4 wird.

Schritt 1: Den Translation Service zu einem Managed Service machen

Damit die Implementierung des Translation Service über den Config Admin Service konfiguriert werden kann, muss diese das Interface `org.osgi.service.cm.ManagedService` implementieren. Dieses Interface definiert die Methode `update()`, über die der Config Admin Service neue oder geänderte Konfigurationen setzt. Wir nehmen deshalb in diesem Schritt die folgenden Änderungen an der Implementierung des Translation Service vor:

- ***Implementierung des ManagedService-Interface:*** An der Klasse `TranslationServiceImpl` implementieren wir das Interface `ManagedService`. Innerhalb der `update()`-Methode setzen wir die Konfiguration, die den Länder- und Sprachcode festlegt.
- ***Propagieren der Service-Konfiguration:*** In der Spezifikation des Config Admin Service wird empfohlen, die in einer Konfiguration gesetzten Properties zusätzlich als Service Properties verfügbar zu machen, damit diese bspw. über Management Agents ausgewertet werden können. Um dies zu ermöglichen, implementieren wir eine zusätzliche Methode `setServiceRegistration()`, über die die Service Registration des Translation Service gesetzt werden kann. Die Service Registration wird in der `update()`-Methode genutzt, um die in einer Konfiguration gesetzten Properties als Service Properties verfügbar zu propagieren.

Die angepasste `TranslationServiceImpl`-Klasse ist in Listing 13–1 abgebildet.

Listing 13–1
Die Klasse TranslationServiceImpl

```
package org.osgibook.translation.impl;

[...]

import org.osgi.service.cm.ConfigurationException;
import org.osgi.service.cm.ManagedService;

public class TranslationServiceImpl
      implements TranslationService, ManagedService {

   private static final String TRANSLATION_COUNTRY =
      "translation.country";

   private static final String TRANSLATION_LANGUAGE =
      "translation.language";

   private ResourceBundle translations;

   private ServiceRegistration registration;

   public TranslationServiceImpl() {
      translations = null;
   }

   public String getTranslation(String message) {
      try {
         return translations.getString(message);
      } catch (MissingResourceException e) {
         return "";
      }
   }
```

```
public void updated(Dictionary properties)
        throws ConfigurationException {
    Dictionary config =
        properties == null ? getDefaultConfig() : properties;
    registration.setProperties(config);
    Locale locale = getLocaleFromConfiguration(config);
    translations =
        ResourceBundle.getBundle("translation", locale);
}

Dictionary getDefaultConfig() {
    Dictionary defaultConfig = new Hashtable();
    defaultConfig.put(TRANSLATION_LANGUAGE, "de");
    defaultConfig.put(TRANSLATION_COUNTRY, "DE");
    defaultConfig.put(Constants.SERVICE_PID,
        TranslationService.class.getName());
    return defaultConfig;
}

void setServiceRegistration(ServiceRegistration registration) {
    this.registration = registration;
}

private Locale getLocaleFromConfiguration(Dictionary properties)
     throws ConfigurationException {
    String language =
        (String) properties.get(TRANSLATION_LANGUAGE);
    String country =
        (String) properties.get(TRANSLATION_COUNTRY);
    if (language == null) {
        throw new ConfigurationException(TRANSLATION_LANGUAGE,
            "Es muss eine Sprache angegeben sein.");
    }
    if (country == null) {
        throw new ConfigurationException(TRANSLATION_COUNTRY,
            "Es muss ein Land angegeben sein.");
    }
    return new Locale(language, country);
}
}
```

Schritt 2: Den Managed Service an der Service Registry anmelden

Damit der Managed Service vom Config Admin Service verwaltet werden kann, muss er unter dem Interface-Namen `org.osgi.service.cm.ManagedService` an der Service Registry registriert werden. Dies realisieren wir in der Aktivatorklasse des Bundles `org.osgibook.translation.impl`.

Zusätzlich setzen wir bei der Anmeldung des Translation Service dessen Default-Properties, die u.a. den sog. *Persistent Identifier* (PID) des Service enthalten. Der Persistent Identifier dient der Identifikation einer Service-Instanz, der der Config Admin Service eine Konfiguration zuordnen soll.

Abschließend setzen wir die Service Registration des Translation Service über die Methode `setServiceRegistration()`, damit in der `update()`-Methode der Klasse `TranslationServiceImpl` die Konfigurations-Properties als Service Properties propagiert werden können.

In Listing 13–2 ist die angepasste Aktivatorklasse dargestellt.

Listing 13–2
Die Activator-Klasse

```
package org.osgibook.translation.impl;

[...]

import org.osgi.service.cm.ManagedService;

public class Activator implements BundleActivator {

   public void start(BundleContext context) throws Exception {
      TranslationServiceImpl translationService =
         new TranslationServiceImpl();
      String[] clazzes = new String[] {
         TranslationService.class.getName(),
         ManagedService.class.getName() };
      ServiceRegistration registration = context.
         registerService(clazzes, translationService,
            translationService.getDefaultConfig());
      translationService.setServiceRegistration(registration);
   }

   public void stop(BundleContext context) throws Exception {
   }
}
```

Schritt 3: Implementierung des Kommandos `configure`

Die Konfiguration von Services über den Config Admin Service erfolgt im Idealfall unter Verwendung eines Management Agents. Da Eclipse Equinox die Konfiguration von Services über die Kommandozeile nicht explizit unterstützt, werden wir in diesem Schritt ein eigenes `configure`-Kommando implementieren.

Das Kommando implementieren wir im Bundle `org.osgibook.console.cm`, das Sie neu anlegen müssen. Importieren Sie im Bundle Manifest die folgenden Packages:

```
Import-Package: ↵
  org.eclipse.osgi.framework.console;version="1.0.0",
  org.osgi.framework;version="1.4.0",
  org.osgi.service.cm;version="1.2.0",
  org.osgi.util.tracker;version="1.3.3"
```

Das `configure`-Kommando erwartet als ersten Parameter den PID einer `ManagedService`-Instanz. Danach folgt eine Liste mit Key-Value-Paaren, die als Properties interpretiert und an den Config Admin Service übergeben werden. Analog zum `greet`-Kommando (vgl. Unterkapitel 10.1) werden wir auch das `configure`-Kommando innerhalb der Aktivator-Klasse implementieren. In der `_configure`-Methode lesen wir den PID und die Properties von der Kommandozeile und übergeben diese an den Config Admin Service. Im nachfolgenden Listing 13–3 ist die vollständige Aktivatorklasse abgebildet.

Listing 13–3
Implementierung des configure-Kommandos

```
package org.osgibook.console.cm;

[...]

import org.osgi.service.cm.Configuration;
import org.osgi.service.cm.ConfigurationAdmin;

public class Activator
    implements BundleActivator, CommandProvider {

  private ServiceTracker configurationAdminTracker;

  public void start(BundleContext context) throws Exception {
    configurationAdminTracker =
      new ServiceTracker(context,
        ConfigurationAdmin.class.getName(), null);
    configurationAdminTracker.open();
    context.registerService(CommandProvider.class.getName(),
      this, null);
  }

  public void stop(BundleContext context) throws Exception {
    configurationAdminTracker.close();
  }

  public void _configure(CommandInterpreter commandInterpreter) {
    ConfigurationAdmin configurationAdmin =
      (ConfigurationAdmin) configurationAdminTracker.
        getService();
    if (configurationAdmin == null) {
      commandInterpreter.println(
        "Service ConfigurationAdmin not available!");
      return;
    }
```

```
        String pid = commandInterpreter.nextArgument();
        if (pid == null) {
            commandInterpreter.print("Usage: " + getHelp());
            return;
        }
        Properties properties = new Properties();
        String property = commandInterpreter.nextArgument();
        while (property != null) {
            String[] keyValue = property.split("=");
            properties.put(keyValue[0], keyValue[1]);
            property = commandInterpreter.nextArgument();
        }
        try {
            Configuration configuration =
                configurationAdmin.getConfiguration(pid, null);
            configuration.update(properties);
        } catch (Exception e) {
            e.printStackTrace();
        }
    }

    public String getHelp() {
        return "configure <pid> (<key>=<value>)+";
    }
}
```

Schritt 4: Ausführen des Beispiels

Legen Sie zum Ausführen des Beispiels eine neue Launch-Konfiguration an, mit der Sie neben den Bundles aus dem Workspace auch die folgenden Bundles starten:

- `org.eclipse.equinox.cm`
- `org.eclipse.osgi`
- `org.eclipse.osgi.services`

Nach dem Starten können Sie auf der Equinox-Konsole wie gehabt das Kommando `greet` absetzen:

```
osgi> greet hello
Hallo OSGi-Welt sagt Bundle org.osgibook.helloworld!
```

Da wir bislang keine Konfiguration für den Translation Service angelegt haben, arbeitet die Implementierung des Translation Service mit der Default-Konfiguration, die den Gruß in deutscher Sprache auf der Konsole ausgibt. Erstellen Sie nun eine neue Konfiguration mit dem `configure`-Kommando und probieren Sie danach erneut, eine Nachricht auszugeben:

```
osgi> configure org.osgibook.translation.TranslationService ↵
  translation.language=en translation.country=US
osgi> greet hello
Hello OSGi World from bundle org.osgibook.helloworld!
```

Wenn Sie sich nun mit dem Befehl `services (objectClass=*TranslationService)` die Eigenschaften für den Translation Service anzeigen lassen, sehen Sie die propagierten Konfigurationseigenschaften als Service-Properties:

```
osgi> services (objectClass=*TranslationService)
{org.osgibook.translation.TranslationService, ↵
  org.osgi.service.cm.ManagedService}= ↵
  {service.pid=org.osgibook.translation.TranslationService, ↵
  translation.country=US, translation.language=en, ↵
  service.id=21}
[...]
```

Damit haben Sie gesehen, wie Sie einen Service entwickeln und registrieren, dem Sie zur Laufzeit über den Config Admin Service eine Konfiguration übergeben können.

13.2 Überblick über den Config Admin Service

Konfigurationen

Mithilfe des Config Admin Service können Sie *Konfigurationen* für Bundles und Services in einer OSGi Service Platform verwalten. Eine Konfiguration enthält eine Menge von Informationen, die von einem Bundle oder einem Service benötigt werden, bevor es seine Funktionalität in der gewünschten Form erbringen kann. Das Bundle bzw. der Service, der diese Konfigurationsdaten benötigt, wird auch als Konfigurationsziel (*configuration target*) bezeichnet.

Der Config Admin Service implementiert eine (persistente) Datenbank, in der Konfigurationsobjekte angelegt, verändert und gelöscht werden können (siehe Abb. 13–3). Die Konfigurationsdaten werden in Form von Dictionaries (*configuration dictionary*) an das Konfigurationsziel übermittelt. Ein Konfigurations-Dictionary enthält eine Menge von Properties, wobei neben den primitiven und deren Wrapper-Typen auch Strings sowie Arrays und Vektoren derselben mögliche Typen sind.

Abb. 13–3
Der Config Admin Service

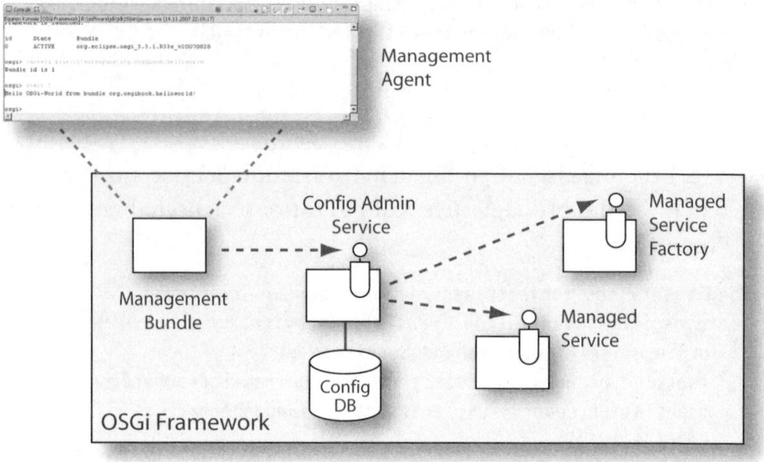

ManagedServices und ManagedServiceFactories

Ein Bundle oder ein Service, der über den Configuration Admin Service konfigurierbar sein soll, muss an der Service Registry einen Managed Service oder eine Managed Service Factory registrieren:

- ***Managed Service:*** Ein Managed Service ist ein Service, der das Interface `org.osgi.service.cm.ManagedService` implementiert. Er bekommt vom Config Admin Service genau eine Konfiguration übergeben, wenn der Service an der Service Registry angemeldet wird.
- ***Managed Service Factory:*** Eine Managed Service Factory ist ein Service, der das Interface `org.osgi.service.cm.ManagedServiceFactory` implementiert. Sie kann vom Config Admin Service 0 bis n Konfigurationen übergeben bekommen. Die Managed Service Factory ist dafür verantwortlich, für jede dieser Konfigurationen eigene Instanzen (»einfache« Objekte oder OSGi Services) zu instanzieren.

13.3 Die Persistent Identity (PID)

Der Config Admin Service muss eine Konfiguration einer bestimmten Service-Instanz zuordnen können. Diese Zuordnung erfolgt über die sog. *Persistent Identity* (PID) eines Service:

- ***Persistent Identity (PID):*** Die PID identifiziert einen Service und muss deshalb systemweit eindeutig sein (vgl. Abb. 13–4). Sie wird beim Registrieren eines Managed Service als Service Property angegeben. Der Name des Service Property, das die PID enthält, ist in der Konstante `org.osgi.framework.Constants.SERVICE_PID` festgelegt. Die PID können Sie frei wählen, allerdings muss die PID auch nach einem Neustart des Frameworks identisch bleiben, damit persistente Konfigurationen korrekt zugewiesen werden können.

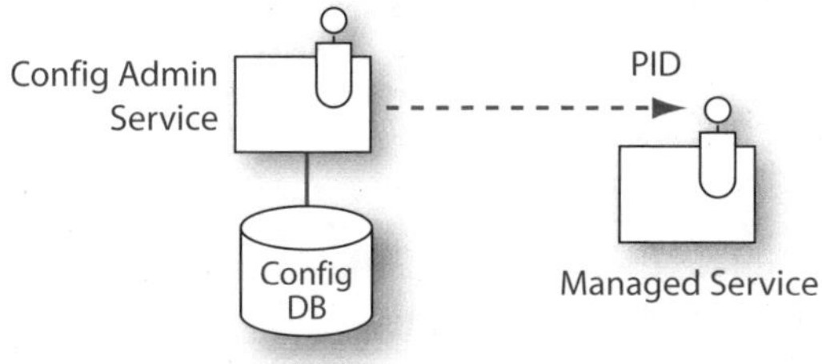

Abb. 13–4
Persistent Identity (PID)

- *Factory Persistent Identity (Factory PID):* Bei der Registrierung einer Managed Service Factory verwendet der Config Admin Service die angegebene PID zur Identifizierung der Factory (die sog. *Factory PID*). Da jedoch über die Factory pro Konfiguration eine eigene Instanz eines konfigurierbaren Objektes erzeugt wird, muss diese Instanz eine eigene PID besitzen, wenn die Konfiguration nachträglich änderbar sein soll. Der Config Admin Service nutzt in diesem Fall die Factory PID als Präfix und generiert darauf aufbauend für jedes neu zu erzeugende konfigurierbare Objekt eine eigenen PID (vgl. Abb. 13–5).

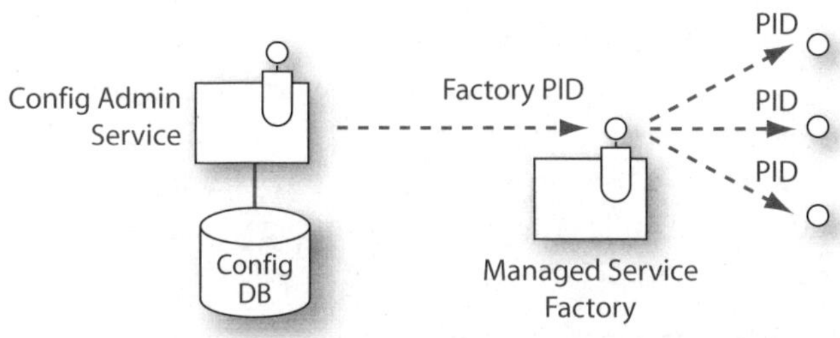

Abb. 13–5
Factory PID

13.4 Managed Services

Ein *Managed Service* ist ein Service, für den maximal eine Konfiguration in der Konfigurationsdatenbank des Config Admin Service vorhanden ist. Die Konfiguration kann zur Laufzeit geändert werden. Identifiziert wird ein Managed Service über eine PID, die bei der Registrierung des Managed Service angegeben wird.

13.4.1 Das Interface ManagedService

Aus technischer Sicht ist ein Managed Service ein Service, der das Interface `org.osgi.service.cm.ManagedService` implementiert. Dieses Interface definiert die Methode `updated()`, die vom Config Admin Service als Callback-Methode verwendet wird, um dem Service eine neue oder geänderte Konfiguration in Form eines Dictionarys zu übergeben (vgl. Listing 13–4):

Listing 13–4
Das Interface ManagedService

```
public interface ManagedService {

   public void updated(Dictionary properties)
      throws ConfigurationException;
}
```

Die updated-Methode wird vom Config Admin Service in den folgenden Situationen asynchron aufgerufen:

- ***Registrierung des Service:*** Die updated()-Methode wird aufgerufen, nachdem der Managed Service in der Service Registry registriert wurde. Falls zu diesem Zeitpunkt noch keine Konfiguration für den Service vorliegt, wird die updated()-Methode mit dem Wert null aufgerufen.
- ***Änderung der Service-Konfiguration:*** Außerdem ruft der Config Admin Service die updated()-Methode auf, sobald die Konfiguration für einen Managed Service geändert wird.
- ***Löschen der Service-Konfiguration:*** Wenn die Konfiguration für einen Managed Service entfernt wird, wird die updated()-Methode mit dem Wert null aufgerufen.

Umgang mit ungültigen Konfigurationen

Wenn eine übergebene Konfiguration ungültig ist, bspw. weil ein Property fehlt oder mit einem ungültigen Wert gesetzt ist, muss die update()-Methode eine ConfigurationException mit einer Fehlerbeschreibung werfen. Wirft die Methode weitere (Runtime-)Exceptions, werden diese vom Config Admin Service aufgefangen und geloggt.

13.4.2 Registrieren eines Managed Service

Ein Managed Service muss an der Service Registry unter dem Interface org.osgi.service.cm.ManagedService registriert werden, damit der Config Admin Service den Service erkennt. Außerdem müssen Sie eine PID für die Service-Instanz in den Service-Properties setzen (vgl. Listing 13–5):

Listing 13–5
Registrieren eines Managed Services

```
public void start(BundleContext context) throws Exception {
   TranslationService translationService =
      new TranslationServiceImpl();

   Properties properties = new Properties();
   properties.setProperty(Constants.SERVICE_PID,
      TranslationService.class.getName());

   String[] clazzes = new String[] {
      TranslationService.class.getName(),
      ManagedService.class.getName() };
```

```
        translationServiceRegistration =
            context.registerService(clazzes,
                new TranslationServiceImpl(),
                properties);
    }
```

13.5 Managed Service Factories

Eine *Managed Service Factory* ist ein Service, für den 0 bis n Konfigurationen in der Konfigurationsdatenbank abgelegt werden können. Es ist Aufgabe der Factory, für jede Konfiguration ein entsprechendes Objekt anzulegen und zu verwalten. Das zu einer Konfiguration korrespondierende Objekt kann selbst wieder ein OSGi Service sein, dies ist jedoch nicht zwingend erforderlich.

Die Factory muss weiter dafür Sorge tragen, dass bei Konfigurationsänderungen das korrespondierende Objekt entsprechend der neuen Konfiguration aktualisiert wird. Falls eine Konfiguration aus der Konfigurationsdatenbank gelöscht wird, muss die Factory das korrespondierende Objekt entsprechend entfernen.

13.5.1 Das Interface ManagedServiceFactory

Technisch gesehen ist eine Managed Service Factory ein Service, der das Interface `osgi.service.cm.ManagedServiceFactory` implementiert (vgl. Listing 13–6):

Listing 13–6
Das Interface ManagedServiceFactory

```
package org.osgi.service.cm;

public interface ManagedServiceFactory {
    public String getName();
    public void updated(String pid, Dictionary properties)
            throws ConfigurationException;
    public void deleted(String pid);
}
```

Das Interface definiert die folgenden drei Methoden:

- *Die Methode updated():* Die `updated()`-Methode wird vom Config Admin Service asynchron aufgerufen, wenn eine Konfiguration neu angelegt oder geändert wird. Das `properties`-Argument enthält die Konfiguration für ein zu konfigurierendes Objekt. Zusätzlich bekommt die Methode eine PID übergeben, mit der festgelegt wird, für welches zu konfigurierende Objekt die übergebene Konfiguration bestimmt ist.
  Die Managed Service Factory muss prüfen, ob sie bereits ein Objekt mit dieser PID angelegt hat. Ist dies der Fall, muss die Fac-

tory dieses Objekt mit den übergebenen Properties neu konfigurieren. Existiert noch kein korrespondierendes Objekt, muss die Factory ein neues Objekt erzeugen und konfigurieren.

- ***Die Methode deleted():*** Die `deleted`-Methode wird vom Config Admin Service asynchron aufgerufen, wenn eine von der Factory verwaltete Konfiguration entfernt wurde. Wird diese Methode aufgerufen, muss die Managed Service Factory das von ihr verwaltete Objekt mit der übergebenen PID entfernen.
- ***Die Methode getName():*** Die Methode `getName()` liefert den sprechenden Namen der Factory zurück, der bspw. in einem grafischen Frontend angezeigt werden kann.

Beispiel

Im nachfolgenden Beispiel ist eine Managed Service Factory implementiert, die für jede neue in der Konfigurationsdatenbank abgelegte Konfiguration ein Objekt vom `ExampleService` erzeugt. Bitte beachten Sie, dass die erzeugten Objekte je nach Anwendungskontext als OSGi Services registriert werden können. Dies ist jedoch nicht zwingend erforderlich.

```
public class ExampleFactory implements ManagedServiceFactory {

  private Map examplesServices = new Hashtable();

  public String getName() {
     return ExampleFactory.class.getName();
  }
  public void updated(String pid, Dictionary config) {
     ExampleService service =
        (ExampleService) examplesServices.get(pid);
     if (service == null) {
        service = new ExampleService();
        examplesServices.put(pid, service);
     }
     service.setConfiguration(config);
     // ExampleService ggf. an Service Registry registrieren
  }

  public void deleted(String pid) {
     ExampleService service =
        (ExampleService) examplesServices.get(pid);
     if (service != null) {
        // ExampleService ggf. von Service Registry deregistrieren
        examplesServices.remove(pid);
     }
  }
}
```

13.5.2 Registrieren einer Managed Service Factory

Eine Managed Service Factory muss an der Service Registry unter dem Interface `org.osgi.service.cm.ManagedServiceFactory` registriert werden. Zusätzlich müssen Sie eine (Factory) PID für die Managed Service Factory in den Service Properties setzen:

```
public void start(BundleContext context) throws Exception {
   ExampleFactory exampleFactory = new ExampleFactory();

   String[] clazzes = new String[] {
      ManagedServiceFactory.class.getName() };

   Properties properties = new Properties();
   properties.setProperty(Constants.SERVICE_PID,
      ExampleFactory.class.getName());

   context.registerService(clazzes, exampleFactory, properties);
}
```

13.6 Konfigurationen programmatisch verwalten

In der Regel erfolgt die Konfiguration von Managed Services oder Managed Service Factories unter Verwendung eines Management Agents. Für das Tutorial zu diesem Kapitel haben wir bspw. ein einfaches Kommando `configure` implementiert, das eine Konfiguration des Translation Service über die Equinox-Konsole ermöglicht.

Die Konfiguration von Managed Services oder Managed Service Factories kann allerdings auch programmatisch unter Verwendung des Service `org.osgi.service.cm.ConfigurationAdmin` erfolgen. Dies ist bspw. dann sinnvoll, wenn Sie eigene Managed Services oder Managed Service Factories konfigurieren oder einen eigenen Management Agent implementieren möchten.

13.6.1 Die Interfaces ConfigurationAdmin und Configuration

Über den Service `org.osgi.service.cm.ConfigurationAdmin` können neue Konfigurationen in der Konfigurationsdatenbank angelegt und bestehende Konfigurationen aus der Konfigurationsdatenbank abgefragt werden (vgl. Listing 13–7):

Listing 13–7
Das Interface ConfiurationAdmin

```
package org.osgi.service.cm;

import java.io.IOException;
import java.util.Dictionary;
import org.osgi.framework.InvalidSyntaxException;
```

```
public interface ConfigurationAdmin {
   public Configuration createFactoryConfiguration
      (String factoryPid) throws IOException;
   public Configuration createFactoryConfiguration
      (String factoryPid, String location)
      throws IOException;
   public Configuration getConfiguration(
      String pid, String location) throws IOException;
   public Configuration getConfiguration(String pid)
      throws IOException;
   public Configuration[] listConfigurations(String filter)
      throws IOException, InvalidSyntaxException;
}
```

Eine Konfiguration wird dabei durch ein Objekt vom Typ `Configuration` repräsentiert, das einen Wrapper um die Properties implementiert, mit denen ein Managed Service oder eine Managed Service Factory konfiguriert wird (vgl. Listing 13–8):

Listing 13–8
Das Interface Configuration

```
package org.osgi.service.cm;

public interface Configuration {
   public String getPid();
   public String getFactoryPid();
   public Dictionary getProperties();
   public void update(Dictionary properties) throws IOException;
   public void delete() throws IOException;
   public void update() throws IOException;
   public void setBundleLocation(String bundleLocation);
   public String getBundleLocation();
}
```

13.6.2 Erzeugen und Abfragen von Konfigurationen

Location Binding

Konfigurationen können über die Methoden `getConfiguration()` bzw. `createFactoryConfiguration()` des Service `ConfigurationAdmin` erzeugt oder abgefragt werden. Neu erzeugte Konfigurationen werden dabei an eine Bundle Location gebunden (das sog. *Location Binding*).

Nur wenn die an eine Konfiguration gebundene Location mit der Location des Bundles übereinstimmt, das den Managed Service (bzw. die Managed Service Factory) mit der angegebenen PID bereitstellt, werden Konfigurationsänderungen an den Managed Service (bzw. die Managed Service Factory) propagiert. Location Binding ist ein Sicherheitsmerkmal, das sicherstellt, dass nur Management Agents die Konfiguration anderer Bundles verändern können.

Konfigurieren eigener Managed Services

Zum Erzeugen/Abfragen von Konfigurationen für Managed Services, die im selben Bundle registriert wurden, kann die Methode get-

`Configuration(String pid)` verwendet werden, wobei als Parameter die PID des Managed Service übergeben wird:

```
String pid = [...]
Configuration configuration =
  configurationAdmin.getConfiguration(pid);
```

In diesem Fall wird die Location des aufrufenden Bundles gebunden.

Konfigurieren fremder Managed Services

Zum Erzeugen/Abfragen von Konfigurationen für Managed Services, die im anderen Bundle registriert wurden, muss die Methode `getConfiguration(String pid, String location)` verwendet werden, die zusätzlich die Location des Bundles erwartet, das den Managed Service registriert hat:

```
String pid = [...]
String location = [...]
Configuration configuration =
  configurationAdmin.getConfiguration(pid, location);
```

In diesem Fall wird die als Parameter übergebene Location an die erzeugte Konfiguration gebunden. Das aufrufende Bundle muss zudem über die Configuration Permission verfügen, damit der Aufruf erfolgreich ausgeführt werden kann.

Wenn die Location des Bundles (noch) nicht bekannt ist, bspw. weil es noch nicht installiert wurde, dann kann als Location der Wert null übergeben werden. Die Konfiguration wird dann an das erste Bundle gebunden, das im System installiert wird und einen Managed Service mit der entsprechenen PID bereitstellt.

Lesen von Factory Configurations

Analog können für Managed Service Factories über die Methoden `createFactoryConfiguration(String factoryPid)` und `createFactoryConfiguration(String factoryPid, String location)` neue Konfigurationen erzeugt werden. Das Lesen bestehender Konfigurationen, die über Managed Service Factories angelegt wurden, muss hingegen über die Methode `listConfigurations()` erfolgen, wobei als Parameter ein Filter übergeben wird, der die Konfigurationen näher beschreibt. Innerhalb des Filters kann u.a. auf die in Tabelle 13–1 dargestellten Properties zugegriffen werden, die vom Config Admin Service automatisch gesetzt werden:

Tab. 13–1 *Automatisch gesetzte Configuration Properties*

Propertie	Beschreibung
service.pid	Die PID des assoziierten Managed Service
service.factoryPid	Die PID der assoziierten Managed Service Factory. Diese Property ist nur für Managed Service Factories gesetzt.
service.bundleLocation	Die Location des Bundles, das dieses Konfigurationsobjekt nutzen kann

Das folgende Beispiel listet alle Konfigurationen auf, die über die Managed Service Factory mit der im Attribut `factoryPid` gesetzten PID auf:

```
String factoryPid = [...]

Configuration[] configurations = configurationAdmin.
  listConfigurations("(service.factoryPid=" +factoryPid + ")");
```

13.6.3 Ändern und Löschen von Konfigurationen

Konfigurationen können über Objekte vom Typ `Configuration` geändert oder gelöscht werden. Um für eine Konfiguration neue Properties zu setzen, können Sie die Methode `update(Properties)` aufrufen:

```
Configuration configuration = [...]
Dictionary properties = configuration.getProperties();
properties.setProperty("translation.country", "US");
configuration.update(properties);
```

Zu den gesetzten Properties werden die in Tabelle 13–1 aufgeführten Properties automatisch hinzugefügt. Anschließend werden die Properties in der Configuration DB persistiert. Wenn der korrespondierende Managed Service bzw. die Managed Service Factory registriert ist, dann wird deren `update()`-Methode asynchron aufgerufen. Anderenfalls findet der Aufruf statt, wenn die Registrierung erfolgt.

Konfigurationen können zudem über die Methode `delete()` gelöscht werden:

```
Configuration configuration = [...]
configuration.delete();
```

Die Konfiguration wird dadurch aus der Configuration DB gelöscht. Anschließend wird der Managed Service bzw. die Managed Service Factory asynchron benachrichtigt. Ein Managed Service wird dabei über seine `update()`-Methode benachrichtigt, wobei als Parameter der Wert null übergeben wird. Eine Managed Service Factory wird durch den Aufruf der `delete()`-Methode über die gelöschte Konfiguration benachrichtigt.

13.7 Zusammenfassung

In diesem Kapitel habe wir Ihnen gezeigt, wie Sie mithilfe des Config Admin Service zur Laufzeit Konfigurationen für Bundles und Services auslesen und manipulieren können:

- Mithilfe des *Config Admin Service* können Sie Konfigurationen für Bundles und Services in einer OSGi Service Platform verwalten.
- Eine *Konfiguration* enthält eine Menge von Informationen, die von einem Bundle oder einem Service benötigt werden, bevor es seine Funktionalität in der gewünschten Form erbringen kann.
- Ein Bundle oder ein Service, der über den Configuration Admin Service konfigurierbar sein soll, muss an der Service Registry einen *Managed Service* oder eine *Managed Service Factory* registrieren.
- Ein *Managed Service* ist ein Service, der das Interface `org.osgi.service.cm.ManagedService` implementiert. Er bekommt vom Config Admin Service genau eine Konfiguration übergeben, wenn der Service an der Service Registry angemeldet wird.
- Eine *Managed Service Factory* ist ein Service, der das Interface `org.osgi.service.cm.ManagedServiceFactory` implementiert. Sie kann vom Config Admin Service 0 bis n Konfigurationen übergeben bekommen.
- Der Config Admin Service muss eine Konfiguration einer bestimmten Service-Instanz zuordnen können. Diese Zuordnung erfolgt über die sog. *Persistent Identity* (PID) eines Service.

14 Der Metatype Service

Motivation

Im Tutorial des vorherigen Kapitels haben wir Ihnen gezeigt, wie Sie mit dem Config Admin Service Bundles und Services zur Laufzeit konfigurieren können. Dafür haben wir ein `configure`-Kommando für die Equinox-Konsole entwickelt, mit dem Konfigurationen über die Kommandozeile setzen können.

Bei Verwendung von grafischen Management Agents erfolgt die Bearbeitung von Konfigurationen über grafisch-interaktive Editoren. Damit ein Management Agent einen solchen Editor bereitstellen kann, muss er die Möglichkeit haben, eine *Beschreibung* der Konfiguration, also z.B. deren Name und Typ, zu ermitteln. Dies kann mithilfe des *Metatype Service* erfolgen, den wir Ihnen in diesem Kapitel vorstellen. Der Metatype Service ermöglicht die Spezifikation von Metadaten zu Konfigurationen. Ein Management Agent kann mit diesen Angaben bspw. ein Formular bereitstellen, über das ein Anwender die Konfiguration eines Service administrieren kann.

Einordnung

Der Metatype Service ist Bestandteil des OSGi Service Compendium und der OSGi Mobile Specification, er ist in beiden Dokumenten im Kapitel 105 »Metatype Service Specification« beschrieben. Häufig wird der Service in Zusammenhang mit dem Configuration Admin Service eingesetzt, den wir Ihnen in Kapitel 13 vorgestellt haben.

14.1 Tutorial: Den Translation Service konfigurieren

Übersicht

In diesem Tutorial erweitern wir das Beispiel aus Kapitel 13 um eine Metatyp-Beschreibung, anhand derer ein grafischer Management Agent entsprechende Eingabemasken bereitstellen kann. Folgende Änderungen werden wir vornehmen (vgl. Abb. 14–1):

- ***Bereitstellung der Metatyp-Information:*** Im Bundle `org.osgibook.translation.impl` spezifizieren wir die Metatyp-Informationen für die Konfiguration des Translation Service in Form eines XML-Dokumentes.

- ***Installieren des Knopflerfish-Desktops:*** Anschließend installieren wir im laufenden OSGi Framework den grafischen Knopflerfish-Desktop (vgl. auch Unterkapitel 10.5). Über die Metatype-Definition ist der Knopflerfish-Desktop in der Lage, eine Eingabemaske zur Konfiguration des Translation Service zu generieren.

Abb. 14–1
Übersicht über die beteiligten Bundles

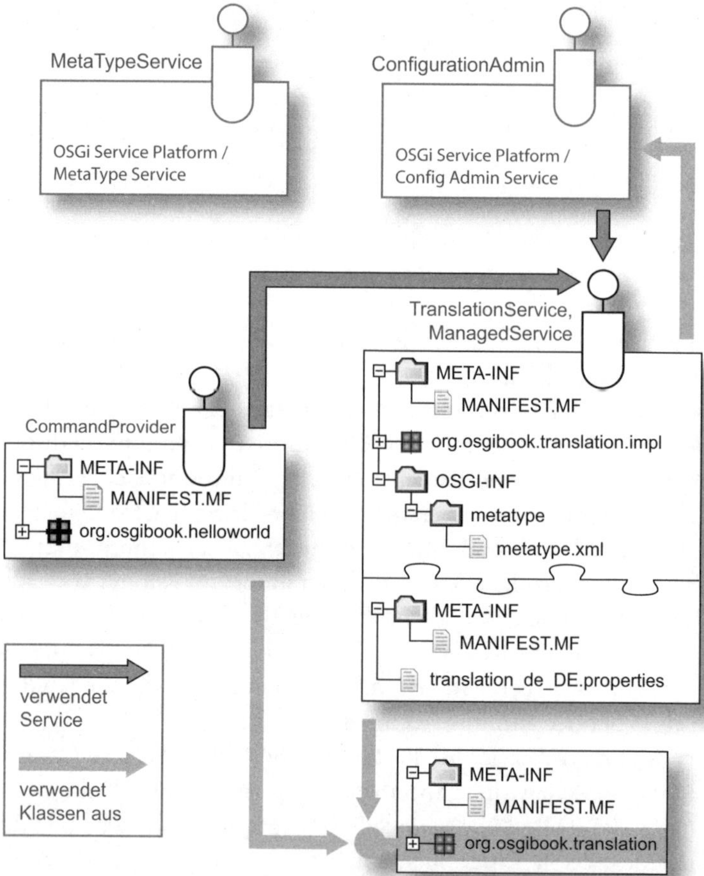

Das `configure`-Kommando aus Kapitel 13 wird in diesem Tutorial deshalb nicht mehr benötigt. Das Plug-in-Projekt `org.osgibook.console.cm` kann also aus dem Beispiel entfernt werden.

Die Plug-in-Projekte

In Abb. 14–2 sind die in diesem Tutorial verwendeten Plug-in-Projekte dargestellt.

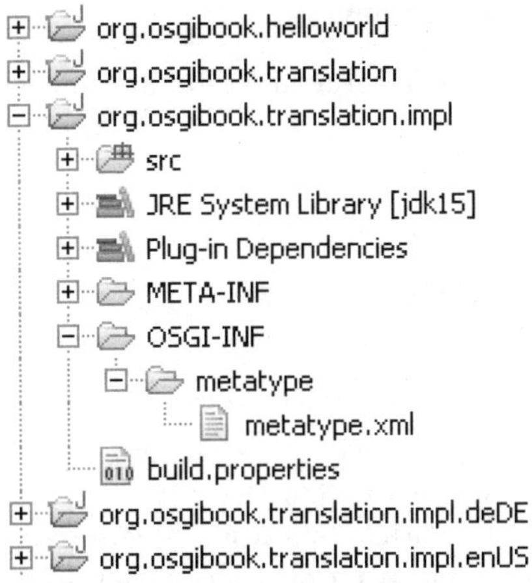

Abb. 14–2
Übersicht über die Plug-in-Projekte

Schritt 1: Anlegen der Metadaten im XML-Format

Um die Metatype-Informationen für die Konfiguration des Translation Service zu beschreiben, legen Sie im Bundle `org.osgibook.translation.impl` die Datei `OSGI-INF/metatype/metatype.xml` an. In dieser Datei beschreiben Sie die beiden Properties `translation.language` und `translation.country`, mit denen der Translation Service konfiguriert werden kann. Das genaue Format und die Bedeutung der einzelnen XML-Elemente und -Attribute werden wir detailliert in Unterkapitel 14.3 beschreiben:

Listing 14–1
Die Datei metatype.xml

```
<?xml version="1.0" encoding="UTF-8"?>
<metatype:MetaData
   xmlns:metatype="http://www.osgi.org/xmlns/metatype/v1.0.0">
   <OCD id="org.osgibook.translation.TranslationService"
      name="TranslationService-Konfiguration"
      description="Die Konfiguration des TranslationService">
      <AD id="translation.language"
         type="String"
         default="de"
         name="Sprache"
         description="Der Sprach-Code"/>
      <AD id="translation.country"
         type="String"
         default="DE"
         name="Land"
         description="Der Laender-Code"/>
   </OCD>
   <Designate pid="org.osgibook.translation.TranslationService">
      <Object
         ocdref="org.osgibook.translation.TranslationService"/>
   </Designate>
</metatype:MetaData>
```

Schritt 2: Starten der Anwendung

Legen Sie anschließend eine Launch-Konfiguration an, in der Sie neben den Bundles aus Ihrem Workspace auch die folgenden Bundles auswählen:

- org.eclipse.equinox.osgi
- org.eclipse.equinox.services
- org.eclipse.equinox.cm

Da wir in diesem Beispiel die Metatype-Service-Implementierung des Knopflerfish-Desktops benutzen, müssen Sie das Bundle org.eclipse.equinox.metatype **nicht** installieren.

Wenn Sie die Launch-Konfiguration ausführen, können Sie über das greet-Kommando einen Gruß in deutscher Sprache (die Default-Einstellung) ausgeben lassen:

```
osgi> greet
Hallo OSGi-Welt sagt Bundle org.osgibook.helloworld!
```

Schritt 3: Installieren des Knopflerfish-Desktops

In Kapitel 11 haben wir Ihnen mit dem Knopflerfish-Desktop einen alternativen Management Agent zur Equinox-Konsole vorgestellt. Im Gegensatz zu Equinox bietet Knopflerfish die Möglichkeit, (Managed) Services, die mittels Metadaten beschrieben sind, über ein grafisches Frontend zu konfigurieren. Um diese Möglichkeit zu nutzen, installieren Sie bitte direkt aus der laufenden Equinox-Instanz die entsprechenden Knopflerfish-Bundles[1]:

```
install http://www.osgibook.org/repo/jars/↵
  util/util-2.0.0.jar start
install http://www.osgibook.org/repo/jars/↵
  kxml/kxml-1.0.jar start
install http://www.osgibook.org/repo/jars/↵
  desktop/desktop_all-2.0.0.jar start
install http://www.osgibook.org/repo/jars/↵
  kf_metatype/kf_metatype_all-2.0.0.jar start
install http://www.osgibook.org/repo/jars/↵
  cm_desktop/cm_desktop-2.0.0.jar start
```

Bereits nach der Installation des Bundles desktop_all-2.0.0.jar wird automatisch der Knopflerfish-Desktop gestartet. Die Bundles kf_metatype_all-2.0.0.jar und cm_desktop-2.0.0.jar enthalten zusätz-

1. Sie können die Bundles auch direkt aus dem Knopflerfish-Repository unter http://www.knopflerfish.org/repo/index.html laden.

lich die Implementierung für die Unterstützung des Metatype und Configuration Admin Service.

Schritt 4: Konfigurieren des Translation Service

Wählen Sie nun im Bundles View des Knopflerfish-Desktops das Bundle `org.osgibook.translation.impl` aus, indem Sie auf das entsprechende Icon für das Bundle klicken. Öffnen Sie dann auf der rechten Seite im Bundle Info View die Registerkarte »CM« (vgl. Abb. 14–3).

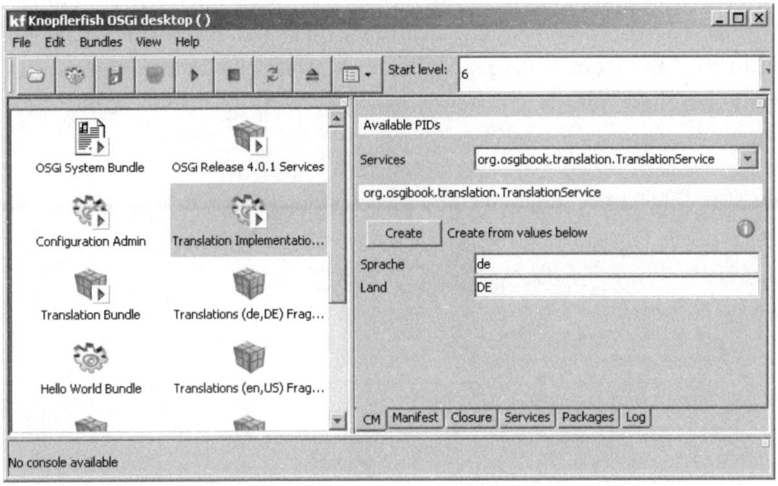

Abb. 14–3
Konfigurationsansicht im Knopflerfish-Desktop

Auf dieser Registerkarte sehen Sie zwei Eingabefelder für die beiden in der Metatype-Definition beschriebenen Attribute »Sprache« (`translation.language`) und »Land« (`translation.country`). Beide Felder sind bereits mit den ebenfalls in der Datei angegebenen Defaultwerten vorbelegt.

Um eine neue Konfiguration für ein englisches Locale zu erzeugen, geben Sie bitte als Sprache »en« und als Land »US« in den Eingabefeldern ein. Durch Klicken auf »Create« erzeugen Sie eine neue Konfiguration und weisen diese dem Translation Service zu.

Wenn Sie nun auf die Equinox-Konsole wechseln, können Sie mit dem `greet`-Kommando erneut eine Grußbotschaft ausgeben:

```
osgi> greet
Hello OSGi World from bundle org.osgibook.helloworld!
```

Die Einstellungen können Sie nun jederzeit über die Knopflerfish-GUI verändern und neu zuweisen.

14.2 Überblick über den Metatype Service

Metatype Service

Der *Metatype Service* stellt eine einheitliche Schnittstelle für den Zugriff auf Metatyp-Informationen zur Verfügung, die mit einem Bundle assoziiert sind. Prinzipiell können Sie über den Metatype Service Metatyp-Information für beliebige Entitäten bereitstellen. Praktisch relevant ist der Metatype Service jedoch insbesondere im Zusammenhang mit dem Config Admin Service.

Metatype und Config Admin Service

Mithilfe des Metatype Service können Sie Metatyp-Informationen für die Konfigurationen eines Managed Service oder einer Managed Service Factory bereitstellen. Auf Basis dieser Metatyp-Informationen können Management Agents, die eine grafische Benutzungsschnittstelle bereitstellen, dynamisch Masken zum Anlegen und Ändern dieser Konfigurationen erzeugen.

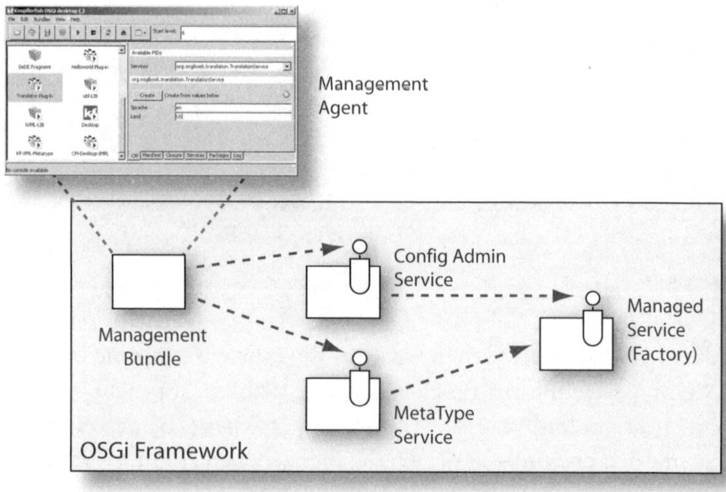

Abb. 14–4
Zuammenspiel von Metatype und Config Admin Service

Object-Class- und Attribute-Definition

Die Beschreibung von Metatyp-Informationen erfolgt über sog. Object-Class-Definitionen. Eine Object-Class-Definition wiederum gruppiert eine oder mehrere Attribute-Definitionen, die fachlich oder technisch zusammengehören. Im Kontext des Config Admin Service werden bspw. die Konfigurations-Metatyp-Informationen zu einem Managed Service (oder einer Managed Service Factory) in einer Object-Class-Definition zusammengefasst. Die enthaltenen Attribute-Definitionen beschreiben dann die möglichen Properties der Konfiguration.

In einer Attribute-Definition beschreiben Sie das Attribut, dessen Typ sowie ggf. einen möglichen Wertebereich. Außerdem können Sie in einer Attribute-Definition die Optionalität und ggf. einen Defaultwert des Attributs angeben.

Die Spezifikation sieht zwei Wege vor, mit denen zu einem Bundle gehörende Metatyp-Informationen angegeben werden können (vgl. Abb. 14–5).

Beschreibung von Metatyp-Informationen

- *Verwendung von Metatyp-Ressourcen:* Zum einen können Sie innerhalb eines Bundles Metatyp-Informationen in Form einer oder mehrere XML-Dateien (sog. Metatyp-Ressourcen) bereitstellen. Diese XML-Dateien müssen sich im Verzeichnis `OSGI-INF/metatype` befinden und enthalten die in XML beschriebenen Metatyp-Informationen sowie die PIDs der Managed Services bzw. Managed Service Factories, denen Metatyp-Beschreibung zugeordnet werden soll. Wir werden diesen Ansatz in Unterkapitel 14.3 detailliert vorstellen.
- *Implementierung eigener MetaTypeProvider:* Alternativ kann ein Managed Service bzw eine Managed Service Factory das Interface `MetaTypeProvider` implementieren. Wenn der Metatype Service keine XML-Beschreibung für einen Managed Service bzw. eine Managed Service Factory findet, dann versucht er, für diesen Service Metatyp-Informationen über das ggf. implementierte Interface `MetaTypeProvider` zu erhalten.

In Abb. 15–5 sind die möglichen Quellen für Metatyp-Definitionen dargestellt.

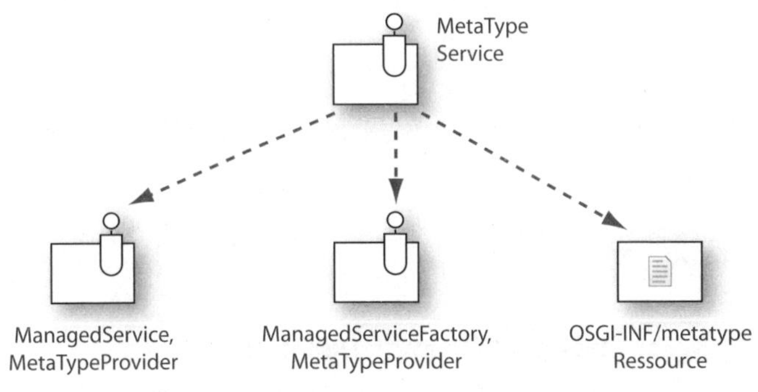

Abb. 14–5
Quellen für Metatyp-Definitionen

14.3 Beschreibung von Metatyp-Informationen in XML

Für die Beschreibung der Metatyp-Informationen eines Bundles verwenden Sie eine oder mehrere XML-Dateien, deren Schema in der Spezifikation des Metatype Service definiert ist. Damit der Metatype Service diese Dateien findet, müssen Sie die Dateien in das `OSGI-INF/metatype`-Verzeichnis Ihres Bundles legen.

Abb. 14–6
Verwendung von Metatype-XML-Ressourcen

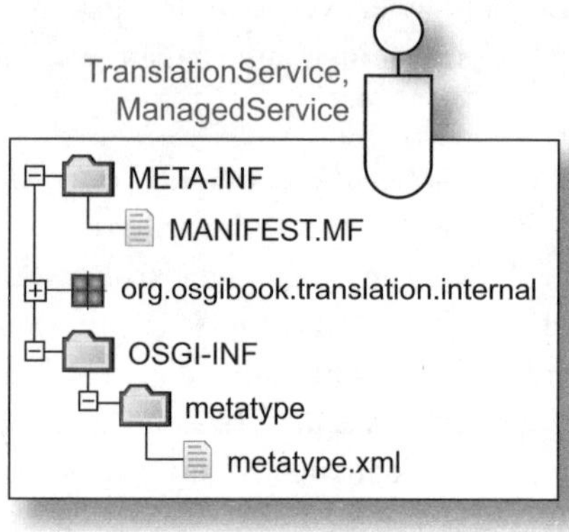

Alle XML-Dateien, die sich in diesem Verzeichnis befinden, werden vom Metatype Service ausgelesen und verarbeitet.

Achtung

> Falls Sie – wie im Tutorial zu diesem Kapitel – die Knopflerfish-Implementierung des Metatype Service benutzen, dann müssen *alle* Dateien, die im `OSGI-INF/metatype`-Verzeichnis liegen, gültige Metatype-XML-Dateien sein. Wenn Sie in Eclipse ein Plug-in-Projekt direkt aus der IDE heraus installieren, müssen Sie daher darauf achten, dass sich in Ihrem `metatype`-Verzeichnis keine Verzeichnisse Ihres Versionierungstools (z.B. `.svn`) befinden.

Das Root-Element einer Metatype-XML-Ressource ist das Element `metadata`, für das Sie einen Namespace angeben müssen:

```
<metatype:MetaData
  xmlns:metatype="http://www.osgi.org/xmlns/metatype/v1.0.0">

  [...]

</metatype:MetaData>
```

14.3.1 Object-Class- und Attribute-Definitionen

Object-Class-Definitionen

In der XML-Datei werden Object-Class-Definitionen durch das Element `OCD` und Attribute-Definitionen durch das Element `AD` dargestellt. Schauen wir uns zunächst das `OCD`-Element an, mit dem Sie eine Object-Class definieren. Das Element kennt die folgenden drei Attribute:

Tab. 14–1
XML-Attribute des OCD-Elementes

Name	Optional	Beschreibung
id	nein	Eine systemweit eindeutige ID
name	nein	Ein menschenlesbarer Name
description	ja	Eine menschenlesbare Beschreibung

Beispiel

Im Tutorial zu diesem Kapitel haben wir die Metatype-Informationen der Translation-Service-Konfiguration über folgendes OCD-Element definiert:

```
<?xml version="1.0" encoding="UTF-8"?>
<metatype:MetaData
  xmlns:metatype="http://www.osgi.org/xmlns/metatype/v1.0.0">

  <OCD id="org.osgibook.translation.TranslationService"
     name="Translation-Service-Konfiguration"
     description="Die Konfiguration des Translation Service">

     [...]

  </OCD>

  [...]
</metatype:MetaData>
```

Attribute-Definition

Das OCD-Element enthält eine Liste mit den Attributbeschreibungen in Form von AD-Elementen. Ein AD-Element verfügt über die folgenden XML-Attribute:

Tab. 14–2 *XML-Attribute des AD-Elementes*

Name	Optional	Beschreibung
id	nein	Eine systemweit eindeutige ID
name	nein	Ein sprechender Name
type	nein	Der Java-Typ des Attributes (String, Long, Integer, Char, Byte, Double, Float, Short und Boolean)
description	ja	Eine Beschreibung der Attributs
default	ja	Der Defaultwert
min	ja	Die Untergrenze für numerische Werte
max	ja	Die Obergrenze für numerische Werte
cardinality	ja	Die Anzahl der Elemente, die in diesem Attribut gespeichert werden kann. Positive Zahlen beschreiben ein Array, negative Zahlen beschreiben einen Vector.
required	ja	Die Optionalität des Attributs

Beispiel

Im Tutorial zu diesem Kapitel haben wir die Metatype-Informationen der Translation-Service-Konfiguration über folgendes AD-Element definiert:

```
<?xml version="1.0" encoding="UTF-8"?>
<metatype:MetaData
  xmlns:metatype="http://www.osgi.org/xmlns/metatype/v1.0.0">
```

```
    <OCD id="org.osgibook.translation.TranslationService"
      name="Translation-Service-Konfiguration"
      description="Die Konfiguration des Translation Service">
      <AD id="translation.language"
        type="String"
        default="de"
        name="Sprache"
        description="Der Sprach-Code"/>
      <AD id="translation.country"
        type="String"
        default="DE"
        name="Land"
        description="Der Laender-Code"/>
    </OCD>

    [...]
  </metatype:MetaData>
```

Wertemengen von Attributen

Um für die Belegung eines Attributs nur vordefinierte Werte zuzulassen, können Sie über `Option`-Elemente eine Liste mit Werten hinterlegen, die dieses Attribut annehmen darf – andere Werte sind dann für das Attribut ungültig. `Option`-Elemente müssen als Unterelemente des AD-Elements verwendet werden und verfügen über zwei Attribute (vgl. Tabelle 14–3).

Tab. 14–3
XML-Attribute des Option-Elementes

Name	Optional	Beschreibung
label	nein	Label für die Anzeige des Wertes
value	nein	Der eigentliche Wert

Mit folgendem XML-Fragment definieren Sie bspw. für das Sprach-Attribut, dass nur die Werte »de« und »en« angenommen werden können:

```
<AD id="translation.language"
  type="String"
  default="de"
  name="Sprache"
  description="Der Sprach-Code">

  <Option label="Deutsch" value="de" />
  <Option label="Englisch" value="en" />

</AD>
```

14.3.2 Zuordnung zu ManagedService und ManagedServiceFactory

Bislang haben Sie gesehen, wie Sie die Metatyp-Information von Konfigurationen in Form von Object-Class-Definitionen angeben. Wenn Sie den Metatype-Service zusammen mit dem Config Admin Service nutzen, müssen Sie diese Metatype-Informationen zusätzlich den entsprechenden Managed Services (bzw. den Managed Service Factories) zuordnen. Um eine entsprechende Zuordnung zu treffen, müssen Sie das `Designate`-Element verwenden, das u.a. über die in Tabelle 14–4 aufgeführten Attribute verfügt.

Tab. 14–4
XML-Attribute des Designate-Elements

Name	Optional	Beschreibung
pid	nein	Die PID eines Managed Service
factoryPid	ja	Die PID einer Managed Service Factory
bundle	ja	Die Location des Bundles, das die PID implementiert

Die zugehörige Object-Class-Definition referenzieren Sie mit dem `Object`-Unterelement. Im folgenden Beispiel wird dem Managed Service mit der PID `org.osgibook.translation.TranslationService` die Object-Class-Definition mit der ID `org.osgibook.translation. TranslationService` zugeordnet:

```
<Designate pid="org.osgibook.translation.TranslationService">
   <Object
      ocdref="org.osgibook.translation.TranslationService"/>
</Designate>
```

14.3.3 Lokalisierung

Um die Namen und die Beschreibungen von Object-Classes und deren Attribute in Management Agents in unterschiedlichen Sprachen anzuzeigen, können verschiedene Werte innerhalb einer Metatype-Definition lokalisiert werden. Dies betrifft die Werte der XML-Attribute `name`, `description` und `icon` einer Object-Class-Definition sowie die Werte der XML-Attribute `name`, `description` und `label` der Attribute-Definition.

Verwendung von Properties

Wenn Sie einen der Werte lokalisieren möchten, tragen Sie in der XML-Datei nicht den eigentlichen Wert ein, sondern nur den Namen einer Property. Diese Property müssen Sie dann in einer oder mehrerer l10n-Dateien mit den entsprechenden, übersetzten Werten versehen. Um dem Metatype Service anzuzeigen, dass es sich bei dem Wert eines Attributs nicht um den tatsächlichen Wert, sondern um ein zu lokalisierendes Property handelt, geben Sie vor dem Namen des Propertys ein `%`-Zeichen ein:

```
<OCD id="org.osgibook.translation.TranslationService"
  description="%translationServiceDescription"
  name="%translationServiceName">
      . . .
</OCD>
```

Die Lokalisierungsdateien

Die lokalisierten Werte der Properties hinterlegen Sie dann in Property-Dateien im `OSGI-INF/l10n`-Verzeichnis, wobei die einzelnen Dateien mit dem Präfix »`bundle_`« beginnen und mit dem Ländercode enden müssen (vgl. Abb. 14–7).

Abb. 14–7
Lokalisierungsdateien im Ordner OSGI-INF/l10n

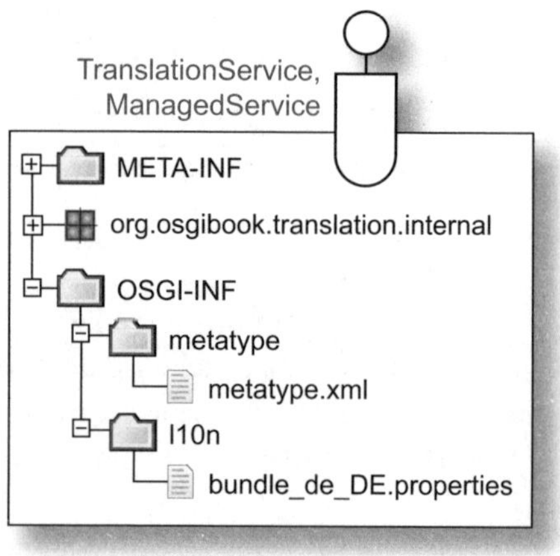

Die Lokalisierungsdateien müssen für alle in der Metatype-Definition angegebenen Properties entsprechende Übersetzungen enthalten. Das folgende Beispiel zeigt die Übersetzungen für die deutsche Sprache:

Listing 14–2
Die Datei bundle_de_DE.properties

```
translationServiceName=Translation-Service-Konfiguration
translationServiceDescripion=↵
  Die Konfiguration des Translation Service
```

Wenn Sie die Lokalisierungsdateien in einem anderen Verzeichnis oder mit einem anderen Namen verwenden möchten, können Sie am `metatype`-Element das `localization`-Attribut verwenden, um dem Metatype-Service einen alternativen Ort für die Property-Dateien anzugeben. Der Wert, den Sie dort angeben, wird als relativer Pfad zum Root-Verzeichnis Ihres Bundles interpretiert. Wenn Sie Ihre Property-Dateien bspw. in dem Verzeichnis `i18n` ablegen und mit dem Präfix `messages` beginnen lassen möchten, verwenden Sie folgenden Eintrag:

```
<?xml version="1.0" encoding="UTF-8"?>
<metatype:MetaData
  xmlns:metatype=http://www.osgi.org/xmlns/metatype/v1.0.0"
  localization="i18n/messages" >
 . . .
</metatype>
```

14.4 Programmatische Abfrage von Metadaten

Das Auslesen und Interpretieren von Metatype-Informationen erfolgt in der Regel durch den Management Agent, der die bereitgestellten Informationen zur Erzeugung von dynamischen Eingabemasken verwendet. Es ist aber über den Metatype Service durchaus möglich, die Metatype-Informationen in eigenen Bundles programmatisch auszulesen.

14.4.1 Das Interface MetaTypeService

Der zentrale Service zum Abfragen der Metatype-Informationen eines Bundles ist über das Interface `MetaTypeService` definiert. Dieses Interface enthält eine einzige Methode `getMetaTypeInformation(Bundle)`, die zu einem Bundle die definierten Metatype-Informationen zurückliefert (vgl. Listing 14–3).

Listing 14–3
Das Interface MetaTypeService

```
package org.osgi.service.metatype;

import org.osgi.framework.Bundle;

public interface MetaTypeService {

   public MetaTypeInformation getMetaTypeInformation(
      Bundle bundle);
}
```

Das Interface MetaTypeInformation

Die `getMetaTypeInformation()`-Methode liefert Ihnen die Metadaten eines Bundles in Form eines Objektes vom Typ `MetaTypeInformation` zurück. Über die Methoden `getPids()` und `getFactoryPids()` können Sie alle innerhalb des Bundles definierten PIDs bzw. Factory PIDs abfragen, für die Object-Class-Definitionen vorhanden sind (vgl. Listing 14–4).

Listing 14–4
Das Interface MetaTypeInformation

```
package org.osgi.service.metatype;

import org.osgi.framework.Bundle;

public interface MetaTypeInformation extends MetaTypeProvider {
   public String[] getPids();
   public String[] getFactoryPids();
   public Bundle getBundle();
}
```

Das Interface MetaTypeProvider

Das Interface `MetaTypeInformation` erweitert das Interface `MetaTypeProvider`, über das zusätzlich die in Listing 14–5 aufgeführten Methoden zur Verfügung stehen.

Listing 14–5
Das Interface MetaTypeProvider

```
package org.osgi.service.metatype;

public interface MetaTypeProvider {

   public ObjectClassDefinition getObjectClassDefinition(
      String id, String locale);
   public String[] getLocales();
}
```

Über die Methode `getLocales()` können alle für ein Bundle definierten Locales abgefragt werden. Um die Object-Class-Definitionen eines Bundles abzufragen, verwenden Sie die Methode `getObjectClassDefinition(String id, String locale)`. Diese Methode liefert Ihnen zu einer ID (bspw. einer PID oder Factory PID) und einem Locale die entsprechende Object-Class-Definition zurück.

Das nachfolgende Beispiel zeigt, wie Object-Class-Definitionen über den `MetaTypeService` abgefragt werden können:

```
MetaTypeService metaTypeService = ...

MetaTypeInformation metaTypeInformation = metaTypeService
   .getMetaTypeInformation(bundleContext.getBundle());

String[] pids = metaTypeInformation.getPids();
String[] locales = metaTypeInformation.getLocales();

String locale = null;
if (locales != null) {
   // Wir verwenden die erste Übersetzung, die existiert
   locale = locales[0];
}

ObjectClassDefinition objectClassDefinition =
   metaTypeInformation.getObjectClassDefinition(
      pids[0], locale);
```

14.4.2 Das Interface ObjectClassDefinition

In der Metadaten-XML-Datei haben Sie mit dem `OCD`-Element eine Object-Class-Definition beschrieben. Diese Definition steht Ihnen über die API des Metatype Service in Form des `ObjectClassDefinition`-Interface zur Verfügung (vgl. Listing 15-6):

Listing 14–6
Das Interface ObjectClassDefinition

```
package org.osgi.service.metatype;

[...]

public interface ObjectClassDefinition {
   public String getName();
   public String getID();
   public String getDescription();
   public AttributeDefinition[] getAttributeDefinitions
      (int filter);
   public InputStream getIcon(int size) throws IOException;
}
```

Die Methode `getAttributeDefinitions()` liefert Ihnen eine Liste aller Attribute zurück, die mit dieser `ObjectClassDefinition` beschrieben werden. Dabei müssen Sie als Parameter angeben, ob Sie alle Attribute (`ObjectClassDefinition.ALL`), nur die Pflichtattribute (`ObjectClassDefinition.REQUIRED`) oder nur die optionalen Attribute (`ObjectClassDefinition.OPTIONAL`) zurückgeliefert bekommen möchten.

Die Methoden `getName()` und `getDescription()` liefern einen sprechenden Namen bzw. eine Beschreibung der `ObjectClassDefinition` zurück, wobei diese Angaben ggf. bereits lokalisiert sind. Mit der `getIcon`-Methode können Sie einen `java.io.InputStream` für ein Icon in der angegebenen Größe bekommen. Falls für die Objekt-Klasse kein Icon angegeben wurde, liefert die Methode `null` zurück. Die `getID`-Methode liefert die ID dieser `ObjectClassDefinition` zurück, die für den gesamten Metatype Service eindeutig ist, so dass alle `ObjectClassDefinition`-Objekte, die Sie über den Metatype Service erhalten, garantiert unterschiedliche IDs haben.

14.4.3 Das Interface AttributeDefinition

Die Attribute einer `ObjectClassDefinition` werden durch das Interface `AttributeDefinition` beschrieben, das Ihnen die Werte aus dem `AD`-Element in Ihrer Metadaten-XML-Datei zugänglich macht:

Listing 14–7
Das Interface AttributeDefinition

```
package org.osgi.service.metatype;

public interface AttributeDefinition {
   public String getName();
   public String getID();
   public String getDescription();
   public int getCardinality();
   public int getType();
   public String[] getOptionValues();
   public String[] getOptionLabels();
   public String validate(String value);
   public String[] getDefaultValue();
}
```

Das Interface verfügt über eine Reihe von get-Methoden, mit denen Sie auf die Informationen, die in einer Metadaten-XML-Datei hinterlegt wurden, zugreifen können. Wenn das ObjectClassDefinition-Objekt, über das Sie eine Instanz von AttributeDefinition bekommen haben, lokalisiert wurde, sind auch die Werte, die Sie von der Definition erhalten, entsprechend lokalisiert.

Gültigkeit von Attribute-Werten überprüfen

Zusätzlich zu den get-Methoden verfügt eine AttributeDefinition über eine validate()-Methode. Mit dieser Methode können Sie überprüfen, ob der Wert, den Sie der Methode übergeben, einen gültigen Wert gemäß der Definition darstellt. Wenn der Wert nicht gültig ist, bekommen Sie einen String mit einer Fehlerbeschreibung zurück. Andernfalls wird ein Leerstring zurückgeliefert, wenn der Wert nicht validiert werden konnte, etwa weil Sie einen numerischen Wert übergeben haben, in der Attribut-Definition aber keine Beschränkungen für numerische Werte festgelegt sind. Falls der übergebene Wert nicht der Attributsbeschreibung entspricht, erhalten Sie null zurück:´

```
AttributeDefinition ad = ...;

String validationResult = ad.validate("hello world");
If (validationResult == null) {
   System.out.println("Der Wert ist gültig");
} else if (validationResult.length()==0) {
   System.out.println("Der Wert wurde nicht überprüft");
} else {
   System.err.println("Der Wert ist ungültig:" + validationResult);
}
```

14.5 Zusammenfassung

In diesem Kapitel haben wir Ihnen den Meta Type Service vorgestellt, mit dem Sie Konfigurationen beschreiben können, so dass Managment Agents dafür Benutzerschnittstellen anbieten können:

- Mithilfe des *Metatype Service* können Metainformationen von beliebigen Konfigurationen spezifiziert werden. Auf Basis dieser Informationen können Management Agents, die eine grafische Benutzungsschnittstelle bereitstellen, dynamisch Masken zum Anlegen und Ändern dieser Konfigurationen generieren.
- Metatyp-Information zu einem Bundle können auf unterschiedliche Art und Weise angegeben werden: Über *Metatyp-Ressourcen* können Metatyp-Informationen in Form einer oder mehrerer XML-Dateien bereitgestellt werden. Alternativ kann ein Managed Service bzw. eine Managed Service Factory das Interface *MetaTypeProvider* implementieren.

- Die Beschreibung von Metatyp-Informationen erfolgt über *Object-Class-Definitionen*. Eine Object-Class-Definition wiederum gruppiert eine oder mehrere *Attribute-Definitionen*.
- Die programmatische Abfrage von Metatyp-Informationen erfolgt über das Interface `MetaTypeService`.

15 Der Event Admin Service

Motivation

In vielen Anwendungen müssen Events verschickt und verarbeitet werden, um auf externe und interne Ereignisse zu reagieren. In Anwendungen, die auf der OSGi Service Platform basieren, müssen Events nicht nur innerhalb eines Bundles, sondern auch Bundle-übergreifend verschickt werden können. In Unterkapitel 7.6 haben wir Ihnen mit dem Whiteboard-Pattern ein Entwurfsmuster vorgestellt, mit dem sich das Versenden und Empfangen von Events über Bundle-Grenzen hinweg elegant realisieren lässt.

In diesem Kapitel stellen wir Ihnen mit dem *Event Admin Service* einen Service vor, der aufbauend auf dem Whiteboard-Pattern eine Infrastruktur bereitstellt, mit der das Versenden und Verarbeiten von Events weiter vereinfacht wird. Der Event Admin Service stellt einen zentralen Dienst zur Verfügung, über den Events synchron und asynchron versendet werden können.

Das Abfragen und Iterieren über die für einen Event Publisher registrierten Event Listener wird dabei durch den Event Admin Service realisiert, so dass Sie sich ganz auf das Veröffentlichen und Verarbeiten von Events konzentrieren können.

Einordnung

Der Event Admin Service ist sowohl Bestandteil des OSGi Service Compendium als auch der OSGi Mobile Specification und ist dort jeweils in Kapitel 113 spezifiziert.

15.1 Tutorial: Ein Timer Service

Überblick

Die Funktionsweise des Event Admin Service stellen wir Ihnen anhand eines Bundles vor, das über einen Timer sekündlich ein Event mit der aktuellen Systemzeit versendet. Dazu implementieren wir die folgenden Bundles (vgl. Abb. 15–1):

- ***Das Bundle org.osgibook.timerservice:*** Implementiert einen Timer, der sekündlich die Systemzeit einschließlich des Datums als Event verschickt.
- ***Das Bundle org.osgibook.clock:*** Implementiert einen einfachen Client, der die Events empfängt und die Systemzeit auf der Konsole ausgibt.

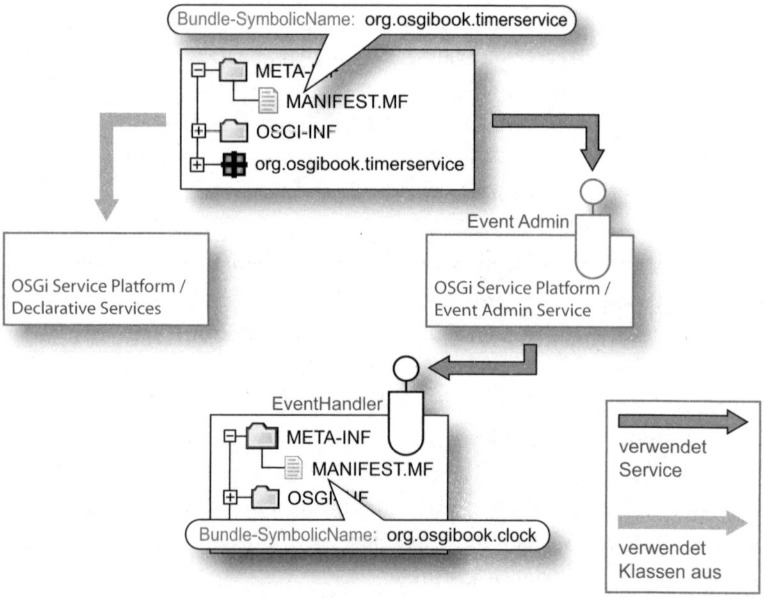

Abb. 15–1
Übersicht über die beteiligten Bundles

Sowohl den Timer Service als auch die Ausgabe der aktuellen Systemzeit realisieren wir als Service Components (vgl. Kapitel 12).

Die Plug-in-Projekte

In Abb. 15–1 ist der Aufbau der fertigen Plug-in-Projekte aus diesem Kapitel dargestellt.

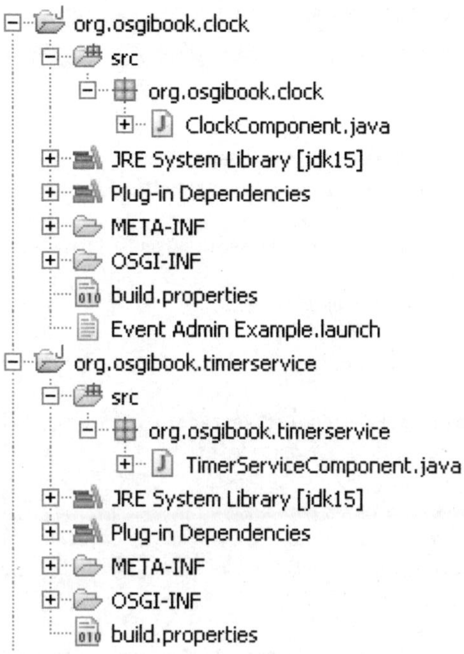

Abb. 15–2
Die Plug-in-Projekte in diesem Tutorial

Schritt 1a: Anlegen des Bundles org.osgibook.timerservice

Legen Sie zunächst ein neues Plug-in-Projekt mit dem Namen `org.osgibook.timerservice` und dem folgenden `Import-Package`-Header an:

```
Import-Package: org.osgi.framework;version="1.4.0",
  org.osgi.service.component;version="1.0.0",
  org.osgi.service.event;version="1.1.0"
```

Zusätzlich müssen Sie im Bundle Manifest über den Header `Service-Component` angeben, wo sich innerhalb des Bundles die Komponentenbeschreibung für die Timer-Service-Komponente befindet:

```
Service-Component: OSGI-INF/component-description.xml
```

Schritt 1b: Implementieren der Klasse TimerServiceComponent

Erstellen Sie nun im Package `org.osgibook.timerservice` die Komponentenklasse `TimerServiceComponent` (vgl. Listing 15–1). Die Komponente erzeugt bei ihrer Aktivierung einen neuen `java.util.Timer`, der sekündlich die Methode `run()` ausführt. Innerhalb der `run()`-Methode wird die aktuelle Systemzeit ausgelesen und als Property an einem `Event`-Objekt gesetzt. Dieses `Event`-Objekt wird anschließend über den Event Admin Service verschickt. Wenn die Komponente deaktiviert wird, wird der Timer beendet.

Listing 15–1
Die Klasse TimerServiceComponent

```
package org.osgibook.timerservice;

[...]
import java.util.Timer;
import java.util.TimerTask;
import org.osgi.service.event.Event;
import org.osgi.service.event.EventAdmin;

public class TimerServiceComponent extends TimerTask {

   private EventAdmin eventAdmin;

   private Timer timer;

   public void setEventAdmin(EventAdmin eventAdmin) {
      this.eventAdmin = eventAdmin;
   }

   public void unsetEventAdmin(EventAdmin eventAdmin) {
      this.eventAdmin = null;
   }

   protected void activate(ComponentContext componentContext) {
      timer = new Timer();
      timer.scheduleAtFixedRate(this, 0, 1000);
   }

   protected void deactivate(ComponentContext componentContext) {
      timer.cancel();
   }

   public void run() {
      DateFormat format = SimpleDateFormat.getDateTimeInstance(
          SimpleDateFormat.LONG, SimpleDateFormat.LONG);
      String time = format.format(new Date());
      Dictionary<String, String> eventProperties =
         new Hashtable<String, String>();
      eventProperties.put("time", time);
      Event event = new Event("org/osgibook/timerservice/Timer",
         eventProperties);
      eventAdmin.sendEvent(event);
   }
}
```

Schritt 1c: Die Komponentenbeschreibung der Timer-Service-Komponente

Abschließend muss für die Timer-Service-Komponente noch die Komponentenbeschreibung in Form der Datei `OSGI-INF/component-description.xml` angelegt werden:

Listing 15–2 Die Datei OSGI-INF/component-description.xml

```
<?xml version="1.0"?>
<component name="timerServiceComponent">
  <implementation class="org.osgibook.↵
     timerservice.TimerServiceComponent"/>
  <reference name="eventAdmin"
     interface="org.osgi.service.event.EventAdmin"
     bind="setEventAdmin"
     unbind="unsetEventAdmin"
  />
</component>
```

Schritt 2a: Anlegen des Bundles org.osgibook.clock

Im zweiten Schritt legen Sie bitte das Plug-in-Projekt `org.osgibook.clock` an, in dem wir die Verarbeitung der Events implementieren. Das Bundle importiert die folgenden Packages:

```
Import-Package: org.osgi.framework;version="1.4.0",
 org.osgi.service.event;version="1.1.0"
```

Auch hier müssen Sie die Datei spezifizieren, die die Komponentenbeschreibung enthält:

```
Service-Component: OSGI-INF/component-description.xml
```

Schritt 2b: Implementieren der Klasse ClockComponent

In der Klasse `ClockComponent` implementieren wir das Interface `org.osgi.service.event.EventHandler`, über das der Event Admin Service die Komponente über aufgetretene Ereignisse benachrichtigen kann:

Listing 15–3 Die Klasse ClockComponent

```
package org.osgibook.clock;

import org.osgi.service.event.Event;
import org.osgi.service.event.EventHandler;

public class ClockComponent implements EventHandler {

  public void handleEvent(Event event) {
     System.out.println("Die aktuelle Zeit: " +
        event.getProperty("time"));
  }
}
```

Schritt 2c: Die Beschreibung der Clock-Komponente

Auch für die Clock-Komponente muss eine Komponentenbeschreibung in Form der Datei `OSGI-INF/component-description.xml` angelegt werden:

Listing 15–4
Die Datei OSGI-INF/component-description.xml

```
<?xml version="1.0"?>
<component name="clockComponent">
   <implementation class="org.osgibook.clock.ClockComponent"/>
   <property name="event.topics"
      value="org/osgibook/timerservice/Timer"/>
   <service>
      <provide interface="org.osgi.service.event.EventHandler"/>
   </service>
</component>
```

Schritt 3: Ausführen des Beipiels

Um das Beispiel auszuführen, legen Sie zunächst eine neue Launch-Konfiguration an, die neben den Bundles `org.osgibook.timerservice` und `org.osgibook.client` aus dem Workspace auch die folgenden Bundles enthält:

- `org.eclipse.osgi`
- `org.eclipse.osgi.services`
- `org.eclipse.equinox.event`
- `org.eclipse.equinox.ds`

Wenn Sie das Beispiel jetzt starten, sehen Sie, wie das »clock«-Bundle alle 30 Sekunden die Systemzeit auf der Konsole ausgibt:

```
osgi> Die aktuelle Zeit: 27.01.2008 11:25.41
Die aktuelle Zeit: 27.01.2008 11:26.11
Die aktuelle Zeit: 27.01.2008 11:26.41
```

15.2 Der Event Admin Service im Überblick

Der *Event Admin Service* ermöglicht es Ihnen, über eine standardisierte Schnittstelle Events zwischen unterschiedlichen Bundles auszutauschen. Das Versenden von Events erfolgt dabei über den OSGi Service `org.osgi.service.event.EventAdmin`, während zum Empfang von Events OSGi Services vom Typ `org.osgi.service.event.EventHandler` an der Service Registry angemeldet werden müssen (vgl. Abb. 15–3).

Im Gegensatz zum Event-Listener-Pattern, das im JDK Verwendung findet (vgl. dazu auch Unterkapitel 7.6), werden innerhalb des Event Admin Service spezialisierte Events nicht durch Unterklassen definiert, sondern durch die Verwendung von *Topics* und *Properties*:

- *Event-Topics:* Ein *Event-Topic* dient der Identifikation eines Events. Der Name eines Topics wird, ähnlich wie ein Java-Klassenname, in einem hierarchischen Namensraum aufgebaut, wobei jedes Level durch einen Schrägstrich getrennt ist, bspw. `org/osgibook/timerservice/Timer`. Per Konvention sollten Sie eigene Topics nach Ihren Packagenamen benennen, um sicherzustellen, dass die Namen systemweit eindeutig sind.
- *Event-Properties:* Die *Event-Properties* enthalten weitere Informationen über das Event. Über die Properties können Sie beliebige Informationen an die Event-Empfänger verteilen, die den Empfängern eines Events die Möglichkeit geben, nähere Auskunft über das Event und seine Ursache zu bekommen. Wenn Sie ein Event erstellen, können Sie selber festlegen, welche Properties Sie verwenden wollen.

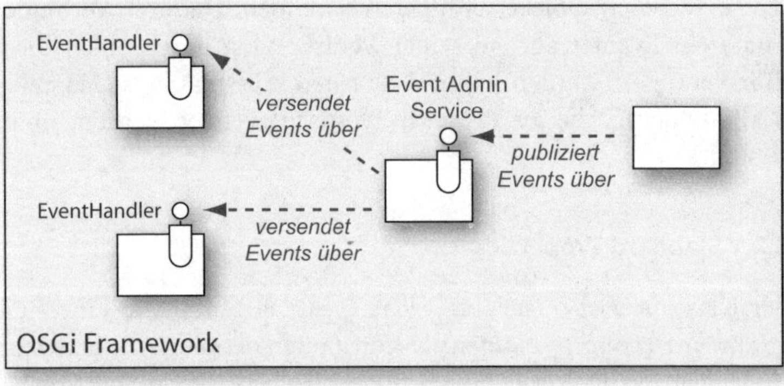

Abb. 15–3
Funktionsweise des Event Admin Service

15.3 Die Klasse org.osgi.service.event.Event

Events, die mit dem Event Admin Service verschickt werden, sind Instanzen der Klasse `org.osgi.service.event.Event` (vgl. Listing 15–5).

Listing 15–5
Die Klasse Event

```
package org.osgi.service.event;

import java.util.Dictionary;
import org.osgi.framework.Filter;

public class Event {

   public Event(String topic, Dictionary properties) {...}

   public Object getProperty(String name) {...}
   public String[] getPropertyNames() {...}
   public String getTopic() {...}
   public boolean matches(Filter filter) {...}
}
```

15.3.1 Erzeugen von Events

Ein Event-Objekt können Sie über den Konstruktor `public Event(String topic, Dictionary properties)` erstellen. Eventspezifische Informationen fügen Sie dem Event über sein Topic bzw. über dessen Properties hinzu. Die Angabe von Properties ist optional, wenn Sie keine Properties für das Event verwenden möchten, können Sie `null` übergeben:

```
Dictionary eventProperties = new Hashtable();

[...]

Event event =
  new Event("org/osgibook/timerservice/Timer", eventProperties);
```

Verwendung von Properties

Obwohl die API vorsieht, dass Property-Werte beliebige Java-Object-Instanzen sein können, sollten Sie nur Strings und primitive Java-Typen (bzw. deren Object-Wrapper) verwenden. Dadurch verhindern Sie, dass ein Event während seiner Verarbeitung durch einen `EventHandler` verändert werden kann. Ansonsten müssten Sie sicherstellen, dass alle Objekte, die als Property-Werte verwendet werden, immutable sind.

15.3.2 Standard-Properties

In der Klasse `org.osgi.service.event.EventConstants` sind eine Reihe von Standard-Property-Namen als Konstanten definiert, die in System- oder eigenen Events Verwendung finden (sollen). Wenn Sie bspw. ein Event über den Event Admin Service versenden, fügt dieser automatisch den Namen des Event-Topics Ihren Properties hinzu. Der entsprechende Property-Key dafür ist in der Konstante `org.osgi.service.EventConstants.EVENT_TOPIC` definiert (Tabelle 15–1).

Tab. 15–1 *Standard-Properties*

Konstante in EventConstants	Typ	Bedeutung
EVENT_TOPIC	String	Das Topic des Events
BUNDLE_SIGNER	String	Der Name des Signierers (distinguished name)
BUNDLE_SYMBOLICNAME	String	Der symbolische Name des für dieses Event relevanten Bundles
BUNDLE_ID	Long	Die Bundle-ID des für dieses Event relevanten Bundles
BUNDLE	Bundle	Das Bundle-Object des für dieses Event relevanten Bundles

Konstante in EventConstants	Typ	Bedeutung
EVENT	Object	Das eigentliche Event-Objekt, falls dieses Event über ein Event aus einem anderen Event-Mechanismus getriggert wurde
EXCEPTION	Throwable	Eine für ein Event relevante Exception
EXCEPTION_CLASS	String	Der Klassenname der Exception
EXCEPTION_MESSAGE	String	Die Exception-Message
MESSAGE	String	Eine (menschen-)lesbare Nachricht
SERVICE	Service-Reference	Die Service Reference des für dieses Event relevanten Service
SERVICE_ID	Long	Die Service-ID des für dieses Event relevanten Service
SERVICE_OBJECTCLASS	String[]	Die Namen der Schnittstellen des für dieses Event relevanten Service
SERVICE_PID	String	Die Service-PID
TIMESTAMP	Long	Der Zeitpunkt, an dem das Event auftrat

15.3.3 Abfragen eventspezifischer Informationen

Mit den Methoden `getTopic()`, `getPropertyNames()` und `getProperty()` können Sie nach den verschiedenen Informationen des Events fragen:

```
Event event = [...]

// Event-Topic ausgeben
System.out.println("event received: " + event.getTopic());

// Alle Properties des Events ausgeben
for (String propertyName : event.getPropertyNames()) {

   System.out.println(propertyName + " = " +
      event.getProperty(propertyName));
}
```

Über die Methode `matches(Filter filter)` können Sie zudem prüfen, ob das Event einem übergebenen Filter entspricht oder nicht:

```
Filter filter = bundleContext.createFilter("(" +
   EventConstants.EVENT_TOPIC + "=org/osgibook/*)");
if (event.matches(filter)) {
   // do something...
}
```

15.3.4 Mapping von Framework Events

Im dritten Kapitel haben wir Ihnen die Framework Events FrameworkEvent und BundleEvent (Unterkapitel 4.5) sowie den ServiceEvent (Unterkapitel 7.5) vorgestellt, auf die wir zunächst über jeweils eventspezifizische Listener, die im Framework spezifiziert sind, reagiert haben. Um eine einheitliche Behandlung aller Events zu ermöglichen, mapped der Event Admin Service diese Events, so dass Sie diese auch über den Event Admin Service verfolgen können. Die Events werden dabei unter den folgenden Topics veröffentlicht:

- **Framework Event:** org/osgi/framework/FrameworkEvent/<eventType>, wobei <eventType> einen der Werte STARTED, ERROR, PACKAGES_REFRESHED, STARTLEVEL_CHANGED, WARNING oder INFO annehmen kann
- **Bundle Event:** org/osgi/framework/BundleEvent/<eventType>, wobei <eventType> einen der Werte INSTALLED, STARTED, STOPPED, UPDATED, UNINSTALLED, RESOLVED oder UNRESOLVED annehmen kann
- **Service Event:** org/osgi/framework/ServiceEvent/<eventType>, wobei <eventType> einen der Werte REGISTERED, MODIFIED oder UNREGISTERING annehmen kann

Die Events, die vom Event Admin Service anstelle der ursprünglichen Framework Events verschickt werden, enthalten zahlreiche Properties, mit denen Sie auf die Informationen des ursprünglichen Objektes zugreifen können, u.a. wird auch das ursprüngliche Framework Event selber mitgeschickt, das Sie jeweils über das Property mit dem Key EventConstants.EVENT erhalten können:

```
Event event = [...]

String topic =
  (String) event.getProperty(EventConstants.EVENT_TOPIC);

  if (topic.startsWith("org/osgi/framework/BundleEvent/")) {
    BundleEvent bundleEvent =
       (BundleEvent)e.getProperty(EventConstants.EVENT);
  [...]
}
```

15.4 Events veröffentlichen

Wenn Sie selber Events versenden möchten, verwenden Sie dazu die API des Event Admin Service. Dieses Interface stellt zwei Methoden zum Versenden von Nachrichten zur Verfügung:

```
package org.osgi.service.event;

public interface EventAdmin {

   public void postEvent(Event event);
   public void sendEvent(Event event);
}
```

Listing 15–6
Das Interface EventAdmin

Der Unterschied zwischen den beiden Methoden liegt darin, wie der Event Admin Service die Events versendet: Über die Methode `sendEvent()` können Sie Events synchron an alle Empfänger verschicken, d.h., die Methode kehrt erst zurück, nachdem alle Empfänger die Nachricht erhalten haben. Mit der Methode `postEvent()` wird ein Event asynchron verschickt. Die Methode kehrt sofort zurück, das Versenden des Events durch den Event Admin Service sowie die Verarbeitung der Events durch die angemeldeten Event Handler erfolgt in einem neuen Thread. Da das synchrone Versenden von Events zu Deadlocks führen kann, ist das asynchrone Versenden vorzuziehen.

15.4.1 Synchrones Versenden von Events

Mit der Methode `sendEvent` versenden Sie einen Event *synchron*, die Methode wird also erst wieder verlassen, wenn der letzte Event Handler das Event verarbeitet hat:

```
Event event =
   new Event("org/osgibook/timerservice/Timer", props);

EventAdmin eventAdmin =
   (EventAdmin) eventAdminTracker.getService();

if ( eventAdmin != null ) {
   eventAdmin.sendEvent(event);
}
```

Der Event Admin Service darf übrigens intern einen eigenen Thread zur Benachrichtigung der `EventHandler` verwenden. Sie können sich also nicht sicher sein, dass die Event Handler, die mit Ihrem Event benachrichtigt werden, auf demselben Thread laufen wie Ihre Methode. Sichergestellt wird lediglich, dass Ihre Methode nach dem `sendEvent`-Aufruf erst dann fortgesetzt wird, wenn auch der letzte Event Handler benachrichtigt wurde und seine Event-Verarbeitung abgeschlossen hat. Da die synchrone Verarbeitung von Events recht lange dauern kann, sollten Sie das asynchrone Versenden von Events bevorzugen.

15.4.2 Asynchrones Versenden von Events

Die Methode `postEvent` versendet Events *asynchron*, d.h., die Methode kehrt sofort zurück, die Benachrichtigung und Verarbeitung Ihres Events geschieht in einem gesonderten Thread:

```
Event event =
   new Event("org/osgibook/timerservice/Timer", props);

EventAdmin eventAdmin =
   (EventAdmin) eventAdminTracker.getService();

if ( eventAdmin != null ) {
   eventAdmin.postEvent(event);
}
```

Dabei erfüllt die Methode folgenden Bedingungen:

- Es werden zunächst alle angemeldeten, relevanten Event Handler ermittelt. Dadurch wird sichergestellt, dass Event Handler, die nachträglich an der Service Registry registriert werden, nicht informiert werden.
- Vor der Zustellung eines Events an einen der ermittelten Event Handler wird geprüft, ob dieser Handler immer noch registriert ist, und nur dann wird das Event zugestellt. Dadurch wird verhindert, dass abgemeldete Event Handler Events erhalten.
- Die Events werden in der korrekten Reihenfolge versendet. Selbst wenn der Event Admin Service mehrere Threads zum Versenden von Events verwendet, muss er sicherstellen, dass ein zeitlich zuerst versendetes Event vor einem später versendeten Event an die Event Handler zugestellt wird. Dieses Verhalten gilt allerdings nur für Events, die aus demselben Thread heraus verschickt wurden. Wenn die `postEvent`-Methode zeitgleich aus mehreren Threads heraus aufgerufen wird, wird nicht garantiert, dass die Reihenfolge erhalten bleibt.
- Wenn einer der Event Handler seinerseits ein synchrones Event mittels der `sendEvent`-Methode versendet, wird die Event-Verarbeitung so lange angehalten, bis dieses versendete Event von allen Event Handlers verarbeitet wurde. Dadurch kann es vorkommen, dass ein Event Handler dieses zweite Event vor dem ersten Event bekommt.

Die Framework Events, die durch den Event Admin Service versendet werden, werden alle *asynchron* versendet.

15.4.3 Fehlerbehandlung

Wenn ein Event Handler eine (Runtime-)Exception wirft, wird diese vom Event Admin Service abgefangen und der nächste EventHandler wird aufgerufen. Die Benachrichtung der Event Handler wird also nicht abgebrochen. Wie der Event Admin Service mit der abgefangenen Exception umgehen sollte, ist nicht spezifiziert. Eclipse Equinox loggt diese Exceptions über den OSGi Log Service.

15.5 Events empfangen

15.5.1 Das Interface org.osgi.event.EventHandler

Wenn Sie auf Events empfangen möchten, müssen Sie das Interface `org.osgi.service.event.EventHandler` implementieren. Dieses Interface enthält die Callback-Methode `handleEvent(Event)`, der vom Event Admin Service das entsprechende Event übergeben wird:

Listing 15–7
Das Interface EventHandler

```
package org.osgi.service.event;

public interface EventHandler {

   void handleEvent(Event event);
}
```

Beispiel

Das folgende Beispiel zeigt den `TimerEventHandler` aus dem Tutorial zu diesem Kapitel, in dem die Property »time« ausgelesen und angezeigt wird:

```
package org.osgibook.clock;

[...]

class TimerEventHandler implements EventHandler {
   public void handleEvent(Event event) {
      System.out.println("Die aktuelle Zeit: " +
         event.getProperty("time"));
   }
}
```

15.5.2 Registrierung von Event Handlern

Damit Ihr Event Handler vom Event Admin Service mit Events versorgt wird, müssen Sie ihn an der Service Registry als Service anmelden. Dazu verwenden Sie den Namen des `EventHandler`-Interface als Service-Interface:

```
EventHandler eventHandler = [...]
Properties properties = new Properties();

bundleContext.registerService(EventHandler.class.getName(),
   eventHandler, properties);
```

Über die Service-Properties können Sie außerdem auswählen, welche Events der Event Handler erhalten soll. Dazu können Sie die folgenden zwei Properties setzen:

- ***EventConstants.EVENT_TOPIC:*** Mit dem Property `EventConstants.EVENT_TOPIC` können Sie auswählen, für welche Topics Sie sich interessieren. Als Wert können Sie dazu ein Array von Strings übergeben, das die Namen der Topics enthält, über die Sie unterrichtet werden möchten. Dabei können Sie den »*« als Wildcard nutzen. Um bspw. alle Bundle-Context-Events zu erhalten, geben Sie als Topic `org/osgi/framework/BundleEvent/*` an.
- ***EventConstants.EVENT_FILTER:*** Sie können die für Sie relevanten Topics zusätzlich über deren Properties auswählen. Dazu können Sie mit dem Property `EventConstants.EVENT_FILTER` einen Filterstring angeben, der vom Event Admin Service mit den Properties eines Events verglichen wird. Nur wenn der entsprechende Filter zutrifft, wird Ihnen das Event zugestellt. Wenn Sie z.B. nur an Events aus dem Bundle `org.osgibook.event` interessiert sind, verwenden Sie den Filter `"(bundle.symbolicName=org.osgibook.event)"`, sofern Sie wissen, dass der Bundle-Name unter dem Property `bundle.symbolicName` in den Event-Properties abgelegt ist.

Mit dem folgenden Beispiel registrieren Sie einen Event Handler, der auf alle Bundle Events reagiert, sofern sie durch ein Bundle ausgelöst wurden, dessen Name mit `org.osgibook` beginnt:

```
EventHandler eventHandler = [...]

Properties properties = new Properties();

properties.setProperty(EventConstants.EVENT_TOPIC,
   "org/osgi/framework/BundleEvent/*");

properties.setProperty(EventConstants.EVENT_FILTER,
   "(bundle.symbolicName=org.osgibook.*)");

bundleContext.registerService(EventHandler.class.getName(),
   eventHandler,
   properties);
```

15.6 Zusammenfassung

In diesem Kapitel haben wir Ihnen gezeigt, wie Sie den Event Admin Service nutzen, um Events zwischen unterschiedlichen Bundles auszutauschen:

- Events, die mit dem Event Admin Service verschickt werden, sind Instanzen der Klasse `org.osgi.service.event.Event` und enthalten ein Topic sowie beliebige Properties.
- Das *Topic* dient der Identifikation eines Events und wird in einem hierarchischen Namensraum aufgebaut, wobei jedes Level durch einen Schrägstrich getrennt ist.
- Über die *Event-Properties* können einem Event prinzipiell beliebige Objekte hinzugefügt werden, um so zusätzliche Informationen an die Event-Empfänger zu übermitteln.
- Events können unter Verwendung des Interface `EventAdmin` versendet werden. Das Versenden kann synchron (`sendEvent(Event)`) oder asynchron (`postEvent(Event)`) erfolgen.
- Zum Empfang von Events muss eine Klasse vom Typ `EventHandler` implementiert und als Service an der OSGi Service Registry angemeldet werden.
- Über die Service-Properties `EventConstants.EVENT_TOPIC` und `EventConstants.EVENT_FILTER` kann festgelegt werden, welche Events empfangen werden sollen.

16 Der Log Service

In diesem Kapitel stellen wir Ihnen mit dem *Log Service* einen Service vor, mit dem innerhalb der OSGi Servie Platform zentral Nachrichten geloggt und ausgelesen werden können. Der Log Service erlaubt – ähnlich wie der Logger des JDKs – das Loggen von Nachrichten auf unterschiedlichen Log-Leveln. Clients, die an Log-Ereignissen interessiert sind, können die Nachrichten empfangen und verarbeiten. Darüber hinaus werden Log-Nachrichten innerhalb des Log Service vorgehalten, so dass sie zu einem späteren Zeitpunkt ausgelesen werden können. *Motivation*

Management Agents können die über den Log Service bereitgestellte Funktionalität nutzen, um einem Administrator die aufgelaufenen Log-Nachrichten anzuzeigen.

Der Log Service ist sowohl Bestandteil des OSGi Service Compendium als auch der OSGi Mobile Specification. Spezifiziert ist er darin jeweils in Kapitel 101 »Log Service Specification«. *Einordnung*

16.1 Tutorial: Logging in der OSGi Service Platform

In diesem Tutorial stellen wir Ihnen die Funktionsweise des OSGi Logging Service anhand der folgenden zwei Bundles vor: *Überblick*

- *Das Bundle org.osgibook.logwriter:* Das Bundle `org.osgibook.logwriter` implementiert eine einfach Service Component, die den Log Service verwendet, um ihre Aktivierung und Deaktivierung zu protokollieren.
- *Das Bundle org.osgibook.consolelogger:* Innerhalb des Bundles `org.osgibook.consolelogger` implementieren wir einen Log Listener, der am Log Reader Service angemeldet wird und die geloggten Nachrichten auf der Konsole ausgibt. Der Log Listener wird ebenfalls in Form einer Service Component realisiert.

In Abb. 16–1 sind die beteiligten Bundles im Überblick dargestellt.

Abb. 16–1
Übersicht über die Bundles dieses Tutorials

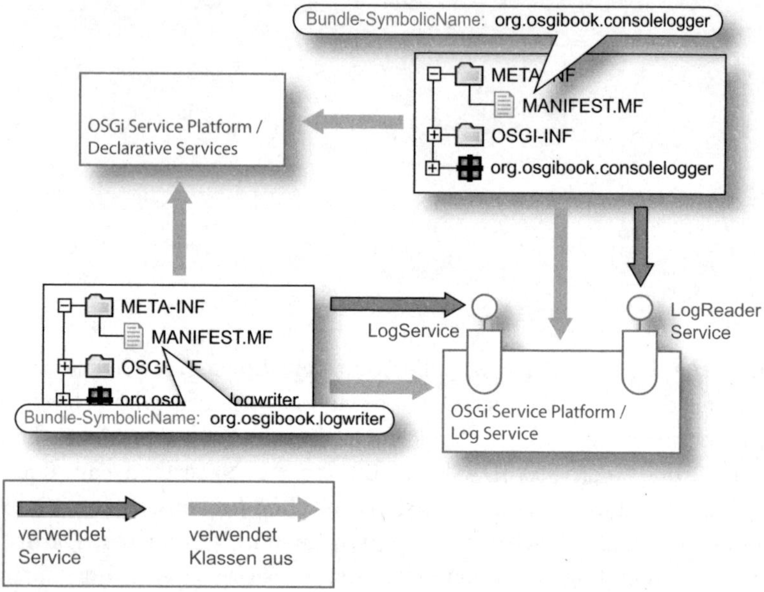

Die Plug-in-Projekte

In Abb. 16–2 sind die fertigen Plug-in-Projekte aus diesem Tutorial dargestellt.

Abb. 16–2
Die Plug-in-Projekte

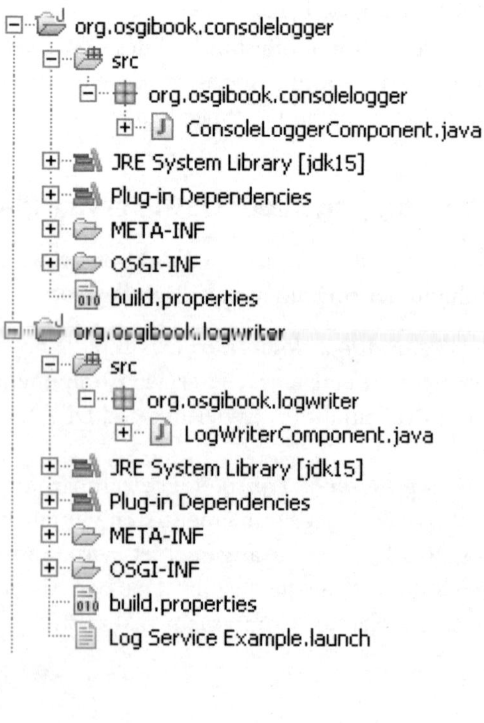

Schritt 1a: Anlegen des Bundles org.osgibook.logwriter

Legen Sie zunächst ein neues Bundle mit dem Namen `org.osgibook.logwriter` und dem folgenden Import-Package-Header an:

```
Import-Package: org.osgi.framework;version="1.4.0",
  org.osgi.service.component;version="1.0.0",
  org.osgi.service.log;version="1.3.0"
```

Zusätzlich müssen Sie im Bundle Manifest über den Header `Service-Component` angeben, wo sich innerhalb des Bundles die Komponentenbeschreibung für die Log-Writer-Komponente befindet:

```
Service-Component: OSGI-INF/component-description.xml
```

Schritt 1b: Implementieren der Log-Writer-Komponente

Anschließend implementieren Sie die Klasse `org.osgibook.logwriter.LogWriterComponent`. Diese Komponente soll bei ihrer Aktivierung bzw. Deaktivierung eine Nachricht über den Log Service ausgeben (vgl. Listing 16–1):

Listing 16–1
Die Klasse LogWriterComponent

```
package org.osgibook.logwriter;

import org.osgi.service.component.ComponentContext;
import org.osgi.service.log.LogService;

public class LogWriterComponent {

  private LogService logService;

  public void setLogService(LogService logService) {
    this.logService = logService;
  }

  public void unsetLogService(LogService logService) {
    this.logService = null;
  }

  protected void activate(ComponentContext context) {
    logService.log(LogService.LOG_INFO,
      "Komponente wird aktiviert");
  }

  protected void deactivate(ComponentContext context) {
    logService.log(LogService.LOG_INFO,
      "Komponente wird deaktiviert");
  }
}
```

Schritt 1c: Die Beschreibung der Log-Writer-Komponente

Anschließend muss für die Log-Writer-Komponente noch die Komponentenbeschreibung in Form der Datei `OSGI-INF/component-description.xml` angelegt werden:

```
<?xml version="1.0"?>
<component name="logwriterComponent">
  <implementation
     class="org.osgibook.logwriter.LogWriterComponent"/>
  <reference name="logService"
     interface="org.osgi.service.log.LogService"
     bind="setLogService"
     unbind="unsetLogService"
     />
</component>
```

Schritt 2a: Anlegen des Bundles org.osgibook.consolelogger

Legen Sie nun ein zweites Plug-in-Projekt mit dem Namen `org.osgibook.consolelogger` und dem folgenden Import-Package-Header an:

```
Import-Package: org.osgi.framework;version="1.3.0",
  org.osgi.service.component;version="1.0.0",
  org.osgi.service.log;version="1.3.0"
```

Auch hier müssen Sie die Datei spezifizieren, die die Komponentenbeschreibung enthält:

```
Service-Component: OSGI-INF/component-description.xml
```

Schritt 2b: Implementieren der Console-Logger-Komponente

Um die Nachrichten auf der Equinox-Konsole auszugeben, implementieren wir eine Console-Logger-Komponente, die ihrerseits das Interface `LogListener` implementiert. Das Interface `LogListener` wird vom Log Service aufgerufen, sobald ein Bundle eine Nachricht geloggt hat (vgl. Listing 16–2).

Listing 16–2 *Die Klasse ConsoleLogger*

```
package org.osgibook.consolelogger;

import org.osgi.service.component.ComponentContext;
import org.osgi.service.log.LogEntry;
import org.osgi.service.log.LogListener;
import org.osgi.service.log.LogReaderService;
import org.osgi.service.log.LogService;

public class ConsoleLoggerComponent implements LogListener {

  private LogReaderService logReaderService;
```

```
    public void setLogReaderService(LogReaderService
            logReaderService) {
        this.logReaderService = logReaderService;
    }

    public void unsetLogReaderService(LogReaderService
            logReaderService) {
        this.logReaderService = null;
    }

    protected void activate(ComponentContext componentContext) {
        logReaderService.addLogListener(this);
    }

    protected void deactivate(ComponentContext componentContext) {
        logReaderService.removeLogListener(this);
    }

    public void logged(LogEntry entry) {
        String log = String.format("[%s] <%s> %s",
            getLevelAsString(entry.getLevel()),
            entry.getBundle().getSymbolicName(),
            entry.getMessage());
        System.out.println(log);
        Throwable exception = entry.getException();
        if (exception != null) {
            exception.printStackTrace();
        }
    }

    protected String getLevelAsString(int level) {
        switch (level) {
        case LogService.LOG_DEBUG:
            return "DEBUG";
        case LogService.LOG_INFO:
            return "INFO";
        case LogService.LOG_WARNING:
            return "WARN";
        case LogService.LOG_ERROR:
            return "ERROR";
        default:
        }
        return "UNKNOWN";
    }
}
```

Schritt 2c: Die Beschreibung der Console-Logger-Komponente

Auch für die Clock-Komponente muss eine Komponentenbeschreibung in Form der Datei `OSGI-INF/component-description.xml` angelegt werden:

Listing 16–3
Die Datei OSGI-INF/component-description.xml

```
<?xml version="1.0"?>
<component name="consoleLoggerComponent">
   <implementation
      class="org.osgibook.consolelogger.ConsoleLoggerComponent"/>
   <reference name="logService"
      interface="org.osgi.service.log.LogReaderService"
      bind="setLogReaderService"
      unbind="unsetLogReaderService"
      />
</component>
```

Schritt 3: Ausführen des Beispiels

Anlegen der Launch-Konfiguration

Erzeugen Sie nun eine neue Launch-Konfiguration, in der Sie neben den Bundles aus dem Workspace auch die folgenden Bundles auswählen:

- `org.eclipse.osgi`
- `org.eclipse.osgi.services`
- `org.eclipse.equinox.log`
- `org.eclipse.equinox.ds`

Um sicherzustellen, dass beim Starten des Bundles `org.osgibook.logwriter` auch tatsächlich ein Log Service vorhanden ist, stellen Sie für dieses Bundle ein höheres Start-Level als für das Bundle `org.eclipse.osgi.log` ein.

Starten des Beispiels

Nach dem Starten der Launch-Konfiguration sehen Sie, dass die Log-Nachrichten auf der Konsole ausgegeben werden:

```
osgi> [INFO] <org.osgibook.logwriter> Komponente wird aktiviert
```

Zusätzlich können Sie mit dem Equinox-Konsolenkommando `log` zu beliebigen Zeitpunkten die im Log Service geloggten Nachrichten ausgeben lassen:

```
osgi> log
[...]
>Info [5] Komponente wird aktiviert
initial@reference:file:C:/workspace/org.osgibook.logwriter/
```

16.2 Überblick über den Log Service

Die Log-Service-Spezifikation definiert zwei Services: den Log Service zum *Schreiben* von Log-Nachrichten und den Log Reader Service zum *Lesen* von Log-Nachrichten (vgl. Abb. 16–3).

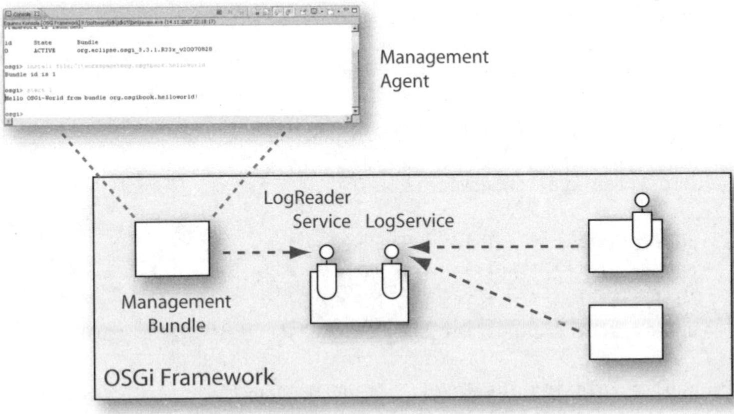

Abb. 16–3 *Überblick über den Log Service*

LogService

Mit dem Log Service können Sie Nachrichten aus Ihrer Anwendung heraus protokollieren. Dabei können Sie neben der eigentlichen Nachricht einen Log-Level sowie eine Service Reference übergeben. Damit haben Clients, die Ihre Log-Nachricht verarbeiten, die Möglichkeit, zu identifizieren, aus welchem Service die Nachricht stammt. Das Interface `LogService` ist vergleichbar mit der `Logger`-Klasse des JDK (`java.util.Logger`).

Log Reader Service

Der Log Reader Service ist das Gegenstück zum Log Service: Über diesen Service haben Sie die Möglichkeit, auf Nachrichten, die über den Log Service verschickt wurden, zuzugreifen bzw. sich informieren zu lassen, sobald neue Nachrichten über den Log Service veschickt werden. Dazu können Sie einen Log Listener am Log Reader Service anmelden, an den alle künftigen Log-Nachrichten weitergeleitet werden. Diese Möglichkeit ist insbesondere für Management Agents interessant, die Log-Nachrichten erhalten und z.B. in einem grafischen Frontend ausgeben möchten.

Im Übrigen ist der Log Service nicht nach dem Whiteboard-Pattern implementiert, da dieses Pattern erst entwickelt wurde, nachdem der Service bereits spezifiziert war.

16.3 Verwenden des Log Service

Über den *Log Service* können Sie Nachrichten mit einem Log-Level und einer optionalen Service Reference loggen. Außerdem können Sie eine ebenfalls optionale Exception angeben. Zum Loggen einer Nachricht definiert das Interface `LogService` eine Reihe von spezialisierten `log`-Methoden (vgl. Listing 16–4):

Listing 16–4
Das Interface LogService

```
package org.osgi.service.log;

import org.osgi.framework.ServiceReference;

public interface LogService {

   public static final int LOG_ERROR = 1;
   public static final int LOG_WARNING = 2;
   public static final int LOG_INFO = 3;
   public static final int LOG_DEBUG = 4;

   public void log(int level, String message);
   public void log(int level, String message, Throwable exception);
   public void log(ServiceReference sr, int level, String message);
   public void log(ServiceReference sr, int level, String message,
      Throwable exception);
}
```

Mit dem `level`-Parameter geben Sie den Log-Level der Nachricht an (Error, Warning, Info, Debug). Dazu können Sie die vordefinierten Werte verwenden, die im Interface `LogService` definiert sind. Die zu loggende Nachricht geben Sie mit dem `message`-Parameter an.

Wenn Sie zusätzlich zur Log-Nachricht eine Exception protokollieren möchten, können Sie diese mit dem `exception`-Parameter übergeben. Über den `sr`-Parameter können Sie eine (optionale) `ServiceReference` übergeben, die einen Service repräsentiert, der die Log-Nachricht erzeugt hat.

Beispiel

Mit der folgenden Anweisung loggen Sie über den Log Service eine Nachricht mit dem Log Level »Info«:

```
LogService logService = [...]

if (logService != null) {
  logService.log(LogService.LOG_INFO, "...");
}
```

16.4 Verwenden des Log Reader Service

Um die geloggten Nachrichten auszulesen oder sich über geloggte Nachrichten informieren zu lassen, kann der *Log Reader Service* verwendet werden. In der Regel wird der Log Reader Service von Management Agents genutzt, um Nachrichten, die innerhalb der OSGi Platform geloggt wurden, an einer zentralen Stelle auszugeben. Das Auslesen der Nachrichten kann aber auch programmatisch über das Interface `LogReaderService` erfolgen.

16.4.1 Der LogReaderService

Der Log Reader Service bietet zwei Wege, um an Log-Nachrichten zu gelangen. Einerseits können sich Clients bereits geloggte Nachrichten geben lassen. Andererseits können sich Clients als `LogListener` anmelden, um über künftige Log-Nachrichten informiert zu werden:

Listing 16–5
Das Interface LogReaderService

```
package org.osgi.service.log;

import java.util.Enumeration;

public interface LogReaderService {

   public Enumeration getLog();

   public void addLogListener(LogListener listener);
   public void removeLogListener(LogListener listener);
}
```

Über die Methode `getLog()` können Sie eine Liste der bereits geloggten Nachrichten erhalten. Die Service-Spezifikation lässt allerdings den Anbietern eines `LogReaderService` explizit freie Wahl, wie viele der letzten Log-Nachrichten die Implementierung des `LogReaderService` aufbewahrt. Außerdem überlässt die Spezifikation den Anbietern die Wahl, ob sie auch Nachrichten vorhalten, die mit dem Debug-Level geloggt wurden. Wenn Sie die `getLog()`-Methode verwenden, erhalten Sie also wahrscheinlich nur einen Teil der geloggten Nachrichten. Die `getLog()`-Methode liefert Ihnen die Nachrichten in Form einer `Enumeration` von `LogEntry`-Objekten zurück, die neben der eigentlichen Nachricht weitere (Kontext-)Informationen enthalten.

16.4.2 LogEntry

Wenn ein Client eine neue Nachricht loggt, erzeugt der Log Service daraus ein LogEntry-Objekt, das die eigentliche Nachricht sowie weitere Informationen über das Log-Ereignis kapselt (vgl. Listing 16–6).

Listing 16–6
Das Interface LogEntry

```
package org.osgi.service.log;

import org.osgi.framework.Bundle;
import org.osgi.framework.ServiceReference;

public interface LogEntry
{
   public ServiceReference getServiceReference();
   public int getLevel();
   public String getMessage();
   public Throwable getException();

   public long getTime();
   public Bundle getBundle();
}
```

Über das LogEntry-Objekt können Sie auf alle Informationen zugreifen, die beim Loggen der Nachricht über den LogService angegeben wurden. Sofern eine Angabe nicht gemacht wurde, liefert Ihnen die entsprechende get-Methode null zurück.

Neben diesen Informationen können Sie mit der getTime()-Methode erfahren, wann die Nachricht erstellt wurde. Mit der getBundle()-Methode können Sie außerdem das Bundle ermitteln, das die Nachricht geloggt hat.

16.4.3 LogListener

Um die LogEntry-Objekte unmittelbar nach deren Erzeugung durch den LogService zu erhalten, müssen Sie am LogReaderService mit der Methode addLogListener einen LogListener anmelden. Dieser Listener wird dann jedesmal aufgerufen, wenn eine neue Log-Nachricht im Log Service geloggt wird. Mit der Methode removeLogListener können Sie einen angemeldeten LogListener wieder entfernen. Das LogListener-Interface definiert lediglich die Methode logged() (vgl. Listing 16–7).

Listing 16–7
Das Interface LogListener

```
package org.osgi.service.log;

import java.util.EventListener;

public interface LogListener extends EventListener {
   public void logged(LogEntry entry);
}
```

Sobald der `LogReaderService` vom `LogService` eine neue Log-Nachricht empfängt, werden alle Listener über die `logged`-Methode darüber informiert.

16.5 Der Log Service in Eclipse Equinox

16.5.1 Log-Nachrichten auf der Equinox-Konsole ausgeben

Um die im Log Reader Service gespeicherten Log-Nachrichten auf der Equinox-Konsole ausgeben zu können, implementiert der Eclipse Equinox Log Service das in Tabelle 16–1 dargestellte Kommando `log`.

Tab. 16–1
Das log-Kommando

<table>
<tr><th>Kommando</th><th>Beschreibung</th></tr>
<tr><td>log (<id>|<loc>|<name>)?</td><td>Gibt die im Log Reader Service gespeicherten Log-Nachrichten auf der Konsole aus. Wird ein Bundle angegeben, dann werden nur die Log-Nachrichten des entsprechenden Bundles ausgegeben.</td></tr>
</table>

Wenn Sie das Kommando `log` ohne weitere Parameter ausführen, werden alle Nachrichten angezeigt, die der Log Reader Service zurzeit vorhält. Sie können die Nachrichten jedoch einschränken, indem Sie als Parameter die ID eines Bundles angeben. Dann werden nur die Nachrichten angezeigt, die von dem entsprechenden Bundle stammen.

16.5.2 Den Log Service konfigurieren

Die Equinox-Implementierung des OSGi Log Service ist als Managed Service implementiert, so dass Sie den Service über den Config Admin Service (vgl. Kapitel 13) konfigurieren können. Darüber können Sie mit den folgenden zwei Properties das Verhalten des Log Reader Service beeinflussen:

- *log.size:* Mit dem Integer-Attribut `log.size` können Sie angeben, wie viele Log-Nachrichten der `LogReaderService` maximal für den Abruf über die `getLog()`-Methode vorhält. Der Defaultwert ist 100.
- *log.threshold:* Das Integer-Attribut `log.threshold` gibt an, ab welcher Priorität eine Log-Nachricht im `LogReaderService` vorgehalten wird. Erlaubte Werte sind 1 (Error), 2 (Warning), 3 (Info), und 4 (Debug), wobei 4 auch der Defaultwert ist.
  Nur wenn der Log Level einer geloggten Nachricht kleiner oder gleich dem konfigurierten Wert ist, wird die Nachricht im Log Reader Service vorgehalten. Die am `LogReaderService` angemeldeten `LogListener` werden unabhängig von dieser Einstellung in jedem Fall über neue Log-Nachrichten informiert.

16.6 Zusammenfassung

In diesem Kapitel haben wir Ihnen gezeigt, wie Sie mithilfe des Log Service Log-Nachrichten in der OSGi Service Platform schreiben und auslesen können:

- Die Log-Service-Spezifikation definiert zwei Services: den *Log Service* zum Schreiben von Log-Nachrichten und den *Log Reader Service* zum Lesen von Log-Nachrichten.
- Über den *Log Service* können Sie Nachrichten loggen. Neben der eigentlichen Textnachricht sowie eines Log-Levels (Error, Warning, Info, Debug) können Sie optional eine Quelle (in Form einer Service Reference) sowie eine Exception angeben.
- Über den *Log Reader Service* können bereits geloggte Nachrichten abgefragt werden. Darüber hinaus können am Log Reader Service Log Listener angemeldeten werden, um direkt auf geloggte Nachrichten reagieren zu können. Ein grafischer Management Agent kann damit z.B. eine Maske zur Anzeige der Log-Nachrichten anbieten.
- Log-Nachrichten werden innerhalb des Log Service durch Objekte vom Typ `LogEntry` repräsentiert.

17 Der User Admin Service

In den Beispielen und Tutorials der zurückliegenden Kapitel sind die in den verschiedenen Bundles implementierten Aktionen für alle Anwender nutzbar. In vielen Anwendungssystemen ist es jedoch notwendig, bestimmte Aktionen nur ausgewählten Anwender zur Verfügung zu stellen. So ist es i.d.R. nicht sinnvoll, normalen Anwendern die Installation und Deinstallation von Bundles zu erlauben, während diese Aktionen für einen Administrator zwingend zur Verfügung stehen müssen. *Motivation*

In diesem Kapitel stellen wir Ihnen den *User Admin Service* vor. Der User Admin Service stellt Ihnen eine einfache Benutzerverwaltung zur Verfügung, mit der Sie Benutzer und Benutzergruppen einrichten, verwalten und entfernen können. Vor der Ausführung einer Aktion können Sie dann bspw. über die Zugehörigkeit zu einer bestimmten Benutzergruppe überprüfen, ob ein Benutzer für die Ausführung der Aktion autorisiert ist.

Der User Admin Service ist in Kapitel 107 des OSGi Service Compendium beschrieben. Er ist *nicht* Bestandteil der OSGi Mobile Specification. *Einordnung*

17.1 Tutorial: Ein Login-Kommando

Im Tutorial zu diesem Kapitel stellen wir Ihnen die Verwendung des User Admin Service anhand zweier neu zu implementierenden Kommandos für die Eclipse-Equinox-Konsole vor: *Überblick*

- ***Das Kommando login:*** Das Kommando `login` ermöglicht einem Anwender, sich mit einem Benutzernamen und einem Passwort im System anzumelden.
- ***Das Kommando listroles:*** Das Kommando `listroles` gibt alle im System verfügbaren Rollen (Benutzer und Gruppen) auf der Equinox-Konsole aus. Dieses Kommando soll jedoch nur dann ausgeführt werden können, wenn der eingeloggte Benutzer die »Administrator«-Rolle besitzt.

Zusätzlich implementieren wir eine Klasse `UserRepositoryInitializer`, mit der beim Start der implementierenden Service Component zwei Benutzer (»admin« und »andi«) und zwei Gruppen (»Administrators« und »Users«) im User Repository angelegt werden. Beide Kommandos sowie die Klasse `UserRepositoryInitializer` implementieren wir im Bundle `org.osgibook.console.user` (vgl. Abb. 17–1).

Abb. 17–1
Übersicht über die beteiligten Bundles

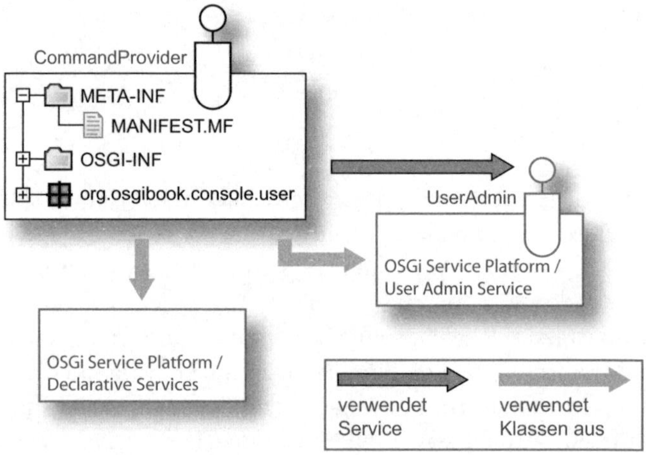

Die Plug-in-Projekte

In Abb. 17–2 sind die fertigen Projekte aus diesem Tutorial abgebildet.

Abb. 17–2
Die Plug-in-Projekte

Schritt 1: Anlegen des Bundles

Legen Sie zunächst ein neues Bundle mit dem Namen `org.osgibook.console.user` und dem folgenden Import-Package-Header an:

```
Import-Package: ↵
  org.eclipse.osgi.framework.console;version="1.0.0",
  org.osgi.framework;version="1.4.0",
  org.osgi.service.component;version="1.0.0",
  org.osgi.service.useradmin;version="1.1.0"
```

Schritt 2: Implementierung der Klasse UserRepositoryInitializer

Zunächst implementieren wir eine einfache Hilfsklasse, den `UserRepositoryInitializer`, mit dessen Hilfe Testbenutzer (»admin« und »andi«) und -gruppen (»Administrators« und »Users«) im User Repository angelegt werden (vgl. Listing 17–1). Der `UserRepositoryInitializer` wird später bei der Aktivierung der Service Component aufgerufen, die die beiden Kommandos bereitstellt.

Listing 17–1
Die Klasse UserRepositoryInitializer

```
package org.osgibook.console.user;

import org.osgi.service.useradmin.Group;
import org.osgi.service.useradmin.Role;
import org.osgi.service.useradmin.User;
import org.osgi.service.useradmin.UserAdmin;

public class UserRepositoryInitializer {

   private UserAdmin userAdmin;

   public UserRepositoryInitializer(UserAdmin userAdmin) {
      this.userAdmin = userAdmin;
   }

   public void initializeUserRepository() {
      Group adminGroup = createGroup("Administrators");
      Group userGroup = createGroup("Users");

      createUser("andi", "secret", userGroup);
      createUser("admin", "osgi", adminGroup);
   }

   private Group createGroup(String name) {
      return (Group) this.userAdmin.createRole(name, Role.GROUP);
   }

   private void createUser(String name, String password,
         Group group) {
```

```
            User user = (User) userAdmin.createRole(name, Role.USER);
            if (user != null) {
               user.getProperties().put("login.name", name);
               user.getCredentials().put("login.password", password);
               group.addMember(user);
            }
         }
      }
```

Schritt 3: Implementieren der User-Komponente

Den Command Provider, der das `login`- und das `listroles`-Kommando bereitstellt, implementieren wir in Form einer Service Component mit der Komponentenklasse `UserComponent`. Legen Sie die Klasse ebenfalls im Package `org.osgibook.console.user` an. Das nachfolgende Listing 17–2 zeigt neben der Implementierung des Interface `CommandProvider` auch, wie bei der Aktivierung der Component der User Repository Initializer aufgerufen wird:

Listing 17–2
Die Komponentenklasse UserComponent

```
package org.osgibook.console.user;

[...]

import org.osgi.service.useradmin.Authorization;
import org.osgi.service.useradmin.Group;
import org.osgi.service.useradmin.Role;
import org.osgi.service.useradmin.User;
import org.osgi.service.useradmin.UserAdmin;

public class UserComponent implements CommandProvider {

   private UserAdmin userAdmin;

   [...]

   protected void setUserAdmin(UserAdmin userAdmin) {
      this.userAdmin = userAdmin;
   }

   protected void unsetUserAdmin(UserAdmin userAdmin) {
      this.userAdmin = null;
   }

   protected void activate(ComponentContext componentContext) {
      new UserRepositoryInitializer(userAdmin).
         initializeUserRepository();
   }

   public String getHelp() {
```

```
        StringBuilder help = new StringBuilder();
        help.append("login <username> <password> - Anmelden\n").
            append("listgroups - Alle Gruppen ausgeben");
        return help.toString();
    }

    [...]

}
```

In der Komponentenbeschreibung spezifizieren Sie anschließend die Komponentenklasse sowie die bereitgestellten und erforderlichen Services (vgl. Listing 17–3):

Listing 17–3
Die Komponentenbeschreibung

```
<?xml version="1.0"?>
<component name="userComponent">
    <implementation
        class="org.osgibook.console.user.UserComponent"/>
    <service>
        <provide interface=↲
            "org.eclipse.osgi.framework.console.CommandProvider"/>
    </service>
    <reference name="userAdmin"
        interface="org.osgi.service.useradmin.UserAdmin"
        bind="setUserAdmin"
        unbind="unsetUserAdmin"
    />
</component>
```

Schritt 4: Das login-Kommando implementieren

Das `login`-Kommando, mit dem sich ein Benutzer anmelden kann, erwartet zwei Parameter: den Namen sowie das Passwort des Benutzers. Wenn ein entsprechender Benutzer über den User Admin Service gefunden wurde und das eingegebene Passwort korrekt ist, wird der Benutzer eingeloggt. In diesem Fall wird das `User`-Objekt, das den Benutzer repräsentiert, gesetzt, um darauf später Autorisierungsabfragen durchführen zu können.

Implementieren Sie also folgende `_login()`-Methode in der Komponentenklasse:

Listing 17–4
Implementierung des Kommandos login

```
package org.osgibook.console.user;

[...]

public class UserComponent implements CommandProvider {

    private User currentUser;

    [...]
```

```
    public void _login(CommandInterpreter commandInterpreter) {
        currentUser = null;
        String userName = commandInterpreter.nextArgument();
        String password = commandInterpreter.nextArgument();
        if (userName == null || password == null) {
            commandInterpreter.println(getHelp());
            return;
        }
        User user = userAdmin.getUser("login.name", userName);
        if (user == null) {
            commandInterpreter.println(
                "User '" + userName + "' unbekannt!");
            return;
        }
        if (!user.hasCredential("login.password", password)) {
            commandInterpreter.println("Falsches Passwort!");
            return;
        }
        currentUser = user;
        commandInterpreter.println(
            "User " + userName + " eingeloggt");
    }

    [...]

}
```

Schritt 5: Implementierung des listroles-Kommandos

Das `listroles`-Kommando erwartet einen eingeloggten Benutzer, der über die »Administrator«-Rolle verfügt. Dazu ermittelt er zunächst das `Authorization`-Objekt des Benutzers, mit dem die Rollen des Anwenders überprüft werden können. Nur wenn ein Authorization-Objekt ermittelt werden konnte und der Benutzer über die »Administrator«-Rolle verfügt, werden die Rollen, die in der Datenbank des User Admin Service vorhanden sind, ausgegeben. Ansonsten wird der Befehl verweigert und eine entsprechende Fehlermeldung ausgegeben.

Implementieren Sie also abschließend folgende `_listroles()`-Methode in der Komponentenklasse:

Listing 17–5
Implementierung des Kommandos listroles

```
package org.osgibook.console.user;

[...]

public class UserComponent implements CommandProvider {

    [...]
```

```
public void _listroles(CommandInterpreter commandInterpreter) {
   if (!isAuthorized("Administrators")) {
      commandInterpreter
         .println("Fehlende Autorisierung.");
      return;
   }
   try {
      Role[] roles = userAdmin.getRoles(null);
      for (int i = 0; i < roles.length; i++) {
         printRole(commandInterpreter, roles[i]);
      }
   } catch (InvalidSyntaxException e) {
      e.printStackTrace();
   }
}

private boolean isAuthorized(String requiredRole) {
   if (currentUser == null) {
      return false;
   }
   Authorization authorization =
      userAdmin.getAuthorization(currentUser);
   return authorization.hasRole(requiredRole);
}

private void printRole(CommandInterpreter commandInterpreter,
      Role role) {

   StringBuilder buffer = new StringBuilder();
   switch (role.getType()) {
   case Group.USER: {
      buffer.append("User :");
      buffer.append(role.getName());
      buffer.append("\n  Properties: ");
      buffer.append(role.getProperties());
      break;
   }
   case Group.GROUP: {
      buffer.append("Group:");
      buffer.append(role.getName());
      buffer.append("\n  Properties: ");
      buffer.append(role.getProperties());
      buffer.append("\n  Members: [");
      Role members[] = ((Group) role).getMembers();
      for (Role member : members) {
         buffer.append(member.getName());
      }
      buffer.append("]");
      break;
   }
```

```
            }
            commandInterpreter.println(buffer.toString());
        }
    }
```

Schritt 6: Ausführen der Anwendung

Starten Sie nun die Anwendung, indem Sie eine neue Launch-Konfiguration anlegen, die neben dem Bundle aus dem Workspace auch die folgenden Bundles enthält:

- org.eclipse.equinox.common,
- org.eclipse.eclipse.ds,
- org.eclipse.equinox.preferences,
- org.eclipse.equinox.useradmin,
- org.eclipse.osgi,
- org.eclipse.osgi.services

Nach dem Starten der Anwendung können Sie sich über das Kommando `login andi secrect` einloggen. Wenn Sie mit diesem User versuchen, das Kommando `listroles` auszuführen, bekommen Sie eine Fehlermeldung, dass der Benutzer nicht über eine entsprechende Autorisierung verfügt:

```
osgi> login andi secret
User andi eingeloggt

osgi> listroles
Fehlende Autorisierung.
```

Wechseln Sie nun den Benutzer, indem Sie sich als »admin« mit dem Passwort »osgi« anmelden. Rufen Sie anschließend das `listroles`-Kommando erneut auf. Da der »admin«-Benutzer über die erforderliche Rolle verfügt, kann das Kommando ausgeführt und die im User Repository gespeicherten Rollen und Gruppen angezeigt werden:

```
osgi> login admin osgi
User admin eingeloggt

osgi> listroles
Group: Administrators
  Properties: {}
  Members: [admin]
User: admin
  Properties: {login.name=admin}
User: andi
  Properties: {login.name=andi}
Group: Users
  Properties: {}
  Members: [andi]
```

Damit haben Sie eine einfache Anwendung unter Verwendung des User Admin Service gebaut. In den folgenden Unterkapiteln werden wir Ihnen die Konzepte des User Admin Service näher vorstellen.

17.2 Der User Admin Service im Überblick

Der *User Admin Service* implementiert eine einfache Benutzerverwaltung, mit der Benutzer und Gruppen angelegt, verwaltet und entfernt werden können (vgl. Abb. 17–3). Da der User Admin Service die Daten in einem User Repository ablegt und persistiert, bleiben diese auch über einen System-Neustart hinaus erhalten.

Authentifizierung und Autorisierung

Mittels des User Admin Service können innerhalb der OSGi Service Platform die folgenden zwei Aufgaben realisiert werden:

- ***Authentifizierung:*** Innerhalb der Authentifizierung wird festgestellt, ob ein Benutzer tatsächlich der ist, für den er sich ausgibt. Dazu muss der Benutzer eine dezidierte Information (bspw. ein Passwort) angeben, über die eine Identität verifiziert werden kann.
- ***Autorisierung:*** Die Autorisierung gibt an, ob ein authentifizierter Benutzer eine bestimmte Aktion ausführen darf oder nicht.

Rollen

Dazu implementiert der User Admin Service ein rollenbasiertes Benutzermodel. Eine Rolle repräsentiert entweder einen *Benutzer* oder eine *Gruppe*, die Benutzer und weitere Gruppen enthalten kann. Ein Benutzer muss dabei nicht zwingend eine natürliche Person sein. Jeder Akteur, der Aktionen in einer Anwendung ausführen möchte, kann als Benutzer repräsentiert werden, bspw. auch ein automatischer Dienst.

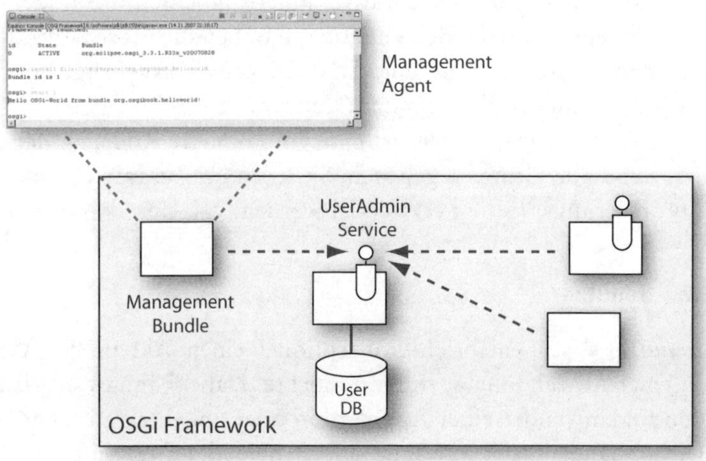

Abb. 17–3
Der User Admin Service

17.3 Rollen, Benutzer und Gruppen

17.3.1 Rollen

Innerhalb des User Admin Service sind sowohl Benutzer als auch Gruppen *Rollen*. Eine Rolle besitzt einen identifizierenden Namen, einen Typ sowie einen Satz von Properties, mit denen einer Rolle beliebige Informationen zugeordnet werden können, z.B. die E-Mail-Adresse eines Benutzers. In Listing 17–6 ist das Interface `org.osgi.service.useradmin.Role` dargestellt, mit dem Rollen im User Admin Service repräsentiert werden.

Listing 17–6
Das Interface Role

```
package org.osgi.service.useradmin;

import java.util.Dictionary;

public interface Role {
  public static final String USER_ANYONE = "user.anyone";
  public static final int ROLE = 0;
  public static final int USER = 1;
  public static final int GROUP = 2;

  public String getName();
  public int getType();
  public Dictionary getProperties();
}
```

Properties

Die Properties einer Rolle können ohne Beschränkungen ausgelesen werden und sind damit für jeden sichtbar, der eine Referenz auf ein entsprechendes Rollen-Objekt hat. Wenn Sie jedoch Properties zu einer Rolle hinzufügen oder diese verändern möchten, benötigen Sie zur Laufzeit eine spezielle Berechtigung, nämlich die `UserAdminPermission`. Dadurch wird sichergestellt, dass nur vertrauenswürdige Bundles die Properties einer Rolle verändern können.

Die Rolle Role.User_ANYONE

Die Rolle `Role.USER_ANYONE` ist eine vordefinierte Rolle, zu der alle Benutzer und alle Gruppen gehören. Sie kann im Zusammenhang mit der Autorisierungsprüfung verwendet werden (vgl. Unterkapitel 17.6).

17.3.2 Benutzer

Ein *Benutzer* (User) entspricht konzeptionell einem Akteur, der Aktionen in einer Anwendung ausführen möchte. Dabei kann es sich bspw. um den Endanwender einer Applikation oder um einen automatisierten Dienst handeln, der auf Teile Ihrer Anwendung zugreift, um eine Batch-Verarbeitung durchzuführen. In Listing 17–7 ist das Interface org.osgi.service.useradmin.User dargestellt, mit dem Benutzer im User Admin Service repräsentiert werden.

Listing 17–7
Das Interface User

```
package org.osgi.service.useradmin;

import java.util.Dictionary;

public interface User extends Role {
   public Dictionary getCredentials();
   public boolean hasCredential(String key, Object value);
}
```

Credentials

Zusätzlich zu den Properties, die Benutzer über das Interface Role erben, verfügen Benutzer über einen weiteren Satz von Informationen, den *Credentials*. Credentials gleichen zwar formell den Properties, insbesondere dürfen auch sie nur Strings und byte-Arrays als Werte aufnehmen, sind aber im Gegensatz zu den Properties geschützte Informationen. Ein Bundle kann auf die Credentials eines Benutzers nur zugreifen, wenn dieses Bundle über eine spezielle UserAdminPermission verfügt. Damit können Sie, wenn Sie Ihr System administrieren, sicherstellen, dass nur Bundles, denen Sie vertrauen, auf die Credentials Ihrer User zugreifen können. Sie eignen sich daher, um vertrauliche Informationen abzulegen, und werden üblicherweise dazu verwendet, Authentifizeringsinformationen (bspw. ein Passwort oder ein Zertifikat) eines Benutzers zu speichern.

17.3.3 Gruppen

Eine Gruppe ist eine Spezialisierung eines Users und fasst mehrere Benutzer und/oder Gruppen zusammen. Beispielsweise können alle Benutzer, die Zugriff auf die Datenbank eines Systems erhalten dürfen, in einer Gruppe »DatabaseUser« zusammenfasst werden. In Listing 17–7 ist das Interface org.osgi.service.useradmin.Group dargestellt, mit dem Gruppen im User Admin Service repräsentiert werden.

Listing 17–8
Das Interface Group

```
package org.osgi.service.useradmin;

public interface Group extends User {
   public boolean addMember(Role role);
   public boolean addRequiredMember(Role role);
   public boolean removeMember(Role role);
   public Role[] getMembers();
   public Role[] getRequiredMembers();
}
```

Innerhalb einer Gruppe können Rollen als einfache Mitglieder (Members) und erforderliche Mitglieder (Required Members) hinzugefügt werden, was Auswirkungen auf die Autorisierungsprüfung hat. Wir stellen Ihnen die beiden Arten und ihr Zusammenwirken detailliert in Unterkapitel 17.6 vor.

17.4 Rollen, Benutzer und Gruppen verwalten

Die zentrale Schnittstelle zur Verwaltung von Rollen ist das Interface `org.osgi.service.useradmin.UserAdmin`. Über diese API können Sie neue Rollen anlegen bzw. bestehende Rollen abfragen oder entfernen (vgl. Listing 17–9):

Listing 17–9
Das Interface UserAdmin

```
package org.osgi.service.useradmin;

public interface UserAdmin {
   public Role createRole(String name, int type);
   public boolean removeRole(String name);
   public Role getRole(String name);
   public Role[] getRoles(String filter) throws
      InvalidSyntaxException;
   public User getUser(String key, String value);
   public Authorization getAuthorization(User user);
}
```

Anlegen von Rollen

Mit der `createRole()`-Methode des `UserAdmin`-Service können Sie neue Rollen anlegen. Dazu übergeben Sie der Methode den Namen und den Typ (User oder Group) der neuen Rolle:

```
UserAdmin userAdmin = [...]

Group adminGroup = (Group) userAdmin.
   createRole("Administrators", Role.GROUP);

User adminUser = (User) userAdmin.createRole("admin", Role.USER);
adminUser.getProperties().put("login.user", "admin");
adminUser.getCredentials().put("login.password", "osgi");
```

Entfernen von Rollen

Um eine Rolle aus Ihrem User Repository zu entfernen, verwenden Sie die Methode `removeRole`, der Sie den Namen der zu entfernenden Rolle übergeben. Dabei ist es irrelevant, ob die über den Namen identifizierte Rolle einem User oder eine Gruppe entspricht:

```
UserAdmin userAdmin = [...]

userAdmin.removeRole("admin");
userAdmin.removeRole("Administrators");
```

Abfragen von Rollen

Das Interface `UserAdmin` definiert verschiedene Methoden, mit denen Rollen aus dem User Repository abgefragt werden können. Über die Methode `getRole(String name)` können Sie eine Rolle über ihren

Namen auslesen. Falls die Rolle mit dem angegebenen Namen nicht existiert, liefert die Methode den Wert `null` zurück:

```
UserAdmin userAdmin = [...]

User adminUser = (User) userAdmin.getRole("admin")
```

Die Methode `getRoles(String filter)` ermöglicht das Abfragen von Rollen anhand ihrer Properties unter Verwendung eines Filters (vgl. dazu Unterkapitel 6.7):

```
UserAdmin userAdmin = [...]

Role[] roles = userAdmin.getRoles("(login.name=admin)");
```

Als Convenience-Methode steht die Methode `getUser(String key, String value)` bereit, die ein User anhand des angegebenen Key-Value-Paares zurückliefert. Dabei wird angenommen, dass die Property mit dem angegebenen Key einen User eindeutig identifiziert:

```
User user = userAdmin.getUser("login.name", "admin");
```

17.5 Authentifizierung

Wenn Sie bestimmte Aktionen einer Anwendung nur für bestimmte Benutzer freigeben möchten, müssen Sie zunächst wissen, wer der aktuelle Benutzer überhaupt ist, bevor Sie überprüfen können, ob dieser die Zugangsberechtigung erhalten soll. Dazu muss der Benutzer sich zunächst *authentifizieren*, z.B. durch das Eingeben einer User-Id und eines Passwortes.

Authentifizierungsverfahren

Der User Admin Service schreibt Ihnen dabei nicht vor, *wie* sich Benutzer authentifizieren müssen. Die API des User Admin Service ist so allgemein gehalten, dass Sie neben einfachen, passwortbasierten Authentifizierungen auch komplexe Authentifizierungsverfahren implementieren können. Da Sie bspw. auch `byte`-Arrays in den Credentials speichern können, könnten Sie dort auch Binärdaten, etwa ein Zertifikat, hinterlegen, über das ein Benutzer authentifiziert werden kann. Alternativ könnten Sie die eigentliche Authentifizierung auch an ein anderes Sicherheitssystem, etwa den Java Authentication and Authorization Service (JAAS), weiterdelegieren.

Beispiel

Das nachfolgende Beispiel zeigt eine passwortbasierte Authentifizierung, in der das Passwort eines Benutzers unter dem Key `login.password` in den Credentials des Users hinterlegt ist. Die User-Id, mit der sich der Benutzer anmeldet, ist mit dem Key `login.user` in den Properties des Users hinterlegt. Falls die Authentifizierung nicht erfolgreich durchgeführt werden kann, wird eine `SecurityException` geworfen:

```
public User login(String userId, String password)
   throws SecurityException {

   // User aus User Repository lesen
   User user = userAdmin.getUser("login.user ", userId);
   if (user == null) {
      throw new SecurityException(
         "User " + userId + " nicht bekannt");
   }

   // passwort überprüfen
   if (!user.hasCredential("login.password", password)) {
      throw new SecurityException(
         "Das angegebene Passwort ist ungültig");
   }

   // User-Objekt zurückliefern
   return user;
}
```

17.6 Autorisierung

Nachdem sich ein Benutzer authentifiziert hat, müssen Sie sicherstellen, dass er für die Ausführung einer bestimmten Aktion die erforderliche Rolle besitzt. Diese Überprüfung erfolgt über das `Authorization`-Objekt, das Sie über die Methode `getAuthorizaion()` am User Admin Service erhalten:

```
UserAdmin userAdmin = [...]
User user = userAdmin.getUser("login.name", "admin");
Authorization authorization = userAdmin.getAuthorization(user);
```

Das nachfolgende Listing 17–10 zeigt das Interface `Authorization`:

Listing 17–10
Das Interface Authorization

```
package org.osgi.service.useradmin;

public interface Authorization {
   public String getName();
   public boolean hasRole(String name);
   public String[] getRoles();
}
```

Über die Methode können Sie den Namen des Users abfragen, für den ein Autorisierungskontext abgefragt wurde.

Die Autorisierungsprüfung

Die eigentliche Autorisierungsprüfung erfolgt über die Methode `hasRole(String name)` des `Authorization`-Objekts, wobei der Name der erforderlichen Rolle als Parameter übergeben wird:

```
Authorization authorization = [...]
if (!authorization.hasRole("Administrators")) {
   throw new SecurityException();
}
```

Die `hasRole()`-Methode überprüft nicht nur die Rollen, die einem Benutzer unmittelbar über dessen eigene Gruppenzugehörigkeiten zugeordnet sind. Es werden auch die Rollen überprüft, die einem Benutzer transitiv zugeordnet sind. Wenn bspw. ein Benutzer Mitglied der Gruppe »Power-User« ist, die ihrerseits wieder Mitglieder der Gruppe »User« ist, dann besitzt dieser Benutzer sowohl die Rolle »Power-User« als auch die Rolle »User«.

Gruppenzugehörigkeit

Die Zugehörigkeit von Gruppen und Benutzern zu einer Gruppe wird dabei über die Methoden `addMember(Role role)` und `addRequiredMember(Role role)` einer Gruppe festgelegt. Ein Benutzer gehört zu einer Gruppe, wenn die folgenden Bedingungen erfüllt sind:

- Er gehört zu *mindestens einer* als »Member« hinzugefügten Gruppen oder er wurde selber als »Member« hinzugefügt.
- Er gehört zu *allen* als »required Member« hinzugefügten Gruppen.

Beispiel

Im folgenden Beispiel existieren acht Benutzer, die zu den folgenden Gruppen gehören:

- **IT-Abteilung:** John-Boy, Jim-Bob, John
- **Marketing-Abteilung:** Samuel, Olivia, Esther
- **Führungskräfte:** John, Olivia, Ben, Jason

Aus diesen Gruppen soll eine neue Gruppe »Führungskräfte IT/Marketing« definiert werden, die alle Führungskräfte der beiden Abteilungen enthält (vgl. Abb. 17–4).

Stellvertretend ist nachfolgend die Erzeugung der Gruppe »IT-Abteilung« dargestellt:

```
User johnBoy = (User) userAdmin.createRole("John-Boy", Role.USER);
User jimBob = (User) userAdmin.createRole("Jim-Bob", Role.USER);
User john = (User) userAdmin.createRole("john", Role.USER);

Group itAbteilung = (Group) userAdmin.
   createRole("IT-Abteilung", Role.GROUP);

itDepartment.addMember(johnBoy);
itDepartment.addMember(jimBob);
itDepartment.addMember(john);
```

Um nun eine Gruppe »Führungskräfte IT/Marketing« zu definieren, müssen dieser neuen Gruppe zunächst die beiden Gruppen »IT-Abteilung« und »Marketing-Abteilung« als einfache Mitglieder hinzugefügt werden:

```
Group fuehrungskraefteItMarketing = (Group) userAdmin.
   createRole("FuehrungskraefteItMarketing", Role.GROUP);

fuehrungskraefteItMarketing.addMember(itAbteilung);
fuehrungskraefteItMarketing.addMember(marketingAbteilung);
```

Damit sind zunächst *alle* Mitglieder der beiden Gruppen auch Mitglieder der Gruppe »Führungskräfte IT/Marketing«. Da jedoch nur die *Führungskräfte* der beiden Abteilungen Mitglieder in der neuen Gruppe sein sollen, fügen wir die Gruppe »Führungskräfte« zusätzlich als Required Member hinzu. Damit muss ein Benutzer zusätzlich Mitglied dieser Gruppe sein, um ein Mitglied der Gruppe »Führungskräfte IT/Marketing« zu sein:

```
fuehrungskraefteItMarketing.addRequiredMember(fuehrungskraefte);
```

Abb. 17–4 *Die Gruppe Führungskräfte IT/Marketing*

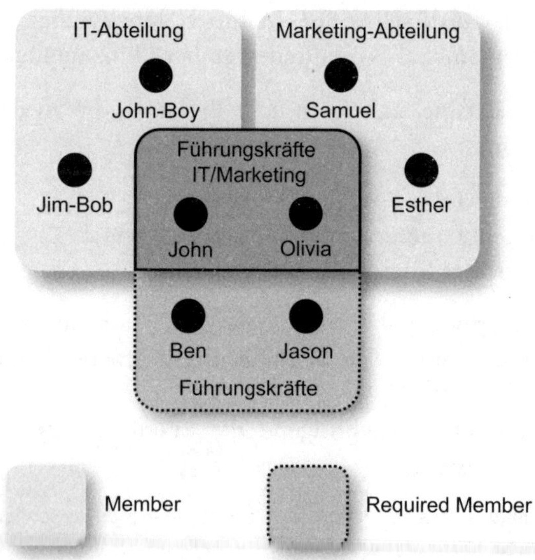

17.7 Zusammenfassung

In diesem Kapitel haben wir Ihnen gezeigt, wie Sie mit dem User Admin Service Benutzer und Gruppen verwalten können:

- Der *User Admin Service* implementiert eine einfache Benutzerverwaltung, mit der Benutzer und Gruppen in einem persistenten User Repository angelegt, verwaltet und entfernt werden können.

- Mittels des User Admin Service können Anwender innerhalb der OSGi Service Platform authentifiziert und autorisiert werden.
- Der User Admin Service implementiert ein rollenbasiertes Benutzermodell. Eine Rolle repräsentiert entweder einen *Benutzer* oder eine *Gruppe*, die Benutzer und weitere Gruppen enthalten kann.
- Ein *Benutzer* (User) entspricht konzeptionell einem Akteur, der Aktionen in einer Anwendung ausführen möchte. Benutzer werden durch Objekte vom Typ `org.osgi.service.useradmin.User` repräsentiert.
- Eine *Gruppe* ist eine Spezialisierung eines Users und fasst mehrere Benutzer und/oder Gruppen zusammen. Gruppen werden durch Objekte vom Typ `org.osgi.service.useradmin.Group` repräsentiert.
- Innerhalb einer Gruppe können Rollen als einfache Mitglieder (Members) und erforderliche Mitglieder (Required Members) hinzugefügt werden.
- Ein Benutzer gehört zu einer Gruppe, wenn er *mindestens zu einer* als »Member« hinzugefügten Gruppen gehört oder oder selber als »Member« hinzugefügt wurde und er zu *allen* als »required Member« hinzugefügten Gruppen gehört.

18 Der Preferences Service

Motivation

In vielen Anwendungen ist es erforderlich, System- oder Benutzereinstellungen über den Start und Stopp des OSGi Frameworks hinweg persistent abzulegen. Benutzereinstellungen sind dabei spezifische Einstellungen eines einzelnen Benutzers, während Systemeinstellungen unabhängig vom Benutzer zur Verfügung stehen.

In diesem Kapitel stellen wir Ihnen den *Preferences Service* vor, der das Speichern und Auslesen von System- oder Benutzereinstellungen ermöglicht. Die API des Service ist sehr stark der `java.util.Preferences`-API nachempfunden, die allerdings noch nicht finalisiert war, als der Preferences Service entwickelt wurde.

Einordnung

Der Preferences Service ist spezifiziert in Kapitel 106 »Preferences Service Specification« sowohl im OSGi Service Compendium als auch in der OSGi Mobile Specification.

18.1 Tutorial: Persistieren der letzten Login-Zeit

Überblick

In Kapitel 17 haben wir ein `login`-Kommando implementiert, mit dem sich ein Benutzer an der Anwendung anmelden kann. In diesem Tutorial werden wir das Kommando erweitern, so dass der Benutzer nach dem Login angezeigt bekommt, wann er sich zuvor das letzte Mal angemeldet hatte. Diese Login-Informationen werden wir mit dem Preferences Service verwalten.

Die Plug-in-Projekte

In diesem Beispiel erweitern wir das Plug-in-Projekt, das wir im Tutorial zu Kapitel 17 angelegt haben. Die Struktur des Projektes (vgl. Abb. 17-2) wird dabei nicht verändert.

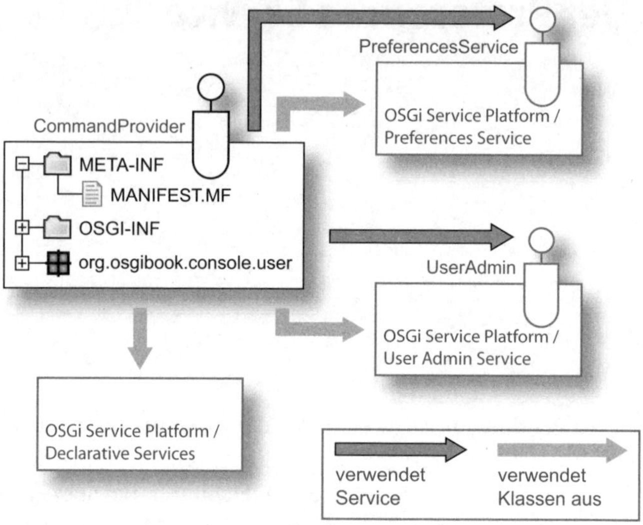

Abb. 18–1
Übersicht über die beteiligten Bundles

Schritt 1: Importieren der benötigten Packages

Fügen Sie zunächst im Manifest des Bundles `org.osgibook.console.user` den Import des Packages `org.osgi.service.prefs` für die Klassen des Preferences Service hinzu:

Listing 18–1
Der Import-Package-Header

```
Import-Package: ↵
  org.eclipse.osgi.framework.console;version="1.0.0",↵
  org.osgi.framework;version="1.4.0",↵
  org.osgi.service.component;version="1.0.0",↵
  org.osgi.service.useradmin;version="1.1.0",↵
  org.osgi.service.prefs;version="1.1.0"
```

Schritt 2: Anpassen der UserComponent

Erweitern Sie dann die Aktivator-Klasse. Wir benötigen zunächst einen weiteren Service Tracker für den Preferences Service. In der `_login()`-Methode müssen wir nach dem Einloggen des Benutzers ermitteln, wann sich dieser das letzte Mal angemeldet hatte, und das Datum ausgeben. Diese Aufgabe wird in der Methode `showLastLogin()` implementiert. Zudem legen Sie die Methode `recordLogin()` an, in der Sie die aktuelle Systemzeit in den Preferences des angemeldeten Benutzers ablegen:

Listing 18–2
Die Komponentenklasse UserComponent

```
package org.osgibook.console.user;

import org.osgi.service.prefs.BackingStoreException;
import org.osgi.service.prefs.Preferences;
import org.osgi.service.prefs.PreferencesService;

[...]
```

```
public class UserComponent implements CommandProvider {

  private PreferencesService preferencesService;

  [...]

  protected void setPreferencesService(
        PreferencesService preferencesService) {
     this.preferencesService = preferencesService;
  }

  protected void unsetPreferencesService(
        PreferencesService preferencesService)  {
     this.preferencesService = null;
  }

  public void _login(CommandInterpreter commandInterpreter) {

     [...]

     showLastLoginDateTime(user);
     recordLoginDateTime(user);
  }

  private void recordLoginDateTime(User user) {
     Preferences userPreferences = preferencesService.
        getUserPreferences(user.getName());
     String currentDateTime = DateFormat.getDateTimeInstance()
        .format(new Date());
     userPreferences.put("lastLogin", currentDateTime);
     try {
        userPreferences.flush();
     } catch (BackingStoreException e) {
        System.out.println(
           "Login-Zeit konnte nicht gespeichert werden!");
     }
  }
  private void showLastLoginDateTime(User user) {
     Preferences userPreferences = preferencesService.
        getUserPreferences(user.getName());
     String lastLogin = userPreferences.get("lastLogin", null);
     if (lastLogin == null) {
        System.out.println("Sie waren noch nie angemeldet");
        return;
     }
     System.out.println(
        "Sie waren am " + lastLogin + " zuletzt angemeldet");
  }

  [...]
}
```

Schritt 3: Anpassen der Komponentenbeschreibung

Damit der Preferences Service in der User Component zur Verfügung steht, muss er zusätzlich in der Komponentenbeschreibung spezifiziert werden (vgl. Listing 18–3).

Listing 18–3
Die Komponentenbeschreibung

```
<?xml version="1.0"?>
<component name="userComponent">
  <implementation
    class="org.osgibook.console.user.UserComponent"/>
  <service>
    <provide interface=↵
      "org.eclipse.osgi.framework.console.CommandProvider"/>
  </service>
  <reference name="userAdmin"
    interface="org.osgi.service.useradmin.UserAdmin"
    bind="setUserAdmin"
    unbind="unsetUserAdmin"
  />
  <reference name="preferencesService"
    interface="org.osgi.service.prefs.PreferencesService"
    bind="setPreferencesService"
    unbind="unsetPreferencesService"
  />
</component>
```

Schritt 4: Ausführen des Beispiels

Starten Sie nun die Anwendung. Da in der Launch-Konfiguration aus dem vorherigen Beispiel bereits der Preferences Service (Bundle `org.eclipse.equinox.preferences`) enthalten ist, können Sie die Konfiguration unverändert übernehmen. Wenn Sie sich nun zunächst als »andi« anmelden, sehen Sie die veränderte Nachricht nach dem Einloggen:

```
osgi> login andi secret
User andi eingeloggt
Sie waren noch nie angemeldet
```

Loggen Sie sich nun erneut mit »andi« ein. Sie erhalten jetzt die Information, wann Sie sich zuletzt angemeldet hatten:

```
osgi> login andi secret
User andi eingeloggt
Sie waren am 20.12.2007 14:46:16 zuletzt angemeldet
```

Da der Preferences Service seinen Datenbestand persistiert, bleiben die Login-Informationen auch nach einem Neustart der OSGi Service Platform erhalten.

Damit haben Sie gesehen, wie Sie mit dem Preferences Service Daten für einzelne Benutzer speichern und wieder auslesen können. Im Folgenden werden wir Ihnen die Konzepte des Service im Detail vorstellen.

18.2 Überblick über den Preferences Service

Der *Preferences Service* stellt eine plattformunabhängige Schnittstelle zum Speichern und Lesen von System- und Benutzereinstellungen zur Verfügung, wobei die API des Preferences Service stark an die Preferences API der Java SE angelehnt ist. Die Preferences werden in einem Backend Store abgelegt, dessen Realisierung abhängig von der OSGi-Implementierung ist (vgl. Abb. 18–2).

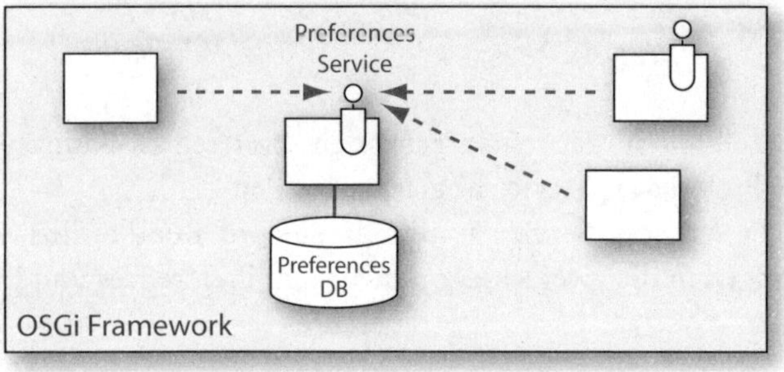

Abb. 18–2
Der Preferences Service

Die Spezifikation des Preferences Service macht keine Aussage darüber, wie die verwalteten Preferences persistiert werden – die Art und Weise der Speicherung und des Zugriffs auf die Daten wird ausdrücklich dem Anbieter der Preferences Services überlassen. Innerhalb der Preferences-Service-Implementierung in Eclipse Equinox werden bspw. Preferences in Form von Textdateien im Dateisystem (genauer im Konfigurationsverzeichnis) abgelegt.

Preferences-Bäume

Preferences sind hierarchisch in Form eines Baumes organisiert. Die Knoten eines Preferences-Baumes sind Objekte vom Typ `org.osgi.service.prefs.Preferences`, wobei jeder Knoten genau einen Elternknoten besitzen muss und beliebig viele Kindknoten besitzen kann. Über entsprechende Methoden am `Preferences`-Interface kann durch den Preferences-Baum navigiert werden.

Jeder Preferences-Knoten kann eine Menge von Properties enthalten, die in Form von Key-Value-Paaren abgelegt werden. Dabei werden die Java-Basistypen `int`, `float`, `long`, `double` und `boolean` sowie `String` und `byte[]` unterstützt. Das `Preferences`-Interface definiert eine

Reihe von Methoden, mit denen die Properties gesetzt, manipuliert und ausgelesen werden können (vgl. Abb. 18–3).

Abb. 18–3
Der Preferences-Baum

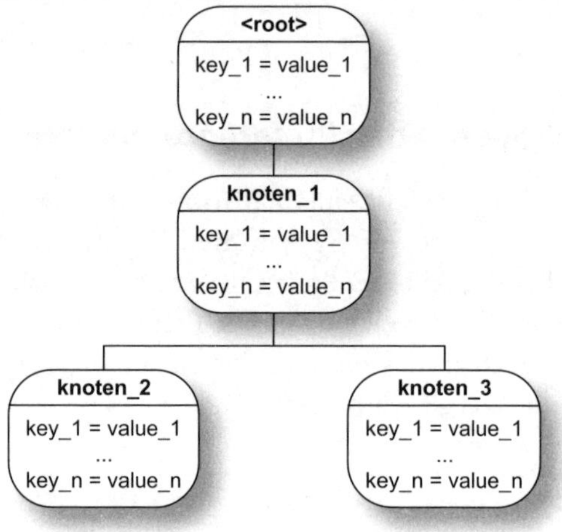

Die Wurzelknoten der entsprechenden Preferences-Bäume können über den Preferences Service abgefragt werden.

System und User Preferences

Der Preferences Service unterteilt die pro Bundle abzulegenden Einstellungen in die zwei Kategorien System Preferences und User Preferences:

- ***System Preferences***: System Preferences sind Einstellungen, die für ein Bundle unabhängig von einem konkreten Anwender relevant sind. System Preferences existieren für jedes Bundles genau einmal.
- ***User Preferences***: User Preferences enthalten Daten, die einem konkreten Benutzer zugeordnet sind. Pro Bundle können beliebig viele User Preferences angelegt werden.

Es liegt in der Verantwortung des Anwendungsentwickers, die abzulegenden Einstellungen in die entsprechenden Kategorien einzuteilen.

Preferences-Bäume sind immer spezifisch für das anlegende bzw. auslesende Bundle. Die gemeinsame Nutzung von System- oder Benutzereinstellungen in unterschiedlichen Bundles ist über den Preferences Service nicht möglich. Wird ein Bundle aus dem OSGi Framework deinstalliert, dann werden auch seine gespeicherten Preferences gelöscht. In Abb. 18–4 sind die möglichen Preferences-Bäume innerhalb des Preferences Service schematisch dargestellt.

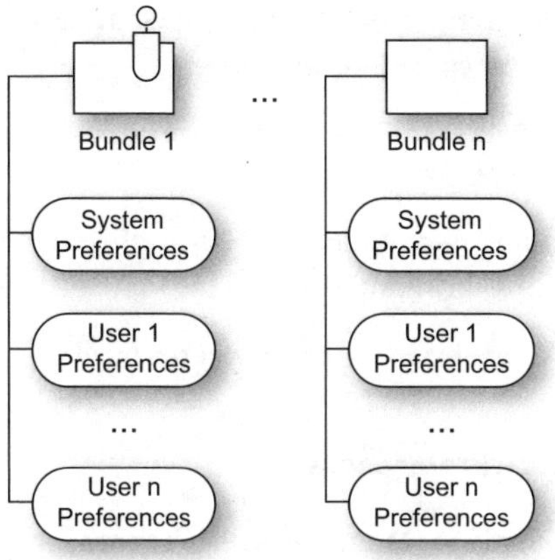

Abb. 18–4 Preferences-Bäume im Preferences Service

18.3 Zugriff auf Preferences

18.3.1 Das Interface PreferencesService

Der Preferences Service ist unter dem Interface `org.osgi.service.prefs.PreferencesService` in der Service Registry angemeldet.

Listing 18–4 Das Interface PreferencesService

```
package org.osgi.service.prefs;

public interface PreferencesService {
   public Preferences getSystemPreferences();
   public Preferences getUserPreferences(String name);
   public String[] getUsers();
}
```

Über dieses Interface haben Sie Zugriff auf die Preferences-Root-Knoten eines Bundles. Die Methode `getSystemPreferences()` liefert Ihnen das Root-Preferences-Objekt der System Preferences zurück. Über die Methode `getUserPreferences(String name)` fragen Sie das Root-Preferences-Objekt für den angegebenen Benutzer ab. Falls für den Benutzer noch kein Root-Objekt existiert, wird es automatisch angelegt. Die Methode `getUsers()` liefert Ihnen die Namen aller Benutzer zurück, für die bereits Preferences existieren.

Beispiel

Mit der folgenden Anweisung lesen Sie bspw. die System-Präferenzen eines Bundles aus:

```
Preferences userPreferences =
   preferencesService.getSystemPreferences();
```

Um anwenderspezifische Einstellungen auszulesen, können Sie die Methode `getUserPreferences()` verwenden:

```
Preferences userPreferences = preferencesService.
  getUserPreferences("andi");
```

Um die Namen aller Anwender zu ermitteln, für die Preferences-Bäume verfügbar sind, können Sie die Methode `getUser()` verwenden:

```
String[] users = preferencesService.getUsers();
```

18.3.2 Das Interface Preferences

Das Interface `org.osgi.service.prefs.Preferences` repräsentiert einen Knoten in der hierarchischen Struktur der vom Preferences Service verwalteten Daten (vgl. Listing 18–5). Ein Preferences-Objekt erfüllt die folgenden Aufgaben, auf die wir in den weiteren Abschnitten näher eingehen werden:

- **Navigation durch den Preferences-Baum:** Von einem Preferences-Objekt aus können Sie zu den weiteren Knoten in Ihrem Preferences-Baum navigieren, neue Knoten anlegen und bestehende Knoten löschen.
- **Setzen und Auslesen von Properties:** Über das Preferences-Objekt können Sie auf die in Form von Properties hinterlegten Daten zugreifen, diese ändern und löschen.
- **Schreiben und Synchronisieren:** Über die Methoden `flush()` und `sync()` können Sie Preferences explizit speichern bzw. mit dem Backend synchronisieren.

Listing 18–5
Das Interface Preferences

```
package org.osgi.service.prefs;

public interface Preferences {
```

Navigation durch den Preferences-Baum

```
  public String[] childrenNames() throws BackingStoreException;
  public Preferences parent();
  public Preferences node(String pathName);
  public boolean nodeExists(String pathName)
                       throws BackingStoreException;
  public void removeNode() throws BackingStoreException;
  public String name();
  public String absolutePath();
```

Setzen und Auslesen von Properties

```
  public void put(String key, String value);
  public void putInt(String key, int value);
  public void putLong(String key, long value);
  public void putBoolean(String key, boolean value);
  public void putFloat(String key, float value);
  public void putDouble(String key, double value);
  public void putByteArray(String key, byte[] value);

  public String[] keys() throws BackingStoreException;

  public String get(String key, String def);
  public int getInt(String key, int def);
  public long getLong(String key, long def);
  public boolean getBoolean(String key, boolean def);
  public float getFloat(String key, float def);
  public double getDouble(String key, double def);
  public byte[] getByteArray(String key, byte[] def);

  public void remove(String key);
  public void clear() throws BackingStoreException;
```

Schreiben und Synchronisieren

```
  public void flush() throws BackingStoreException;
  public void sync() throws BackingStoreException;
}
```

18.3.3 Navigation durch den Preferences-Baum

Um einen bestimmten Preferences-Knoten eines Preferences-Baum auszulesen, müssen Sie zunächst den zugehörigen Root-Knoten über den Preferences Service auslesen (vgl. Abschnitt 18.3.1). Die Navigation durch den Preferences-Baum kann dann über die Methode `node()` erfolgen, der Sie den Pfad des auszulesenden Preferences-Knoten übergeben. Ein Pfad besteht aus den Namen der einzelnen Knoten, die durch den Trenner »/« unterteilt sind. Dabei wird zwischen absoluten und relativen Pfaden unterschieden:

- ***Absolute Pfade:*** Ein Pfad, der mit einem »/« beginnt, wird als *absoluter* Pfad interpretiert. Ein absoluter Pfad beschreibt einen Pfad durch den Preferences-Baum ausgehend vom Wurzelknoten.
- ***Relative Pfade:*** Ein Pfad, der mit einem Knotennamen beginnt, wird als relativer Pfad interpretiert. Ein relativer Pfad beschreibt einen Pfad durch den Preferences-Baum ausgehend von einem spezifischen Knoten.

Beispiel Um in dem in Abb. 18–3 dargestellten Preferences-Baum den Knoten »knoten_2« abzufragen, können Sie diesen über den absoluten Pfad auslesen:

```
Preferences wurzel = preferencesService.
   getUserPreferences(name);

Preferences knoten2 = wurzel.node("/knoten_1/knoten_2");
```

Alternativ können Sie über relative Pfade durch den Baum navigieren:

```
Preferences wurzel = preferencesService.
   getUserPreferences(name);

Preferences knoten1 = wurzel.node("knoten_1");
Preferences knoten2 = knoten1.node("knoten_2");
```

Wenn der Pfad, den Sie angebe, noch nicht existiert, wird er automatisch angelegt, so dass die `node()`-Methode Ihnen stets ein existierendes Preferences-Objekt zurückliefert.

18.3.4 Löschen von Preferences-Knoten

Um einen Preferences-Knoten zu löschen, verwenden Sie die Methode `removeNode()`. Damit wird das gesamte Preferences-Objekt mit allen Properties und Unterknoten aus dem Preferences-Backend gelöscht:

```
Preferences wurzel = preferencesService.
   getUserPreferences(name);

wurzel.removeNode();
```

18.4 Schreiben und Lesen von Properties

Für den Zugriff auf die an einem Preferences-Objekt gesetzten Properties stellt die Preferences-Klasse verschiedene Methoden zum Auslesen, Verändern und Löschen zur Verfügung.

18.4.1 Properties auslesen

Für jeden vom Preferences Service unterstützten Java-Basistypen `int`, `float`, `long`, `double` und `boolean` sowie `String` und `byte[]` steht eine spezialisierte `get`-Methode zur Verfügung, mit der Sie entsprechende Properties auslesen können. Die `get`-Methoden erwarten zwei Parameter: den Namen des Properties, das Sie auslesen möchten, und einen Defaultwert. Der Defaultwert wird dann zurückgegeben, wenn der Preferences Service keinen Wert zu dem Schlüssel ermitteln konnte, bspw.

- weil zu dem übergebenen Schlüssel (noch) kein Wert hinterlegt ist,
- weil der hinterlegte Wert nicht in den geforderten Typ konvertiert werden kann, oder
- weil beim Lesen der Preferences ein Fehler aufgetreten ist.

Die Methode `get(String, String)` liefert Ihnen unabhängig davon, wie ein Property gespeichert wurde, den Wert als String zurück. Mit der Methode `keys()` können Sie sich eine Array von Strings mit den in dem Preferences-Objekt gespeicherten Property-Namen geben lassen.

Beispiel

Mit der folgenden Anweisung lesen Sie aus einem Preferences-Knoten das Property »lastLogin« als String aus. Falls der Wert nicht gesetzt ist, wird als Defaultwert `null` zurückgeliefert.

```
String lastLogin = userPreferences.get("lastLogin", null);
```

18.4.2 Einfügen und Ändern von Properties

Analog zu den `get()`-Methoden verfügt das Preferences-Interface über eine Reihe von `put()`-Methoden, mit denen Sie die Properties an einem Preferences-Objekt setzen können. Die Methoden sind für alle vom Preferences Service unterstützen Java-Typen vorhanden.

Die put-Methoden erwarten jeweils den Namen und den Wert des Properties. Wenn bereits ein Property für den übergebenen Namen in dem Preferences-Objekt existiert, wird der alte Wert überschrieben. Beachten Sie bitte, dass null weder als Schlüssel noch als Wert erlaubt ist.

Beispiel Mit der folgenden Anweisung setzen Sie in einem Preferences-Knoten das Property »lastLogin«:

```
String currentDateTime = DateFormat.getDateTimeInstance()
   .format(new Date());
userPreferences.put("lastLogin", currentDateTime);
```

18.4.3 Entfernen von Properties

Für das Entfernen von Properties definiert das Preferences Interface die zwei Methoden remove(String key) und clear(). Die Methode remove(String key) entfernt das Property mit dem übergebenen Key aus diesem Preferences-Objekt. Die Methode clear() entfernt alle Properties, die an einem Preferences-Objekt gespeichert sind.

18.5 Nebenläufigkeit

Der Preferences Service erlaubt das Anlegen und Modifizieren von Preferences in einem Backend Store. Falls mehrere Prozesse gleichzeitig auf dem Backend Store arbeiten, können nebenläufige Updates zu Differenzen zwischen dem Backend Store und bereits gelesenen Preferences führen. Über die Methoden flush() und sync() am Preferences Service kann diese Problematik teilweise kontrolliert werden:

- *Die Methode flush():* Über die Methode flush() kann ein Preferences-Knoten explizit gespeichert werden. Dabei werden alle Elternknoten, die noch nicht im Backend gespeichert sind, automatisch angelegt. Alle Properties werden persistiert, und evtl. gelöschte Kindknoten werden aus dem Backend entfernt. Anschließend wird die flush()-Methode an allen Kindknoten aufgerufen.
  Beim Stoppen eines Bundles wird an dessen Preferences automatisch die flush()-Methode aufgerufen.
- *Die Methode sync():* Die Methode sync() ruft zunächst die Methode flush() am Preferences-Objekt auf. Anschließend werden alle Änderungen am Preferences-Objekt aus dem Backend Store, die von anderen Prozessen gemacht wurden, erneut ausgelesen.

Beide Methoden werfen eine BackingStoreException, wenn das Speichern oder Synchronisieren nicht erfolgreich ist.

18.6 Zusammenfassung

In diesem Kapitel haben wir Ihnen gezeigt, wie Sie mit dem Preferences Service System- und Benutzereinstellungen in Ihrem Bundle verwalten können:

- Der *Preferences Service* stellt eine Schnittstelle zum Speichern von System- und Benutzereinstellungen (Preferences) in einem implementierungsabhängigen Backend Store zur Verfügung.
- *Preferences* sind hierarchisch in Form eines Baumes organisiert. Die Knoten eines Preferences-Baumes sind Objekte vom Typ `org.osgi. service.prefs.Preferences`.
- Jeder *Preferences-Knoten* kann eine Menge von Properties enthalten, die in Form von Key-Value-Paaren abgelegt werden. Es werden die Java-Basistypen `int`, `float`, `long`, `double` und `boolean` sowie `String` und `byte[]` unterstützt.
- *Preferences-Bäume* sind immer spezifisch für das nutzende Bundle. Die gemeinsame Nutzung von System- oder Benutzereinstellungen in unterschiedlichen Bundles ist über den Preferences Service nicht möglich.
- Der Preferences Service unterteilt die pro Bundle abzulegenden Einstellungen in die zwei Kategorien *System Preferences* und *User Preferences*, wobei es genau einen Baum für System Preferences gibt und beliebig viele mit User Preferences.
- Die API des Preferences Service ist an der `java.util.Preferences`-API orientiert, die mit dem JDK 1.4 eingeführt wurde.

19 Der Http Service

In diesem Kapitel stellen wir Ihnen mit dem Http Service einen leichtgewichtigen Servlet Container vor, der insbesondere für den Einsatz in ressourcenbegrenzten Systemen gedacht ist. Der Http Service ermöglicht die dynamsiche Registrierung von Ressourcen und Servlets aus beliebigen Bundles. Anfragen, die ein Client an den Servlet Container richtet, werden an die registrierten Servlets weitergeleitet oder durch das Zurückliefern statischer Ressourcen aus den jeweiligen Bundles beantwortet. *Motivation*

In Kapitel 24 stellen wir Ihnen verschiedene Equinox-spezifische Erweiterungen vor, die auf der Http-Service-Spezifikation beruhen und bspw. die Einbindung beliebiger Servlet Container (bspw. Tomcat oder Jetty) als Http Service in der OSGi Service Platform ermöglichen.

Der Http Service ist im Kapitel 102 »Http Service Specification« des OSGi Service Compendium spezifiziert. Er ist nicht Bestandteil der Mobile Specification. *Einordnung*

19.1 Tutorial: »Hello World« über Web

Überblick

Die Funktionsweise des Http Service demonstrieren wir Ihnen an einer einfachen Webanwendung, die aus einem Servlet und mehreren statischen Ressourcen besteht. Die Webanwendung stellt eine Variation des Hello-World-Beispiels dar: Zunächst wird in einem HTML-Formular der Name des Anwenders abgefragt. Daraufhin wird dynamisch eine Seite mit einer persönlichen Begrüßung erstellt und angezeigt. Wenn der Anwender keinen Namen eingegeben hat, wird stattdessen eine Seite mit einer Fehlermeldung angezeigt.

Die Implementierung der Webanwendung realisieren wir in einem Bundle `org.osgibook.helloworld.servlet` mit den folgenden Elementen:

- ***HTML-Ressourcen:*** Den statischen Inhalt der Webapplikation realisieren wir als HTML-Ressourcen, die als Dateien innerhalb des Bundles abgelegt werden.
- ***HelloWorld-Servlet:*** Der dynamische Inhalt wird über das HelloWorld Servlet realisiert, das im Package `org.osgibook.helloworld.servlet` abgelegt ist.
- ***HelloWorld-Service-Component:*** Die Registrierung der Ressourcen und des Servlets erfolgt innerhalb einer Service Component (vgl. Kapitel 12).

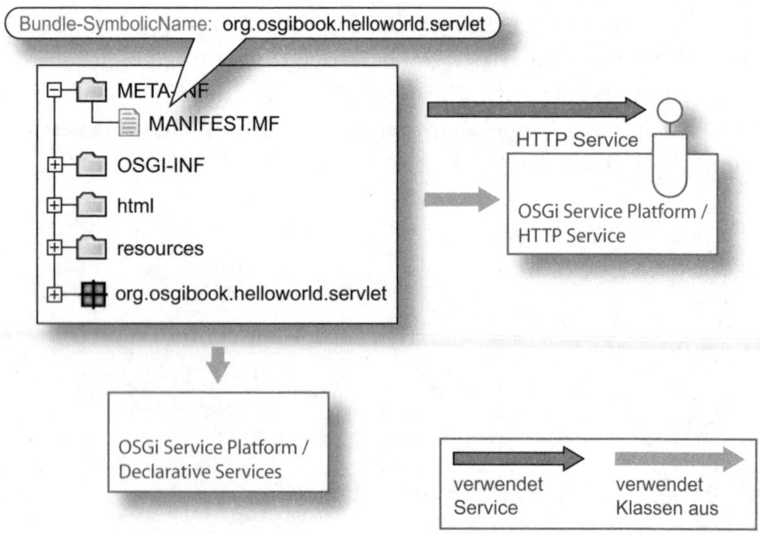

Abb. 19–1
Übersicht über die beteiligten Bundles

In Abb. 19–1 sind die beteiligten Bundles mit ihren Abhängigkeiten dargestellt.

Die Plug-in-Projekte

Die fertigen Plug-in-Projekte zu diesem Tutorial sind in Abb. 19–2 dargestellt.

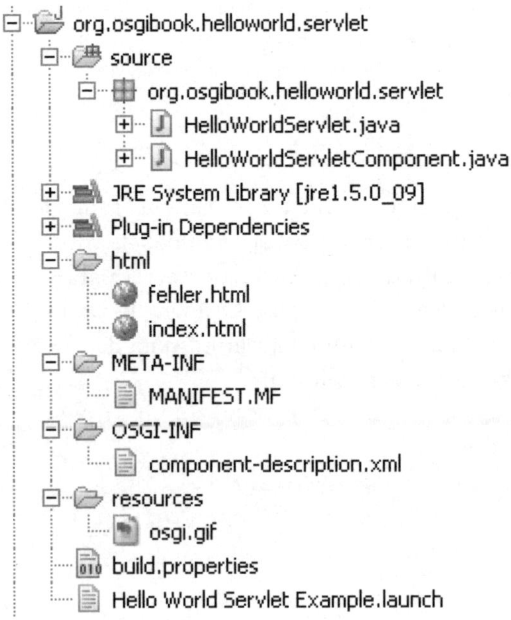

Abb. 19–2
Die Plug-in-Projekte

1.Schritt: Anlegen des Plug-in-Projektes

Legen Sie zunächst ein neues Plug-in-Projekt mit dem Namen `org.osgibook.helloworld.servlet` und dem folgenden Import-Package-Header an:

```
Import-Package: javax.servlet;version="2.4.0",
  javax.servlet.http;version="2.4.0",
  org.osgi.framework;version="1.4.0",
  org.osgi.service.http;version="1.2.0",
  org.osgi.util.tracker;version="1.3.3"
```

2. Schritt: Anlegen der Ressourcen

Im zweiten Schritt erstellen Sie innerhalb des Plug-in-Projektes einen Ordner `html`. Darin legen Sie die Datei `index.html` an, die das Formular für die Namenseingabe enthält:

Listing 19–1
Die Datei index.html

```
<html>
  <head>
    <title>Hello World</title>
  </head>
  <body>
    <img src="images/osgi.gif" style="float:left"/>
```

```
            <h1>Hallo</h1>
            <form name="registrationForm" method="get"
               action="helloworld">
               <p>Bitte geben Sie zun&auml;chst Ihren Namen ein: <input
                  name="name" type="text"/>
                  <input type="submit" value="OK"/>
            </form>
         </body>
      </html>
```

Die `index.html`-Datei verwendet zur Auflockerung des Layouts eine Grafik (das Logo `osgi.gif` von der Homepage der OSGi-Alliance). Legen Sie diese Grafikdatei im Ordner `resources` ab.

Als Nächstes legen Sie im `html`-Ordner die Datei `fehler.html` an, die eine einfache Fehlermeldung ausgibt, wenn der Anwender das Formular nicht korrekt ausgefüllt hat:

Listing 19–2
Die Datei fehler.html

```
<html>
   <head>
      <title>Hello World</title>
   </head>
   <body>
      <h1>Fehler</h1>

      <p>Bitte geben Sie einen Namen ein !</p>
      <p><a href="index.html">Zur&uuml;ck...</a></p>
   </body>
</html>
```

3. Schritt: Anlegen des Servlets

Die Bearbeitung der eingegebenen Daten aus dem Formular realisieren wir in der Klasse `HelloWorldServlet`. Bei der Bearbeitung eines Requests wird zunächst überprüft, ob ein Name in das Formular eingegeben wurde. Wenn der Name nicht eingegeben wurde, leitet das Servlet den Client auf die Fehlerseite weiter. Ansonsten generiert es eine neue HTML-Seite mit der persönlichen Begrüßung des Anwenders.

Legen Sie die `HelloWorldServlet`-Klasse im Package `org.osgibook.helloworld.servlet` an:

Listing 19–3
Die Klasse HelloWorldServlet

```
package org.osgibook.helloworld.servlet;

import java.io.IOException;
import javax.servlet.ServletException;
import javax.servlet.http.HttpServlet;
import javax.servlet.http.HttpServletRequest;
import javax.servlet.http.HttpServletResponse;
public class HelloWorldServlet extends HttpServlet {
   private static final long serialVersionUID = 1L;
```

```
   protected void doGet(HttpServletRequest req, HttpServletResponse
         resp) throws ServletException, IOException {
      String name = req.getParameter("name");
      if (name == null || name.length() < 1) {
         resp.sendRedirect("/fehler.html");
         return;
      }
      StringBuilder builder = new StringBuilder();
      builder
         .append("<html><head><title>Hello World!</title></head>")
         .append("<body><h1>Hallo</h1>")
         .append(
            "<p>Willkommen in der fabelhaften Welt von OSGi,<b>")
         .append(name)
         .append("</b>")
         .append("</body></html>");
      resp.getOutputStream().print(builder.toString());
      resp.getOutputStream().flush();
   }
}
```

Die Entwicklung der eigentlichen Webanwendung ist damit abgeschlossen. Im nächsten Schritt müssen wir uns noch darum kümmern, dass die Ressourcen und das Servlet am Http Service registriert werden.

4. Schritt: Registrieren der Ressourcen im Activator

Damit Ressourcen oder Servlets über den Http-Server der Http-Service-Implementierung zur Verfügung stehen, müssen diese über den Http Service registriert werden. Dabei wird dem Http Service mitgeteilt, unter welchem Pfad die Ressourcen oder Servlets für Client-Anfragen zur Verfügung stehen sollen.

Innerhalb dieses Tutorials realisieren wir das Registrieren und Deregistrieren unter Verwendung einer Service Component (vgl. Kapitel 12). Legen Sie dazu die folgende Komponentenklasse im `org.osgibook.helloworld.servlet`-Package an:

Listing 19–4
Die Komponentenklasse HelloWorldServlet

```
package org.osgibook.helloworld.servlet;

[...]

import org.osgi.service.http.HttpContext;
import org.osgi.service.http.HttpService;

public class HelloWorldServletComponent {

   protected void setHttpService(HttpService httpService) {
      HttpContext context = httpService.createDefaultHttpContext();
      try {
```

```
            httpService.registerServlet("/helloworld",
               new HelloWorldServlet(), new Properties(), context);
            httpService.registerResources("/", "/html", context);
            httpService.registerResources("/images", "/resources",
               context);
         } catch (Exception ex) {
            ex.printStackTrace();
         }
      }

      protected void unsetHttpService(HttpService httpService) {
         httpService.unregister("/helloworld");
         httpService.unregister("/");
         httpService.unregister("/images");
      }
   }
```

Die Komponentenbeschreibung implementieren wir in der Datei OSGI-INF/component-description.xml (vgl. Listing 19–5).

Listing 19–5
Die Datei component-description.xml

```
<?xml version="1.0"?>
<component name="helloworldServletComponent">
   <implementation class="org.osgibook.helloworld.servlet. ↵
      HelloWorldServletComponent"/>
   <reference name="httpService"
      interface="org.osgi.service.http.HttpService"
      bind="setHttpService"
      unbind="unsetHttpService"
      cardinality="0..n"
      policy="dynamic"
      />
</component>
```

Fügen Sie abschließend den entsprechenden Service-Component-Header in Ihre Manifest-Datei ein:

```
Service-Component: OSGI-INF/component-description.xml
```

5. Schritt: Ausführen den Beispiels

Anlegen der Launch-Konfiguration

Legen Sie zum Ausführen des Beispiels eine neue Launch-Konfiguration mit dem Namen »Hello World Servlet Example« an, in der Sie neben dem Bundle org.osgibook.helloworld.servlet aus dem Workspace auch die folgenden Bundles aus der Target Platform auswählen:

- javax.servlet
- org.eclipse.equinox.http
- org.eclipse.equinox.ds
- org.eclipse.osgi
- org.eclipse.osgi.services

Auf der Registerkarte **Arguments** des Launch-Configuration-Editors fügen Sie unter **VM arguments** noch das System-Property `org.osgi.service.http.port` hinzu. Damit legen Sie fest, auf welchem Port der Http Service Verbindungen annehmen soll:

```
-Dorg.osgi.service.http.port=1234
```

Starten des Beispiels

Starten Sie nun das Beispiel mithilfe der Launch-Konfiguration. Sobald Ihr Bundle gestartet ist, öffnen Sie in Ihrem Internet-Browser die URL zu der index.html-Seite:

```
http://localhost:1234/index.html
```

Das Formular zur Namenseingabe erscheint (Abb. 19–3).

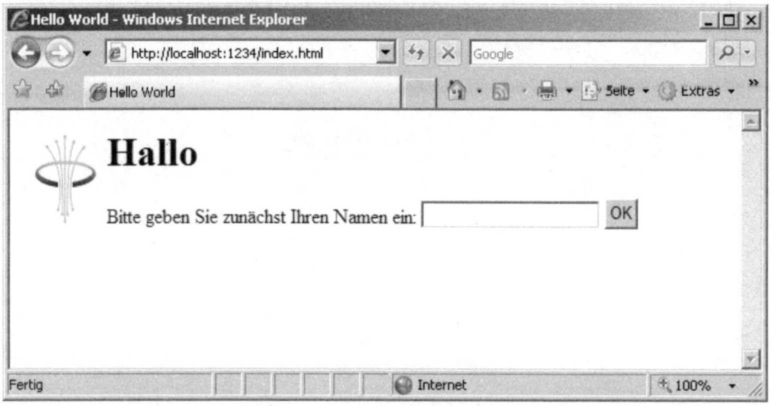

Abb. 19–3
Die Startseite der Webanwendung

Lassen Sie das Eingabefeld leer und klicken Sie auf »OK«. Vom Servlet werden Sie auf die Fehlerseite weiterleitet, da Sie keinen Namen eingegeben haben. Klicken Sie auf »Zurück...«, so dass erneut die Startseite aufgerufen wird. Geben Sie nun einen Namen im Eingabefeld ein und klicken Sie erneut auf »OK«. Die »Hallo«-Seite erscheint, auf der Sie namentlich begrüßt werden.

Ihre erste kleine OSGi-basierte Webanwendung, die sowohl mit statischen Ressourcen als auch mit dynamischen Inhalten arbeitet, ist damit fertig. In den folgenden Unterkapiteln werden wir Ihnen die Konzepte des Http Service im Detail erläutern.

19.2 Überblick über den Http Service

Der Http Service

Der *Http Service* stellt eine einfache Schnittstelle bereit, über die Servlets und statische Ressourcen (bspw. HTML-Seiten, Grafiken) an einem Webserver registriert und deregistriert werden können. Der

Webserver wird dabei von der jeweiligen Implementierung des Http Service bereitgestellt und läuft innerhalb des OSGi Frameworks ab.

Modularisierung und Dynamik

Im Gegensatz zu klassischen JEE-Webanwendungen können Sie dabei eine Webanwendung modular aufbauen, da der Service die Registrierung von Servlets und Ressourcen aus allen Bundles heraus erlaubt – eine zentrale Konfiguration ist nicht erforderlich. Auch die dynamischen Aspekte des OSGi Frameworks werden unterstützt: So haben Sie jederzeit die Möglichkeit, Servlets zu registrieren oder zu deregistrieren. Durch ein Versionsupdate eines Bundles können Sie zur Laufzeit auch neue Servlet-Versionen installieren. Die Notwendigkeit, Servlets und Ressourcen an einer zentralen Stelle zu konfigurieren, so wie Sie es in einer JEE-Anwendung in der Datei `web.xml` tun müssen, entfällt, da jedes Bundle eigene Servlets und Ressourcen registrieren kann.

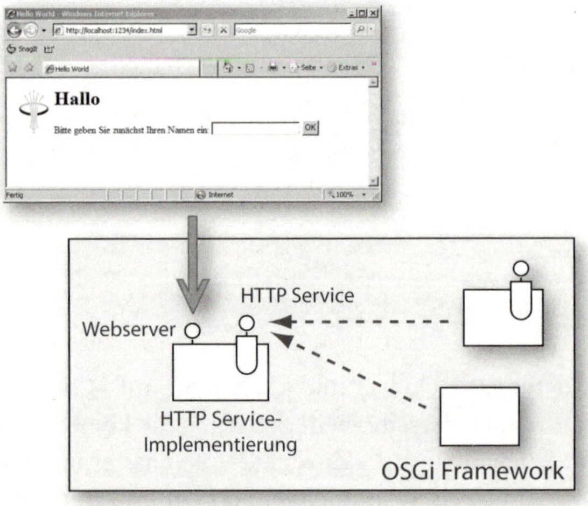

Abb. 19–4 *Überblick über den Http Service*

Einschränkungen

Allerdings unterstützt der Http Service bei weitem nicht alle Features, die Ihnen die JEE Spezifikation bietet: So können Sie z.B. keine Servlet-Filter verwenden, und auch JSPs sind nicht Teil der Spezifikation. In Kapitel 24 werden wir Ihnen jedoch zeigen, wie Sie die Jasper JSP Engine verwenden können, um über den Http Service auch JSPs ausliefern können.

19.3 Das Interface HttpService

Der Http Service implementiert das Interface `org.osgi.service.http.HttpService`, das in Listing 19–6 dargestellt ist.

```
package org.osgi.service.http;

import java.util.Dictionary;

import javax.servlet.Servlet;
import javax.servlet.ServletException;

public interface HttpService {
  public void registerServlet(String alias, Servlet servlet,
        Dictionary initparams, HttpContext context)
        throws ServletException, NamespaceException;
  public void registerResources(String alias, String name,
        HttpContext context) throws NamespaceException;
  public void unregister(String alias);
  public HttpContext createDefaultHttpContext();
}
```

Listing 19–6
Das Interface HttpService

19.3.1 Registrieren und Deregistrieren von statischen Ressourcen

Registrieren von Ressourcen

Statische Ressourcen sind Dateien, die bei einer entsprechenden Anfrage eines Clients vom Webserver direkt und ohne Veränderung an den Client zurückgeliefert werden, z.B. Grafiken oder HTML-Dateien. Um Ressourcen aus einem Bundle am Http Service zu registrieren, muss die Methode `registerResources()` verwendet werden:

```
public void registerResources(String alias, String name,
  HttpContext context) throws NamespaceException;
```

Die Methode erwartet die folgenden Parameter:

- **`alias`:** Mit dem `alias`-Parameter geben Sie an, unter welchem Pfad die Ressource verfügbar gemacht wird (vgl. Unterkapitel 19.3.3).
- **`name`:** Der `name`-Parameter gibt an, welche Datei oder welches Verzeichnis innerhalb eines Bundles registriert werden soll.
- **`context`:** Über den `context`-Parameter können Sie eine `HttpContext`-Instanz angeben, die vom Http Service verwendet wird, um die angeforderten Ressourcen zu landen und um deren Mime-Type zu bestimmen (vgl. Unterkapitel 19.4).

Um beispielsweise das Verzeichnis `/resources` aus einem Bundle unter dem Alias `/images` zu registrieren, führen Sie folgenden Aufruf aus:

```
httpService.registerResources("/images", "/resources", context);
```

Deregistrieren von Ressourcen

Ressourcen, die Sie beim Http Service registriert haben, können Sie mit der `unregister`-Methode jederzeit wieder entfernen. Die `unregister`-Methode erwartet als Parameter den Namen des Aliases, unter dem Sie die Ressource registriert hatten:

```
httpService.unregister("/images");
```

Sie können freigegebene Ressourcen jederzeit erneut am Http Service anmelden.

19.3.2 Registrieren und Deregistrieren von Servlets

Registrieren von Servlets

Servlets sind Bestandteil der JEE-Spezifikation und werden in Webanwendungen eingesetzt, um Anfragen von Clients dynamisch zu beantworten. Der Http Service erlaubt es Ihnen, Servlets auch in Ihren OSGi-Bundles einzusetzen. Um ein Servlet zu registrieren, verwenden Sie die Methode `registerServlet()` des Http Service:

```
public void registerServlet(String alias, Servlet servlet,
   Dictionary initparams, HttpContext context)
   throws ServletException, NamespaceException;
```

Diese Methode erwartet vier Parameter:

- **alias:** Mit dem `alias`-Parameter geben Sie an, unter welchem Pfad die Ressource verfügbar gemacht wird (vgl. Unterkapitel 19.3.3).
- **servlet:** Die Instanz Ihres Servlets, die Sie registrieren möchten. Wenn die Instanz, die Sie mit diesem Parameter übergeben, bereits am Http Service registriert ist, wird eine `ServletException` geworfen.
- **initparams:** Hiermit können Sie Parameter übergeben, die der `init()`-Methode Ihres Servlets (als Bestandteil des `ServletConfig`-Objekts) übergeben werden. Dieser Parameter entspricht den `init-param`-Elementen in einer JEE-»web.xml«-Datei.
- **context:** Mit dem `context`-Parameter können Sie eine Instanz eines `HttpContext`-Objektes übergeben, die vom HttpService genutzt wird, um Ressourcen zu laden, die Ihr Servlet über das `ServletContext`-Objekt mit den Methoden `getResource` bzw. `getResourceAsStream` anfordert (vgl. Unterkapitel 19.4).

Beispiel

Mit dem folgenden Aufruf registrieren Sie das `HelloWorldServlet` aus unserem Tutorial, das unter dem Alias »`/helloworld`« aufgerufen werden kann:

```
httpService.registerServlet("/helloworld", new HelloWorldServlet(),
   new Properties(), context);
```

Deregistrieren von Servlets

Wenn Ihr Bundle oder der Http Service nicht länger zur Verfügung stehen, müssen Sie registrierte Servlets mit der `unregister`-Methode vom Http Service entfernen. Der Methode übergeben Sie den Alias, unter dem Sie die Ressource oder das Servlet zuvor angemeldet haben:

```
httpService.unregister("/webshop/buy");
```

Anfragen, die danach an den Alias gerichtet werden, werden mit einem 404-Fehler beantwortet. Natürlich können Sie Ihr Servlet jederzeit erneut registrieren.

19.3.3 Abbildung von Http Requests auf Servlets und Ressourcen

Servlets und Ressourcen werden unter einem Alias beim Http Service registriert. Dieser Alias ist der Teil der URL, der hinter dem Hostnamen beginnt. In der URL `http://www.osgibook.org/helloworld/index.html` ist der Alias demnach »`/helloworld/index.html`«. Wenn der Webserver eine Anfrage eines Clients erhält, prüft er zunächst, ob unter dem Alias eine Registrierung vorhanden ist. Dabei werden die folgenden Schritte durchlaufen:

1. Wenn unter dem Alias ein Servlet registriert ist, wird die Anfrage über die `handleSecurity()`-Methode an dem zugehörigen `HttpContext`-Objekt autorisiert. Wenn die Autorisierung erfolgreich war, wird das registrierte Servlet aufgerufen und dessen Antwort an den Client gesendet.
2. Ist der Alias einer Ressource zugeordnet, wird die Anfrage ebenfalls zunächst über das `HttpContext`-Objekt autorisiert. Anschließend wird aus der Anfrage-URI der Alias durch den internen Namen ersetzt und mit diesem Namen die `getResource`-Methode am `HttpContext`-Objekt aufgerufen. Wenn diese Methode eine URL zurückliefert, wird der Inhalt dieser URL an den Client gesendet. Ansonsten wird die Anfrage so behandelt, als ob der Alias nicht exakt passen würde, und es wird mit dem nächsten Schritt fortgefahren.
3. Wenn es keine exakte Übereinstimmung mit einem registrierten Alias gibt, werden die Teilstrings der Anfrage überprüft. Dazu werden alle Zeichen nach dem letzten »/« in der URI abgeschnitten und die so erhaltene »neue« URI auf Registrierungen überprüft. Dieser Vorgang wird so lange wiederholt, bis entweder ein passender Alias gefunden wird oder die URI keine weiteren Teilstrings mehr enthält. In dem Falle prüft der Http Service noch, ob ein Alias »/« registriert ist, und würde die Anfrage an die entsprechende Registrierung schicken. Wenn auch dieser Versuch nicht erfolgreich ist, wird der Http-Fehlercode 404 (»Not found«) an den Client zurückgeliefert.

19.4 Der Http Context

19.4.1 Das Interface HttpContext

Sowohl die `registerServlet()`- als auch die `registerResources()`-Methode erwartet als letzten Parameter ein Objekt vom Typ `HttpContext`. Dieses Objekt wird bei der Verarbeitung von Http Requests verwendet, um zusätzliche Informationen zu einem registrierten Servlet bzw. einer registrierten Ressource zu erhalten (vgl. Listing 19–7).

Listing 19–7 *Das Interface HttpContext*

```
package org.osgi.service.http;

public interface HttpContext {
   public boolean handleSecurity(HttpServletRequest request,
      HttpServletResponse response) throws IOException;
   public URL getResource(String name);
   public String getMimeType(String name);
}
```

Das Interface `HttpContext` definiert die folgenden drei Methoden:

- **`handleSecurity()`:** Die `handleSecurity()`-Methode wird vor dem Bearbeiten einer Anfrage vom Http Service aufgerufen und ermöglicht die Implementierung von Autorisierungsprüfungen. Die Methode muss `true` zurückliefern, wenn der Request erfolgreich autorisiert wurde.
- **`getResource()`**: Über die Methode `getResource()` lädt der Http Service Ressourcen, die an den Client gesendet werden sollen. Der Service ruft diese Methode auf, wenn innerhalb eines Servlets die Methoden `getResource()` bzw. `getResourceAsStream()` am `ServletContext` aufgerufen wurden. Außerdem nutzt der Http Service diese Methode, um registrierte statische Ressourcen aus einem Bundle auszulesen.
- **`getMimeType`**(): Die Methode `getMimeType()` liefert für den Namen einer Datei den Mime Type zurück. Sie wird vom `HttpService` aufgerufen, wenn die `getMimeType`-Methode am Servlet Context aufgerufen wurde. Außerdem nutzt der Http Service diese Methode, um den Mime-Type einer statischen Ressource zu ermitteln, der in den `Content-Type`-Http-Header eingetragen werden soll.

19.4.2 Der Default Http Context

Sie können das `HttpContext`-Interface selbst implementieren, wenn Sie bspw. eine eigene Autorisierungsprüfung implementieren möchten. Dies ist jedoch nicht zwingend erforderlich, da über den Http Service eine Default-Implementierung des Http Context abgefragt werden kann:

```
HttpContext context = httpService.createDefaultHttpContext();
```

Die Default-Implementierung liefert die folgenden Werte zurück:

- **`handleSecurity()`**: Implementierungsspezifisch; in Equinox wird immer `true` zurückgeliefert.
- **`getResource()`**: Liefert die URL einer Ressource, die im registrierenden Bundle liegt (`Bundle.getResource()`).
- **`getMimeType()`**: Gibt immer `null` zurück.

19.4.3 Http Context und Servlet Context

Wenn Sie einer der `register`*`XXX`*-Methoden statt einer Http-Context-Instanz `null` übergeben, erzeugt die Methode automatisch eine neue Instanz des `HttpContext`. Dazu ruft Sie die Methode `HttpService.createDefaultHttpContext` auf.

Insbesondere wenn Sie mehrere Servlets registrieren, ist dieses Verfahren für Sie allerdings möglicherweise nicht geignet, da über den `HttpContext` auch der `ServletContext` verwaltet wird. Der `ServletContext` ist Bestandteil der Servlet-Spezifikation und bietet einer Webanwendung u.a. die Möglichkeit, Attribute (in Form von Key-Value-Paare) über Servlet-Grenzen hinweg zu setzen und abzufragen. Dazu gibt es genau *eine* `ServletContext`-Instanz, auf die jedes Servlet zugreifen kann. JEE-Webanwendungen können hier z.B. global genutzte Objekte, etwa den Connection-Pool zu einer Datenbank, hinterlegen.

Während es in einer JEE-Webanwendung pro Webanwendung genau eine Servlet-Context-Instanz gibt, erzeugt der Http Service für jede `HttpContext`-Instanz eine *eigene* `ServletContext`-Instanz. Wenn Sie also bei jeder Servlet-Registrierung einen eigenen `HttpContext` verwenden (sei es durch Übergabe von `null` anstelle einer Http-Context-Instanz), bekommt jedes Ihrer Servlets einen eigenen `ServletContext`.

Wenn Sie den `ServletContext` – ähnlich wie in einer JEE-Webanwendung – für mehrere Servlets nutzen wollen, müssen Sie also bei der Registrierung aller Servlets dasselbe `HttpContext`-Objekt übergeben. Dazu müssen Sie zunächst eine solche Instanz erzeugen. Die Instanz können Sie – genau wie die `register`*`XXX`*-Methoden – mit der `create-`

`DefaultHttpContext`-Factory-Methode am `HttpService` erzeugen. Die davon erhaltene Instanz geben Sie dann bei sämtlichen Registrierungen an:

```
// Einen DefaultHttpContext erzeugen...
HttpContext httpContext = httpService.createDefaultHttpContext();
// ...und für alle Registrierungen verwenden…
httpService.registerServlet("/webshop/buy",
   new BuyServlet(), new Properties(),httpContext);
httpService.registerServlet("/webshop/login",
   new LoginServlet(), new Properties(),httpContext);
```

19.5 Konfigurieren des Http Service

Der OSGi Standard Http Service kennt zwei Properties, mit denen festgelegt werden kann, auf welchen Ports der Http-Server des Service gestartet werden soll:

- `org.osgi.service.http.port`: Mit diesem Property geben Sie den Port an, unter dem der Service Anfragen über Http entgegennehmen soll. Der Defaultwert ist 80.
- `org.osgi.service.http.port.secure`: Dieses Property können Sie verwenden, um einen Port für Anfragen über das HttpS-Protokoll festzulegen. Der Defaultwert ist 443.

Sie können diese beiden Properties, wie in unserem Beispiel, einfach als System-Property übergeben.

Neben diesen beiden Standard-Properties kennt die Equinox-Implementierung noch ein weiteres Property:

- `org.eclipse.equinox.http.address`: Hiermit können Sie den Hostnamen angeben, unter dem der Equinox-Http-Service Anfragen entgegennehmen soll. Standardmäßig akzeptiert der Http Service alle Hostnamen, die Ihrem Rechner zugewiesen sind.

19.6 Zusammenfassung

In diesem Kapitel haben wir Ihnen gezeigt, wie Sie mit dem Http Service Teile Ihres Bundles für Clients zugänglich machen:

- Der *Http Service* stellt einen Webserver zur Verfügung, über den Clients auf ein Bundle zugreifen können. Der Service wird durch das Interface `org.osgi.service.http.HttpService` repräsentiert.
- Über den Service können sowohl statische als auch dynamische Inhalte ausgeliefert werden, die zunächst am Service registriert werden müssen.

- *Statische Ressourcen* sind Dateien, die unverändert direkt aus dem Bundle an den Client zurückgesendet werden, z.B. HTML-Seiten oder Grafiken.
- Um *dynamische Inhalte* zu generieren, können Servlets implementiert und am Http Service angemeldet werden. Es ist dabei nicht notwendig, eine zentrale Konfigurationsdatei wie bei JEE-Webanwendungen zu pflegen.
- Der `ServletContext` kann wie in einer JEE-Webanwendung verwendet werden, um Servlet-übergreifende Attribute abzulegen. Dazu müssen alle Servlets mit derselben Instanz eines Http Context registriert werden.
- Ein Http Context wird durch das Interface `org.osgi.service.http.HttpContext` repräsentiert. Eine Default-Instanz kann mit der `createDefaultHttpContext()`-Methode am Http Service erzeugt werden.
- In Kapitel 24 zeigen wir Ihnen unter anderem, wie Sie mit dem Http Service auch JSPs verwenden können.

20 Der Application Admin Service

Motivation

Eine auf der OSGi Service Platform aufbauende Anwendung besteht aus einem oder mehreren Bundles, deren Anwendungscode mit dem Start der jeweiligen Bundles ausgeführt wird. Daneben existieren außerhalb der OSGi Platform ganz unterschiedliche Applikationsmodelle, bspw. traditionelle Java-Anwendungen, Applets, Midlets oder auch native Anwendungen.

In diesem Kapitel stellen wir Ihnen den *Application Admin Service* vor, der die Einbindung und Administration beliebiger Anwendungstypen über einheitliche Schnittstellen unabhängig von der zugrunde liegenden Technologie ermöglicht. So könnten beispielsweise Anwendungen in Form von Midlets und Applets in die OSGi Service Platform eingebunden und administriert werden.

Management Agents können die vom Application Admin Service bereitgestellte Funktionalität nutzen, um das Starten und Stoppen sowie die Administration der eingebundenen Anwendungen zu ermöglichen. In Eclipse Equinox kann der Application Admin Service zudem für die Verwaltung von Anwendungen genutzt werden, die auf dem Equinox Application Model aufbauen, das wir Ihnen in Kapitel 23 vorstellen.

Einordnung

Der Application Admin Service ist in Kapitel 116 »Application Admin Service Specification« des Service Compendium sowie der Mobile Specification beschrieben.

20.1 Tutorial: Externe Anwendungen starten

Überblick

In diesem Tutorial zeigen wir Ihnen, wie Sie mit dem Application Admin Service einen Container zur Ausführung beliebiger externer Anwendungen, bspw. das Notepad unter Windows, implementieren. Die Realisierung erfolgt in den folgenden Schritten:

- ***Implementierung des Application Descriptors:*** Der Application Descriptor beschreibt eine Anwendung und ist für dessen Ausführung verantwortlich.
- ***Implementierung eines Application Handles:*** Eine Instanz der auszuführenden Anwendung wird durch einen Application Handle repräsentiert.
- ***Implementierung eines Kommandos registerApp:*** Über ein neues Kommando `registerApp` können Sie externe Anwendung zunächst registrieren, um sie dann mit den Equinox-Kommandos des Application Admin Service zu starten und zu stoppen.

In Abb. 20–1 sind die beteiligten Bundles mit ihren Abhängigkeiten dargestellt.

Abb. 20–1
Die beteiligten Bundles

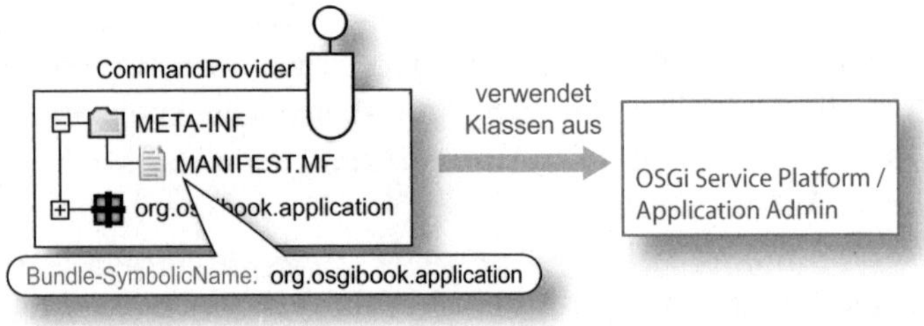

Die Plug-in-Projekte

Das fertige Plug-in-Projekt zu diesem Tutorial ist in Abb. 20–2 dargestellt.

Abb. 20–2
Das Plug-in-Projekt

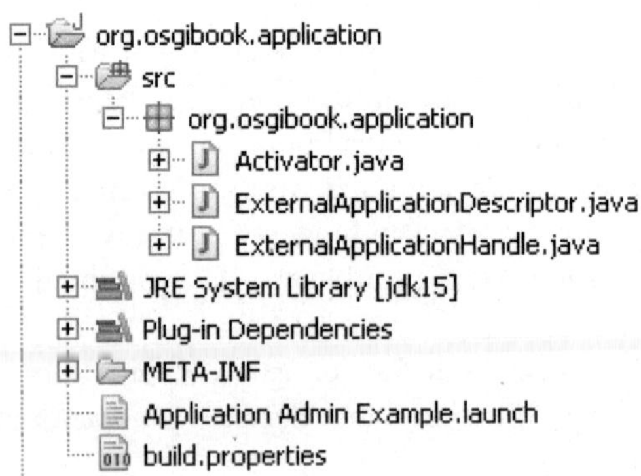

Schritt 1: Anlegen des Bundles

Legen Sie zunächst ein neues Bundle mit dem Namen `org.osgibook.application` und dem folgenden `Import-Package`-Header an:

```
Import-Package:↵
  org.eclipse.osgi.framework.console;version="1.0.0",
  org.osgi.framework;version="1.4.0",
  org.osgi.service.application;version="1.0.0"
```

Schritt 2: Implementierung des ApplicationHandle

Ein Application Handle repräsentiert eine Instanz einer Anwendung, die über den Application Admin Service gestartet wurde. Die Klasse muss von `org.osgi.service.application.ApplicationHandle` erben und u.a. die Methode zum Beenden der Anwendung (`destroySpecific()`) implementieren.

Unsere Implementierung des Application Handles startet zunächst die im Konstruktor übergebene externe Anwendung. Auf deren Ende wartet ein eigener Thread, der unmittelbar im Konstruktor erzeugt wird. Die `destroySpecific()`-Methode beendet dann den Thread und damit die Anwendung.

Implementieren Sie also bitte folgende `ExternalApplicationHandle`-Klasse:

Listing 20–1
Die Plug-in-Projekte

```
package org.osgibook.application;

[...]

import org.osgi.service.application.ApplicationHandle;

public class ExternalApplicationHandle extends ApplicationHandle
   implements Runnable {

   static int INSTANCE = 0;

   private ServiceRegistration serviceRegistration;
   private Process process;
   private Thread thread;
   private String state = RUNNING;

   protected ExternalApplicationHandle(
      ExternalApplicationDescriptor descriptor) throws IOException
{
      super(descriptor.getApplicationId() + ":" +
            INSTANCE++, descriptor);
      String command = descriptor.getExecutable().getPath();
      System.out.println("Executing command: " + command);
      process = Runtime.getRuntime().exec(command);
      thread = new Thread(this, getInstanceId());
      thread.start();
   }

   protected void destroySpecific() {
      state = STOPPING;
      serviceRegistration.setProperties(getServiceProperties());
      thread.interrupt();
   }
```

```
        public String getState() {
            return state;
        }

        public void run() {
            try {
                process.waitFor();
                destroy();
            } catch (InterruptedException ie) {
                process.destroy();
                try {
                    process.waitFor();
                } catch (InterruptedException iee) {
                }
            } catch (Exception e) {
            }
            serviceRegistration.unregister();
        }

        Dictionary<String, String> getServiceProperties() {
            Hashtable<String, String> p =
                new Hashtable<String, String>();
            p.put(APPLICATION_PID, getInstanceId());
            p.put(APPLICATION_STATE, getState());
            p.put(APPLICATION_DESCRIPTOR,
            getApplicationDescriptor().getApplicationId());
            return p;
        }

        void setServiceRegistration(ServiceRegistration
            serviceRegistration) {
            this.serviceRegistration = serviceRegistration;
        }
    }
```

Schritt 3: Implementierung des Application Descriptors

Der Application Descriptor beschreibt eine Anwendung, die vom Application Admin Service verwaltet werden kann. Die Beschreibung besteht in unserem Beispiel lediglich aus der ausführbaren Datei, die gestartet werden soll.

Für das Starten der Anwendung ist die `launchSpecific()`-Methode zuständig. Die Methode erzeugt einen neuen External Application Handle mit der ausführbaren Datei, die von dem Handle dann ausgeführt wird. Damit der Application Admin Service Zugriff auf den neuen `ApplicationHandle` hat, wird er an der Service Registry angemeldet.

Legen Sie bitte die folgende Klasse `ExternalApplicationDescriptor` an:

Listing 20–2
Die Klasse ExternalApplication-Descriptor

```
package org.osgibook.application;

[...]

import org.osgi.service.application.ApplicationDescriptor;
import org.osgi.service.application.ApplicationHandle;

public class ExternalApplicationDescriptor
      extends ApplicationDescriptor {

   private BundleContext bundleContext;
   private ServiceRegistration descriptorServiceRegistration;
   private File executable;
   private boolean locked;

   protected ExternalApplicationDescriptor(BundleContext
         bundleContext, String applicationId, File executable) {
      super(applicationId);
      this.bundleContext = bundleContext;
      this.executable = executable;
   }

   protected ApplicationHandle launchSpecific(Map arguments)
      throws Exception {
      ExternalApplicationHandle handle =
         new ExternalApplicationHandle(this);
      ServiceRegistration serviceRegistration =
         bundleContext.registerService(
            ApplicationHandle.class.getName(),
            handle, handle.getServiceProperties());
      handle.setServiceRegistration(serviceRegistration);
      return handle;
   }

   public Map getPropertiesSpecific(String locale) {
      return getServiceProperties();
   }

   protected boolean isLaunchableSpecific() {
      return true;
   }

   protected void lockSpecific() {
      locked = true;
      refreshServiceProperties();
   }

   public boolean matchDNChain(String pattern) {
      return false;
   }
```

```
    protected void unlockSpecific() {
        locked = false;
        refreshServiceProperties();
    }

    Hashtable<String, Object> getServiceProperties() {
        Hashtable<String, Object> properties =
            new Hashtable<String, Object>();
        properties.put(APPLICATION_NAME, executable.getName());
        properties.put(APPLICATION_VISIBLE, "true");
        properties.put(APPLICATION_LAUNCHABLE,
            isLaunchableSpecific());
        properties.put(APPLICATION_LOCKED, locked);
        properties.put(APPLICATION_CONTAINER,
            "org.osgibook.externalapplication.container");
        properties.put("service.pid", getApplicationId());
        return properties;
    }

    private void refreshServiceProperties() {
        if (descriptorServiceRegistration != null) {
            descriptorServiceRegistration.setProperties(
            getServiceProperties());
        }
    }

    File getExecutable() {
        return this.executable;
    }

    public void shutdown() throws Exception {
        ServiceReference[] references =
            bundleContext.getServiceReferences(
            ApplicationHandle.class.getName(),
            "(&(application.state=RUNNING)(application.descriptor="
                + getApplicationId() + "))");

        if (references != null) {
            for (ServiceReference reference : references) {
                ApplicationHandle handle =
                    (ApplicationHandle) bundleContext
                    .getService(reference);
                if (handle != null) {
                    System.out.println("Stoppe Instanz " +
                    handle.getInstanceId());
                    handle.destroy();
                }
            }
        }
    }
}
```

Schritt 4: Implementierung des registerApp-Kommandos

In diesem Schritt implementieren wir das `registerApp`-Kommando, dem Sie den Namen einer externen Anwendung übergeben. Für diese Anwendung wird dann ein Application Descriptor instanziert und an der Service Registry angemeldet. Um die Anwendungen beim Stoppen des Bundles beenden zu können, merken wir uns außerdem eine Referenz auf jeden erstellen Application Descriptor.

Eine registrierte Anwendung können Sie zur Laufzeit über das Kommando `startApp`, das Bestandteil der Equinox-Application-Admin-Service-Implementierung ist, ausführen.

Das `registerApp`-Kommando implementieren wir der Einfachheit halber in der Activator-Klasse unseres »application«-Bundles, das wir zu einem Command Provider machen. Bitte erweitern Sie also die bestehende Activator-Klasse:

Listing 20–3
Die Activator-Klasse

```
package org.osgibook.application;

[...]

import org.osgi.service.application.ApplicationDescriptor;

public class Activator implements BundleActivator, CommandProvider
{

   private BundleContext bundleContext;
   private List<ExternalApplicationDescriptor> descriptors =
      new LinkedList<ExternalApplicationDescriptor>();

   public void start(BundleContext context) throws Exception {
      bundleContext = context;
      context.registerService(CommandProvider.class.getName(),
         this, null);
   }

   public void _registerApp(CommandInterpreter commandInterpreter){
      String command = commandInterpreter.nextArgument();
      File executable = new File(command);
      String applicationId = executable.getName();
      commandInterpreter.println("Registriere Anwendung " +
         applicationId);
      ExternalApplicationDescriptor descriptor = new
         ExternalApplicationDescriptor(bundleContext,
            applicationId, executable);
      bundleContext.registerService(
         ApplicationDescriptor.class.getName(),
         descriptor, descriptor.getServiceProperties());
      descriptors.add(descriptor);
   }
```

```
    public void stop(BundleContext context) throws Exception {
        for (ExternalApplicationDescriptor descriptor : descriptors){
            descriptor.shutdown();
        }
    }

    public String getHelp() {
        return "registerApp <command> - Registriert die " +
        "angegebene Anwendung. Das command muss ausfuehrbar sein";
    }
}
```

Schritt 5: Starten des »Notepad«

Wir haben nun alle erforderlichen Teile unseres Tutorials implementiert, so dass Sie jetzt in der Lage sind, externe Anwendungen aus Ihrer OSGi Platform heraus auszuführen.

Starten Sie das Beispiel bitte mit einer neuen Launch-Konfiguration, über die Sie neben dem »application«-Bundle aus Ihrem Workspace auch folgende Bundles aus der Target Platform starten:

- org.eclipse.equinox.app
- org.eclipse.equinox.common
- org.eclipse.equinox.registry
- org.eclipse.osgi
- org.eclipse.osgi.services

Registrieren Sie dann die Anwendung »notepad.exe« über die Equinox-Konsole mit dem registerApp-Kommando. Mit dem apps-Kommando zeigt Ihnen der Application Admin Service eine Liste aller bekannten Anwendungen:

```
osgi> registerApp notepad.exe
Registriere Anwendung notepad.exe

osgi> apps
notepad.exe [launchable]
```

Starten Sie nun mit dem startApp-Kommando das Notepad. Mit stopApp können Sie es anschließend über die Konsole wieder beenden:

```
osgi> startApp notepad.exe
Executing command: notepad.exe
Launched application instance: notepad.exe:0

osgi> apps
notepad.exe [running] [launchable]

osgi> stopApp notepad.exe
Stopped application instance: notepad.exe:0
```

Damit haben Sie gesehen, wie Sie über den Application Admin Service eine Anwendung registrieren, starten und stoppen können. Im Folgenden werden wir Ihnen die Details dieses Service erläutern, so dass Sie in der Lage sein werden, auch für eigene Anwendungen oder Anwendungstypen Implementierungen der benötigten Klassen zu erstellen.

20.2 Der Application Admin Service im Überblick

Mithilfe des *Application Admin Service* können aus der OSGi Service Platform heraus Anwendungen beliebigen Typs administriert werden. Die Application-Admin-Service-Spezifikation definiert dazu keinen »zentralen« Service zum Starten und Stoppen von Anwendungen. Vielmehr beschreibt er zwei verschiedene Rollen, die Bundles einnehmen können, die den Application Admin Service verwenden möchten, um Anwendungen zu verwalten (vgl. Abb. 20–3):

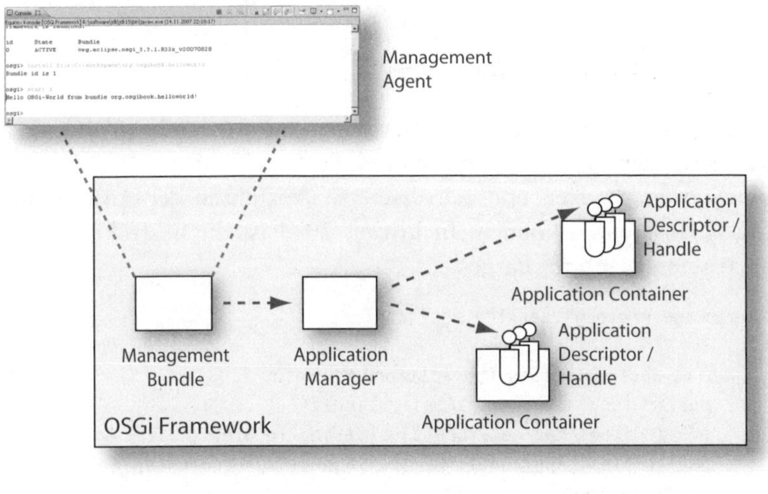

Abb. 20–3
Der Application Admin Service

- ***Der Application Container:*** Ein Application Container stellt eine Laufzeitumgebung für einen oder mehrere Anwendungstypen (z.B. externe Anwendungen wie in unserem Tutorial) zur Verfügung. Ein Application Container muss einen *Application Descriptor* implementieren und an der Service Registry anmelden. Der Descriptor gibt Auskunft über die Anwendung, z.B. deren Name und ob sie gerade startbar ist. Außerdem muss ein Application Container einen *Application Handle* implementieren, der eine laufende Instanz einer Anwendung beschreibt. Der Application Handle muss zur Laufzeit der Anwendung an der Service Registry als Service angemeldet werden.

- *Der Application Manager:* Ein Application Manager ist ein Bundle, das die registrierten Anwendungen verwaltet. Der Equinox Application Manager stellt bspw. mehrere Kommandos für die Konsole zur Verfügung, über die Sie aus Ihrer OSGi Platform heraus die registrierten Anwendungen starten und stoppen können.

20.3 Der Application Container

Ein Bundle, das eine Laufzeitumgebung für eine konkrete Anwendung oder eine Gruppe von Anwendungen zur Verfügung stellt, wird *Application Container* genannt. Die Aufgabe eines Application Containers besteht darin, einen anwendungsspezifischen Application Descriptor und -Handle zur Verfügung zu stellen.

Application Descriptor und Application Handle definieren eine einheitliche Schnittstelle, über die der Application Manager die Anwendung verwalten kann.

20.3.1 Der Application Descriptor

Der Application Descriptor repräsentiert eine Anwendung und stellt Methoden zur Verfügung, die von einem Application Manager z.B. zum Starten, Sperren und zeitversetzten Ausführen der Anwendung aufgerufen werden können. In Listing 20–4 ist die abstrakte Klasse `ApplicationDescriptor` dargestellt.

Listing 20–4
Die abstrakte Klasse ApplicationDescriptor

```
package org.osgi.service.application;

public abstract class ApplicationDescriptor {
   public final String getApplicationId() { ... }
   public final Map getProperties(String locale) { ... }
   public final ApplicationHandle launch(Map arguments)
      throws ApplicationException { ... }
   public final ScheduledApplication schedule
      (String scheduleId, Map arguments, String topic,
      String eventFilter, boolean recurring) throws
      InvalidSyntaxException, ApplicationException { ... }
   public final void lock();
   public final void unlock() { ... }

   protected  ApplicationDescriptor(String applicationId) { ... }
   protected abstract Map getPropertiesSpecific(String locale);
   protected abstract ApplicationHandle launchSpecific
      (Map arguments) throws Exception;
   protected abstract boolean isLaunchableSpecific();
   protected abstract void lockSpecific();
   protected abstract void unlockSpecific();
   public abstract boolean matchDNChain( String pattern );
}
```

Implementierung

Um einen eigenen Application Descriptor zu implementieren, legen Sie eine Unterklasse von `org.osgi.service.application.ApplicationDescriptor` an und überschreiben dessen abstrakte Methoden. Diese Methoden werden dann von den öffentlichen Methoden des Descriptors aufgerufen und implementieren die anwendungsspezifische Logik bspw. zum Starten und Sperren der Anwendung:

- **Konstuktor:** Sie können einen eigenen Konstruktor definieren, der jedoch den in der Oberklasse enthaltenen Konstruktor aufrufen muss. Der Konstruktor der `ApplicationHandle`-Klasse erwartet als Parameter einen eindeutigen Identifier für Ihre Anwendung.
- **`getPropertiesSpecific(String locale)`:** Diese Methode muss eine Map mit Properties, die Ihre Anwendung beschreiben, zurückliefern. Die Spezifikation sieht eine Reihe von Service-Properties vor, die in dem Rückgabewert enthalten sein *müssen* und außerdem als Properties an der Service-Registrierung Ihres Application Descriptors verwendet werden (siehe Tabelle 20–1). Darüber hinaus können Sie aber auch zusätzlich eigene Properties definieren.
- **`launchSpecific(Map arguments)`:** Diese Methode wird von der `launch()`-Methode aufgerufen, wenn ein Application Manager Ihre Anwendung starten möchte. Die übergebene Map enthält die anwendungsspezifischen Argumente, die der `launch()`-Methode vom Application Manager übergeben wurden. Die Implementierung der Methode muss den »nativen« Code zum Starten Ihrer Anwendung enthalten. Für die gestartete Anwendung muss ein Application Handle erzeugt werden, der die laufende Instanz der Anwendung repräsentiert. Der Handle muss als Service an der Service Registry angemeldet werden, damit ein Application Manager darauf zugreifen und die Anwendung stoppen kann. Der erzeugte Handle wird als Rückgabewert der Methode verwendet.
- **`isLaunchSpecific()`:** Liefert `true` bzw. `false` zurück, je nachdem ob Instanzen der beschriebenen Anwendung gestartet werden können oder nicht.
- **`lockSpecific()`** und **`unlockSpecific()`:** Diese Methoden werden von der `lock()`- bzw. `unlock()`-Methode aufgerufen, wenn ein Application Manager eine Anwendung sperren bzw. entsperren möchte. Die Implementierung der Methoden sollte neben dem eigentlichen (Ent-)Sperren der Anwendung auch das Service-Property `application.locked` (definiert in der Konstanten `APPLICATION_LOCKED`) auf `true` resp. `false` setzen, damit ein Application Manager gezielt gesperrte Anwendung ausfiltern kann.

- **`matchDNChain(String pattern)`**: Gibt an, ob das übergebene Pattern einem Namen in der Kette der Zertifikate entspricht, mit der die Anwendung authentifiziert wurde.

Registrieren des Application Descriptors

Ein Application Descriptor muss unter dem Klassennamen `org.osgi.service.application.ApplicationDescriptor` an der Service Registry angemeldet werden. Damit der Application Manager gezielt Services anhand verschiedender Kriterien aus der Registry heraussuchen kann, müssen Sie bei der Anmeldung Ihres Service eine Reihe von Service Properties angeben, die in der Application-Admin-Service-Spezifikation beschrieben sind. Die folgende Tabelle 20–1 enthält eine Auflistung dieser Properties. Soweit nicht anders angegeben, muss das Property als `java.lang.String` gesetzt werden.

Tab. 20–1 *Erforderliche Service-Properties eines Application Descriptors*

Property	Beschreibung
service.pid	Eine eindeutige Kennung Ihrer Anwendung. Sie können die Kennung frei wählen, sollten aber die Form eines Java-Package-Namens (umgedrehter Domain-Name) des Anbieters der Anwendung wählen (z.B. org.osgibook).
application.version	Die Version der Anwendung
application.vendort	Der Anbieter/Hersteller der Anwendung
application.container	Die eindeutige Kennung Ihres Containers, auch hier sollten Sie einen umgekehrten Domain-Namen verwenden.
application.visible	Gibt an, ob die Anwendung für Anwender sichtbar sein soll. Anwendungen, die z.B. im Hintergrund laufen, ohne dass ein Anwender damit direkt interagiert, können damit entsprechend gekennzeichnet werden. Dieses Property muss als Boolean angegeben werden, der Defaultwert ist true.
application.launchable	Gibt an, ob die Anwendung zur Zeit startbar ist. Dieses Property muss als Boolean angegeben werden. Da der Defaultwert `false` ist, müssen Sie das Property explizit setzen, sobald alle Voraussetzungen zum Starten Ihrer Anwendung erfüllt sind.
application.locked	Gibt an, ob die Anwendung zurzeit gesperrt und damit nicht startbar ist. Sie müssen dieses Property aktualisieren, sobald an Ihrem Descriptor `lock()` resp. `unlock()` aufgerufen wird. Der Typ des Propertys ist `Boolean` und der Defaultwert ist `false`.

20.3.2 Der Application Handle

Ein Application Handle repräsentiert eine *Instanz* Ihrer Anwendung und bietet Methoden zum Stoppen der Anwendung. In Listing 20–5 ist die abstrakte Klasse `ApplicationHandle` dargestellt, die erweitert werden muss, um eigene Application Handles zu implementieren.

Listing 20–5
Die abstrakte Klasse ApplicationHandle

```
package org.osgi.service.application;

public abstract class ApplicationHandle {

   public final static String RUNNING = "RUNNING";
   public final static String STOPPING = "STOPPING";
   [...]

   protected ApplicationHandle(String instanceId,
      ApplicationDescriptor descriptor ) { }
   public final ApplicationDescriptor getApplicationDescriptor()
      { ... }
   public final String getInstanceId() { ... }
   public final void destroy() { ... }

   public abstract String getState();
   protected abstract void destroySpecific() { ... }
}
```

Implementierung

Um einen eigenen Application Handle zu implementieren, legen Sie eine Unterklasse von `org.osgi.service.application.ApplicationHandle` an und überschreiben dessen beiden abstrakten Methoden:

- **Konstruktor:** Die Klasse `ApplicationHandle` definiert einen Konstruktor, den Sie aus dem Konstruktor Ihrer Unterklasse aufrufen müssen. Der Konstruktor erwartet zwei Parameter: einen String mit einer eindeutigen Instanz-Id der laufenden Anwendung sowie eine Referenz auf den Application Descriptor, der zu dieser Instanz gehört.
- **`getState()`:** Diese Methode muss den Zustand der Anwendung zurückliefern. Der Zustand sollte entweder »RUNNING« oder »STOPPING« sein, wenn die Anwendung gerade heruntergefahren wird. Beide Werte sind als Konstante in der `ApplicationHandle`-Klasse hinterlegt. Den aktuellen Zustand der Anwendung müssen Sie auch als Property an der Service-Registrierung Ihres Handles setzen.
- **`destroySpecific()`:** Wird von der `destroy()`-Methode aufgerufen, wenn die Anwendung beendet werden soll. Sie müssen in dieser Methode die Logik zum Beenden Ihrer Anwendung implementieren. Während Ihre Anwendung beendet wird, sollten Sie Ihren Handle in den Zustand »STOPPING« setzen, damit Application Manager den korrekten Zustand abfragen können.

Registrieren

Einen Application Handle erzeugen und registrieren Sie unter dem Klassennamen `org.osgi.service.application.ApplicationHandle`, sobald die Anwendung über den Application Descriptor gestartet wurde. Beachten Sie, dass Sie den Application Handle aus der Service Registry entfernen, sobald die Anwendung beendet wurde.

Genau wie bei der Anmeldung des Application Descriptors müssen Sie auch bei der Registrierung eines Application Handles einige Properties angeben, anhand derer Application Manager gezielt laufende Anwendungen aus der Service Registry abfragen können:

Tab. 20–2
Erforderliche Service-Properties eines Application Handles

Property	Beschreibung
service.pid	Eine eindeutige Kennung der Anwendungsinstanz. Diese Kennung muss dem Rückgabewert der getInstanceId()-Methode entsprechen und wird bereits beim Erzeugen des Application Handle in dessen Constructor gesetzt.
application.state	Der Zustand der Anwendung, »RUNNING« oder »STOPPING«. Beachten Sie bitte, dass Sie dieses Property aktualisieren müssen, sobald Ihre Anwendung über die destroy()-Methode beendet wird.
application.descriptor	Die PID des Application Descriptors, der Ihre Anwendung beschreibt

20.4 Application Manager

Ein Application Manager ist für die Verwaltung der registrierten Anwendung zuständig. Ein Management Agent etwa könnte eine grafische Darstellung der installierten Anwendungen anzeigen und dem Anwender das Starten und Stoppen der Anwendungen ermöglichen.

20.4.1 Anwendungen ermitteln

Um die in einer OSGi Platform registrierten Anwendungen zu ermitteln, durchsuchen Sie die Service Registry nach registrierten Application Descriptoren. Dabei können Sie die Suche durch die Verwendung eines entsprechenden Filters weiter eingrenzen, um nur solche Anwendungen zu finden, die bestimmten Kriterien entsprechen und beispielsweise startbar sind. Die folgende Methode liefert Ihnen exemplarisch alle Anwendungen zurück, die startbar, sichtbar und nicht gesperrt sind:

```
public ApplicationDescriptor[] getRegisteredApplications
   (BundleContext bundleContext) throws InvalidSyntaxException {
   // Ein Filter, der alle startbaren, sichtbaren und nicht
   // gesperrten Anwendungen zurückliefert
```

```
    String filter = "(&(objectClass=" +
       ApplicationDescriptor.class.getName() + ")"
       + "(application.launchable=true)"
       + "(application.visible=true)"
     + "(application.locked=false))";

    // Service Tracker erzeugen
    ServiceTracker tracker = new ServiceTracker(bundleContext,
       bundleContext.createFilter(filter), null);
    tracker.open();

    // Anwendungen ermitteln
    Object[] result = tracker.getServices();
    List<Object> services = Arrays.asList(result);
    ApplicationDescriptor[] registreredApplications = services
        .toArray(new ApplicationDescriptor[0]);

    // Anwendungen zurückliefern
    return registreredApplications;
}
```

20.4.2 Anwendungen starten und stoppen

Anwendungen starten

Wenn Sie eine Anwendung ermittelt haben, verwenden Sie die `launch()`-Methode des Application Descriptors, um die Anwendung zu starten. Die Methode erwartet eine Map mit (anwendungsspezifischen) Argumenten, die der Anwendung beim Starten übergeben werden. Nachdem die Anwendung gestartet wurde, bekommen Sie von der `launch()`-Methode den Application Handle zurück, der die laufende Instanz der Anwendung repräsentiert.

```
ApplicationDescriptor applicationDescriptor = ...;
Map arguments = new Hashtable();

// Anwendung starten
ApplicationHandle handle = applicationDescriptor.launch(arguments);
```

Anwendungen stoppen

Eine laufende Anwendung können Sie über den Application Handle, der die Instanz repräsentiert, wieder beenden. Den Application Handle bekommen Sie einerseits als Rückgabewert der `launch()`-Methode. Alternativ können Sie die Service Registry nach einem Application Handle durchsuchen, da der Application Descriptor beim Starten einer Anwendung den Application Handle dort anmeldet.

Mit dem erhaltenen Application Handle können Sie die Anwendung dann mit der `destroy()`-Methode stoppen:

```
ApplicationHandle handle = ...;
// Anwendung stoppen
handle.destroy();
```

Die `destroy()`-Methode sorgt dabei nicht nur für das Beenden der Anwendung. Sie ist auch dafür verantwortlich, den Handle in den Zustand »STOPPING« zu setzen, während die Anwendung beendet wird. Außerdem muss sie sicherstellen, dass der Application Handle aus der Service Registry entfernt wird, da nur laufende (bzw. stoppende) Application Handles in der Registry angemeldet sein dürfen.

20.4.3 Scheduling

Im vorherigen Unterkapitel haben wir eine Anwendung über die `launch()`-Methode des Application Descriptors gestartet. Damit wird die Anwendung sofort ausgeführt. Sie können das Starten einer Anwendung allerdings mit dem Auftreten eines bestimmten Events, der über den Event Admin Service (vgl. Kapitel 15) in der OSGi Platform versendet wird, verknüpfen. Dieser Mechanismus erlaubt es Ihnen z.B., eine Anwendung zu einer definierten Zeit auszuführen oder nachdem ein bestimmtes Bundle installiert wurde.

Um das Starten einer Anwendung mit dem Auftreten eines Events zu verknüpfen, verwenden Sie die `schedule()`-Methode des Application Descriptors:

```
public final ScheduledApplication schedule
   (String scheduleId, Map arguments, String topic,
   String eventFilter, boolean recurring)
   throws InvalidSyntaxException, ApplicationException
```

Die Methode erwartet folgende Parameter:

- **`scheduleId:`** Eine eindeutige Kennung, die den Zeitplan identifiziert. Sie können auch `null` übergeben, dann wird eine Id generiert.
- **`arguments:`** Entspricht dem arguments-Parameter der `launch()`-Methode an der Klasse `ApplicationDescriptor` und enthält die Argumente, die der Anwendung bei deren Ausführung übergeben werden.
- **`topic:`** Der Topic des Events, der zum Starten der Anwendung führen soll. Mehr zu diesem Thema finden Sie in Kapitel 15.
- **`filter:`** Eine Filter-Definition, mit der Sie den gewünschten Event anhand dessen Properties herausfiltern können. Wenn Sie keine weitere Filterung der Events wünschen, übergeben Sie hier `null`.
- **`recurring:`** Hiermit können Sie festlegen, ob die Anwendung bei *jedem* Auftritt des Events gestartet werden soll (`true`) oder nur beim *erstmaligen* Auftritt des Events (`false`).

Um Ihre Anwendung bspw. jedesmal automatisch zu starten, sobald das Bundle `org.osgibook.helloworld` gestartet wurde, verknüpfen Sie die Ausführung Ihrer Anwendung mit dem Topic `org/osgi/frame-`

work/BundleEvent. Den Filter verwenden Sie, um aus *allen* Bundle Events nur die Events des »Hello World«-Bundles zu filtern:

```
ApplicationDescriptor descriptor = ...;

// Anwendung starten, sobald Bundle org.osgibook.helloworld
// gestartet wurde
descriptor.schedule(
  null, // Schedule-ID vom Framework generieren lassen
  null, // keine Argumente für die Anwendung
  "org/osgi/framework/BundleEvent/STARTED",
  "(bundle.symbolicName=org.osgibook.helloworld)", true);
```

Die schedule()-Methode liefert Ihnen ein ScheduledApplication-Objekt zurück, über das Sie die Angaben zur automatisierten Ausführung Ihrer Anwendung abfragen können. Außerdem können Sie die automatisierte Ausführung wieder rückgängig machen:

Listing 20–6
Das Interface ScheduledApplication

```
package org.osgi.service.application;

public interface ScheduledApplication {
  public String getScheduleId();
  public String getTopic();
  public String getEventFilter();
  public boolean isRecurring();
  public ApplicationDescriptor getApplicationDescriptor();
  public Map getArguments();

  public void remove();
}
```

Die *get*-Methoden dieses Objektes liefern Ihnen genau die Angaben zurück, die Sie bei der Einrichtung der automatischen Ausführung gemacht haben. Mit der remove()-Methode können Sie die automatische Ausführung wieder beenden. Da der Application Descriptor das Objekt auch an der Service Registry anmeldet, können Sie mit einer entsprechenden Abfrage jederzeit alle eventgesteuerten Anwendungen ermitteln:

```
// Scheduled Applications ermitteln
ServiceReference[] references = bundleContext.getServiceReferences
  (ScheduledApplication.class.getName(), null);
for (ServiceReference reference : references) {
  ScheduledApplication application =
    (ScheduledApplication)bundleContext.getService(reference);
  if (application != null) {
    // Scheduling beenden
    application.remove();
  }
}
```

20.4.4 Anwendungen zeitgesteuert ausführen

Für die zeitgesteuerte Ausführung einer Anwendung beschreibt die Spezifikation des Application Admin Service einen speziellen, »virtuellen« Timer Event. Dieser Event wird nicht über den Event Admin Service verschickt, er ermöglicht Ihnen aber, über die `schedule()`-Methode einen Zeitplan festzulegen, wann Ihre Anwendung ausgeführt werden soll. Um den Timer Event zu nutzen, geben Sie als Topic `org/osgi/application/timer` an. Den Filter der `schedule()`-Methode nutzen Sie, um anhand der Properties des Timer Events einen Zeitplan zu definieren:

```
ApplicationDescriptor descriptor = ...;
Map arguments = ...;

// Anwendung jeden Tag um 12:30 starten
descriptor.schedule("einZeitplan", arguments,
   "org/osgi/application/timer",
   "(&(hour_of_day=12)(minute=30)", true);
```

Der virtuelle Timer Event kennt folgende Properties, deren Bedeutung und Werte den Konstanten der Klasse `java.util.Calendar` entsprechen:

Tab. 20–3
Properties des Timer Events

Property	Beschreibung
year	Das Jahr, im dem die Anwendung ausgeführt werden soll
month	Der Monat, in dem die Anwendung ausgeführt werden soll (0 = Januar, 1 = Februar, ...)
day_of_month	Der Tag eines Monats, an dem die Anwendung ausgeführt werden soll
day_of_week	Der Wochentag, an dem die Anwendung ausgeführt werden soll (1 = Sonntag, 2 = Montag, ...)
hour_of_day	Die Stunde eines Tages, an dem die Anwendung ausgeführt werden soll, im 24-Stunden-Format (1 = 1:00h, 13 = 13:00h)
minute	Die Minute einer Stunde, in der die Anwendung ausgeführt werden soll. Da der Timer Event nur über eine Minuten-Genauigkeit verfügt, ist es nicht möglich, eine Anwendung mehrmals pro Minute zu starten.

Wenn Sie ein Property in Ihrem Filter *nicht* angeben, gilt für das Property *jeder* Wert als zutreffend. Wenn Sie also in dem Filter aus dem obigen Beispiel das Filterkriterium `minute=30` herausgenommen hätten, würde die Anwendung zwischen 12:00 Uhr und 13:00 Uhr zu *jeder* Minute gestartet werden.

20.4.5 Der Equinox Application Manager

Bestandteil des Application-Admin-Bundles `org.eclipse.equinox.app` ist ein Application Manager, der Kommandos zum Verwalten von Anwendungen für die Equinox-Konsole bereitstellt. Damit können Sie zur Laufzeit registrierte Anwendungen anzeigen, sperren, starten, stoppen und eventgesteuert ausführen. Folgende Kommandos werden von dem Bundle zur Verfügung gestellt.

Kommando	Beschreibung
apps	Listet alle registrierten Anwendungen auf.
activeApps	Listet alle Anwendungen auf, die zurzeit laufen.
lockApp <applicationId>	Sperrt die angegebene Anwendung (z.B. `lockApp notepad.exe`).
unlockApp <applicationId>	Entsperrt die angegebene Anwendung (z.B. `unlockApp notepad.exe`).
startApp <applicationId> (<argument>)*	Startet die angegebene Anwendung (z.B. startApp notepad.exe). Die angegebenen Argumente werden als String-Array unter dem Key `application.args` an die `launch()`-Methode des Application Descriptors weitergegeben.
stopApp <applicationId>	Stoppt die angegebene Anwendung (z.B. `stopApp notepad.exe`).
schedApp <applicationId> <timefilter> {true|false}	Startet die angegebene Anwendung zu der übergebenen Zeit. Die Zeit-Angabe entspricht dem Filter eines virtuellen Timer Events. Als optionalen dritten Parameter können Sie angeben, ob die Anwendung nur einmal oder mehrfach ausgeführt werden soll (z.B. `schedApp notepad.exe (day_of_week=5)`).
unschedApp <applicationId>	Hebt die zeitgesteuerte Ausführung der angegebenen Anwendung wieder auf (z.B. `unschedApp notepad.exe`).

20.5 Zusammenfassung

In diesem Kapitel haben wir Ihnen den Application Admin Service vorgestellt, mit dem Sie beliebige Anwendungen bzw. Anwendungstypen in Ihrer OSGi Service Platform verwalten können:

- Der *Application Admin Service* definiert keinen »zentralen« Service, sondern zwei Arten von Bundles: Application Manager und Application Container.
- Ein *Application Manager* stellt Möglichkeiten zur Verwaltung von installierten Anwendungen, z.B. in Form eines User-Interface, zur Verfügung.

- Ein *Application Container* beschreibt einen konkreten Anwendungstyp mit einem Application Descriptor und einem Application Handle, über die der Application Manager die Anwendung z.B. starten und stoppen kann.
- Der *Application Descriptor* beschreibt eine Anwendung bzw einen Anwendungstyp. Er gibt u.a. Auskunft über den Namen der Anwendung und ob die Anwendung zurzeit startbar ist.
- Ein *Application Handle* repräsentiert eine laufende Instanz einer Anwendung. Das Interface stellt unter anderem Methoden zum Stoppen der Anwendung zur Verfügung.
- Der *Equinox Application Manager* stellt Kommandos zum Starten und Stoppen von registrierten Anwendungen über die Equinox-Konsole zur Verfügung.

Teil III: Eclipse-Equinox-spezifische Erweiterungen

Im dritten Teil dieses Buches stellen wir Ihnen verschiedene Equinox-spezifische Erweiterungen des OSGi Frameworks vor. Diese Erweiterungen sind weder in der OSGi Framework Specification noch im Standard Service Compendium definiert.

Der dritte Teil besteht aus den folgenden vier Kapiteln:

- *Kapitel 21 (Erweiterungen des OSGi Class Loading)* stellt verschiedene Möglichkeiten vor, die Eclipse Equinox bietet, um das Standard-Class-Loading-Verhalten des OSGi Frameworks zu modifizieren.
- *Kapitel 22 (Extension Points und Extensions)* behandelt die Extension Registry und zeigt, wie in Equinox-basierten Systemen Bundles mithilfe von Extension Points und Extensions lose gekoppelt werden können.
- *Kapitel 23 (Das Equinox Application Model)* stellt das Equinox-Anwendungsmodell vor und zeigt, wie auf einer Equinox-basierten Infrastruktur je nach Anwendungskontext unterschiedliche Anwendungen ausgeführt werden können.
- *Kapitel 24 (Webanwendungen mit Eclipse Equinox)* stellt verschiedene Erweiterungen vor, die die Entwicklung von Webanwendungen mit Eclipse Equinox unterstützen.

21 Erweiterungen des OSGi Class Loading

Motivation

In Kapitel 5 haben wir Ihnen vorgestellt, wie Package-Abhängigkeiten zwischen Bundles explizit über entsprechende Bundle Manifest Header spezifiziert werden. Mit dem `Dynamic-ImportPackage`-Header besteht dabei die Möglicheit, Packages zu importieren, die zur Entwicklungszeit unbekannt sind, was insbesondere beim dynamischen Laden von Klassen bspw. über `Class.forName()` relevant ist. Um dabei beliebige Packages importieren zu können, muss die Wildcard * verwendet werden, womit potenziell auf alle exportierten Packages zugegriffen werden kann.

Mit dem Equinox Buddy Class Loading stellen wir Ihnen in diesem Kapitel einen alternativen Mechanismus vor, mit dem ein Bundle verschiedene Stategien spezifizieren kann, um zur Laufzeit auf zusätzliche Packages zugreifen zu können.

Darüber hinaus zeigen wir Ihnen, wie durch die Verwendung von Equinox-spezifischen Export-Package-Direktiven die Sichtbarkeit exportierter Bundles gezielt eingeschränkt werden kann.

Eindordnung

Die in diesem Kapitel vorgestellten Class-Loading-Erweiterungen ergänzen das in der Module-Schicht der OSGi-Spezifikation beschriebene Class-Loading-Verhalten einer OSGi Platform, das wir Ihnen bereits in Kapitel 5 ausführlich vorgestellt haben.

21.1 Tutorial: Grußbotschaften aus XML-Datei einlesen

Ein alternativer Translation Service

Um Ihnen die Class-Loading-Erweiterungen von Eclipse Equinox praktisch zu demonstrieren, modifizieren wir das »Hello World«-Beispiel aus Unterkapitel 12.1. Der Translation Service soll seine lokalisierten Nachrichten nicht mehr aus Property-Dateien auslesen. Stattdessen implementieren wir ein eigenes Domain-Objekt, das *Message Dictionary*, das die Nachrichten für jeweils eine Sprache verwaltet. Die Nachrichten selber werden dabei in einer XML-Datei abgelegt (der

Einfachheit halber verzichten wir hierbei auf die Verteilung der XML-Dateien in unterschiedliche Fragment-Bundles).

Der XStream Service

Um die XML-Dateien einzulesen und das Message Dictionary mit den Übersetzungen zu befüllen, benutzen wir die XStream-Bibliothek [], die ein automatisches Deserialisieren von Objekten aus XML-Dateien ermöglicht. Diese Bibliothek binden wir in einem eigenen Bundle `org.osgibook.xstream` ein. Um Objekte aus XML-Dateien zu deserialisieren, implementieren wir einen XStream Service, der den Namen einer XML-Datei entgegennimmt und ein deserialisiertes Objekt zurückliefert (vgl. Abb. 21–1).

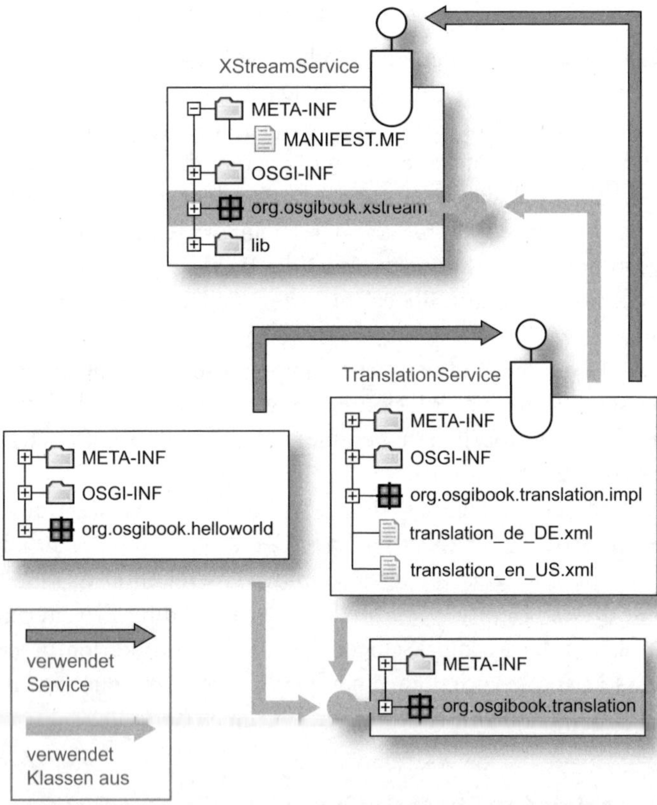

Abb. 21–1
Überblick über die beteiligten Bundles

Problemstellung

Das konstruktive Problem, das es in diesem Beispiel zu lösen gilt, ist, dass das Bundle `org.osgibook.xstream` keinerlei Kenntnis von den Bundles hat, die den XStream Service benutzen. Insbesondere hat es dadurch auch keinen Zugriff auf die in diesen Bundles enthaltenen Klassen. Trotzdem muss der XStream Service in der Lage sein, Objekte von Klassen zu instanzieren, die sich in den nutzenden Bundles befinden (in diesem Fall der Klasse `MessageDictionary`). Eine vergleichbare

Problematik stellt sich bspw. beim Einsatz von OR-Mapping-Tools wie Hibernate [Link].

Die Plug-in-Projekte

In Abb. 21–2 sind die fertigen Plug-in-Projekte aus diesem Tutorial dargestellt.

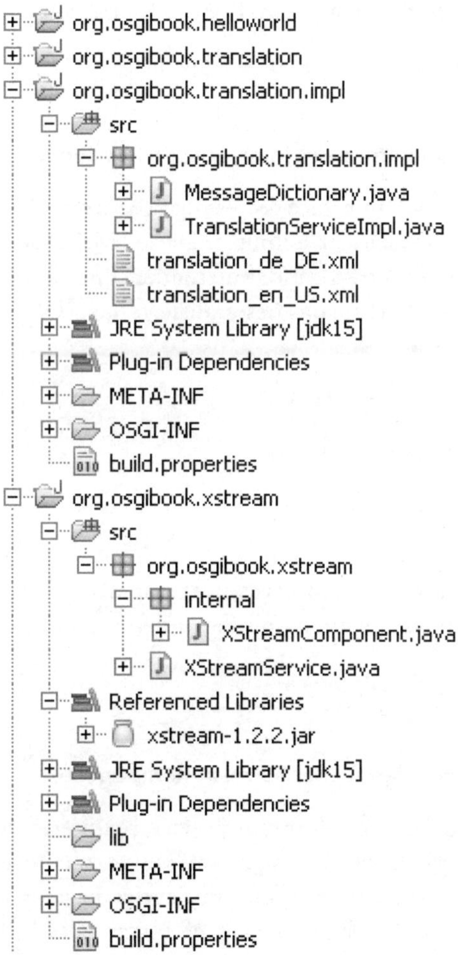

Abb. 21–2
Die Plug-in-Projekte

Schritt 1a: Anlegen der Bundles org.osgibook.xstream

Legen Sie zunächst ein neues Bundle `org.osgibook.xstream` an, das den im Folgenden dargestellten Import-Package-Header besitzt. Da wir den XStream Service in Form einer Service Component realisieren, fügen Sie bitte den entsprechenden Service-Component-Header zum Bundle Manifest hinzu:

```
Import-Package: org.osgi.framework;version="1.3.0",
 org.osgi.service.component;version="1.0.0"
Service-Component: OSGI-INF/component-description.xml
```

Schritt 1b: Einbinden der XStream-Bibliothek

Laden Sie dann von der Projekt-Homepage http://xstream.codehaus.org/download.html das XStream-Jar-File herunter (»XStream Core only«) und speichern Sie es im Ordner `lib` des Bundles. Denken Sie daran, das Jar-File auch in den Bundle-Klassenpfad aufzunehmen.

```
Bundle-ClassPath: lib/xstream-1.2.2.jar,
 .
```

Schritt 1c: Implementierung des Interface XStreamService

Legen Sie nun Service-Interface `org.osgibook.xstream.XStreamService` an, das die Methode `readObject` definiert. Dieser Methode muss der Pfad einer XML-Datei (relativ zum definierenden Bundle) übergeben werden. Als Ergebnis liefert sie das deserialisierte Java-Objekt zurück (vgl. Listing 21–1):

Listing 21–1
Das Interface XStreamService

```
package org.osgibook.xstream;

public interface XStreamService {

   public Object readObject(String path);
}
```

Fügen Sie das Package `org.osgibook.xstream` als exportiertes Package zum Bundle Manifest hinzu, damit die anderen Bundles darauf zugreifen können:

```
Export-Package: org.osgibook.xstream
```

Schritt 1d: Implementierung der XStream-Komponente

Die Implementierung des XStream Service realisieren wir als Service Component innerhalb des Packages `org.osgibook.xstream.internal`. Die XStream Component wird von uns als Service Factory realisiert, d.h., jedes nutzende Bundle erhält eine eigene Instanz des XStream Service. Das Bundle, für das jeweils eine konkrete Instanz erzeugt wurde, können wir in der `activate()`-Methode am Component Context abfragen. So kann dann innerhalb der `readObject()`-Methode direkt auf das nutzende Bundle zugegriffen werden (vgl. Listing 21–2).

Listing 21–2
Die Klasse XStreamComponent

```
package org.osgibook.xstream.internal;

[...]

import com.thoughtworks.xstream.XStream;
import com.thoughtworks.xstream.io.xml.DomDriver;
```

```
public class XStreamComponent implements XStreamService {

   private XStream xstream;

   private Bundle bundle;

   protected void activate(ComponentContext context) {
      bundle = context.getUsingBundle();
      this.xstream = new XStream(new DomDriver());
   }

   public Object readObject(String name) {
      URL url = bundle.getResource(name);
      try {
         return xstream.fromXML(
            new InputStreamReader(url.openStream()));
      } catch (Exception ex) {
         ex.printStackTrace();
         return null;
      }
   }
}
```

Schritt 1d: Anlegen der Komponentenbeschreibung

Abschließend legen Sie die Beschreibung der XStream-Komponente wie folgt an:

```
<?xml version="1.0"?>
<component name="xstreamComponent">
   <implementation
class="org.osgibook.xstream.internal.XStreamComponent"/>
   <service servicefactory="true">
      <provide interface="org.osgibook.xstream.XStreamService"/>
   </service>
</component>
```

Listing 21–3
Die Datei OSGI-INF/component-description.xml

Schritt 2a: Anlegen der Klasse MessageDictionary im Bundle org.osgibook.translation.impl

Legen Sie nun im Bundle `org.osgibook.translation.impl` die Klasse `org.osgibook.translation.impl.MessageDictionary` an, die das künftige Wörterbuch für den Translation Service implementiert. Diese Klasse enthält eine Map mit der lokalisierten Nachricht. Darüber hinaus gibt es eine Methode `getMessage()`, über die eine übersetzte Nachricht für einen Key abgefragt werden kann (vgl. Listing 21–4):

Listing 21–4
Die Klasse MessageDictionary

```
package org.osgibook.translation.impl;

import java.util.Map;
import java.util.MissingResourceException;

public class MessageDictionary {

   private Map<String, String> entries;

   public MessageDictionary() {
      super();
   }

   public String getMessage(String key) {
      if (!entries.containsKey(key)) {
         throw new MissingResourceException(
            "Key nicht im Dictionary vorhanden.",
            MessageDictionary.class.getName(), key);
      }
      return entries.get(key);
   }

   public String toString() {
      return "[MessageDictionary, entries: " + entries + "]";
   }
}
```

Schritt 2b: Umstellen des Translation Service

Anschließend stellen Sie den Translation Service auf das Message Dictionary um. Bei der Aktivierung des Translation Service wird für das definierte Locale ein Message Dictionary über den XStream Service geladen. Die Übersetzung einer Botschaft wird dann mithilfe dieses Message Dictionarys durchgeführt (vgl. Listing 21–5):

Listing 21–5
Die Klasse TranslationServiceImpl

```
package org.osgibook.translation.impl;

[...]

public class TranslationServiceImpl implements TranslationService {

   private MessageDictionary dictionary;
   private XStreamService xstreamService;

   public TranslationServiceImpl() {
   }

   public void setXStreamService(XStreamService xstreamService) {
      this.xstreamService = xstreamService;
   }
```

```
   public void unsetXStreamService(XStreamService xstreamService) {
      this.xstreamService = null;
   }

   public String getTranslation(String key) {
      try {
         return dictionary.getMessage(key);
      } catch (Exception e) {
         return key;
      }
   }

   protected void activate(ComponentContext componentContext) {
      Dictionary properties = componentContext.getProperties();
      String language = (String)
         properties.get("translation.language");
      String country = (String)
         properties.get("translation.country");
      String dictionaryFile = "translation_" + language + "_"
         + country + ".xml";
      dictionary = (MessageDictionary)
         xstreamService.readObject(dictionaryFile);
   }
}
```

Schritt 2c: Anpassen der Komponentenbeschreibung

Anschließend passen Sie die Beschreibung der Translation-Service-Komponente wie in Listing 21–6 dargestellt an:

Listing 21–6
Die Datei OSGI-INF/component-description.xml

```
<?xml version="1.0"?>
<component name="translationServiceComponent">
   <implementation
class="org.osgibook.translation.impl.TranslationServiceImpl"/>
   <property name="translation.language" value="de"/>
   <property name="translation.country" value="DE"/>
   <service>
      <provide
         interface="org.osgibook.translation.TranslationService"/>
   </service>
   <reference name="xstreamService"
      interface="org.osgibook.xstream.XStreamService"
      bind="setXStreamService"
      unbind="unsetXStreamService"
   />
</component>
```

Schritt 2d: Anlegen der XML-Dateien

Legen Sie abschließend zwei XML-Dateien an, die die übersetzten Nachrichten enthalten und die bisher genutzten Property-Dateien ablösen. Der Aufbau der XML-Datein folgt den Konventionen, nach denen die XStream-Bibliothek Java-Objekte in XML-Dateien ablegt (vgl. [XSTREAM]). Beide Dateien werden direkt im Verzeichnis `src` des Bundles `org.osgibook.translation.impl` abgelegt.

Die in Listing 21–7 dargestellte Datei `translation_de_DE.xml` enthält die deutschen Übersetzungen der Grußbotschaften:

Listing 21–7
Die Datei translation_de_DE.xml

```
<org.osgibook.translation.impl.MessageDictionary>
  <entries class="hashtable">
    <entry>
      <string>goodbye</string>
      <string>Tschüß OSGi-Welt sagt Bundle %s!</string>
    </entry>
    <entry>
      <string>hello</string>
      <string>Hallo OSGi-Welt sagt Bundle %s!</string>
    </entry>
  </entries>
</org.osgibook.translation.impl.MessageDictionary>
```

Die in Listing 21–8 dargestellte Datei `translation_en_US.xml` enthält die englischen Übersetzungen der Grußbotschaften:

Listing 21–8
Die Datei translation_en_US.xml

```
<org.osgibook.translation.internal.MessageDictionary>
  <entries class="hashtable">
    <entry>
      <string>goodbye</string>
      <string>Goodbye OSGi World from bundle %s!</string>
    </entry>
    <entry>
      <string>hello</string>
      <string>Hello OSGi World from bundle %s!</string>
    </entry>
  </entries>
</org.osgibook.translation.internal.MessageDictionary>
```

Schritt 3: Ausführen des Beispiels

Anlegen der Launch-Konfiguration

Legen Sie nun bitte eine Launch-Konfiguration an, die neben den Plug-in-Projekten aus dem Workspace auch die folgenden Bundles enthält:

- `org.eclipse.osgi`
- `org.eclipse.osgi.services`
- `org.eclipse.equinox.ds`

Wenn Sie das Beispiel ausführen, wird aus dem Bundle `org.osgibook.xstream` eine `CannotResolveClassException` geworfen, da das Bundle keinen Zugriff auf die Klasse `org.osgibook.translation.impl.MessageDictionary` besitzt, die erzeugt werden soll:

Ausführen des Beispiels

```
osgi>↵
com.thoughtworks.xstream.mapper.CannotResolveClassException:↵
   org.osgibook.translation.impl.MessageDictionary :↵
   org.osgibook.translation.impl.MessageDictionary
   [...]
```

Um dem Bundle `org.osgibook.xstream` den Zugriff auf diese Klasse zu ermöglichen, fügen Sie nun in dessen Bundle Manifest den folgenden Manifest Header hinzu

Der Manifest Header Eclipse-BuddyPolicy

```
Eclipse-BuddyPolicy: dependent
```

Durch diesen Manifest Header wird festgelegt, dass das Bundle in Eclipse Equinox zusätzlich auf alle Klasse zugreifen kann, die in einem Bundle enthalten sind, die eine Abhängigkeit zu dem definierenden Bundle besitzen.

Wenn Sie das Beispiel anschließend erneut starten, sehen Sie, dass der XStream Service in der Lage ist, die XML-Datei in ein Objekt vom Typ `MessageDictionary` zu deserialisieren:

```
osgi> Hallo OSGi-Welt sagt Bundle org.osgibook.helloworld!
```

Hinweis

Alternativ kann das hier beschriebene Problem auch durch das Setzen des Context Class Loaders vor dem Aufruf des XStream Service gelöst werden (vgl. Abschnitt 5.7.3), da die zu erzeugende Klasse über den Class Loader des aufrufenden Bundles geladen werden kann. Ist dies jedoch nicht der Fall, dann führt das Setzen des Context Class Loaders nicht zum gewünschten Erfolg. Dies ist bspw. bei der Verwendung von Hibernate der Fall, falls verschiedene Bundles Klassen bereitstellen, die persistiert werden sollen.

21.2 Buddy Class Loading

Motivation

In einigen Anwendungsfällen ist es notwendig, dass Bundles auf Klassen zugreifen müssen, die zur Entwicklungszeit nicht bekannt sind und für die keine Abhängigkeiten über die Manifest Header `Import-Package` oder `Require-Bundle` definiert sind. Das ist bspw. bei der Verwendung von Frameworks der Fall, die über `Class.forName()`-Klassen dynamisch zur Laufzeit laden, wie in unserem Tutorial die XStream-Bibliothek. Bundles, die ein solches Framework integrieren, kennen in aller Regel ihre Benutzer nicht, so dass Sie nicht mit `Import-Package` oder `Require-Bundle` arbeiten könnten.

In Unterkapitel 5.6 haben wir Ihnen bereits mit dem Manifest Header `DynamicImport-Package` eine Möglichkeit vorgestellt, auf Klassen aus Packages zuzugreifen, die zur Entwicklungszeit unbekannt sind. Das Equinox Buddy Class Loading implementiert einen alternativen Mechanismus, mit dem sich dynamische Abhängigkeiten realisieren lassen [MALE05].

Der Manifest Header Eclipse-BuddyPolicy

Über den Manifest Header `Eclipse-BuddyPolicy` kann ein Bundle eine Policy definieren, die festlegt, welche Bundles zusätzlich zum OSGi-Standard-Class-Loading beim Laden von Klassen durchsucht werden sollen (die *Buddies*). Wenn eine Klasse nicht über die durch `Import-Package` oder `Require-Bundle` beschriebenen Abhängigkeiten oder aus dem Bundle-Klassenpfad geladen werden kann, dann werden zusätzlich die durch die Buddy Policy festgelegten Bundles durchsucht. Die dabei möglichen Policies sind in den folgenden Abschnitten beschrieben.

21.2.1 Eclipse-BuddyPolicy: dependent

Mit der Buddy Policy `dependent` können auch diejenigen Bundles nach Klassen durchsucht werden, die eine direkte oder indirekte Package-Abhängigkeit zu dem Bundle besitzen, das die Buddy Policy spezifiziert:

```
Eclipse-BuddyPolicy: dependent
```

Dabei spielt es keine Rolle, ob ein nutzendes Bundle das Package der gesuchten Klasse exportiert oder nicht – gefunden werden auch Klassen in Packages, die nicht exportiert sind.

Beispiel

Im in Abb. 21–3 dargestellten Beispiel besitzen sowohl Bundle b als auch Bundle c Package-Abhängigkeiten auf das Bundle a, die über entsprechende `Import-Package` oder `Require-Bundle` Manifest Header spezifiziert sind. Das Bundle a hingegen besitzt keine Abhängigkeiten auf die nutzenden Bundles.

Über die Buddy Policy `dependent` kann nun spezifiziert werden, dass innerhalb des Bundles a auch auf Klassen der Bundles b und c zugegriffen wird.

Abb. 21–3
Die Buddy-Policy dependent

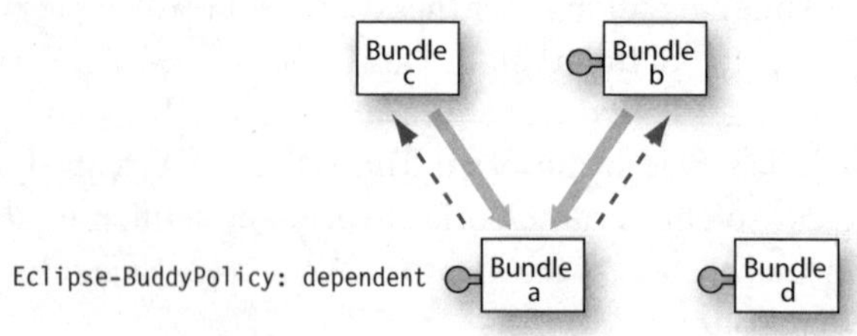

21.2.2 Eclipse-BuddyPolicy: registered

Ähnlich wie die Buddy Policy `dependent` auch die Buddy Policy `registered`:

```
Eclipse-BuddyPolicy: registered
```

Hiermit können Sie allerdings festlegen, dass nur solche Bundles zusätzlich durchsucht werden, die sich explizit als Buddy für das Bundle registriert haben, das die Buddy Policy definiert. Um ein Bundle als Buddy eines anderen Bundles zu registrieren, muss der Manifest Header `Eclipse-RegisterBuddy` mit dem symbolischen Name des Bundles angegeben werden, zu dem ein Buddy registriert werden soll:

```
Eclipse-RegisterBuddy: <Liste von symbolischen Namen>
```

Beispiel

Um in dem in Abb. 21–4 dargestellten Beispiel das Bundle c als Buddy des Bundles a zu definieren, muss das Bundle a zunächst die Buddy Policy `registered` spezifizieren:

```
Eclipse-BuddyPolicy: registered
```

Zusätzlich muss sich das Bundle c als Buddy für Bundle a registrieren:

```
Eclipse-RegisterBuddy: a
```

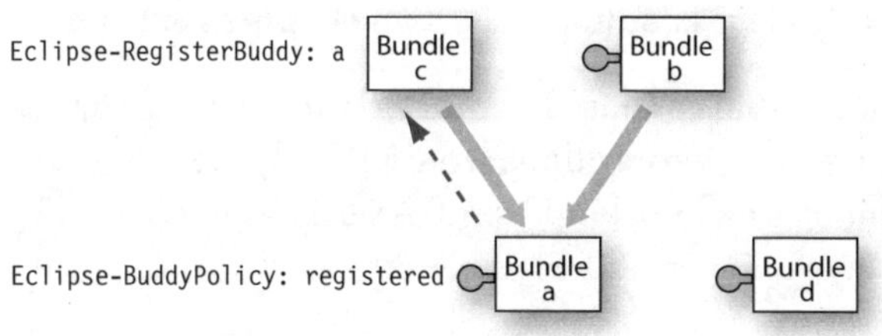

Abb. 21–4
Die Buddy-Policy registered

21.2.3 Eclipse-BuddyPolicy: global

Mit der Buddy Policy `global` werden beim Laden von Klassen alle *exportierten* Packages durchsucht, die in der laufenden OSGi Platform vorhanden sind:

```
Eclipse-BuddyPolicy: global
```

Beispiel

Im dem in Abb. 21–5 dargestellten Beispiel definiert das Bundle a die Buddy Policy `global`. Dadurch kann auf alle exportierten Packages zugegriffen werden, die innerhalb des Frameworks zur Verfügung stehen.

Abb. 21–5
Die Buddy Policy global

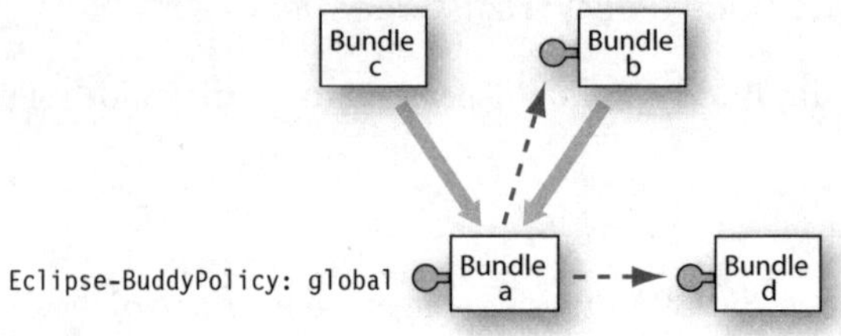

21.2.4 Verwenden der Standard-Java-Class-Loader

In Unterkapitel 5.7 haben wir Ihnen einen Überblick über die Class-Loader-Hierarchie einer Java-Anwendung gegeben. Unter Verwendung des Buddy Class Loadings ist es möglich, Klassen über einen dieser Class Loader zu laden:

```
Eclipse-BuddyPolicy: {boot|ext|app}
```

Die Buddy Policy `boot` ermöglicht die zusätzliche Verwendung des Boot Class Loaders zum Laden von Klassen. Die Policy `ext` ermöglicht das Laden von Klassen über den Extension Class Loader und die Policy `app` das Laden von Klassen über den System Class Loader.

21.2.5 Buddy Class Loading vs. DynamicImport-Package

Ähnlich wie das Buddy Class Loading erlaubt auch der `DynamicImport-Package`-Header die Verwendung von Klassen, die zur Entwicklungszeit eines Bundles nicht bekannt sind. Allerdings unterscheiden sich die beiden Ansätze in diversen Details:

- ***Standard vs. Equinox-spezifische Lösung:*** Der `DynamicImport-Package`-Header ist in der OSGi Core Specification spezifiziert und steht deshalb in allen OSGi-Framework-Implementierungen zur Verfügung. Das Buddy Class Loading hingegen ist Equinox-spezifisch. Es wird von anderen Framework-Implementierungen nicht unterstützt.
- ***Anzahl der beteiligten Bundles:*** Klassen, die über den `DynnamicImport-Package`-Header geladen werden, werden in den exportierten Packages *aller* Bundles gesucht. Bei der Verwendung von Buddy Class Loading wird die Menge der Bundles, in denen nach Klassen gesucht wird, je nach verwendeter Policy eingeschränkt.
- ***Exportierte und interne Packages:*** Bei der Verwendung des `Dynamic-Import-Package`-Headers werden nur *exportierte* Packages nach Klassen durchsucht. Klassen aus Packages, die nicht exportiert

wurden, können nicht geladen werden. Mit den Buddy Class Loading Policies `registered` und `dependent` ist es möglich, auf *alle* Klassen eines Bundles zuzugreifen.

- ***Einschränken von Packages mit Attributen:*** Der `DynamicImport-Package`-Header erlaubt die Verwendung von Attributen (bspw. Versionsbereiche), die beschreiben, welche Bedingung ein exportiertes Package erfüllen muss, damit es als Exporter in Frage kommt. Über diese Möglichkeit verfügt das Buddy Class Loading von Equinox nicht.
- ***Laden von Klassen über Standard-Java-Class-Loader:*** Über das Buddy Loading können die Standard-Java-Class-Loader (Boot, System und Extension Class Loader) zum zusätzlichen Laden von Klassen verwendet werden. Diese Option bietet die Verwendung des `DynamicPackage-Import`-Headers nicht.

21.2.6 Konsequenzen des Buddy Class Loading

Das Buddy Class Loading bietet Ihnen einige Möglichkeiten, das Class-Loading-Verhalten von Equinox an Ihren Bedarf anzupassen. Es bringt allerdings auch einige Risiken bzw. Schwierigkeiten mit sich:

- Durch die erweiterten Class Loader kann es beim Laden von Klassen zu Performance-Einbußen kommen. Insbesondere wenn Sie »global« oder »dependent« verwenden, kann es sein, dass Ihr Bundle eine große Anzahl anderer Bundles nach einer Klasse durchsuchen muss. Dies kann zu Performance-Einbußen führen.
- Probleme mit mehrfach vorhandenen Packages: Beim Buddy Class Loading haben Sie keine Möglichkeit, die Version des Packages zu bestimmen, die Ihr Bundle verwenden wird. Wenn Sie z.B. die »global«-Option verwenden, und in Ihrer Plattform dasselbe Package in unterschiedlichen Versionen vorhanden ist, können Sie nicht bestimmen, welche Version Equinox anzieht und Ihrem Bundle zur Verfügung stellt.
- Darüber hinaus handelt es sich bei dem Buddy Class Loading um ein proprietäres Equinox-Feature. Wenn Sie von diesem Feature Gebrauch machen, wird Ihr Bundle sehr wahrscheinlich in einer anderen OSGi Platform nicht korrekt funktionieren.

21.3 Die Sichtbarkeit exportierter Packages beschränken

Über den Manifest Header `Export-Package` werden innerhalb des OSGi Frameworks Packages eines Bundles exportiert, so dass sie für andere Bundles sichtbar sind. In Eclipse Equinox stehen die zusätzlichen `Export-Package`-Direktiven `x-friend` und `x-internal` zur Verfügung, mit denen sich die Sichtbarkeit exportierter Packages einschränken lässt.

Die beiden Direktiven werden standardmäßig nur innerhalb des Plug-in Development Environments (PDE) ausgewertet. Wird innerhalb eines Plug-in-Projektes auf ein Package zugegriffen, das aufgrund der zusätzlichen Export-Package-Direktiven nicht sichtbar ist, wird Ihnen innerhalb der IDE standardmäßig eine Warnung angezeigt.

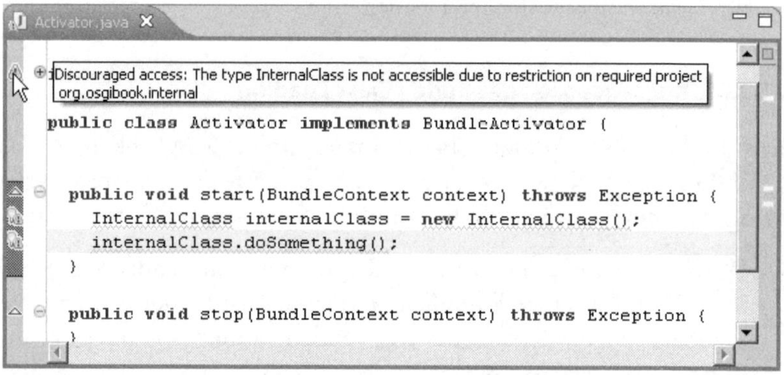

Abb. 21–6
Auswertung der Export-Package-Direktiven im PDE

Zur Laufzeit von Eclipse Equinox werden die Direktiven standardmäßig nicht ausgewertet. Um eine Auswertung zur Laufzeit zu erzwingen, muss das System-Property `osgi.resolverMode` auf den Wert `strict` gesetzt werden:

```
java -Dosgi.resolverMode=strict ↵
   -jar org.eclipse.osgi_<version>.jar [...]
```

Auch für die zusätzlichen Export-Package-Direktiven gilt, dass sie ausschließlich in Eclipse Equinox zur Verfügung stehen und von anderen OSGi-Framework-Implementierungen nicht unterstützt werden.

21.3.1 Die Export-Package-Direktive x-friend

Über die Export-Package-Direktive `x-friend` können Sie beim Exportieren eines Packages festlegen, welche Bundles das Package importieren dürfen. Die Direktive erwartet eine (kommaseparierte) Liste mit Bundle-Namen, die das Package importieren dürfen – für alle anderen Bundles ist das Package nicht sichtbar. Um bspw. das Package org.osgibook.xstream.internal ausschließlich dem Bundle org.osgibook.translation.impl zur Verfügung zu stellen, verwenden Sie beim Exportieren des Packages die folgende Direktive:

```
Export-Package: org.osgibook.xstream.internal;ø
  x-friend:org.osgibook.translation.impl
```

21.3.2 Die Export-Package-Direktive x-internal

Über die Export-Package-Direktive x-internal können Sie beim Exportieren eines Packages angeben, dass dieses Package von anderen Bundles nicht verwendet werden sollte (z.B. weil es »deprecated« ist). Die Verwendung dieser Direktive kann bspw. dann sinnvoll sein, wenn sich eine API über einen gewissen Zeitraum ändert und aus Kompatibilitätsgründen die alte API noch zugreifbar sein muss:

```
Export-Package: org.osgibook.translation.impl; x-internal:=true
```

21.4 Zusammenfassung

In diesem Kapitel haben wir Ihnen die Equinox-spezifischen Erweiterungen des OSGi Class Loading vogestellt:

- Das Equinox Buddy Class Loading implementiert einen Mechanismus, mit dem dynamische Package-Abhängigkeiten über unterschiedliche Strategien realisiert werden können.
- Über die Equinox-spezifischen Export-Package-Direktiven x-friend und x-internal kann zudem die Sichtbarkeit exportierter Packages eingeschränkt werden.

22 Extension Points und Extensions

Motivation

In der OSGi Platform haben Sie mit Services die Möglichkeit, Dienste zu veröffentlichen, die von anderen Bundles genutzt werden können. Mit dem Konzept der Extension Registry stellt Eclipse Equinox einen vergleichbaren Mechanismus zur Verfügung, der seit der Version 1.0 integraler Bestandteil der Eclipse IDE ist und somit aus einer Zeit stammt, in der die Eclipse IDE noch nicht auf dem OSGi Framework basierte.

Durch die Verwendung von Extension Points können Sie ein Bundle gezielt für Erweiterungen öffnen, die zur Entwicklungszeit des Bundles nicht bekannt sein müssen. Andere Bundles können zu einem Extension Point Erweiterungen zur Verfügung stellen. Über diesen Mechanismus können bspw. in der Eclipse IDE neue Einträge in eine Menüleiste eingebettet werden. Im Gegensatz zu Services können Extensions auch von Bundles bereitgestellt werden, die nicht gestartet sind. Des Weiteren kann die Bereitstellung von Extensions rein deklarativ erfolgen, die Implementierung und Bereitstellung von Java-Klassen ist nicht notwendig.

Einordnung

Die Extension Registry ist Bestandteil von Eclipse Equinox und nicht in der OSGi-Spezifikation spezifiziert. Sie kann jedoch in anderen OSGi Frameworks eingesetzt werden. Des Weiteren kann sie auch außerhalb des OSGi Frameworks verwendet werden.

22.1 Tutorial: Ein erweiterbarer Dialog

Das Konzept der Extension Points und Extensions werden wir Ihnen anhand eines Swing-Dialogs vorstellen, den Sie über Extensions mit beliebigen Actions erweitern können. Dazu legen wir zwei Bundles an:

- Das Bundle **org.osgibook.helloworld.swing** stellt den Dialog bereit. Außerdem definiert es einen Extension Point für Actions, die auf dem Dialog in Form von Schaltflächen angezeigt und ausgeführt werden.
- Das Bundle **org.osgibook.helloaction** stellt eine Extension mit einer Action für den Dialog zur Verfügung. Die Action gibt in einem eigenen Dialog eine »Hello World«-Nachricht aus.

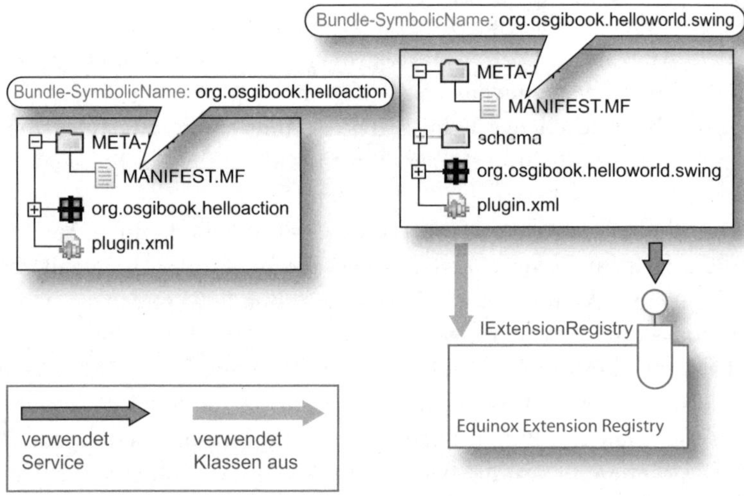

Abb. 22–1 Überblick über die beteiligten Bundles

Der im Bundle `org.osgibook.helloworld.swing` implementierte Dialog soll dynamisch auf im System installierte Extensions des `action`-Extension Points reagieren. Wenn im Framework ein neues Bundle mit einer entsprechenden Extension installiert wird, dann wird eine neue Schaltfläche zum Dialog hinzugefügt. Wird ein Bundle mit einer Extension deinstalliert, dann soll die entsprechende Schaltfläche wieder aus dem Dialog entfernt werden.

Die fertigen Plug-in-Projekte zu diesem Tutorial sind in Abb. 22–2 dargestellt.

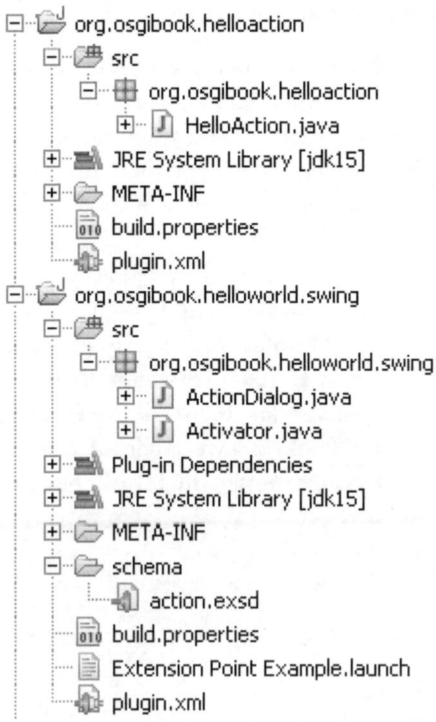

Abb. 22–2
Die Plug-in-Projekte

Schritt 1a: Anlegen des Bundles org.osgibook.helloworld.swing

Legen Sie bitte zunächst ein neues Bundle mit dem Namen `org.osgibook.helloworld.swing` und dem folgenden Import-Package-Header an:

```
Import-Package: org.eclipse.core.runtime;registry=split,
  org.eclipse.core.runtime.dynamichelpers,
  org.eclipse.osgi.framework.console;version="1.0.0",
  org.osgi.framework;version="1.3.0"
```

Bei dem Package `org.eclipse.core.runtime` handelt es sich um ein Split-Package, das von mehreren Bundles exportiert wird. Um den richtigen Exporter auszuwählen (das Bundle `org.eclipse.equinox.registry`), müssen Sie das Attribut `registry=split` hinzufügen.

Beachten Sie außerdem, dass Bundles, die Extensions Points oder Extensions bereitstellen, im Header `Bundle-SymbolicName` das Attribut `singleton:=true` definieren müssen. Dadurch wird sichergestellt, dass nur genau eine Version des (Singleton-)Bundles im Framework installiert werden kann:

```
Bundle-SymbolicName: org.osgibook.helloworld.swing;singleton:=true
```

Schritt 1b: Definieren des Extension Points

Das Bundle `org.osgibook.helloworld.swing` soll einen Extension Point `org.osgibook.helloworld.swing.action` bereitstellen, den andere Bundles erweitern können, um eigene Actions innerhalb des Action-Dialogs zu platzieren. Eine Action besteht dabei aus einem sprechenden Namen sowie einer implementierenden Klasse, die vom Typ `javax.swing.Action` sein muss.

Der Extension-Point-Editor

Ein Extension Point wird in der Datei `plugin.xml` definiert, die sich im Wurzelverzeichnis des Bundles befinden muss. Die Bearbeitung dieser Datei kann mit dem Manifest-Editor erfolgen, den Sie bereits zur Bearbeitung von Manifest-Dateien verwendet haben. Um diesen Editor zu öffnen, klicken Sie auf der Registerkarte **Overview** auf den Link **Extension Points**. Die Funktionsweise des Extension-Point-Editors (vgl. Abb. 22–3) ist detailliert unter [ECHEEP] beschrieben.

Abb. 22–3
Der Extension-Point-Editor

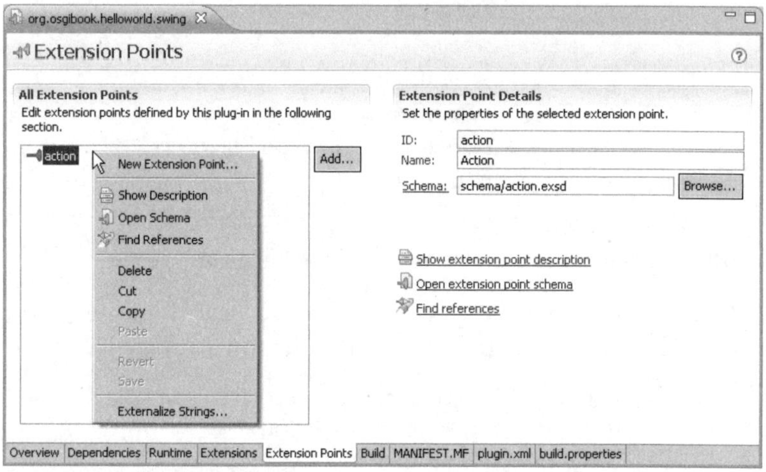

Legen Sie einen neuen Extension Point mit der ID `action`, dem Namen `Action` und dem Schema `schema/action.exsd` an.

Der Schema-Editor

Mit einem Doppelklick auf den Link **Open extension point schema** öffnen Sie den Schema-Editor, der die Bearbeitung des Schemas eines Extension Points ermöglicht. Dieses Schema definiert, welche Konfigurationselemente eine Extension zu einem Extension Point definieren muss/darf. Die Funktionsweise des Schema-Editors ist im Detail unter [ECHEME] beschrieben.

Legen Sie ein neues Element mit dem Namen `action` an. Zu diesem Element müssen Sie die Attribute `title` und `class` definieren. Das `title`-Attribut ist vom Typ `string`, während das `class`-Attribut den Typ `java` besitzt. Spezifizieren Sie außerdem, dass eine unter dem class-Attribut angegebene Klasse das Interface javax.swing.Action implementieren muss. Abschließend müssen Sie das action-Element dem extension-Element als einziges Element einer Sequence zuordnen.

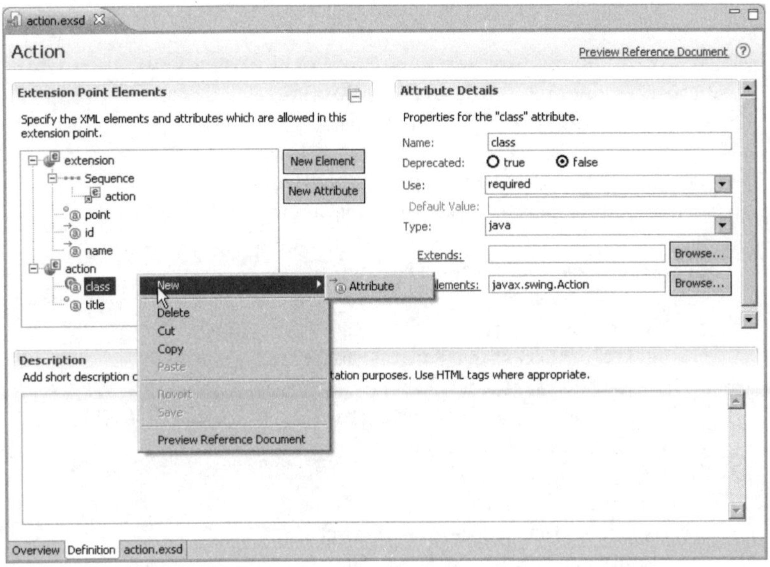

Abb. 22–4
Der Schema-Editor

Die Datei plugin.xml

Nach dem Speichern enthält die Datei plugins.xml im Root-Verzeichnis des Bundles den folgenden Eintrag für den neuen Extension Point:

Listing 22–1
Die Datei plugin.xml

```
<?xml version="1.0" encoding="UTF-8"?>
<?eclipse version="3.0"?>
<plugin>
   <extension-point id="action" name="Action"
                    schema="schema/action.exsd"/>
</plugin>
```

Das XML-Schema zur Beschreibung der möglichen Konfigurationselemente einer action-Extension ist in der Datei schema/action.exsd abgelegt.

Schritt 1b: Implementierung des Action-Dialogs

Erstellen Sie jetzt nun die Klasse org.osgibook.helloworld.swing.ActionDialog. Der Action-Dialog liest alle vorhandenen Extensions zum action-Extension Point aus der Extension Registry und erzeugt pro Extension einen JButton, der mit einer Instanz der angegebenen Klasse vom Typ javax.swing.Action assoziiert ist.

Da Bundles, die Extensions bereitstellen, zur Laufzeit installiert und deinstalliert werden können, implementiert der Action Dialog zusätzlich das Interface org.eclipse.core.runtime.dynamichelpers.IExtensionChangeHandler, das an einem ExtensionTracker registriert wird.

Listing 22–2
Die Klasse ActionDialog

```
package org.osgibook.helloworld.swing;

[...]

public class ActionDialog extends JDialog
      implements IExtensionChangeHandler {

   public static final String EXTENSION_POINT_ID =
      "org.osgibook.helloworld.swing.action";

   private ExtensionTracker tracker;

   public ActionDialog() {
      setTitle("Extension Point Example");
      getContentPane().setLayout(
         new BoxLayout(getContentPane(), BoxLayout.Y_AXIS));
      initializeExtensions();
   }

   public Dimension getPreferredSize() {
      return new Dimension(500, 200);
   }

   public void dispose() {
      tracker.unregisterHandler(this);
      super.dispose();
   }

   public void addExtension(IExtensionTracker tracker,
         IExtension extension) {
      Action action;
      try {
         action = createActionFromExtension(extension);
      } catch (CoreException ex) {
         ex.printStackTrace();
         return;
      }
      JButton button = new JButton(action);
      tracker.registerObject(extension, button,
         IExtensionTracker.REF_STRONG);
      getContentPane().add(button);
      pack();
      repaint();
   }

   public void removeExtension(IExtension extension,
         Object[] objects) {
```

```
      for (Object handle : objects) {
         JButton button = (JButton) handle;
         getContentPane().remove(button);
         pack();
         repaint();
      }
   }
   private void initializeExtensions() {
      IExtensionRegistry registry = RegistryFactory.getRegistry();
      IExtensionPoint extensionPoint = registry
         .getExtensionPoint(EXTENSION_POINT_ID);
      IExtensionTracker tracker = new ExtensionTracker(registry);
      for (IExtension extension : extensionPoint.getExtensions()) {
         addExtension(tracker, extension);
      }
      tracker.registerHandler(this, ExtensionTracker
         .createExtensionPointFilter(extensionPoint));
   }

   private Action createActionFromExtension(IExtension extension)
      throws CoreException {
      IConfigurationElement actionElement =
         extension.getConfigurationElements()[0];
      Action action = (Action)
         actionElement.createExecutableExtension("class");
      String title = actionElement.getAttribute("title");
      action.putValue(Action.NAME, title);
      return action;
   }
}
```

Schritt 1e: Anlegen der Aktivator-Klasse

Die Aktivator-Klasse des Bundles ist lediglich dafür verantwortlich, beim Starten des Bundles den Dialog zu erzeugen und ihn beim Stoppen des Bundles wieder zu schließen:

Listing 22–3
Die Klasse Activator

```
package org.osgibook.helloworld.swing;

[...]

public class Activator implements BundleActivator {

   private ActionDialog mainDialog;

   public void start(BundleContext context) throws Exception {
      mainDialog = new ActionDialog();
      mainDialog.setVisible(true);
      mainDialog.toFront();
   }
```

```
    public void stop(BundleContext context) throws Exception {
      mainDialog.dispose();
    }
  }
```

Schritt 2a: Anlegen des Bundles org.osgibook.helloaction

Legen Sie nun ein zweites Bundle mit dem Namen `org.osgibook.helloaction` an. Dieses Bundle importiert keine weiteren Packages. Beachten Sie, dass auch für dieses Bundle das `singleton`-Attribut gesetzt werden muss:

```
Bundle-SymbolicName: org.osgibook.helloaction;singleton:=true
```

Schritt 2b: Eine Action für den Dialog anbieten

Jetzt fehlt uns noch eine Action, die wir für den Dialog bereitstellen können. Dazu legen Sie das Bundle `org.osgibook.helloaction` an, in dem Sie die Klasse `org.osgibook.helloaction.HelloAction` erstellen. Diese Action öffnet bei ihrer Ausführung einen einfachen Dialog mit einer Grußbotschaft:

Listing 22–4
Die Klasse HelloAction

```
package org.osgibook.helloaction;

import java.awt.event.ActionEvent;
import javax.swing.AbstractAction;
import javax.swing.JOptionPane;

public class HelloAction extends AbstractAction {

  public HelloAction() {
  }

  public void actionPerformed(ActionEvent e) {
    JOptionPane.showMessageDialog(null, "Hallo Welt!");
  }
}
```

Schritt 2c: Die Extension definieren

Im letzten Schritt müssen wir eine Extension definieren, die die HelloAction für den Extension Point `action` zur Verfügung stellt. Die Definition von Extensions kann ebenfalls mit dem grafischen Manifest-Editor erfolgen. Wählen Sie dazu auf der **Overview**-Registerkarte des Manifest-Editors den Link **Extensions** aus. Eclipse legt dann eine `plugin.xml`-Datei innerhalb der Plug-in-Projekte an und öffnet die **Extensions**-Registerkarte (vgl. Abb. 22–5). Die Funktionsweise des Extension-Point-Editors (vgl. Abb. 22–3) ist detailliert unter [ECHEME] beschrieben.

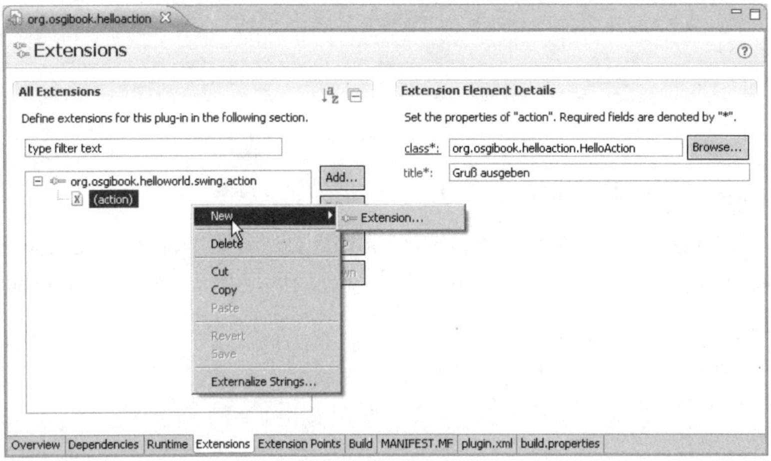

Abb. 22-5
Der Extension Editor

Der New Extension Dialog

Um eine neue Extension zu definieren, klicken Sie auf **Add...** oder wählen Sie im Kontextmenü **New -> Extension...** . Im sich öffnenden **New Extension**-Dialog wählen Sie den Extension Point, für den Sie eine Extension anbieten möchten. Standardmäßig zeigt Eclipse nur die Extension Points an, die in einem Bundle definiert sind, auf das Ihr Bundle eine Package-Abhängigkeit hat. Da das Bundle `org.osgibook.helloaction` keine Package-Abhängigkeit auf das Bundle `org.osgibook.helloworld.swing` besitzt, müssen Sie die Markierung **Show only extension points from the required plug-ins** entfernen, so dass alle bekannten Extension Points angezeigt werden. Wählen Sie aus der Liste den Extension Point `org.osgibook.helloworld.swing.action` und schließen Sie den Dialog. Die Nachfrage, ob Sie das Bundle `org.osgibook.helloworld.swing` zu Ihren Abhängigkeiten hinzufügen möchten, verneinen Sie bitte.

Definition der Extension

Im grafischen Editor wird nun die Extension zum ausgewählten Extension Point angezeigt. Wählen Sie bitte das Unterelement `(action)` aus, so dass auf der rechten Dialogseite unter **Extension Element Details** die beiden Attribute der Extension angezeigt werden. Tragen Sie im Feld **class** die Klasse `org.osgibook.helloaction.HelloAction` und im Feld **title** den String »Gruß ausgeben« ein. Damit ist Ihre Extension definiert. Die Definition der Extension wird in der Datei `plugin.xml` gespeichert.

Listing 22-5
Die Datei plugin.xml

```
<?xml version="1.0" encoding="UTF-8"?>
<?eclipse version="3.0"?>
<plugin>
   <extension
         point="org.osgibook.helloworld.swing.action">
      <action
```

```
            class="org.osgibook.helloaction.HelloAction"
            title="Gruß ausgeben">
        </action>
    </extension>
</plugin>
```

Schritt 3: Ausführen des Beispiels

Anlegen der Launch-Konfiguration

Legen Sie nun eine neue Launch-Konfiguration an, in der Sie neben den beiden Bundles aus Ihrem Workspace auch die folgenden Bundles starten:

- `org.eclipse.equinox.common`
- `org.eclipse.equinox.registry`
- `org.eclipse.osgi`

Starten der Anwendung

Wenn Sie die Launch-Konfiguration ausführen, sehen Sie, wie sich der Dialog öffnet und sich darauf eine Schaltfläche für Ihre Action befindet. Wenn Sie die Schaltfläche anklicken, wird die Action ausgeführt, und der Dialog mit der Grußbotschaft erscheint:

Abb. 22–6

Der Action-Dialog

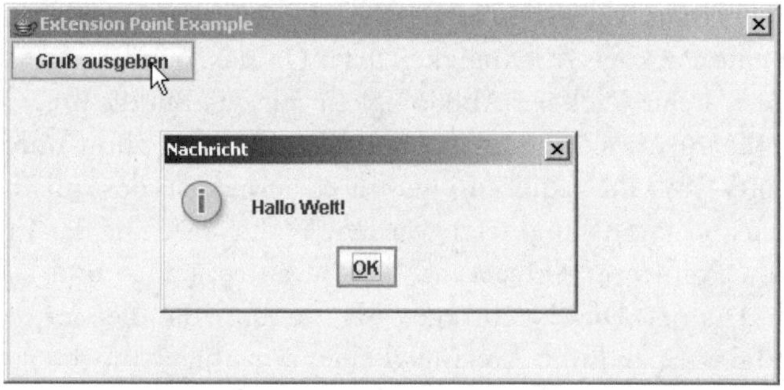

Wenn Sie das »helloaction«-Bundle mit dem `uninstall`-Kommando deinstallieren, sehen Sie, dass der Button aus dem Dialog verschwindet:

```
uninstall org.osgibook.helloaction
```

Bitte beachten Sie, dass es nicht ausreicht, das Bundle zu stoppen, da Extension Points und Extensions auch dann verfügbar sind, wenn ein Bundle nicht gestartet, sondern lediglich installiert ist.

Damit haben Sie Ihren ersten Extension Point sowie eine dazu passende Extension entwickelt. In den folgenden Kapiteln werden wir Ihnen nun die Details dazu genauer vorstellen.

22.2 Extension Points und Extensions im Überblick

Extension Points und Extensions

Über *Extension Points* können Sie Bundles für Erweiterungen durch andere Bundles öffnen, ohne dass die konkreten Erweiterungen zur Entwicklungszeit bekannt sein müssen. Ein Extension Point wird deklarativ in der Datei `plugin.xml` beschrieben, die sich im Wurzelverzeichnis des definierenden Bundles befinden muss. Bundles, die ein solches Bundle erweitern möchten, können *Extensions* bereitstellen, die ebenfalls deklarativ innerhalb einer `plugin.xml`-Datei beschrieben werden.

Die Extension Registry

Das Abfragen aller zu einem Extension Point verfügbaren Extensions erfolgt über die *Extension Registry*. Die Extension Registry liest bei der Installation eines Bundles die ggf. vorhandene `plugin.xml`-Datei aus und registriert die spezifizierten Extension Points und Extensions. Über den Service `IExtensionRegistry` können die im System vorhandenen Extensions zu einem Extension Point ausgelesen und entsprechend verarbeitet werden (vgl. Abb. 22–7)

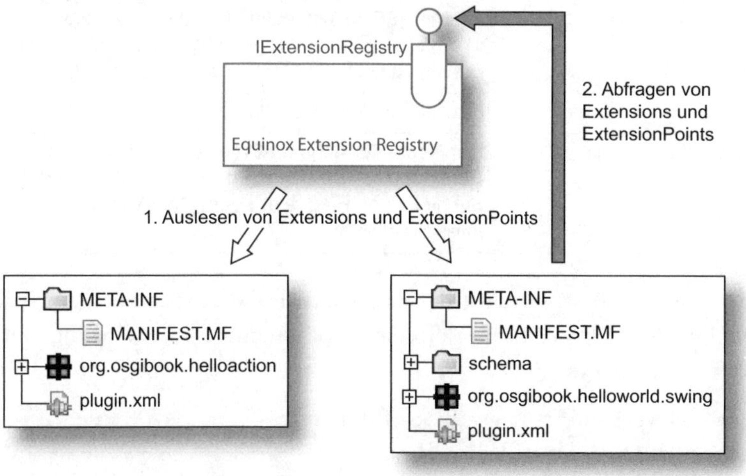

Abb. 22–7
Arbeitsweise der Extension Registry

Auswertung zur Installationszeit

Da das Auslesen der Extension Points und Extensions eines Bundles bereits bei der Installation eines Bundles erfolgt, können Extensions zu einem Extension Point ausgewertet werden, ohne dass das Bundle, das einen Extension Point definiert, gestartet sein muss. Diese Eigenschaft wird bspw. in der Eclipse IDE genutzt, um über Extensions bereitgestellte Funktionalität bereits in der GUI anzuzeigen, obwohl das implementierende Bundle noch nicht gestartet wurde. Der Start eines Bundles erfolgt dann, wenn die bereitgestellte Funktionalität das erste Mal abgerufen wird, was die Startup-Dauer drastisch reduziert.

22.3 Extension Points definieren

22.3.1 Deklarative Beschreibung

Ein Extension Point wird in der Datei `plugin.xml` beschrieben, die sich im Wurzelverzeichnis eines Bundles befinden muss. Das Root-Element dieser Datei ist das Element `plugin`, das keine weiteren Attribute besitzt.

Ein Extension Point wird über das Element `extension-point` beschrieben, das als Unterelement des `plugin`-Elementes verwendet wird. Das `extension-point`-Element besitzt die in Tabelle 22–1 aufgeführten Attribute.

Tab. 22–1
Attribute des Elements extension-point

Name	Optional	Beschreibung
id	nein	Die »einfache/unqualifizierte« Id Ihres Extension Points. Wenn Sie innerhalb Ihres Bundles mehrere Extension Points definieren, muss die Id für jeden Extension Point eindeutig sein. Die »qualifizierte« Id ergibt sich aus dem symbolischen Namen eines Bundles gefolgt von der hier eingetragenen Id.
name	nein	Ein sprechender Name für den Extension Point
schema	ja	Der Name der Schema-Datei, die die möglichen Attribute Ihres Extension Points beschreibt. Geben Sie hier einen Pfad relativ zum Root-Verzeichnis Ihres Bundles an.

Beispiel

Im folgenden Beispiel wird der Extension Point `action` mit dem sprechenden Namen »Action« definiert. Als Schema-Datei wird die Datei `schema/action.exsd` angegeben.

```
<?xml version="1.0" encoding="UTF-8"?>
<?eclipse version="3.0"?>
<plugin>
   <extension-point id="action"
       name="Action"
       schema="schema/action.exsd"/>
</plugin>
```

22.3.2 Definition von Extension Points im PDE

Die Definition von Extension Points wird innerhalb des Plug-in Development Environments (PDE) durch grafisch-interaktive Editoren unterstützt. Diese Editoren können im Manifest-Editor unter dem Reiter **Extension Points** ausgewählt werden. Falls diese Reiter nicht zur Verfügung stehen, können Sie diese auf der Registerkarte **Overview** über den Link **Extension Points** im Abschnitt **Extension/Extension Point Content** aktivieren.

Folgende Editoren stehen zur Definition von Extension Points zur Verfügung:

- *Der Extension Point Editor:* Der Extension Point Editor ermöglicht die Definition der Extension Points, die von einem Bundle angeboten werden. Die Funktionsweise des Extension Point Editors ist in der Eclipse-Hilfe oder online unter [ECHEME] beschrieben.
- *Der Schema Editor:* Über den Schema Editor kann spezifiziert werden, welche Konfigurationselemente eine Extension zu dem definierten Extension Point bereitstellen kann/muss. Die Struktur der möglichen Konfigurationselemente werden in einem XML-Schemas definiert, das über den Schema Editor definiert werden kann. Die Funktionsweise des Schema Editors ist ebenfalls in der Eclipse-Hilfe oder online unter [ECHEME] beschrieben.

Die Schema-Informationen werden im Übrigen nur zur Entwicklungszeit im PDE ausgewertet. Eine Überprüfung von Extensions bzgl. des vom Extension Point spezifizierten Schemas zur Laufzeit findet nicht statt.

22.4 Extension definieren

22.4.1 Eine Extension definieren

Die Definition einer Extension erfolgt ebenfalls in der `plugin.xml`-Datei eines Bundles. Dort verwenden Sie das `extension`-Element, mit dem Sie angeben, für welchen Extension Point Sie Ihre Extension zur Verfügung stellen wollen. Das `extension`-Element verfügt über die in Tabelle 22–1 dargestellten Attribute.

Tab. 22–2
Attribute des Elements extension

Name	Optional	Beschreibung
point	nein	Die qualifizierte Id des Extension Points. Die Id setzt sich zusammen aus der Id des Bundles, das den Extension Point zur Verfügung stellt und der Id des Extension Points.
id	ja	Eine Id für Ihre Extension
name	ja	Ein sprechender Name für Ihre Extension

Beispiel Im nachfolgenden Beispiel ist eine Extension `helloaction` zum Extension Point `action` definiert, die den sprechenden Namen »Hello Action« besitzt:

```
<?xml version="1.0" encoding="UTF-8"?>
<?eclipse version="3.0"?>
<plugin>
   <extension
      id="helloaction"
      name="Hello Action"
      point="org.osgibook.helloworld.swing.action">
</plugin>
```

Konfigurationselemente Über die Schema-Datei eines Extension Points ist festgelegt, welche Konfigurationselemente eine Extension zu diesem Extension Point besitzen kann oder muss. Unterhalb des `extension`-Elements muss eine Extension die in der Schema-Datei beschriebenen Konfigurationselemente beschreiben.

Beispiel Im nachfolgenden Beispiel ist zur Extension `helloaction` das Konfigurationselement `action` definiert, in dem eine implementierende Klasse und ein sprechender Name für die Action definiert sind:

```
<?xml version="1.0" encoding="UTF-8"?>
<?eclipse version="3.0"?>
<plugin>
   <extension
      id="helloaction"
      name="Eine Hello Action"
      point="org.osgibook.helloworld.swing.action">
      <action
         class="org.osgibook.helloaction.HelloAction"
         title="Gruß ausgeben">
      </action>
   </extension>
</plugin>
```

22.4.2 Definition von Extensions im PDE

Auch die Definition von Extensions wird innerhalb des Plug-in Development Environments (PDE) durch einen grafisch-interaktiven Editor unterstützt. Der Extension Editor ermöglicht die Spezifikation von Extensions, wobei die innerhalb der Extension Points definierten Schema-Dateien ausgewertet werden. Die Funktionsweise des Extension Editors ist in der Eclipse-Hilfe oder online unter [ECHEME] beschrieben

22.5 Die Extension Registry

Die Auswertung aller innerhalb der OSGi Service Platform installierten Extensions und Extension Points erfolgt über die Extension Registry. Die Extension Registry registriert automatisch alle in einem Bundle spezifizierten Extensions und Extension Points, wenn das Bundle installiert wird. Analog werden die registrierten Extension Points und Extensions automatisch wieder entfernt, sobald das Bundle aus der Plattform entfernt wird.

22.5.1 Das Interface IExtensionRegistry

Abfrage

Die Schnittstelle der Extension Registry ist über das Interface `org.eclipse.core.runtime.IExtensionRegistry` definiert. Unter dieser Schnittstelle ist die Extension Registry auch als Service an der OSGi Service Registry angemeldet. Um mit der Extension Registry zu arbeiten, können Sie den Service entsprechend von der Service Registry abfragen:

```
ServiceReference ref = bundleContext.getServiceReference(
   IExtensionRegistry.class.getName());

IExtensionRegistry registry = (IExtensionRegistry)
   context.getService(ref);
```

Alternativ kann diese Abfrage auch über die Methode `getRegistry()` der Klasse `RegistryFactory` erfolgen, die intern ihrerseits die Service Registry zur Abfrage kontaktiert:

```
IExtensionRegistry registry = RegistryFactory.getRegistry()
```

Methoden

Die Extension Registry definiert die verschiedenen Methoden, mit denen Sie auf die installierten Extension Points und deren Extensions zugreifen können (vgl. Listing 22–6). Die Methoden lassen sich in die folgenden Kategorien einteilen:

- *Abfragen von Extensions:* Mit den `getExtension()`-Methoden können Sie anhand verschiedener Kriterien auf die verfügbaren Extensions zugreifen. Als Rückgabewert bekommen Sie Objekte vom Typ `IExtension`, die Extensions repräsentieren. Darüber können Sie nicht nur die durch die Extension bereitgestellten Konfigurationselemente auslesen, sondern auch z.B. die Id und den Namen der Extension sowie den Namen des Bundles, das die Extension anbietet.

Listing 22–6
Das Interface IExtensionRegistry

```
package org.eclipse.core.runtime;

[...]

public interface IExtensionRegistry {
 (Abfragen von Extensions)
  public IExtension getExtension(String extensionId);
  public IExtension getExtension(String extensionPointId,
          String extensionId);
  public IExtension getExtension(String namespace,
          String extensionPointName, String extensionId);
  public IExtension[] getExtensions(String namespace);
  public String[] getNamespaces();
 (Abfragen von Konfigurationselementen)
  public IConfigurationElement[] getConfigurationElementsFor
          (String extensionPointId);
  public IConfigurationElement[] getConfigurationElementsFor
          (String namespace, String extensionPointName);
  public IConfigurationElement[] getConfigurationElementsFor
          (String namespace, String extensionPointName,
          String extensionId);
 (Abfragen von Extension Points)
  public IExtensionPoint getExtensionPoint
          (String extensionPointId);
  public IExtensionPoint getExtensionPoint(String namespace,
          String extensionPointName);
  public IExtensionPoint[] getExtensionPoints();
  public IExtensionPoint[] getExtensionPoints(String namespace);
 (An- und Abmelden von Registry Change Listenern)
  public void addRegistryChangeListener
          (IRegistryChangeListener listener, String namespace);
  public void addRegistryChangeListener
          (IRegistryChangeListener listener);
  public void removeRegistryChangeListener
          (IRegistryChangeListener listener);
 ("Interne" Methoden)
  public boolean addContribution(InputStream is,
          IContributor contributor, boolean persist, String name,
          ResourceBundle translationBundle, Object token)
          throws IllegalArgumentException;
  public boolean removeExtension(IExtension extension,
          Object token) throws IllegalArgumentException;
  public boolean removeExtensionPoint(IExtensionPoint
          extensionPoint, Object token)
          throws IllegalArgumentException;
  public void stop(Object token) throws IllegalArgumentException;
}
```

- *Abfragen von Konfigurationselementen:* Die `getConfigurationElementsFor()`-Methoden ermöglichen Ihnen den direkten Zugriff auf die von einer Extension bereitgestellten Konfigurationselemente, ohne dass Sie dazu zunächst das `IExtension`-Interface auslesen müssen.
- *Abfragen von Extension Points:* Analog zu den `getExtension()`-Methoden bieten Ihnen die `getExtensionPoint()`-Methoden die Möglichkeit, Extension Points anhand verschiedener Kriterien abzufragen. Diese Methoden liefern Ihnen Objekte vom Typ `IExtensionPoint` zurück, die einen installierten Extension Point beschreiben.
- *An- und Abmelden von Registry Change Listenern:* Da Extensions und Extension Points dynamisch installiert und deinstalliert werden können, können Sie über die `addRegistryChangeListener()`-Methoden Listener anmelden, die bei Änderungen an der Extension Registry aufgerufen werden. Mit `removeRegistryChangeListener()` können Sie einen vorher angemeldeten Listener wieder von der Registry entfernen.
- *Interne Methoden:* Darüber hinaus bietet die Extension Registry verschiedene Methoden an, über die die Registry mit Extensions und Extension Points »befüllt« werden kann. Diese Methoden sind aus Sicht des Anwendungsentwicklers nur interessant, wenn die Extension Registry außerhalb einer OSGi Platform betrieben werden soll. Wir werden diese Methoden im Folgenden nicht weiter betrachten.

22.5.2 Programmatischer Zugriff auf Extension Points, Extensions und Konfigurationselemente

Die innerhalb der Plattform registrierten Extension Points, Extensions und Konfigurationselemente werden in der Extension Registry durch entsprechende Objekte vom Typ `IExtensionPoint`, `IExtension` bzw. `IConfigurationElement` repräsentiert.

Das Interface IExtensionPoint

Das Interface `org.eclipse.core.runtime.IExtensionPoint` repräsentiert einen installierten Extension Point. Über die `getExtensionPoint()`-Methoden können Extension Points von der Extension Registry abgefragt werden:

```
IExtensionPoint extensionPoint = registry.
  getExtensionPoint("org.osgibook.helloworld.swing.action");
```

Über das Interface `IExtensionPoint` können Sie die im System installierten Extensions abfragen:

```
IExtension[] extensions = extensionPoint.getExtensions();

for (IExtension extension : extensions) {
  [...]
}
```

Das Interface IExtension

Eine installierte Extension wird über das Interface `org.eclipse.core.runtime.IExtension` beschrieben. Über dieses Interface können Sie bspw. auf die von einer Extension definierten Konfigurationselemente zugreifen:

```
IConfigurationElement[] elements =
  extension.getConfigurationElements();

for (IConfigurationElement element : elements) {
  [...]
}
```

Das Interface IConfigurationElement

Konfigurationselemente einer Extension werden über das Interface `org.eclipse.core.runtime.IConfigurationElement` repräsentiert. Über dieses Interface können Sie bspw. auf die Unterelemente und Attribute eines Konfigurationselements zugreifen:

```
String title = configurationElement.getAttribute("title");

IConfigurationElement subElements =
  configurationElement.getChildren();
for (IConfigurationElement subElement : subElements) {
  [...]
}
```

Die isValid()-Methode

Extensions und Extension Points können jederzeit aus der Plattform deinstalliert und damit aus der Extension Registry entfernt werden. Deshalb muss eine Anwendung darauf vorbereitet sein, dass eine Referenz auf einen Extension Point, eine Extension oder ein Konfigurationselement ungültig wird.

Die drei Interfaces `IExtension`, `IExtensionPoint` und `IConfigurationElement` verfügen daher über eine `isValid()`-Methode, mit der Sie jederzeit prüfen können, ob das entsprechende Objekt noch gültig, also im System verfügbar, ist. Der Zugriff auf ein ungültiges Objekt von Typ `Extension`, `IExtensionPoint` und `IConfigurationElement` führt zu einer `InvalidRegistryObjectException`.

22.6 Executable Extensions

Die Konfigurationselemente einer Extension können prinzipiell beliebige Informationen enthalten. Ein besonders häufiger Anwendungsfall ist es, dass über Extensions Implementierungen in Form von Klassen bereitgestellt werden. Im Tutorial zu diesem Kapitel (Unterkapitel 22.1) haben wir bspw. über eine Extension zum Extension Point `action` die Klasse `org.osgibook.helloaction.HelloAction` als implementierende Klasse zur Verfügung gestellt. Das Bundle, das den Extension Point definiert, ist verantwortlich dafür, dass diese bereitgestellten Klassen instanziert und ausgeführt werden. In diesem Falle spricht man von einer *Executable Extension*.

22.6.1 Executable Extensions erzeugen

Die in der Extension angegebene Klasse kann allerdings nicht über den Class Loader des Bundles geladen werden, das den Extension Point definiert, da dieses Bundle keine Package-Abhängigkeit auf das Bundle besitzt, das die Extension bereitstellt. Um eine Instanz der angegebenen Klasse zu erzeugen, verwenden Sie stattdessen die Methode `createExecutableExtension()` am `IConfigurationElement`, das das Attribut enthält, in dem die Klasse definiert ist.

Diese `createExecutableExtension()`-Methode verwendet zum Laden der Klasse den Class Loader des Bundles, aus der die Extension stammt. Der Methode muss der Name des Attributs übergeben werden, der den Klassennamen innerhalb des Konfigurationselements definiert. Als Rückgabewert liefert die Methode das instanzierte Objekt zurück.

Bitte beachten Sie, dass die Klasse, die Sie über die Extension anbieten, einen öffentlichen Default-Konstruktur besitzen muss, der von der `createExecutableExtension()`-Methode zur Erzeugung des Objekts verwendet wird. Wir zeigen Ihnen in Abschnitt 22.6.3, wie Sie diese Restriktion durch die Verwendung einer Factory umgehen können.

Im folgenden Beispiel wird die innerhalb des Attributs `class` definierte Klasse geladen und instanziert. *Beispiel*

```
Action action = (Action)
  configurationElement.createExecutableExtension("class");
```

22.6.2 Zugriff auf Konfigurationsdaten: IExecutableExtension

Um bei der Erzeugung einer Executable Extension auf die Informationen zugreifen zu können, die innerhalb des entsprechenden Konfigurationselements abgelegt sind, kann eine Executable Extension das Interface `org.eclipse.core.runtime.IExecutableExtension` implementieren.

Dieses Interface definiert eine Callback-Methode, die nach der Instanzierung über den Default-Konstruktor aufgerufen wird (vgl. Listing 22–7).

Listing 22–7
Das Interface IExecutableExtension

```
package org.eclipse.core.runtime;

public interface IExecutableExtension {

   public void setInitializationData(IConfigurationElement config,
      String propertyName, Object data) throws CoreException;
}
```

Der `setInitializationData`-Methode werden von Equinox folgende Parameter übergeben:

- **`config`:** Das `IConfigurationElement` der Extension, in der die Klasse definiert wurde.
- **`propertyName`:** Der Name des Attributs an dem übergebenen `IConfigurationElement`, aus dem der Klassenname ausgelesen wurde.
- **`data`:** Der Parameter `data` enthält ggf. zusätzliche Daten, die bei der Definition einer Executable Extension angegeben wurden und die in der Extension Point Definition nicht vorgesehen sind. Für reguläre Executable Extensions wird dieser Parameter nicht benötigt.

Beispiel

Im nachfolgenden Beispiel ist die Implementierung der Hello-Action dargestellt, die über das Interface `IExecutableExtension` das Attribut `title` aus dem Konfigurationselement ausliest:

```
public class HelloAction extends AbstractAction
   implements IExecutableExtension {

   [...]
   public void setInitializationData(IConfigurationElement config,
      String propertyName, Object data) throws CoreException {
      String title = config.getAttribute("title");
      putValue(NAME, title);
   }
}
```

22.6.3 IExecutableExtensionFactory

Wenn Sie `createExecutableExtension()` verwenden, um eine Instanz einer Klasse zu erzeugen, ruft diese Methode den Default-Konstruktur der zu erzeugenden Klasse auf, setzt ggf. die Konfigurationsdaten und gibt das erzeugte Objekt als Rückgabewert zurück.

Wenn die Erzeugung von Objekten über den Default-Konstruktor nicht möglich ist oder zusätzlich Konfigurationen erfolgen sollen, dann kann die Erzeugung des Objekts alternativ durch eine Factory-Klasse erfolgen. Eine Factory-Klasse ist eine Klasse, die das Interface `org.eclipse.core.runtime.IExecutableExtensionFactory` implementiert (vgl. Listing 22–8).

Listing 22–8
Das Interface IExecutableExtension-Factory

```
package org.eclipse.core.runtime;

public interface IExecutableExtensionFactory {

   Object create() throws CoreException;
}
```

Anstelle der zu erzeugenden Klasse spezifizieren Sie innerhalb der Extension den Namen der Factory-Klasse. In der Methode `create()` erzeugen Sie das Ziel-Objekt, das als Rückgabewert der `createExecutableExtension()`-Methode zurückliefert wird.

Sie können in einer Factory-Klasse übrigens auch das `IExecutableExtension`-Interface implementieren, um auf die Daten der Extension zuzugreifen. In diesem Falle wird zunächst die Factory-Klasse über den Default-Konstruktor instanziert. Anschließend wird die Methode `setInitializationData()` und danach `create()` aufgerufen. Das von `create()` zurückgelieferte Objekt wird an den Aufrufer der `createExecutableExtension()`-Methode zurückgegeben.

Beispiel

Im folgenden Beispiel wird die Hello-Action über einen Konstruktor erzeugt, dem der Name der Action als String übergeben wird. Der Name wird vorher in der Methode `setInitializationData()` ausgelesen:

```
public class HelloFactory implements
   IExecutableExtensionFactory, IExecutableExtension {

   private String title;

   public Object create() throws CoreException {
      HelloAction helloAction = new HelloAction(title);
      return helloAction;
   }

   public void setInitializationData(IConfigurationElement config,
      String propertyName, Object data) throws CoreException {
      title = config.getAttribute("title");
   }
}
```

22.7 Dynamische Extensions

22.7.1 Das Interface IRegistryChangeListener

Um Veränderungen an der Extension Registry zu verfolgen und auf neue oder entfernte Extensions reagieren zu könen, können Sie an der Extension Registry Objekte vom Typ `IRegistryChangeListener` anmelden (Listing 22–9):

Listing 22–9
Das Interface IRegistryChangeListener

```
package org.eclipse.core.runtime;

import java.util.EventListener;

public interface IRegistryChangeListener extends EventListener {
   public void registryChanged(IRegistryChangeEvent event);
}
```

Die Methode `registryChanged()` wird immer dann aufgerufen, wenn Änderungen an der Registry vorgenommen wurden. Die Veränderungen können Sie über das `IRegistryChangeEvent` abfragen, das Ihnen eine Liste von `IExtensionDelta`-Objekten zurückliefert. Über diese Delta-Objekte können Sie die Art der Veränderung (hinzugefügt oder entfernt) und die betroffenenen Extensions bzw. Extension Points abfragen.

Beispiel

Das nachfolgende Beispiel zeigt einen Change Listener, der auf neue oder entfernte Extensions reagiert:

```
public class MyChangeListener implements IRegistryChangeListener {

   public void registryChanged(IRegistryChangeEvent event) {
      IExtensionDelta[] extensionDeltas =
         event.getExtensionDeltas();
      for (IExtensionDelta delta : extensionDeltas) {
         IExtension extension = delta.getExtension();
         if (delta.getKind()==IExtensionDelta.ADDED) {
            // do something...
         } else if (delta.getKind() == IExtensionDelta.REMOVED){
            // do something...
         }
      }
   }
}
```

Anmelden und Entfernen von Registry Change Listenern

Den Listener melden Sie mit der `addRegistryChangeListener(IRegistryChangeListener)`-Methode an der Extension Registry an:

```
IExtensionRegistry extensionRegistry = ... ;
extensionRegistry.addRegistryChangeListener(myListener);
```

Mit der Methode removeRegistryChangeListener() können Sie Ihren Listener wieder entfernen:

```
extensionRegistry.removeRegistryChangeListener(myListener);
```

22.7.2 Das Interface IExtensionTracker

Der Extension Tracker bietet Ihnen ähnlich wie der IExtensionRegistryChangedListener die Möglichkeit, sich über Veränderungen in der Extension Registry informieren zu lassen. Im Gegensatz zur Verwendung des Listeners können Sie mit dem Extension Tracker allerdings auch die Objekte verwalten, die Sie im Zusammenhang mit einer Extension erstellt haben. Wenn die entsprechende Extension später aus der Registry entfernt wird, können Sie die Objekte, die Sie im Zusammenhang mit der Extension erzeugt haben (in unserem Tutorial z.B. den JButton) wieder entfernen und evtl. freigeben, so dass der Garbage Collector die Instanzen dann auch entfernen kann.

Der Extension Tracker ist durch das Interface org.eclipse.core.runtime.dynamichelper.IExtensionTracker definiert:

Listing 22–10
Das Interface IExtensionTracker

```
package org.eclipse.core.runtime.dynamichelpers;

import org.eclipse.core.runtime.IExtension;

public interface IExtensionTracker {

   public static final int REF_STRONG = ReferenceHashSet.HARD;
   public static final int REF_SOFT = ReferenceHashSet.SOFT;
   public static final int REF_WEAK = ReferenceHashSet.WEAK;

   public void registerHandler(IExtensionChangeHandler handler,
         IFilter filter);
   public void unregisterHandler(IExtensionChangeHandler handler);

   public void registerObject(IExtension extension, Object object,
         int referenceType);
   public void unregisterObject(IExtension extension,
         Object object);
   public Object[] unregisterObject(IExtension extension);
   public Object[] getObjects(IExtension extension);

   public void close();
}
```

Erzeugen eines Extension Trackers

Implementiert wird das Interface von der Klasse `org.eclipse.core.runtime.dynamichelper.ExtensionTracker`, die Sie über deren Konstruktor instanzieren, dem Sie eine Referenz auf die Extension Registry übergeben:

```
IExtensionTracker tracker =
   new ExtensionTracker(extensionRegistry);
```

Alternativ können Sie auch den Default-Konstruktor verwenden. Der Extension Tracker fragt dann die Extension Registry von der OSGi Service Registry ab:

```
IExtensionTracker tracker = new ExtensionTracker();
```

Wenn Sie den Extension Tracker nicht mehr benötigen, sollten Sie ihn mit der `close()`-Methode schließen, damit er nicht mehr benötigte Ressourcen freigeben kann:

```
extensionTracker.close();
```

22.7.3 Das Interface IExtensionChangeHandler

An dem Extension Tracker können Sie Objekte vom Typ `org.eclipse.core.runtime.dynamichelpers.IExtensionChangeHandler` installieren, um auf Veränderungen bzgl. der Extensions zu einem Extension Point zu reagieren. Der `IExtensionChangeHandler` definiert zwei Callback-Methoden, die beim Installieren bzw. Entfernen einer Extension aufgerufen werden (vgl. Listing 22–11).

Listing 22–11 *Das Interface IExtensionChangeHandler*

```
package org.eclipse.core.runtime.dynamichelpers;

import org.eclipse.core.runtime.IExtension;

public interface IExtensionChangeHandler {
   public void addExtension(IExtensionTracker tracker,
      IExtension extension);
   public void removeExtension(IExtension extension,
      Object[] objects);
}
```

Die addExtension()-Methode

Die `addExtension()`-Methode können Sie nutzen, um die Objekte am Extension Tracker zu registrieren, die Sie im Zusammenhang mit einer Extension erzeugen und die folglich auch wieder entfernt werden müssen, wenn die Extension nicht mehr zur Verfügung steht.

```
public void addExtension(IExtensionTracker tracker,
      IExtension extension) {
      IConfigurationElement configElement =
         extension.getConfigurationElements()[0];
```

```
        MyBusinessObject object = (MyBusinessObject)
           configElement.createExecutableExtension("class");
        tracker.registerObject(extension, object,
        IExtensionTracker.REF_STRONG);
}
```

Wenn die Extension aus der Registry entfernt wird, wird die `removeExtension()`-Methode aufgerufen. Dieser Methode werden alle Objekte übergeben, die Sie zu dieser Extension registriert haben. Sie können die Objekte dann gezielt freigeben:

Die removeExtension()-Methode

```
public void removeExtension(IExtension extension,
   Object[] objects) {
   for (Object object : objects) {
      MyBusinessObject object = (MyBusinessObject) object;
      // Business Object freigeben
      object.dispose();
   }
}
```

Um einen `IExtensionChangeHandler` am Extension Tracker zu registrieren, müssen Sie die Methode `IExtensionTracker.registerHandler()` mit dem `IExtensionChangeHandler`-Objekt und einem Filter vom Typ `org.eclipse.core.runtime.dynamichelpers.IFilter` aufrufen. Dieser Filter beschreibt, an welchen Veränderungen Sie in Bezug auf die Extension Registry interessiert sind.

Registrieren und Deregistrieren

Im folgenden Beispiel wird ein `IExtensionChangeHandler` für den Extension Point `org.osgibook.helloworld.swing.action` registriert:

Beispiel

```
IExtensionPoint extensionPoint =
   registry.getExtensionPoint
      ("org.osgibook.helloworld.swing.action");
IExtensionChangeHandler myHandler = new MyHandler();
extensionTracker.registerHandler(this,
   ExtensionTracker.createExtensionPointFilter(extensionPoint));
```

Mit der Methode `unregisterHandler()` können Sie einen Handler vom Extension Tracker deregistrieren:

```
extensionTracker.unregisterHandle(myHandler);
```

22.8 Extension Points vs. OSGi Services

Das Konzept der Extension Points und das Konzept der OSGi Services sind sich von ihrer Intention her sehr ähnlich. Beide Konzepte definieren eine Infrastruktur, die es ermöglicht, fachliche oder technische Abhängigkeiten zwischen Bundles zu definieren, ohne die beteiligten Bundles aneinanderzukoppeln. Beide Ansätze bieten weiterhin die

Möglichkeit, die Abhängigkeiten zur Laufzeit zu ermitteln und dynamisch auf Änderungen zu reagieren. Im Folgenden stellen wir die Unterschiede der beiden Konzepte detailliert vor:

- Zwischen Extension Points und einer Extension gibt es eine 1:n-Beziehung, d.h., eine Extension kann sich nicht auf mehrere Extension Points beziehen. Bei OSGi Services gibt es diese Einschränkung nicht. Ein OSGi Service kann von prinzipiell beliebigen Bundles genutzt werden.
- Über eine Extension haben Sie die Möglichkeit, innerhalb der Konfigurationselemente nur Daten – angegeben in der XML-Datei der Extension – zur Verfügung zu stellen. Es ist nicht erforderlich, für eine Extension eine Klasse zu implementieren. Services hingegen sind immer an eine implementierte Klassen gekoppelt.
- Extensions werden in der Extension Registry registriert, sobald ein Bundle *installiert* ist. Der Zugriff auf eine Ressource einer Extension erfordert nicht, dass ein Bundle aktiviert wird. Bei der Verwendung von OSGi Services muss das implementierende Bundle gestartet werden, damit die Services zur Verfügung stehen.
- Bei der Verwendung deklarativer Services können Sie sicherstellen, dass eine Service Component erst dann aktiviert wird, wenn alle Service-Abhängigkeiten gemäß Ihrer Konfiguration erfüllt sind. Die Extension Registry besitzt kein vergleichbares Konzept, so dass Sie sich um die Behandlung dynamischer Abhängigkeiten selber kümmern müssen.
- Bundles, die Extensions oder Extension Points definieren, müssen Singleton-Bundles sein. Das bedeutet, dass das entsprechende Bundle nicht in unterschiedlichen Versionen gleichzeitig im System installiert sein kann. Diese Einschränkung existiert bei der Verwendung von OSGi Services nicht.

22.9 Zusammenfassung

In diesem Kapitel haben wir Ihnen mit dem Extension-Point-Mechanismus von Equinox eine Alternative zu den OSGi Services vorgestellt:

- Mit einem *Extension Point* ermöglichen Sie es anderen Bundles, Daten und Klassen in Form einer *Extension* für Ihr Bundle zur Verfügung zu stellen, ohne dass Sie diese Bundles zur Entwicklungszeit kennen müssen.
- Extension Points und Extensions werden in der `plugin.xml`-Datei eines Bundles deklarativ beschrieben. Sie können mit einer Extension sowohl Daten als auch Klassen für einen Extension Point anbieten.

- Über die *Extension Registry* können Sie die installierten Extensions eines Extension Points abfragen. Die Extension Points und Extensions eines Bundles werden dort automatisch registriert, sobald das Bundle in der OSGi Platform *installiert* wurde. Auf die Daten einer Extension können Sie zugreifen, ohne dass das Bundle aktiviert sein muss.
- Über *Executable Extension* können Sie Klassen als Extension definieren. Diese Klassen werden über den Class Loader des definierenden Bundles geladen.
- Sie können Veränderungen an der Extension Registry mit Listenern (`IRegistryChangeListener`) und dem Extension Tracker (`IExtensionTracker`) verfolgen, um auf Extensions zu reagieren, die neu installiert oder wieder aus der Registry entfernt werden.

23 Das Equinox Application Model

Motivation

Eine auf der OSGi Service Platform aufbauende Anwendung besteht aus einem oder mehreren Bundles, deren Anwendungscode mit dem Start der jeweiligen Bundles ausgeführt wird. Eclipse Equinox implementiert darüber hinaus das Konzept der *Anwendung* (Application). Eine Anwendung besitzt einen eigenen Lebenszyklus und kann direkt mit dem Start der Plattform gestartet werden.

Der Vorteil des Equinox Application Models besteht darin, dass abhängig vom jeweiligen Einsatzkontext unterschiedliche Anwendungen auf ein und derselben Infrastruktur gestartet werden können. So wird beim Start der Eclipse IDE die IDE-Applikation gestartet, die die Workbench initialisiert. Alternativ kann aber auch durch Angabe eines entsprechenden Startparameters die `AntRunner`-Applikation gestartet werden, die den Eclipse-Headless-Build ausführt.

In diesem Kapitel stellen wir Ihnen das Equinox Application Model im Detail vor.

23.1 Tutorial: Eine »Hello World« Application

Überlick

Um Ihnen das Equinox Application Model zu demonstrieren, implementieren wir in diesem Tutorial zwei unterschiedliche Equinox-Anwendungen:

- *»Hello World« Batch Application:* Die Hello World Batch Application schreibt beim Start ein »Hello World« auf die Konsole und terminiert anschließend.
- *»Hello World« GUI Application:* Diese Anwendung öffnet beim Start eine Message Box, die den »Hello World«-Gruß ausgibt, der vom Anwender bestätigt werden muss. Ist dies erfolgt, terminiert die Anwendung.

Beide Anwendungen sind innerhalb des Bundles `org.eclipse.equinox.app` realisiert und werden als Extension am Equinox Application Container registriert. Beim Starten von Eclipse Equinox kann anschließend durch Angabe der entsprechenden Anwendung entweder die GUI-Anwendung oder die Batch-Anwendung gestartet werden.

Die nachfolgende Abb. 23–1 zeigt eine Übersicht über die in diesem Tutorial relevanten Bundles.

Abb. 23–1
Übersicht über die beteiligten Bundles

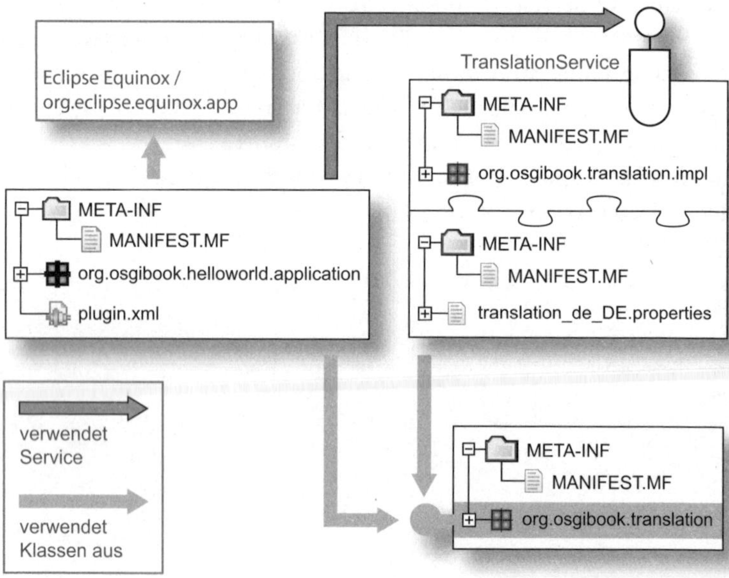

Die Plug-in-Projekte

In Abb. 23–2 sind die fertigen Plug-in-Projekte aus diesem Tutorial dargestellt.

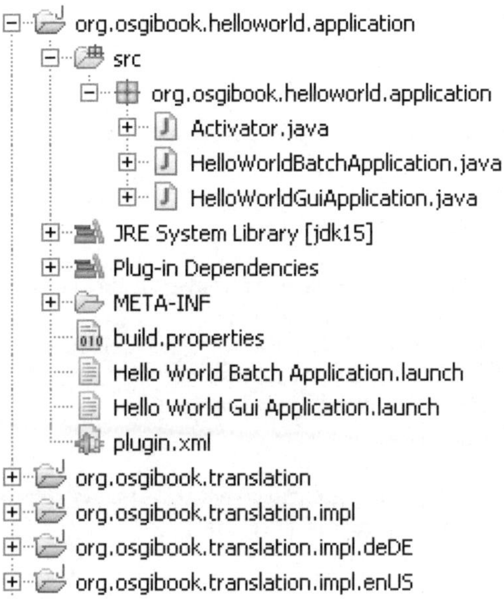

Abb. 23–2
Die fertigen Plug-in-Projekte

Schritt 1: Anlegen des Plug-in-Projektes

Legen Sie zunächst ein neues Plug-in-Projekt mit den Namen `org.osgibook.helloworld.application` und dem folgenden Import-Package-Header an:

```
Import-Package: org.eclipse.equinox.app;version="1.0.0",
 org.osgi.framework;version="1.4.0",
 org.osgi.util.tracker;version="1.3.3",
 org.osgibook.translation,
 javax.swing
```

Da dieses Bundle Extensions anbietet, müssen Sie es in der Manifest-Datei zudem als Singleton-Bundle deklarieren:

```
Bundle-SymbolicName:↵
   org.osgibook.helloworld.application;singleton:=true
```

Schritt 2: Implementieren des Activators

Innerhalb der beiden Anwendungen muss jeweils auf den Translation Service sowie den Namen des Bundles zugegriffen werden. Da einer Equinox-Applikation bei ihrer Ausführung keine Referenz auf den Bundle Context übergeben wird, implementieren wir innerhalb des Aktivators zwei statische Methoden, über die sowohl der symbolische

Name des Bundles als auch der Translation Service abgefragt werden können (vgl. Listing 23–1).

Listing 23–1
Die Activator-Klasse

```
package org.osgibook.helloworld.application;

[...]

public class Activator implements BundleActivator {

   private static ServiceTracker translationServiceTracker;
   private static Bundle bundle;

   public void start(BundleContext context) throws Exception {
      bundle = context.getBundle();
      translationServiceTracker = new ServiceTracker(context,
            TranslationService.class.getName(), null);
      translationServiceTracker.open();
   }

   public void stop(BundleContext context) throws Exception {
      translationServiceTracker.close();
   }

   public static String getBundleSymbolicName() {
      return bundle.getSymbolicName();
   }

   public static TranslationService getTranslationService() {
      return (TranslationService)
         translationServiceTracker.getService();
   }
}
```

Schritt 3: Implementieren der Hello World GUI Application

Im dritten Schritt implmentieren wir die GUI Application, die den »Hello World«-Gruß über eine Message Box ausgibt. Die implementierende Klasse muss dazu das Interface `org.eclipse.equinox.app.IApplication` implementieren, das eine `start()`- und `stop()`-Methode definiert (vgl. Listing 23–2).

Listing 23–2
Die Klasse HelloWorldGuiApplication

```
package org.osgibook.helloworld.application;

import javax.swing.JOptionPane;

import org.eclipse.equinox.app.IApplication;
import org.eclipse.equinox.app.IApplicationContext;

public class HelloWorldGuiApplication implements IApplication {
```

```
    public Object start(IApplicationContext context)
          throws Exception {
       String translatedMsg = Activator.getTranslationService()
             .getTranslation("hello");
       String message = String.format(translatedMsg, Activator
             .getBundleSymbolicName());
       JOptionPane.showMessageDialog(null, message,
             "Hello World Gui Application",
             JOptionPane.INFORMATION_MESSAGE);
       return IApplication.EXIT_OK;
    }

    public void stop() {
    }
}
```

Schritt 4: Implementieren der Hello World Batch Application

Im vierten Schritt implementieren wir als alternative Equinox-Anwendung die Batch Application, die den »Hello World«-Gruß nicht über eine Message Box, sondern direkt auf der Konsole ausgibt. Auch diese Klasse muss das `IApplication`-Interface implementieren.

Listing 23–3
Die Klasse HelloWorldBatch-Application

```
package org.osgibook.helloworld.application;

import org.eclipse.equinox.app.IApplication;
import org.eclipse.equinox.app.IApplicationContext;

public class HelloWorldBatchApplication
      implements IApplication {

    public Object start(IApplicationContext context)
          throws Exception {
       String translatedMsg = Activator.getTranslationService()
             .getTranslation("hello");
       String message = String.format(translatedMsg, Activator
             .getBundleSymbolicName());
       System.out.println(message);
       return IApplication.EXIT_OK;
    }

    public void stop() {
    }
}
```

Schritt 4: Die Extensions definieren

Die beiden Application-Klassen müssen abschließend noch als Extension für den Extension Point `org.eclipse.core.runtime.applications` spezifiziert werden. Tragen Sie dazu in die Datei `plugin.xml` folgende Extension-Definitionen ein:

Listing 23–4
Die Datei plugin.xml

```
<?xml version="1.0" encoding="UTF-8"?>
<?eclipse version="3.2"?>
<plugin>
   <extension id="org.osgibook.helloworld.application.↵
         helloWorldGuiApplication"
      point="org.eclipse.core.runtime.applications">
      <application>
         <run class="org.osgibook.helloworld.application.↵
            HelloWorldGuiApplication">
         </run>
      </application>
   </extension>

   <extension id="org.osgibook.helloworld.application.↵
         helloWorldBatchApplication"
      point="org.eclipse.core.runtime.applications">
      <application>
         <run class="org.osgibook.helloworld.application.↵
            HelloWorldBatchApplication">
         </run>
      </application>
   </extension>
</plugin>
```

Schritt 5: Ausführen des Beispiels

Anlegen der Launch-Konfiguration

Legen Sie nun eine neue Launch-Konfiguration an, in der Sie neben den Bundles aus Ihrem Workspace auch die folgenden Bundles auswählen:

- `org.eclipse.equinox.app`
- `org.eclipse.equinox.common`
- `org.eclipse.equinox.registry`
- `org.eclipse.osgi`

Im ersten Schritt soll die von uns entwickelte GUI Application gestartet werden. Ergänzen Sie dazu auf der Seite **Arguments** die Kommandozeilenargumente um das `-application`-Argument:

```
-os ${target.os} -ws ${target.ws} -arch ${target.arch} -nl
${target.nl} -application
org.osgibook.helloworld.application.helloWorldGuiApplication
```

Enfernen Sie bitte in den **VM arguments** außerdem die beiden dort voreingestellten System Properties `eclipse.ignoreApp` und `osgi.noShutdown`.

Ausführen der GUI Application

Wenn Sie die Launch-Konfiguration ausführen, wird die ausgewählte Anwendung gestartet und die Message Box mit dem »Hello World«-Gruß angezeigt (vgl. Abb. 23.3).

Abb. 23-3
Die »Hello World«-Message Box

Beachten Sie, dass Eclipse Equinox unmittelbar nach Beenden der Anwendung durch Bestätigen der Message Box terminiert.

Ausführen der Batch Application

Um die Batch Application anstatt der GUI Application auszuführen, müssen Sie auf der Seite **Arguments** der Launch-Konfiguration das `-application`-Argument entsprechend abändern:

```
-os ${target.os} -ws ${target.ws} -arch ${target.arch} -nl
${target.nl} -application
org.osgibook.helloworld.application.helloWorldBatchApplication
```

Wenn Sie nun die geänderte Launch-Konfiguration ausführen, wird der »Hello World«-Gruß nicht mehr über die Message Box, sondern unmittelbar auf der Konsole ausgegeben:

```
Hallo OSGi-Welt sagt Bundle org.osgibook.helloworld.application!
```

Auch in diesem Fall terminiert Eclipse Equinox unmittelbar, nachdem die Anwendung ausgeführt und der Gruß auf die Konsole geschrieben wurde.

Damit haben Sie gesehen, wie in Eclipse Equinox uinterschiedliche Anwendungen auf derselben Infrastruktur ausgeführt werden können. Ein weiteres sehr anschauliches Beispiel zur Verwendung des Equinox Application Models finden Sie im Übrigen im Eclipse Wiki unter [ECEQAM].

In den nachfolgenden Unterkapiteln stellen wir Ihnen das Equinox Application Model im Detail vor.

23.2 Das Equinox Application Model im Überblick

Motivation

Die Ausführung von Anwendungen ist ein zentrales Konzept in Eclipse Equinox. Eine Anwendung ist in diesem Kontext eine Klasse, die das Interface `org.eclipse.equinox.app.IApplication` implementiert und über den Extension Point org.eclipse.core.runtime.applications als Extension registriert wird.

Wenn Sie Eclipse Equinox starten, wird zunächst das OSGi Framework gestartet. Mit dem Starten des Frameworks werden alle in der Framework-Konfiguration angegebenen Bundles installiert und gestartet (vgl. Unterkapitel 11.5). Unmittelbar danach kann eine Anwendung ausgeführt werden, die über einen Startparameter oder ein System-Property konfiguriert wird.

Der Vorteil dieses Modells liegt darin, dass auf ein und derselben Infrastruktur unterschiedliche Anwendungen ausgeführt werden können. So wird bspw. beim Starten der Eclipse IDE die Anwendung org.eclipse.ui.internal.ide.application.IDEApplication ausgeführt, die ihrerseit die Eclipse Workbench startet. Alternativ ist es aber auch möglich, andere Anwendungen wie bspw. den Ant Runner (vgl. Unterkapitel 11.4) auszuführen, der auf Basis der (gestarteten) Eclipse-Infrastruktur automatisierte Build-Läufe realisiert.

Der Eclipse Application Container

Equinox-Anwendungen können zudem über den Application Admin Service administriert werden (vgl. Kapitel 20). Dazu stellt Equinox einen eigenen Application Container bereit, der Bestandteil des Bundles org.eclipse.equinox.app ist.

23.3 Equinox-Anwendungen implementieren

23.3.1 Das Interface IApplication

Anwendungen, die über den Equinox Application Container verwaltet werden sollen, müssen das Interface org.eclipse.equinox.app.IApplication implementieren.

Listing 23–5
Das Interface IApplication

```
package org.eclipse.equinox.app;

public interface IApplication {
   public static final Integer EXIT_OK = new Integer(0);
   public static final Integer EXIT_RESTART = new Integer(23);
   public static final Integer EXIT_RELAUNCH = new Integer(24);
   public Object start(IApplicationContext context)
      throws Exception;
   public void stop();
}
```

Das IApplication-Interface stellt zwei Methoden zum Starten und Beenden der Anwendung zur Verfügung, über die der Lebenszyklus einer Anwendung gesteuert wird:

- **`start(IApplicationContext context)`**: Diese Methode wird vom Application Container aufgerufen, wenn eine Anwendung gestartet werden soll. Sie müssen hier die Logik zur Ausführung Ihrer eigenen Anwendung implementieren. Durch den übergebenen `IApplicationContext` haben Sie u.a. Zugriff auf die Programm-Argumente. Im Gegensatz zur `launchSpecific()`-Methode am Application Descriptor darf die Methode erst wieder verlassen werden, *nachdem* die Anwendung wieder beendet wurde. Als Rückgabewert können Sie einen beliebigen Wert verwenden. Wenn Sie einen Integer zurückliefern, wird dieser auch als Rückgabewert der `main()`-Methode Equinox selber verwendet, sofern Equinox nach Beendigung der Anwendung ebenfalls beendet wird.
- **`stop()`**: Diese Methode wird vom Application Container aufgerufen, um zu signalisieren, dass eine Anwendung beendet werden soll.

23.3.2 Der Extension Point org.eclipse.core.runtime.applications

Anwendungen müssen beim Equinox Application Container als Extension des Extension Points `org.eclipse.core.runtime.applications` registriert werden.

Das Konfigurationselement application

Die Spezifikation einer Anwendung erfolgt über das Konfigurationselement `application`, das die in Tabelle 23–1 beschriebenen Attribute besitzt.

Tab. 23–1
Attribute des application-Elements

Name	Optional	Beschreibung
visible	ja	Legt fest, ob Ihre Anwendung über den Application Admin Service sichtbar sein soll oder nicht. Wenn Sie keinen Wert angeben, ist Ihre Anwendung sichtbar. Dieses Attribute ist identisch mit dem Property application.visible an einem Application Descriptor.
cardinality	ja	Gibt an, ob und wie viele Instanzen der Anwendung zeitgleich ausgeführt werden dürfen. Der Defaultwert ist singleton-global.
thread	ja	In der Regel wird eine Anwendung auf dem Main-Thread von Equinox ausgeführt. Da dort nur eine Anwendung zeitgleich laufen kann, können Sie Equinox erlauben, eine Anwendung auch auf anderen Threads auszuführen. Setzen Sie hierfür das thread-Attribut auf »any«. Um zu forcieren, dass die Anwendung auf dem main-Thread läuft (Default-Einstellung), verwenden Sie den Wert »main«.

Das Konfigurationselement run

Unterhalb des `application`-Konfigurationselements muss sich ein Konfigurationselement `run` befinden, das das in Tabelle 23–2 aufgeführte Attribut enthält.

Tab. 23–2 *Attribut des run-Elements*

Name	Optional	Beschreibung
class	nein	Der vollqualifizierte Name der Klasse, die das IApplication-Interface implementiert

Beispiel

Im nachfolgenden Beispiel wird die Applikation `simpleApplication` definiert, die durch die Klasse `org.osgibook.application. SimpleApplication` implementiert wird.

```
<extension id="simpleApplication"
      point="org.eclipse.core.runtime.applications">
   <application>
      <run class="org.osgibook.application.SimpleApplication"/>
   </application>
</extension>
```

Kardinalität festlegen

Beim Ausführen von Anwendungen über den Application Admin Service ist es möglich, mehrere Anwendungsinstanzen gleichzeitig auszuführen. Über das `cardinality`-Attribut des `application`-Elements können Sie spezifizieren, wie viele Instanzen einer Anwendung zeitgleich ausgeführt werden dürfen. Folgende Werte können dabei gesetzt werden:

- **`singleton-global`**: Ihre Anwendung kann nur ausgeführt werden, wenn zurzeit keine andere Anwendung in der OSGi Service Platform ausgeführt wird. Dies ist auch die Default-Einstellung, wenn Sie keine Kardinalität angeben.
- **`singleton-scoped`**: Ihre Anwendung kann nur ausgeführt werden, wenn keine andere Anwendung in der OSGi Service Platform ausgeführt wird, die ebenfalls als Kardinalität `singleton-scoped` eingestellt hat.
- ***n* (Integer-Wert)**: Maximal *n* Instanzen Ihrer Anwendung dürfen gleichzeitig ausgeführt werden (Ausnahme: Eine andere Anwendung mit `singleton-global`-Kardinalität wird ausgeführt).
- *****: Eine beliebige Anzahl Instanzen Ihrer Anwendung kann zeitgleich ausgeführt werden (Ausnahme: Eine andere Anwendung mit `singleton-global`-Kardinalität wird ausgeführt).

Bitte beachten Sie, wenn Sie mehr als eine Anwendung zeitgleich in der Plattform ausführen möchten, *müssen* Sie das `thread`-Attribut auf `any` setzen, da sonst der Main-Thread mit der Ausführung der ersten Anwendung blockiert ist.

In dem folgenden Beispiel wird festgelegt, dass maximal drei Instanzen der Anwendung »simpleApplication« parallel ausgeführt werden dürfen:

Beispiel

```
<extension id="simpleApplication"
      point="org.eclipse.core.runtime.applications">
   <application
      thread="any"
      cardinality="3">
      <run class="org.osgibook.application.SimpleApplication"/>
   </application>
</extension>
```

23.4 Ausführen von Anwendungen

Eclipse Equinox sieht zwei Wege vor, mit denen Sie Anwendungen starten können:

- ***Ausführen einer Anwendung beim Start des Frameworks:*** Um eine Anwendung beim Start von Eclipse Equinox auszuführen, kann die Id der zu startenden Anwendung über den Startparameter `application` spezifiziert werden. Die Anwendung wird dann unmittelbar nach dem Start des OSGi Frameworks ausgeführt.
- ***Verwendung des Application Admin Service:*** Alternativ können Sie Anwendungen über den Application Admin Service starten. Dazu müssen Sie Equinox mit dem Property `-Declipse.application.registerDescriptors=true` starten, damit Eclipse Equinox Application-Deskriptoren für die über die Extension Registry bereitgestellten Anwendungen am Application Admin Service registriert.

23.4.1 Ausführen einer Anwendung beim Start des Frameworks

Wenn Sie beim Start von Eclipse Equinox eine Equinox-Anwendung asuführen möchten, können Sie die auszuführende Anwendung über das Kommandozeilenargument `-application` oder das System-Property `eclipse.application` spezifizieren:

```
java -jar org.eclipse.osgi_<version>.jar -application ↵
   org.osgibook.helloworld.application.helloWorldGuiApplication
```

In diesem Fall wird nach dem Hochfahren des OSGi Frameworks und dem Starten der Bundles die angegebene Anwendung ausgeführt. Wenn Eclipse Equinox direkt nach dem Beenden der Anwendung ebenfalls beendet werden soll, müssen Sie zusätzlich das System-Property `osgi.noShutdown` auf den Wert `false` setzen:

```
java -Dosgi.noShutdown=false ↵
   -jar org.eclipse.osgi_<version>.jar ↵
   -application org.osgibook.helloworld.application.↵
      helloWorldGuiApplication
```

Beachten Sie, dass zur Ausführung des angeführten Beispiels eine config.ini-Datei im Konfigurationsverzeichnis vorhanden sein muss, in der alle notwendigen Bundles spezifiziert sind (vgl. Unterkapitel 11.5).

23.4.2 Verwendung des Application Admin Service

Alternativ zum Starten einer Anwendung mit dem Start von Eclipse Equinox können Anwendungen auch über den Application Admin Service gestartet werden (vgl. Kapitel 20). Dazu stellt Eclipse Equinox einen eigenen Application Container für Klassen zur Verfügung, die das Interface IApplication implementieren.

Über einen Application Manager können die Anwendungen dann verwaltet werden. So können die registrierten Anwendungen bspw. mithilfe des Equinox Application Managers über Kommandos auf der Equinox-Konsole gesteuert werden.

Um Anwendungen über den Application Admin Service verwalten zu können, müssen Sie Equinox beim Starten anweisen, für alle Anwendungen, die über den Extension Point org.eclipse.core.runtime.applications beschrieben wurden, einen Application Descriptor zu registrieren. Setzen Sie dazu das Property eclipse.application.registerDescriptors auf den Wert true:

```
java -Declipse.application.registerDescriptors=true
   -jar org.eclipse.osgi_<version>.jar ↵
   -console
```

Zusätzlich müssen Sie innerhalb der Extension, über die Sie eine Anwendung bereitstellen, das Attribut thread="any" setzen, damit die Anwendungen in separaten Threads ausgeführt werden können.

Über das Kommando apps können Sie dann die registrierten Anwendungen auflisten:

```
osgi> apps
org.eclipse.equinox.app.error [not launchable]
org.osgibook.helloworld.application.helloWorldBatchApplication↵
[launchable]
org.osgibook.helloworld.application.helloWorldGuiApplication↵
[launchable]
```

Das Ausführen einer Anwendung erfolgt dann über das Kommando `startApp`:

```
osgi> startApp org.osgibook.helloworld.application.↵
   helloWorldGuiApplication
Launched application instance: org.osgibook.helloworld.↵
   application.helloWorldGuiApplication.0
```

23.5 Zusammenfassung

In diesem Kapitel haben wir Ihnen das Equinox Application Model vorgestellt:

- Eclipse Equinox implementiert ein Anwendungsmodell, wobei eine Anwendung einen eigenen Lebenszyklus besitzt und direkt mit dem Start der Plattform gestartet werden kann.
- Eine Equinox-Anwendung muss das Interface `org.eclipse.equinox.app.IApplication` implementieren, das über Methoden zum Starten und Stoppen der Anwendung verfügt. Darüber hinaus muss die Anwendung mit einer Extension für den Extension Point `org.eclipse.core.runtime.applications` registriert werden.
- Eine Anwendung kann mit dem Kommandozeilenargument `-application` unmittelbar beim Starten von Equinox ausgeführt werden. Alternativ können die Anwendungen am Application Admin Service registriert werden, so dass sie bspw. über die Equinox-Konsole gestartet werden können.
- Zusätzlich steht ein Application Container für den Application Admin Service zur Verfügung. Mithilfe dieses Application Containers können Equinox-Anwendungen über einen Application Manager verwaltet werden (z.B. über Equinox-Konsolen-Kommandos).

24 Webanwendungen mit Eclipse Equinox

Motivation

In Kapitel 19 haben wir Ihnen mit dem Http Service einen leichtgewichtigen Webserver vorgestellt, der die Entwicklung von einfachen Webanwendungen innerhalb der OSGi Service Platform ermöglicht.

Eclipse Equinox stellt aufbauend auf die Http-Service-Spezifikation verschiedene Erweiterungen zur Verfügung, die die Entwicklung von Webanwendungen weiter vereinfachen bzw. zusätzliche Funktionalität bereitstellen:

- Durch die Einbindung der Extension Registry können Servlets und Ressourcen deklarativ als Extensions beschrieben werden.
- Die Einbindung der Jasper JSP Engine ermöglicht die Verwendung von JavaServer Pages.
- Über ein Http Service Servlet können beliebige Servlet Container innerhalb der OSGi Service Platform konform zur Http-Service-Spezifikation verwendet werden.
- Die sog. Servlet Bridge ermöglicht die Einbettung von Eclipse Equinox in beliebige Webanwendungen.

In diesem Kapitel stellen wir Ihnen die von Eclipse Equinox bereitgestellten Erweiterungen zur Entwicklung von Webanwendungen im Detail vor.

24.1 Tutorial: Eine Webanwendung mit JSPs und Extensions

Überblick

Um Ihnen die webspezifischen Erweiterungen von Eclipse Equinox zu demonstrieren, implementieren wir ein neues Bundle `org.osgibook.helloworld.equinoxweb`, das eine Modifikation der »Hello World«-Webapplikation aus Kapitel 19 darstellt. Folgende Änderungen sollen vorgenommen werden:

- ***Realisierung der »Hello World«-Seite durch eine JSP:*** Die »Hello World«-Seite, die wir im Tutorial zu Kapitel 19 durch ein Servlet realisiert haben, soll durch eine JavaServer Page implementiert werden.
- ***Anmelden von JSP und Ressourcen über die Extension Registry:*** Sowohl die JSP als auch die statischen Seiten sollen über die Extension Registry registriert werden.
- ***Verwendung des Jetty-Webservers:*** Anstelle der Equinox-Implementierung des OSGi Http Service soll in diesem Tutorial der Jetty-Webserver verwendet werden.

Da die Implementierung der dynamischen Webseite durch eine JSP und die Anmeldung der JSP und der Ressourcen über die Extension Registry erfolgt, müssen in diesem Tutorial keine Java-Klassen implementiert werden. Die einzige Package-Abhängigkeit des Bundles `org.osgibook.helloworld.equinoxweb` ist die Abhängigkeit zum Package `org.eclipse.equinox.jsp.jasper.registry`, das aus der Datei `plugin.xml` über eine Extension referenziert wird (vgl. Abb. 24–1).

Abb. 24–1
Überblick über die beteiligten Bundles

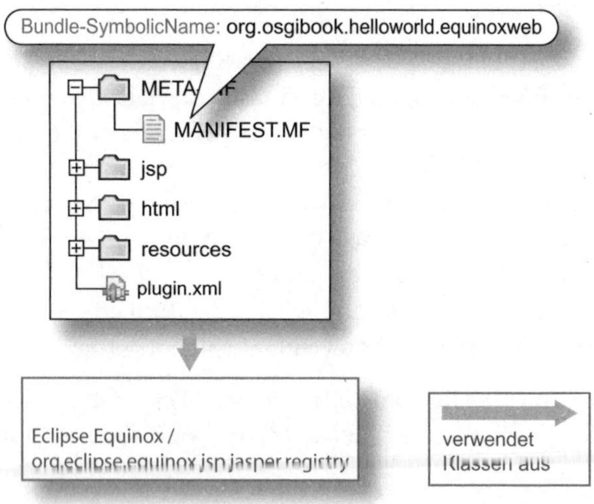

Die Plug-in-Projekte

In Abb. 24–2 ist das fertige Plug-in-Projekt aus diesem Tutorial dargestellt.

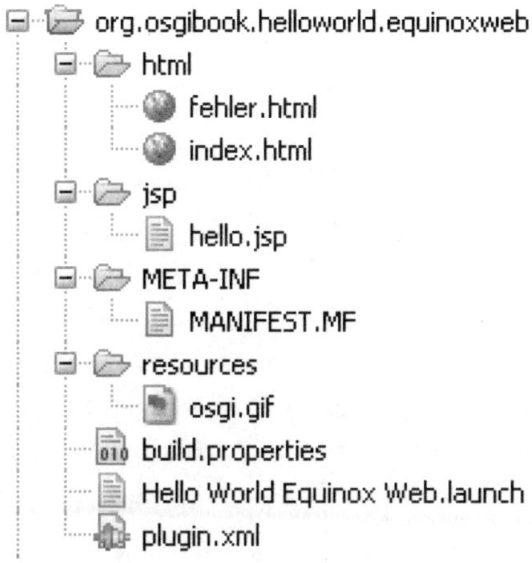

Abb. 24–2
Die fertigen Plug-in-Projekte

Schritt 1: Anlegen des Plug-in-Projektes org.osgibook.helloworld.jsp

Legen Sie zunächst ein neues Plug-in-Projekt mit dem Namen `org.osgibook.helloworld.equinoxweb` an. Da wir in diesem Projekt keine Java-Klassen entwickeln, können Sie auf der Startseite des Plug-in Project Wizards die Option **Create a Java project** deaktivieren.

Schritt 2: Anmelden der HTML- und Ressource-Dateien

Kopieren Sie anschließend die Ordner `html` und `resources` aus dem Plug-in-Projekt `org.osgibook.helloworld.servlet`, das Sie im Tutorial zu Kapitel 19 angelegt haben.

Die enthaltenen HTML- und Ressource-Dateien werden wir in diesem Tutorial nicht programmatisch über den Http Service anmelden. Stattdessen nutzen wir dazu die Extension Registry und definieren die HTML- und Ressource-Dateien als Extensions für den Extension Point `org.eclipse.equinox.http.registry.resources`. Die resultierende Datei `plugin.xml` ist in Listing 24–1 dargestellt.

Listing 24–1
Die Datei plugin.xml

```
<?xml version="1.0" encoding="UTF-8"?>
<?eclipse version="3.2"?>
<plugin>
   <extension
      point="org.eclipse.equinox.http.registry.resources">
      <resource
         alias="/images"
         base-name="/resources">
      </resource>
```

```
        <resource
            alias="/"
            base-name="/html">
        </resource>
    </extension>
</plugin>
```

Schritt 3: Implementierung der hello.jsp

Die Funktionalität, die im Tutorial zu Kapitel 19 durch ein Servlet realisiert wurde, implementieren wir in diesem Tutorial durch eine JavaServer Page. Innerhalb der JSP wird der Request-Parameter `name` ausgelesen. Ist dieser Parameter nicht gesetzt, dann wird der Aufruf auf die Fehlerseite `fehler.html` weitergeleitet. Anderenfalls wird eine Antwortseite generiert, auf der der Anwender namentlich begrüßt wird. Legen Sie die JSP in der Datei `jsp/hello.jsp` an (vgl. Listing 24–2).

Listing 24–2
Die Datei hello.jsp

```
<% String name = request.getParameter("name"); %>
<html>
  <head>
    <title>Hello World!</title>
  </head>
  <body>
  <% if (name == null || name.length() < 1) { %>
    <jsp:forward page="fehler.html" />
  <% } else { %>
   <h1>Hallo <%= name %>!</h1>
  <% } %>
  </body>
</html>
```

Um die JSP am Webserver anzumelden, nutzen wir die JSP Factory, die von Eclipse Equinox über das Bundle `org.eclipse.equinox.jsp.jasper.registry` bereitgestellt wird (vgl. Listing 24–3).

Listing 24–3
Die Datei plugin.xml

```
<?xml version="1.0" encoding="UTF-8"?>
<?eclipse version="3.2"?>
<plugin>

   [...]

   <extension point="org.eclipse.equinox.http.registry.servlets">
      <servlet alias="/helloworld"
         class="org.eclipse.equinox.jsp.jasper.registry.↵
            JSPFactory:/jsp/hello.jsp"/>
   </extension>
</plugin>
```

Damit aus dem Bundle auf die JSP Factory zugegriffen werden kann, müssen Sie das entsprechende Package über den Import-Package-Manifest Header importieren:

```
Import-Package:↵
org.eclipse.equinox.jsp.jasper.registry;version="1.0.0"
```

Schritt 4: Ausführen des Beispiels

Legen Sie zur Ausführung des Beispiels eine neue Launch-Konfiguration »Hello World Equinox Web« an. Mit dieser Launch-Konfiguration starten wir anstelle des Equinox Http Service den Jetty Webserver, der ebenfalls in der Eclipse Equinox Distribution enthalten ist. Wählen Sie dazu neben dem Projekt im Workspace auch die folgenden Bundles aus:

- javax.servlet
- javax.servlet.jsp
- org.apache.commons.el
- org.apache.commons.logging
- org.apache.jasper
- org.eclipse.equinox.common
- org.eclipse.equinox.http.jetty
- org.eclipse.equinox.http.registry
- org.eclipse.equinox.http.servlet
- org.eclipse.equinox.jsp.jasper
- org.eclipse.equinox.jsp.jasper.registry
- org.eclipse.equinox.registry
- org.eclipse.osgi
- org.eclipse.osgi.services
- org.mortbay.jetty

Wenn Sie die Launch-Konfiguration ausführen, sehen Sie auf der Konsole die Logging-Ausgaben des Jetty-Webservers:

```
osgi> 27.04.2008 11:37:38 org.mortbay.http.HttpServer doStart
INFO: Version Jetty/5.1.x
27.04.2008 11:37:38 org.mortbay.util.Container start
INFO: Started org.mortbay.jetty.servlet.ServletHandler@340101
27.04.2008 11:37:38 org.mortbay.util.Container start
INFO: Started HttpContext[/,/]
27.04.2008 11:37:38 org.mortbay.http.SocketListener start
INFO: Started SocketListener on 0.0.0.0:1234
27.04.2008 11:37:38 org.mortbay.util.Container start
INFO: Started org.mortbay.http.HttpServer@da6bf4
```

Die Webapplikation aus diesem Tutorial kann dann – analog zu dem Beispiel aus Kapitel 19 – unter `http://localhost:1234/index.html` abgerufen werden.

24.2 Überblick über die webspezifischen Erweiterungen

Eclipse Equinox enthält eine Reihe von Erweiterungen, die die Entwicklung von Webanwendungen auf unterschiedliche Art und Weise unterstützen:

- *Verwendung der Extension Registry:* Servlets, Ressourcen und Http-Context-Objekte müssen bei Verwendung des Standard OSGi Http Service programmatisch über das Interface `org.osgi.service.http.HttpService` registriert werden. Innerhalb von Eclipse Equinox kann die Registrierung alternativ über entsprechende Extension Points erfolgen, wodurch die programmatische Registrierung obsolet wird.
- *Unterstützung von JavaServer Pages:* Durch die Einbindung der Jasper JSP Engine ist es möglich, auch JSPs innerhalb des OSGi Http Service zu verwenden.

Darüber hinaus unterstützt Eclipse Equinox die Einbindung herkömmlicher Webserver (bspw. Jetty oder Tomcat) als OSGi Http Service. Dabei lassen sich die folgenden zwei Szenarien unterscheiden:

- *Einbettung eines Webservers in Eclipse Equinox:* In diesem Szenario wird ein Webserver innerhalb von Eclipse Equinox ausgeführt. Der Lebenszyklus des eingebetteten Webservers wird dabei aus einem Bundle heraus gesteuert. Insbesondere terminiert der Webserver, wenn die entsprechende Eclipse-Equinox-Instanz terminiert wird.
  Mit dem Jetty Webserver enthält Eclipse Equinox einen Webserver, der unmittelbar auf diese Weise genutzt werden kann.
- *Einbettung von Eclipse Equinox in eine Webapplikation:* Alternativ kann Eclipse Equinox auch in eine Webapplikation eingebettet werden. In diesem Szenario wird der Lebenszyklus der Equinox-Instanz über die Webapplikation gesteuert. Wird die Equinox-Instanz beendet, bleibt der Webserver davon unberührt.

Wir stellen Ihnen die einzelnen Erweiterungen in den folgenden Unterkapiteln detailliert vor.

24.3 Verwenden der Extension Registry

In Kapitel 22 haben wir Ihnen die Extension Registry vorgestellt, mit deren Hilfe sich Erweiterungen zu bestehenden Bundles deklarativ beschreiben lassen. Für die Verwendung des OSGi Http Service nutzt Eclipse Equinox dieses Verfahren und stellt Extension Points bereit, über die Servlets, Ressourcen und Http-Context-Objekte in Form von Extensions angemeldet werden können. Diese Extension Points sind innerhalb des Bundles `org.eclipse.equinox.http.registry` definiert.

24.3.1 Registrieren von Ressourcen

Über den Extension Point `org.eclipse.equinox.http.registry.resources` können *Ressourcen* an Http-Service-Instanzen registriert werden.

Das Konfigurationselement resource

Als Konfigurationselemente können beliebig viele `resource`-Elemente angegeben werden. Ein `resource`-Element besitzt die in Tabelle 24–1 aufgeführten Attribute.

Tab. 24–1
Atrribute des resource-Elements

Attributname	Optional?	Bedeutung
alias	nein	Entspricht dem Parameter alias der Methode HttpService.registerResource()
base-name	ja	Entspricht dem Parameter name der Methode HttpService.registerResource()
httpcontextId	ja	Entspricht dem Parameter context der Methode HttpService.registerResource()

Das Konfigurationselement serviceSelector

Zusätzlich kann ein optionales Element `serviceSelector` angegeben werden. Dieses Element erwartet entweder einen Filter-Ausdruck oder eine Klasse, die das Interface `org.osgi.framework.Filter` implementiert (vgl. Tabelle 24–2).

Tab. 24–2
Atrribute des serviceSelector-Elements

Attributname	Bedeutung
filter	Erlaubt das Filtern von HttpService-Instanzen, für die Ressourcen angemeldet werden sollen
class	Falls dieses Attribut benutzt wird, muss die angegebene Klasse vom Typ org.osgi.framework.Filter sein.

Mit diesem Element können die Http-Service-Instanzen gefiltert werden, an denen die Ressourcen dieser Extension registriert werden sollen. Dies ist dann sinnvoll, wenn mehrere Instanzen des Http Service registriert werden, diese aber unterschiedliche Inhalte haben sollen.

Beispiel

Im folgenden Beispiel sind alle Dateien, die sich in einem Bundle innerhalb des Verzeichnisses /html befinden, für einen Webserver mit dem Http Port 1234 unter dem alias / angemeldet.

```
<extension
  point="org.eclipse.equinox.http.registry.resources">
  <resource
     alias="/"
     base-name="/html">
  </resource>
  <serviceSelector
     filter="(http.port=1234)">
  </serviceSelector>
</extension>
```

24.3.2 Registrieren von Servlets

Analog können Servlets über den Extension Point org.eclipse.equinox.http.registry.servlets registriert werden.

Das Konfigurationselement servlet

Als Konfigurationselemente können beliebige viele servlet-Elemente spezifiziert werden. Ein servlet-Element besitzt die in Tabelle 24–3 dargestellten Attribute.

Tab. 24–3 *Atrribute des servlet-Elements*

Attributname	Optional?	Bedeutung
alias	nein	Entspricht dem Parameter alias der Methode HttpService.registerServlet()
class	nein	Entspricht dem Parameter class der Methode HttpService.registerServlet(). Die angegebene Klasse muss vom Typ javax.servlet.Servlet sein.
httpcontextId	ja	Entspricht dem Parameter context der Methode HttpService.registerServlet()
load-on-startup	ja	Gibt an, ob ein Servlet unmittelbar initialisiert werden soll

init-param-Elemente

Um Startparameter eines Servlets festzulegen, können unterhalb von servlet-Elementen Elemente mit dem Namen init-param angelegt werden, die die in Tabelle 24–4 dargestellten Attribute besitzen.

Tab. 24–4 *Atrribute des servlet-Elements*

Attributname	Optional?	Bedeutung
name	nein	Der Name des initialen Parameters
value	nein	Der Wert des initialen Parameters

Zusätzlich kann auch bei der Verwendung des Extension Points org.eclipse.equinox.http.registry.servlets ein Element serviceSelector angegeben werden, über das Http-Service-Instanzen gefiltert werden, an denen die Servlets registriert werden sollen.

Beispiel

Im folgenden Beispiel wird das Servlet `org.osgibook.example.ExampleServlet` unter dem Alias `example` registriert:

```
<extension
  id="testServlet"
  point="org.eclipse.equinox.http.registry.servlets">
  <servlet
     alias="/sp_test"
     class="org.osgibook.example.ExampleServlet">
     <init-param
        name="message"
        value="Hallo Welt!">
     </init-param>
  </servlet>
</extension>
```

24.3.3 Registrieren von Http-Context-Instanzen

Bei der deklarativen Registrierung von Ressourcen und Servlets kann über das Attribut `httpcontextId` jeweils eine Referenz auf eine Http-Context-Instanz spezifiziert werden. Diese Http-Context-Instanzen werden über den Extension Point `org.eclipse.equinox.http.registry.httpcontexts` registriert.

Als Konfigurationselemente können beliebig viele `httpcontext`-Elemente spezifiziert werden. Ein `httpcontext`-Element kann die in Tabelle 24–5 dargestellten Attribute besitzen.

Tab. 24–5
Atrribute des httpcontext-Elements

Attributname	Optional?	Bedeutung
id	nein	Der mit einer Http-Context-Instanz assoziierte Identifier
class	ja	Eine Implementierung des Interface org.osgi.service.http.HttpContext

Über das optionale Attribut `class` kann eine Klasse spezifiziert werden, die das Interface `org.osgi.service.http.HttpContext` implementiert. Wird dieses Attribut nicht gesetzt, wird als Default-Http-Context eine Instanz der Klasse `org.eclipse.equinox.http.registry.internal.DefaultRegistryHttpContext` erzeugt.

Tab. 24–6
Atrribute des resource-mapping-Elements

Unterhalb eines `httpcontext`-Elements können zwei weitere Elementtypen verwendet werden. Mit dem Element `resource-mapping` wird für eine Http-Context-Instanz spezifiziert, in welchem Bundle und unter welchem Pfad innerhalb des Bundles nach Ressourcen gesucht werden soll (vgl. Tabelle 24–6).

Attributname	Optional?	Bedeutung
path	ja	Der Pfad innerhalb des Bundles, aus dem Ressourcen geladen werden können
bundle	ja	Das Bundle, aus dem Ressourcen geladen werden sollen. Falls dieses Attribut nicht gesetzt ist, wird das Bundle gewählt, in dem sich die Extension befindet.

Es können beliebig viele `resource-mappings` angegeben werden. Wird jedoch keines angegeben, kann dieser Kontext keine Ressourcen laden, selbst wenn auf ihm Ressourcen registriert wurden.

Das Element mime-mapping

Mit dem Element `mime-mapping` können Dateiendungen mit Mime-Types assoziiert werden. Das Element besitzt die in Tabelle 24–7 aufgeführten Attribute.

Tab. 24–7
Atrribute des mime-mapping-Elements

Attributname	Optional?	Bedeutung
extension	nein	Die Dateiendung
mime-type	nein	Der assoziierte Mime-Type

Beispiel

Im nachfolgenden Beispiel ist ein Http Context mit der ID `default Context` definiert, der als Ressource-Pfad den Ordner `/resource` definiert. Zusätzlich ist die Dateiendung `ps` mit dem Mime-Type `application/postscript` assoziiert.

```
<extension point="org.eclipse.equinox.http.registry.httpcontexts">
  <httpcontext id="defaultContext">

    <resource-mapping
      path="/resource">
    </resource-mapping>

    <mime-mapping extension="ps"
      mime-type="application/postscript">
    </mime-mapping>
  </httpcontext>
</extension>
```

24.4 Verwendung der Jasper JSP Engine

Mithilfe der in der Equinox Distribution enthaltenen Jasper JSP Engine wird die Verwendung von JavaServer Pages im Zusammenhang mit dem OSGi Http Service ermöglicht. Die entsprechende Implementierung liegt in den folgenden drei Bundles vor:

- *org.apache.jasper:* Die Jasper JSP Engine in Form eines Bundles.
- *org.eclipse.equinox.jsp.jasper:* Kapselt das Jasper JSP Servlet und ermöglicht die Ausführung des Servlets innerhalb des OSGi Http Service.
- *org.eclipse.equinox.jsp.jasper.registry:* Ermöglicht die Deklaration von JSPs über den `servlet`-Extension-Point des Bundles `org.eclipse.equinox.http.registry`.

Die Registrierung von JavaServer Pages kann dabei programmatisch oder unter Verwendung der Extension Registry erfolgen.

24.4.1 Programmatische Registrierung von JSPs

Die programmatische Registrierung von JSPs erfolgt unter Verwendung des Servlets `org.eclipse.equinox.jsp.jasper.JspServlet`. Dieses Servlet kapselt das Jasper JSP Servlet und ermöglicht dessen Ausführung innerhalb eines OSGi Frameworks. Zur Erzeugung einer Instanz des Servlets steht Ihnen der Konstruktor `JspServlet(Bundle bundle, String bundleResourcePath)` zur Verfügung:

```
JspServlet jspServlet = new JspServlet(myBundle, "/myJsps");
```

Dieser Konstruktor erwartet als ersten Parameter ein Objekt vom `org.osgi.framework.Bundle`, das das Bundle repräsentiert, in dem bei Requests über das Servlet nach JavaServer Pages gesucht werden soll. Der zweite, optionale Parameter beschreibt einen Pfad innerhalb dieses Bundles, unter dem die zu sichenden JSPs abgelegt sind. Die Instanz des JSP Servlets kann an einem Http Service unter Verwendung der Methode `registerServlet()` registriert werden.

Beispiel

Im folgenden Beispiel wird ein Jsp Servlet für ein Bundle erzeugt, in dem die JSPs unterhalb des Verzeichnisses `/myJsps` abgelegt sind. Bei der programmatischen Registrierung des Servlets am Http Service wird über den Alias `/*.jsp` angegeben, dass alle Anfragen, die die Endung jsp besitzen, an dieses Servlet delegiert werden:

```
Bundle myBundle = [...]
JspServlet jspServlet = new JspServlet(myBundle, "/myJsps");
httpService.registerServlet(
   "/*.jsp",
   jspServlet,
   null,
   null);
```

24.4.2 Registrierung von JSPs über die Extension Registry

Alternativ zur programmatischen Registrierung können JSPs auch über den Extension Point org.eclipse.equinox.http.registry.servlets registriert werden. Dazu kann die Klasse org.eclipse.equinox.jsp.jasper.registry.JSPFactory genutzt werden. Diese Klasse implementiert das in Abschnitt 22.6.3 beschriebene Interface IExecutableExtensionFactory, mit dessen Hilfe es möglich ist, bei der Initialisierung eines Servlets weitere Parameter zu übergeben. In Falle des JSP Servlets ist es notwendig, den Pfad zu spezifizieren, unter dem verfügbare JSPs gesucht werden.

Beispiel

Das in Abschnitt 24.4.1 vorgestellte Beispiel kann wie folgt in Form einer Extension realisiert werden:

```
<extension point="org.eclipse.equinox.http.registry.servlets">
  <servlet alias="/*.jsp" class="
     org.eclipse.equinox.jsp.jasper.registry.JSPFactory:/myJsps">
  </servlet>
</extension>
```

24.5 Servlet Container in Eclipse Equinox einbetten

In Kapitel 19 haben wir Ihnen den OSGi Http Service vorgestellt, der in Eclipse Equinox durch das Bundle org.eclipse.equinox.http implementiert wird. Diese Implementierung stellt einen leichtgewichtigen Servlet Container bereit, der insbesondere für den Einsatz in Umgebungen mit beschränkten Ressourcen gedacht ist. Die unterstützte Servlet-API ist kompatibel mit der Servlet-Spezifikation 2.4, bietet jedoch nur eingeschränkten Support jenseits der Servlet-Spezifikation 2.1.

24.5.1 Das Http Service Servlet

Um beliebige Servlet Container (bspw. Jetty oder Tomcat) innerhalb der OSGi Service Platform nutzen zu können, steht in der Eclipse-Equinox-Distribution das Bundle org.eclipse.equinox.http.servlet zur Verfügung. Dieses Bundle implementiert das HttpServiceServlet, das innerhalb eingebetteter Webserver installiert werden muss. Bei der Initialisierung des Servlets wird ein Http Service an der Service Registry angemeldet, der jeden Aufruf einer Methode an das HttpServiceServlet weiterleitet. Eingehende Requests können so über das HttpServiceServlet direkt an die registrierten Ressourcen weitergeleitet werden (vgl. Abb. 24–3).

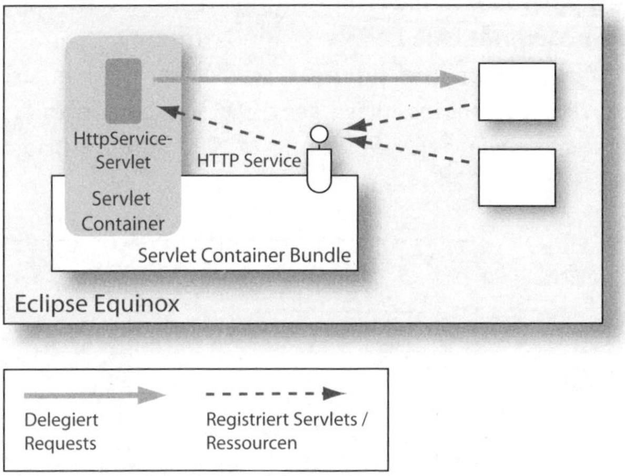

Abb. 24-3
Eingebetteter Webserver in Eclipse Equinox

24.5.2 Der Jetty Webserver als eingebetteter Servlet Container

Mit dem Jetty Webserver ist in der Eclipse-Equinox-Distribution ein Servlet Container enthalten, der sich eingebettet starten lässt und an dem über das `HttpService`-Interface Servlets und Ressourcen angemeldet werden können (vgl. dazu auch [ECHTIE]). Die Implementierung ist in den folgenden beiden Bundles realisiert:

- *org.mortbay.jetty:* Der Jetty Web Server in Form eines Bundles.
- *org.eclipse.equinox.http.jetty:* Ermöglicht das eingebettete Starten des Jetty Web Servers als OSGi Http Service.

24.6 Eclipse Equinox in einen Servlet Container einbetten

Alternativ zu dem in Unterkapitel 24.5 dargestellten Szenario kann Eclipse Equinox auch in einen beliebigen Servlet Container eingebettet werden. Dazu stehen die folgenden Bundles zur Verfügung:

- *org.eclipse.equinox.servletbridge:* Stellt ein Servlet bereit, das in Webapplikationsservern installiert werden kann und das Starten einer eingebetteten Equinox-Instanz ermöglicht.
- *org.eclipse.equinox.http.servletbridge:* Verbindet die Servlet Bridge mit dem Http Service Servlet des Bundles `org.eclipse.equinox.http.servlet`.

In diesem Szenario wird innerhalb des Servlet Containers eine Webapplikation installiert, die neben einer kompletten Eclipse-Equinox-Distribution ein sog. *Bridge Servlet* enthält. Dieses Bridge

Servlet wird innerhalb des Servlet Containers installiert und startet in seiner `init()`-Methode eine Eclipse-Equinox-Instanz.

Beim Start von Eclipse Equinox wiederum wird innerhalb des Bundles `org.eclipse.equinox.http.servletbridge` eine Instanz des Http Service Servlets erzeugt (vgl. Abschnitt 24.5.1) und am Bridge Servlet angemeldet (vgl. Abb. 24–4).

Abb. 24–4
Die ServletBridge

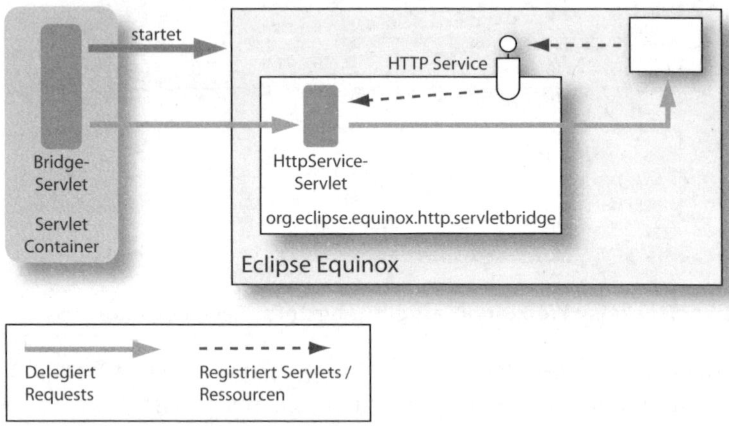

Aus den innerhalb der OSGi Servie Platform installierten Bundles können anschließend über das `HttpService`-Interface wie gehabt Servlets und Ressourcen registriert werden. Eingehende Requests werden vom Bridge Servlet über das Http Service Servlet an die Servlets und Ressourcen delegiert, die über den Http Service registriert wurden.

24.6.1 Installieren der Servlet Bridge

Auf der Equinox-Homepage befindet sich auf der Seite zur Servlet-Bridge [ECEQSC] eine fertige Servlet-Bridge-Webanwendung in Form des WAR-Archivs `bridge.war` [ECEQSB]. Neben dem Bridge Servlet enthält die Webanwendung eine Equinox-Distribution, die im Verzeichnis `WEB-INF\eclipse` abgelegt ist (vgl. Abb. 24–5).

Zusätzlich enthält die Webanwendung das Bundle `org.eclipse.update.configurator`, das automatisch alle Bundles installiert und startet, die sich im Verzeichnis `WEB-INF\eclipse\plugins` der Webanwendung befinden.

Abb. 24-5
Die Webanwendung bridge.war

Nach dem Deployen und Starten der Webanwendung in einem Servlet Container kann über URL `http://[host]:[port]/bridge/[pfad]` auf die Anwendung zugegriffen werden.

24.6.2 Konfiguration

Um die eingebettete Eclipse-Equinox-Instanz zu konfigurieren (vgl. Unterkapitel 11.5), können Sie die entsprechenden Kommandozeilenargumente direkt in der `web.xml`-Datei angeben. Verwenden Sie dazu den `commandline`-Parameter, den Sie über das `init-param`-Element dem Bridge Servlet übergeben:

```
<web-app id="WebApp">
   <servlet id="bridge">
      <servlet-name>equinoxbridgeservlet</servlet-name>
      <servlet-class>
         org.eclipse.equinox.servletbridge.BridgeServlet
      </servlet-class>
      <init-param>
         <param-name>commandline</param-name>
         <param-value>-console</param-value>
      </init-param>
    [...]
   </servlet>
</web-app>
```

Alternativ können Konfigurationsparameter auch über die Datei `launch.ini` gesetzt werden, die sich im Verzeichnis `WEB-INF\eclipse` der Webanwendung befindet.

24.6.3 Administration

Die Servlet Bridge bietet die Möglichkeit, die von ihr verwaltete Equinox-Instanz über Webaufrufe zu administrieren. Diese Funktionalität muss über den Init-Parameter `enableFrameworkControls` in der `web.xml`-Datei zunächst explizit aktiviert werden:

```
<web-app id="WebApp">
   <servlet id="bridge">
      <servlet-name>equinoxbridgeservlet</servlet-name>
      <servlet-class>
         org.eclipse.equinox.servletbridge.BridgeServlet
      </servlet-class>
      <init-param>
         <param-name>enableFrameworkControls</param-name>
         <param-value>true</param-value>
      </init-param>
     ...
   </servlet>
</web-app>
```

Wenn diese Funktionalität aktiviert ist, dann können die in Tabelle 24–8 aufgeführten Befehle genutzt werden, um die eingebettete Eclipse-Equinox-Instanz zu administrieren.

Tab. 24–8
Befehle zur Webadministration

Befehl	Auswirkung
/sp_start	Startet ein deploytes OSGi Framework. Das Standardverhalten liest die Datei `launch.ini` ein, um die initialen Anwendungsparameter zu setzen.
/sp_stop	Beendet das Framework.
/sp_deploy	Kopiert die OSGi-Framework-Bibliotheken in ein Verzeichnis, das zur Ausführung geeignet ist. Dies ist deshalb nötig, da eine Webanwendung auch als gepacktes WAR-Archiv vorliegen kann, in welches Equinox nicht schreiben kann. Das Standardverhalten kopiert das `WEB-INF/eclipse`-Verzeichnis in das temporäre Verzeichnis für Webanwendungen.
/sp_undeploy	Macht die Änderungen des `deploy`-Befehls rückgängig.
/sp_reset	Stoppt das laufende Farmework und startet es erneut.
/sp_redeploy	Ruft nacheinander die Befehle `stop`, `undeploy`, `deploy`, `start` auf.

Befehl	Auswirkung
/sp_test	Gibt eine Meldung aus, ob die Servlet Bridge korrekt initialisiert wurde. Ist dies nicht der Fall, erscheint die Meldung `Servlet delegate not registered`. Wurde die Servlet Bridge korrekt initialisiert, erscheint die Meldung `Servlet delegate registered - org.eclipse.equinox. http.servlet.HttpServiceServlet`.

Beispiel

Um bspw. zu überprüfen, ob die Servlet Bridge korrekt initialisiert wurde, kann der folgende Aufruf genutzt werden:

```
http://[host]:[port]/bridge/sp_test
```

24.7 Zusammenfassung

In diesem Kapitel haben wir Ihnen verschiedene Equinox-spezifische Erweiterungen vorgestellt, die die Entwicklung von Webanwendungen auf unterschiedliche Art und Weise unterstützen:

- Durch die Einbindung der Extension Registry kann die Registrierung von Servlets, Ressourcen und Http-Context-Objekten deklarativ in Form von Extensions erfolgen.
- Durch die Einbindung der Jasper JSP Engine ist es möglich, auch JSPs innerhalb des OSGi Http Service zu verwenden.
- Mithilfe des Http Service Servlets können beliebige Servlet Container in Eclipse Equinox eingebettet und über das `HttpService`-Interface verwaltet werden. Mit dem Jetty Webserver enthält Eclipse Equinox zudem einen Webserver, der unmittelbar auf diese Weise genutzt werden kann.
- Mithilfe des Bridge Servlets kann Eclipse Equinox in eine Webapplikation eingebettet werden, die in beliebigen Servlet Containern ausgeführt werden kann.

25 Links und Literatur

[ANT4EC]
http://ant4eclipse.sf.net

[AQUTE]
http://www.aqute.biz/Sales/OSGi

[ECEQAM]
http://wiki.eclipse.org/Equinox_Application_Model_Demo

[ECEQSB]
http://www.eclipse.org/equinox/server/downloads/bridge.war

[ECEQSC]
http://www.eclipse.org/equinox/server/http_in_container.php

[ECHE33]
http://help.eclipse.org/help33/index.jsp

[ECHEEP]
http://help.eclipse.org/help33/index.jsp?topic=/org.eclipse.pde.doc.user/guide/tools/editors/manifest_editor/editor.htm

[ECHEME]
http://help.eclipse.org/help33/index.jsp?topic=/org.eclipse.pde.doc.user/guide/tools/editors/manifest_editor/editor.htm

[ECHESE]
http://help.eclipse.org/help33/index.jsp?topic=/org.eclipse.pde.doc.user/guide/tools/editors/schema_editor/editor.htm

[ECHTIE]
http://www.eclipse.org/equinox/server/http_in_equinox.php

[ECRU33]http://help.eclipse.org/help33/index.jsp?topic=/org.eclipse.platform.doc.isv/reference/misc/runtime-options.html

[EQDOWN]
http://download.eclipse.org/eclipse/equinox/

[EQUINOX]
http://www.eclipse.org/equinox/

[FELIX]
http://felix.apache.org/

[HIBERN]
http://www.hibernate.org/

[IPOJO]
http://felix.apache.org/site/ipojo.html

[JARSPEC]
http://java.sun.com/javase/6/docs/technotes/guides/jar/jar.html

[JMEPROF]
http://java.sun.com/products/foundation/

[KFPRO]
http://www.makewave.com

[KNODES]
http://www.knopflerfish.org/desktop.html

[KNOHTM]
https://www.knopflerfish.org/svn/knopflerfish.org/trunk/osgi/bundles/http/httpconsole/readme.html

[KNOPF]
http://www.knopflerfish.org

[KNOREP]
http://www.knopflerfish.org/repo/index.html

[KRIBND]
http://www.aqute.biz/Code/Bnd

[LIPP01]
http://www.martinlippert.com/publications/JS-Classloading-in-Eclipse-final-web.pdf

[MALE05]
Jeff McAffer, Jean-Michel Lemieux: »Eclipse Rich Client Platform. Designing, Coding, and Packaging Java Applications«. Addison-Wesley Longman, Amsterdam, 2005.

[NEWG96]
http://www.ietf.org/rfc/rfc1960.txt

[OSCS07]
OSGi Service Platform Core Specification, Release 4, Version 4.1, April 2007. Verfügbar unter http://www.osgi.org/Specifications/HomePage

[OSGI]
http://www.osgi.org

[OSMS06]
OSGi Service Platform Mobile Specification, Release 4, Version 4.0, July 2006. Verfügbar unter http://www.osgi.org/Specifications/HomePage

[OSSC07]
OSGi Service Platform Service Compendium, Release 4, Version 4.1, April 2007 Verfügbar unter http://www.osgi.org/Specifications/HomePage

[PDEAUT]
http://www.eclipse.org/articles/Article-PDE-Automation/automation.html

[PLUBUI]
http://www.pluginbuilder.org/

[PROMEE]
http://dz.prosyst.com/oss/

[PROSYST]
http://www.prosyst.com

[SAMPLES]
http://sourceforge.net/projects/samplings

[SLF4J]
http://www.slf4j.org

[SPRIDM]
http://www.springframework.org/osgi

[XSTREAM]
http://xstream.codehaus.org

Index